倪永杰◎著

叩击：

台海时政评论

九州出版社 JIUZHOUPRESS 全国百佳图书出版单位

图书在版编目（CIP）数据

叩击：台海时政评论 / 倪永杰著. -- 北京：九州
出版社，2020.8（2024.10重印）

ISBN 978-7-5108-9359-9

Ⅰ．①叩… Ⅱ．①倪… Ⅲ．①时事评论－中国 Ⅳ.
①D609.9

中国版本图书馆CIP数据核字(2020)第137132号

叩击：台海时政评论

作　　者	倪永杰　著	
出版发行	九州出版社	
地　　址	北京市西城区阜外大街甲 35 号（100037）	
发行电话	(010)68992190/3/5/6	
网　　址	www.jiuzhoupress.com	
电子信箱	jiuzhou@jiuzhoupress.com	
印　　刷	北京九州迅驰传媒文化有限公司	
开　　本	720 毫米 ×1020 毫米 16 开	
印　　张	24	
字　　数	400 千字	
版　　次	2020 年 8 月第 1 版	
印　　次	2024 年 10 月第 2 次印刷	
书　　号	ISBN 978-7-5108-9359-9	
定　　价	58.00 元	

迎向海峡彼岸的呼喊

——《求索：两岸和平发展》《沉沦：民进党执政研究》《叩击：台海时政评论》自序

倪永杰

人称台湾为美丽岛，喜爱台湾的人把它当作"魔岛"，讨厌民进党者称之为"鬼岛"。台湾自古是祖国的宝岛，曾有一段被割让的悲情历史，这是中华民族的百年耻辱，也是两岸中国人心中永远的伤痛。当代台湾经济富庶，人文荟萃，社会祥和。只因分裂因子斲伤台湾健康的肌体，中断了台湾永续发展的命脉，"台独"成为中华儿女共同的敌人。作为一名从事台湾研究的学者，台湾是我研究的对象，我的学业、职业、事业，我的工作、交往、生活，都与之紧密相关，台湾是我永恒的牵挂，它的万水千山、一草一木，世事沧桑变迁伴随我一生。

一、我的"台湾经验"

因缘际会中我投身于台湾研究、从事对台工作，既属偶然，也有必然。20世纪80年代我就读于南京大学历史系，深受史学大师茅家琦先生"台湾30年""八十年代台湾"课程影响，它们不但是台湾研究的基础教材，而且是大陆涉台工作系统必备的参考书。1988年我有幸考入茅家琦、崔之清两位导师门下，从事中国近现代史专业"当代台湾研究"方向的学习。他们不但教我学问、传授方法，更赐予我待人处事的正能量。毕业时我完成了12万字硕士论文《蒋经国政治革新考论》。

1991年进入台办系统工作，前后近十年，对于中央对台政策内涵、基本逻辑有了较深学习与把握。期间与台商、台生、台湾各界人士有了广泛的接触与交往。令我难以忘怀的是1995年夏天第一次来到宝岛台湾，随南京电视台《跨越海峡的寻访》摄制组赴台采访，从"台湾头"跑到"台湾尾"，深入城市乡村、科技园区，感受台湾经济活力与中华文化魅力，也触碰到岛内躁动的政治神经。在台北中正梅园蒋纬国先生家里，我聆听了将军对日本军国主义歪曲历史、否认"南京大屠杀"史实的愤慨，他坚信21世纪必将是中国人的世纪。

结束台办工作磨炼后，我便转往上海台湾研究所工作，开启台湾研究的不寻常岁月。

上海台湾研究所成立于1999年4月，是在前海协会长汪道涵先生鼎力支持下成立的涉台研究机构，培养了一批台湾研究学者，名闻两岸。汪老学识渊博，视野宽阔，他题写的"一个中国、平等协商、共议统一"12字墨宝一直悬挂在上海台研所会议室。他所定义的86字"一个中国"内涵、"两岸共同缔造一个新的中国"等主张，影响了无数两岸学者，推进了两岸关系进程，成为两岸学者逻辑遵循。

2008年，当两岸关系和平发展的的浪潮汹涌袭来时，我有幸出任上海台研所常务副所长、上海市台湾研究会秘书长，实际负责所、会的工作。2013年把握两岸关系螺旋上升的发展节奏，我参与创办《台海研究》杂志（季刊），受上海台办领导的委托，兼任主编，希望汇聚两岸及海外学者，集成两岸智慧，提供经得起历史检验的《台海研究》方案，推进祖国统一进程。如今，《台海研究》成为大陆三本公开出版的台湾研究学术期刊，培养了一大批学者专家，拥有大量读者。

从20世纪90年代迄今，我的"台湾经验"融汇了对台实务与台情研究，从实际工作到学术研究，经历了跌宕起伏的两岸风云，参与了无数次与台湾蓝绿之间的对话交流，承接近百个研究项目，创建了两岸关系和平发展、两岸海洋事务合作、两岸民间互信论坛、沪台青年论坛等多个两岸学术交流品牌。主编出版了27期《台海研究》杂志，推动《台海研究》微信公众号的传播，开展对台舆论活动，与两岸主流媒体合作，点评台海局势，打过美好的仗，发挥一定的舆论影响力。

作为上海台湾研究所的负责人与《台海研究》主编，希望在台湾研究领域内的精心耕耘，塑造学术影响力、政策影响力及社会影响力。成功没有终南捷径，唯有脚踏实地，勤于耕耘，多发表论文，多提出学术主张，为对台政策出谋策划、建言献策。我时常透过对台交流、新华社、中新社、央视、深圳卫视、香港《中国评论》等重要涉台新闻机构发文、发声、发言,一吐心中块垒,争取台湾民心,有可能影响了台湾当局的政策选择,将学者的影响力发挥到极致。本人还与台湾相关媒体开展密切合作,先后在《中国时报》《旺报》《联合报》《海峡评论》等台湾报刊杂志发表时事评论、接受采访,解读岛内情势与台海风云,引起岛内多方关注与热议,也算是大陆学者在岛内开展舆论影响活动的实践者。本人积极参与涉台教育活动,足迹遍及京、津、沪、苏、皖、粤等地,为港澳特区政府高级官员、议员助理、各地党员干部举办无数场台情报告交流会,扩大学术机构的社会影响力,争取各界的认可、支持。

投身台湾研究、推动两岸关系发展不只是一份职业,而是一项无比崇高的事业,完成国家统一、助力中华民族复兴的中国梦是无数仁人志士的毕生追求,有机会将所学所思所研贡献于国家统一大业令我备感荣耀。

二、统一观与方法论

台湾问题涉及民族情感与百年耻辱,不仅是学术问题,更是敏感的政治问题,不可不慎。我所认知的台湾研究必须服膺于两岸关系发展、祖国统一的理想与需要,必须为国家的完全统一、中华民族的伟大复兴提供智力支撑、塑造正能量。台湾研究需要宏伟理论指引,习近平新时代中国特色社会主义思想特别是对台工作重要论述、国家统一学说以及"和平统一、一国两制"理论方针都是开展台湾研究的根本指引,也是赋予台湾研究学术生命力、政策影响力、社会感染力的的重要保证。

台湾研究需要找准历史方位。台湾问题因民族弱乱而产生,是中华民族百年耻辱最后一道、也是最痛彻心扉的伤痕。当今中国比历史上任何时候更有实力、更具信心、更有智慧完成国家统一、实现民族复兴。此时此刻,我们无比需要找准台湾研究的历史方位,提升台湾研究水准,看透台湾问题的实质,把握两岸关系发展规律,提出具有针对性、可行性、有效性、可塑性的战略策略,加速统一进程。两岸分割七十载仍未统一,肇因于国共内战延续与国际霸权宰制。结束内战需要进行两岸政治对话与和平统一谈判,抵御国际霸权干涉则需要强大国力为后盾,其中涉及战略策略设计。如果国力上升的趋势不可改变,那么设计英明的战略将加快统一进程,而不当的策略则可能耽误台湾问题的最终解决。英明正确战略设计依赖全面深入精准的台湾研究,台湾研究成为国家统一的基础性工程。如果两岸统一、台湾问题彻底解决是实现中华民族复兴中国梦中最重要的一块拼图的话，那么台湾研究这一基础性工程需要更多的投入、作出更大的努力。

台湾研究需要跨领域的学科整合。台湾研究不是一门学科，只是一种地区研究。台湾研究讲究科学方法，需要运用、整合社会科学的种种理论、方法。如此方能在呈现台湾问题真实面貌的基础上，厘清台湾问题的本质、摸索两岸关系的规律、预测岛内政局与两岸关系发展趋势。如今的台湾研究涉及台湾地区政治、经济、社会、文化、法律、军事等诸多领域，需要融合政治学、历史学、社会学、经济学、国际关系等众多领域的理论架构、知识体系、专业方法作为研究基础。历史学的训练使我无比重视基本事实的梳理，重视台湾及国外一手资料的搜集、整理及比对，探寻历史真相，在此基础上作判断、下结论，尽量避免主观及误判。我曾尝试用政治学的决策原理探寻台湾当局的决策机制，模拟台湾领导人的重大政策、重大事件的决策过程，揭秘参与决策的关键核心、重要内幕。社会学的族群融合分析对于研究两岸融合发展理论、政策措施具有指引作用，可以深化两岸融合的政策路径、指标体系的研究。田野调查对于研究、掌握台湾政情变化与真实民意来说是极其重要的方法，近年来，本人频繁往来于海峡两岸，走访台湾北中南、本岛与外岛，深入台湾城市乡村、村里社区，触及台湾社会各个角落，广交"蓝、绿、橘、白"各界人士，搜集第一手资料与数据，观察、把脉台湾情势变动。掌握国际关系中的"均势理论"是研究中美大格局下台湾角色的有用方法，台湾执政者试图在国际格局中避险求生、左右逢源，扮演牵制的"棋子"或"关键跳板"。美国以自身的国家利益出发频打、强打"台湾牌"围堵中国和平发展，大陆则采取"和平统一、一国两制"、融合发展的上策、文武组合的中策、及不惜重大伤亡的武统下策应对周旋。

多数台湾研究者接触、了解台湾形形色色民调机构的运作情况，时常采用岛内各类民调数据研究、解读台湾政经现象、两岸关系曲折变幻。例如台湾民众身份认同、"统独"倾向、两岸立场、政治态度、对政治人物的信任度、满意度、政党支持度等，有些民调会定期公布，甚至保留长期数据，如台湾政治大学选举研究中心保留了30多年台湾民众的身份认同、"统独"态度等数据，对于研究台湾民众的统独观大有裨益。但台湾民调具有一定的局限，如民调题目设计存在缺陷，抽样样本不足甚至失真、座机与手机存在差异等。部分民调没有特定的政治立场，但不少民调数据都留下民调机构的主观想象。每逢选举岛内民调满天飞，甚至地下赌盘绘声绘影，严重影响选民投票行为与选举结果。

在 2018 年"九合一"选举中，没有一家民调机构能够正确预测韩国瑜赢得高雄市长选举，并且带动整个国民党选情，翻转台湾地方政治版图。在 2020 选举中，岛内不少民调失真，无法反映韩国瑜、蔡英文、宋楚瑜真实选情。韩国瑜采取"盖牌民调"的手法，试图逆转选情，打破民进党操控民调的迷思。

在互联网、人工智能时代，台湾研究面临研究方法的革命，有可能使用大数据等手段开展量化研究。在 2018、2020 两次选举中，岛内大数据、网络声量似乎可以部分反映候选人在网络世界受欢迎、肯定或遭受嘲讽、拉黑的情形，弥补电话民调的不足。但因为民进党投入巨资，操作网军带风向，也使网络声量、网络温度计等手法面临失真的困境。

拥有科学方法的指引，可以跳出既有的窠臼，拓宽研究的视野与路径，深研究的结构，深丰富研究的层次，较能得出科学的结论。台湾研究科学方法的探索创新永无止境。

三、沉沦之民进党

2000 年我调至上海台湾研究所工作，适逢民进党首次上台执政，各界无不关注民进党，它也成为我首要研究课题。成立于 1986 年民主进步党是蒋经国晚年启动政治革新的产物，早年曾是反国民党威权体制的"党外"集合体，知识精英、中产阶级、中小企业主等成为早年"党外"及民进党的重要支持群体，反威权、反独裁、要民主、要自由成为其基本政治诉求。不少人对新兴的民进党怀有的期待，认为新生政党拥有活力，较少老旧政党的包袱，可为台湾注入变革的动力。还有人认为民进党与大陆没有历史恩怨，民进党内还有不少对大陆友好的统派精英，民进党有可能在两岸关系上扮演积极、务实的角色，期待民进党为台湾发展、两岸关系演进添加动力。但 20 世纪 90 年代之后民进党的发展出人意料，拐入"台独"的历史黑洞，跌落"台独"的万丈深渊。

多年来，我关注民进党的政党特质、派系演变、两岸政策，也关注民进党当局的决策机制、大陆政策、涉外活动，发现民进党的"民主""进步"价值不断流失，一步步走向沉沦。民进党二次执政没有为台湾发展添加正能量、新动力，相反带衰台湾，掏空台湾，吞噬台湾数十年经济社会发展累积的能量，把台湾带入经济失血、机体失调、整体失能的泥淖之中，失去往日"亚洲四小龙"光环，在"民粹"主义的浪潮中日趋沉沦。

民进党之沉沦体现在四个方面。

一是背离"民主""进步"价值，迈步异化为制造"绿色恐怖"的"台独"法西斯政党。民进党人张口闭口号"民主、进步"，但实际运作却完全相反。民进党党内早已成为空谈，民主的空间日趋紧缩。从蔡英文与赖清德竞争候选人资格过程中种种非民主程序、赤裸裸的独裁鸭霸手法，哪有一丝民主政党的气息！面对赖清德挑战，蔡英文第一时间竟然声称"现任者优先"，要求赖清德礼让，随后要求党中央延后初选日程，特别是改变民调方式，纳入手机民调以便图利自己，采取软硬兼施的办法逼迫赖就范，"心机女"哪有一点民主的风范？而民进党中央亦步亦趋配合蔡英文无理要求。蔡在党内出线后，还绑架赖清德担任副手，等于又一次羞辱了对手。可怜赖清德身边没人、手中没钱，没有资源，甚至他所属的"新潮流系"多数投靠蔡英文，被"心机女"玩弄于股掌之间而徒叹奈何。民进党党内竞争不民主，杀得刀刀见骨，对于党外的政治对手更不会手软。蔡英文打着"改革""转型正义"旗号，设置"党产会"这类"东厂"机构，豢养张天钦、陈师孟这类"政治鹰犬"，专责追讨国民党党产，围猎国民党的政治献金，把国民党逼到了死角，成为待宰羔羊。对于统派团体，民进党更是杀气腾腾，一定要置统派人士于死地。民进党先是制造臭名昭著的"王炳忠案""陆生间谍案""王立强间谍案"，后又操纵"立法院"修改"国安五法"、通过"反渗透法"，炒作"中共代理人""亡国感"的"绿色恐怖"氛围。如今台湾的政治环境只有讲"台独"的自由，没有不讲"台独"的自由，否则政治上就没有出路，有可能饭碗保不住、工作找不到，甚至身家性命面临威胁。民进党视"反核""同婚"等为进步价值，但却造成空气污染、政治纷争，影响台湾民众生活质量，冲击传统家庭伦理，社会和谐。

二是民进党踏入"台独"死穴，置台湾全民利益于不顾，陷两岸于冲突对抗，葬送台湾美好前途，影响我中华民族复兴伟业。"党外"时期及民进党早期，汇集了有统有"独"各路反国民党威权统治人马，融合了"台湾意识"与"中国意识"，但最后"台湾意识""本土意识"叠加悲情意识，最终异化为"台独"主张。民进党成立后便寻求体制内对抗国民党、迈向执政、选赢对手的终南捷径，"台独"成为其最为廉价却最为有用的工具。1991年民进党通过"台独党纲"，1999年通过"台湾前途决议文"，2007年通过"正常国家决议文"，它们既是深入民进党骨髓的精神鸦片，也是选举利器，成为巩固绿营基本盘的基本招数。陈水扁疯狂推动"一边一国""法理台独""入联公投"惨遭失败，不得不承认"台独"他"做不到就是做不到"。蔡英文执政后转向另类"台独"

策略，走一条没有"台独"之名却有"台独"之实的"台独"之路，采取"文化台独""去中国化"策略，实验新型"台独"，取名为"中华民国台湾"，企图制造两岸"脱钩"、断流危机，无限靠近"两国论""一边一国"。经历"民粹主义"浪潮的席卷，"台独"具备广泛的思想基础、社会基础、经济基础。"台湾认同""台湾主体性"上升为台湾民众的主流意识。年轻人"天然独"色彩浓厚，多数成为民进党的支持者。台湾民意多元、多变、多数为少数绑架，终归趋向无限"绿化"，而"中国意识"、中道理性的声音渐趋削弱。蔡英文两次"大选"的得票率超过56％，2020得票数达到817万票。民进党"立院"单独过半，全面掌控岛内党、政、军、警、情、司法及经济、社会各路资源。台湾政局进入民进党"一党独大"、绿营达到稳定多数的阶段。在深绿、深蓝不断萎缩、凋零的情势下，蔡英文的新型实验"台独"有可能"船过水无痕"，逐渐铺垫"台独"的各项基础。在中美战略竞争之际，在"中国威胁论"发酵的国际社会中，蔡记"台独"较能博得同情，不啻挑战两岸关系和平发展、中华民族伟大复兴。

三是民进党的"派系共治"体系造就派系分赃，一切职位、利益按照派系结构进行利益输送与政治分赃，忘却"清廉、勤政、爱乡土"的创党初衷，腐败贪污成为民进党人撕不掉、摆不脱的耻辱。早年有"律师世代"与"美丽岛世代"的权力冲突，后有"正义连线""福利国连线""绿色友谊连线"之间的较量，蔡英文主政后更多的是"英派"与"正国会""海派"之间的钩心斗角、合纵连横。其中"新潮流系"始终是贯穿民进党每个发展阶段的超级派阀，无役不与。民进党不管谁当家、谁执政，都得依靠"新系"的支持、与之结盟，方可获得政权。而"新系"霸占了从"中央"到地方、从党、政、军、警、情治到社会各路资源，吃香喝辣，好不痛快。与"派系共治"相连结的"人头党员"问题则困扰民进党长期发展的毒瘤。"人头大户"掌握了大量党员资料，平时替他们交党费养人头，其中有不少已经过世的"幽灵"党员。每逢选举"人头大户"就可以拥人自重，进行政治交易，争夺民进党党代表、"中执委"、"中常委"的竞选资格，这种交易的结果不会推举优秀人才走到前台领导民进党、服务民众，只会推荐劣质产品在政治市场上翻手为云、覆手为雨，降低民进党的问政品质、执政能力，陷民进党不义。"政治酬庸"也长期为人诟病，吃相难看。吴音宁长期从事农民抗争运动，并不熟悉生意，却被"新潮流系"派去抢了韩国瑜台北农产公司总经理的位置，迫使韩国瑜争夺高雄市长宝座，差点抢了蔡英文的饭碗。因与林佳龙渊源颇深，2020年，在"立院"4年中毫无表现的洪慈庸"立委"败选后，却被林推荐给"正国会"精神帮主游锡堃担任其"立法院顾问"。可以说民进党成亦派系，败亦派系。

四是执政无能是民进党撕不掉的标签。虽然民进党历经二次执政，但改变不了人们对它"只会选举，不会治国"的印象。民进党内充斥大量政治人才、选举人物，有打着"有梦最美、希望相随"的选举"天才"陈水扁；具有"非典型"、蛊惑性政治特质的蔡英文；有造势动员"大姐大"陈菊；有在"319枪击案"中嘴角遗留一抹诡异微笑的政治谋略师邱义仁；有擅长"组织战"的洪耀福、林锡耀；有专攻选举民调的军师陈俊麟；当然还有为"反核四"而苦行的林义雄，等等。但民进党缺乏执政人才、治理人才，对于财经、产业发展、公共安全、能源、军事等事务极为生疏。从在野、执政到再在野、再执政，民进党没有培养更多的执政人才，有的只是选举型政治人物。苏贞昌、陈其迈、林佳龙等人在2018年地方选举中惨败后照样当大官，而且票输得越多、官做得越大，证明民进党缺乏人才储备，蔡英文根本无人可用，只有推出苏贞昌等一干败将。民进党的执政水平始终无法提升，只有政治正确，在追杀政治对手、追讨国民党党产、清剿统派团体极为"专业"凶狠，一点也不手软。

民进党内也有一批理性温和的优秀人才，但始是民进党的非主流、在野派。我多年来研究观察民进党，与民进党人士多所交流，民进党整体发展及表现令我大失所望，不能不为民进党悲，为台湾民众悲，也为两岸关系忧。民进党背叛"清廉、勤政、爱乡土"的初衷，堕落为贪污无能的"台独"法西斯集团，带衰台湾政治、经济、社会体质，把美好明朗的台湾陷于不断沉沦之中。民进党必须为台湾的衰败沉沦承担责任，接受历史的审判。

四、求索和平发展

2005年连战开启两岸和平发展之路，2008年马英九上台执政，开创了两岸关系和平发展的崭新时代。

两岸政治互信不断增强，双方确立了"九二共识"、反对"台独"的共同政治基础。两岸成立政治互动合作平台，大陆方面先后与马英九当局、主要政党、团体建立交流合作机制与平台，分别设立国共高层定期会面机制、APEC、博鳌论坛、海峡论坛两岸高层会面机制。建立两岸事务主管部门常态化沟通机制，2013年10月在印尼APEC期间，国台办主任张志军与台湾陆委会主委王郁琦首次直接见面，后又实现两岸事务主管部门负责人直接互访，架设"两岸热线"。2015 年 11 月 7 日，两岸领导人习近平、马英九在新加坡举行两岸领导人会面，翻开两岸关系历史性篇章，两岸政治关系进入历史高点。

在两岸关系和平发展的年代，两岸双方开展政治合作，共组机构、共同演习，扩大深化两岸政治关系内涵。海协会与台湾海基会在"九二共识"共同政治基础上开始恢复协商谈判，前后签署包括《海峡两岸经济合作框架协议》（简称 ECFA）、邮政、金融、知识产权、投资保护在内的 23 项协议，推动两岸经济一体化进程。两岸在海协会与海基会的架构下成立两岸经济合作委员会（简称"经合会"），设立共同召集人，下认货物贸易、服务贸易、投资、争端解决、产业合作、海关合作、中小企业等 7 个小组展开商谈，这是 60 多年来两岸首次共同成立的机构。两岸海事部门连续多年在金门、厦门海域展开海上救难演习，两岸公安、司法、民航等多个部门设立了业务沟通合作、危机应急机制。

两岸就台湾国际参与作出了合情合理的安排，大陆方面分别安排连战、萧万长参与 APEC 领袖峰会，台湾有关部门参与世界卫生大会（WHA）、国际民航组织（ICAO）年会等。2013 年春，本人参与了首届两岸和平论坛的筹备工作，上海台湾研究所作为大陆方面的发起方承担了论坛部分工作。同年 10 月，两岸 120 多名学者在上海东郊宾馆围绕两岸和平、共同发展主题，就两岸政治关系、涉外事务、安全互信和平框架四项政治议题展开研讨，跨出了推进两岸政治对话的实际步伐，做了一次有益的尝试。

2008 年 12 月 15 日，两岸进入双向全面空海客货直航时代，两岸告别经第三地中转的岁月，迈入"一日生活圈"美好日子。两岸每周最多时航班 890 班、货运 84 班，大陆对台湾开放 55 个空运航点、72 个港口，台湾对大陆开放 10 个航点、13 个港口。两岸航线成为"黄金通道""和平通道"。2009 年陆资赴台投资，开启双向投资大门。累计已有近千项投资项目、投资金额达到 20 多亿。两岸旅游、贸易机构分别在对方设立了办事处。2013 年两岸顺利启动货币清算机制，实现人民币与新台币互换，中国银行台北分行与台湾银行上海分行分别作为人民币与新台币的结算行。

两岸进入"大交流"时代。2008 年 7 月 15 日陆客赴台旅游，从团队游到自由行，2015 年陆客达到 430 多万。2011 年开放陆生赴台读书，不但有短期的交换生，还有念本科、硕、博士生。最多时每年在台湾交流、读书的陆生多达 4 万多。虽然陆生面临众多限制，毕竟两岸学生可以在台湾一起学习成长，留下共同青春记忆。两岸之间开展多领域、全方位、深层次的文化教育交流。两岸城市交流、基层交流、青年交流蓬勃开展，上海－台北双城论坛成为其中典范，即使民进党重返执政，上海与台北之间的城市交流继续保留，而且有所提升。两岸交流走向"向南行、向下沉、向上升"，让更多的台湾中南部、基层、弱势民众及青年群体参与到两岸交流中来。

在马英九执政的8年间，台湾掀起一波又一波的"西进热""大陆热"，台湾民众包括年轻人西进大陆求学、实习、工作、投资、生活的人渐趋增多。两岸民众之间的情感升温，两岸民众的好感度上升，台湾民众对大陆的友善度逐渐接近甚至超过不友善度，两岸关系发展动力不断增强。

面对两岸关系蓬勃发展的态势，我重点研究两岸关系和平发展路径探索。总结马英九时期两岸关系和平发展的经验教训，我归纳和平发展基本路径有六条。

一是增强两岸互信。包括政治互信、军事互信、民间互信等，重点是建立两岸共同的政治基础，走向两岸全面互信。有了"九二共识"、反对"台独"两岸共同政治基础，和平发展才能行稳致远。"九二共识"不仅是国共两党共识，也是两岸共识、两岸领导人共识，也为国际社会所普遍接受。两岸有之则旺，无之则荡；有之则和，无之则殇。蔡英文、民进党不接受，根本原因在于不放弃"台独"，害怕"两岸同属一中、两岸追求统一"的核心内涵破坏了其"两国论""一边一国"的图谋。有了"九二共识"的共同基础，大陆在不违背一中原则的前提上合情合理安排台湾的"国际参与"，台湾与新加坡、新西兰签署经济合作协议，扩大台湾在国际NGO的活动空间。两岸也有机会探讨结束两岸敌对状态、建立军事互信机制，签署和平协议，最后迈向统一。除了两岸官方的互信之外，我主张增强两岸民间互信，扩大两岸民间团体的交流合作，还与台湾民间团体举办多次民间互信研讨会，2013年还到台湾苗栗举办了民间互信研讨会。

二是培植两岸共同利益。两岸关系和平发展就是不断培植两岸共同利益、形塑两岸共同价值的过程，将为两岸关系和平发展腾出时空纵深与战略回旋，使之螺旋上升、不可逆转。所谓两岸共同利益，广义来说，就是两岸之间凡是对两岸双方不构成零和的、独享性、排他性的利益交集；狭义来说，两岸之间暨两岸涉外事务中，相同的并且可以通过相互合作共同谋求的利益重叠。因此，两岸共同利益是与零和博弈相反、与两岸单方特殊利益迥异的利益共享，是两岸双方利益的交集，可为两岸同胞所分享。两岸共同利益涵盖两岸关系的各个领域，涉及政治、经济、社会、文化、能源、环境，以及外交、军事、安全等诸多层面。

两岸非政治性共同利益不仅指两岸经济、物质层面，还包括文化、社会等内容，涵盖两岸同胞生活多个方面，构筑了两岸关系和平发展的经济物质基础、思想文化基础以及社会互动基础。

两岸政治性共同利益可以区分为低政治性共同利益（软政治）与高政治性共同利益（硬政治）。

推动两岸关系永续发展，基础在于非政治性的经济、文化、社会、生存发展的共同利益，关键在于培植更多政治性共同利益，特别是要在高政治性共同利益方面有更多的利益共同点、增长点，以利于积累经验、营造氛围、创造条件，早日破解两岸关系政治难题。

三是形塑两岸共同价值。习近平总书记在2014年9月会见台湾统派朋友时提出了"实现两岸同胞心灵契合"的重大命题，"国家统一不仅是形式上的统一，更重要的是两岸同胞的心灵契合。"所谓"心灵契合"应具有文化同脉、情感融合与价值趋同等内涵。与培植两岸共同利益这一硬条件的同时，型塑两岸共同价值成为两岸关系和平发展的软基础。

两岸共同价值不是无源之水、无本之木，植根于五千年灿烂的中华文化、来源于两岸同胞的交流合作实践，更是对两岸共同美好未来的前瞻与追求。两岸共同价值来源于五个部分，包括：从中华传统文化中萃取两岸共同价值，从两岸四地当代文明中凝聚两岸共同价值，从海外华人文化中酝酿两岸共同价值，从世界文明中提炼两岸共同价值，融合中西、汇通古今、催化两岸共同价值。

两岸共同价值内涵，具有多重排列与组合。一是对乡土、家园、家国的乡愁、眷恋，包括对故土的思恋、感恩，对家园、家国的情感，爱乡土、爱国家、爱民族的情感。二是两岸共同的人文关怀与命运共同体意识。三是追求两岸和谐和平、和解共生、和衷共济、共同发展、共赢共享的价值。四是对民主法治价值的认同与追求。此外，还有创新拼搏、追求卓越、自强不息的精神。

四是增强和平发展民意基础。两岸关系和平发展符合台湾同胞利益，有利于台湾发展，获得绝大多数台湾民意支持。陈水扁"激进台独"举措陷台海紧张动荡，台湾民众反对陈水扁的"台独"冒险，高度期盼两岸关系和平发展，从而使马英九顺利当选并连任，开创了和平发展的新时代。面对两岸关系快速反展，台湾民众的疑虑上升，对大陆具有"既期待又怕受伤害""不能没有你，有你我害怕""有她受不了，没她活不了"的矛盾心态。在马英九执政后期因为台湾内部事务处理不当，民进党蓄意攻击两岸关系和平发展"图利财团"、"加剧台湾贫富分化""腐败到台湾""大陆人抢台湾饭碗"等，散布"今日香港，明日台湾"的政治气氛。台湾民众产生"恐中拒中"情绪，台湾年轻人受民进党的蛊或操纵，迅速集结于"太阳花学运"攻击马英九当局，使和平发展的民意基础逐渐流失，民进党轻松赢得政权。2020 年蔡英文政权并无政绩，仅靠"反中拒统"、炒作"亡国感"，在美国助功加持下，便打败对手，拿下历史最高票。岛内两岸和平发展的民意依然存在，但缺乏领袖引领、对于和平发展民意的呵护培育。如何引领、论述、培育、壮大台湾和平发展民意，推动两岸关系和平发展则是历史性课题。

五是深化两岸融合发展。早在 2014 年习近平在福建视察台资企业的过程中就提出两岸"融合发展"的概念，着重于实现经济社会融合发展。在 2019 年 1 月 2 日讲话中，习总书记明确要求"深化两岸融合发展，夯实和平统一基础"。两岸融合发展具有广阔的时代背景与扎实的实践基础，是对两岸和平发展的创新、丰富、深化及完善。两岸融合发展理念内涵丰富宏伟，除了经济社会融合发展外，两岸文化融合、价值观融合、制度融合及两岸同胞情感融合、生活方式融合也将不可避免。实现两岸融合发展也有路径可循。当前首先应做到两岸"应通尽通"，实现两岸两个新"四通"与"三化"。即实现两岸经贸合作畅通、基础设施联通、能源资源互通、行业标准共通，尽快实现实现金门、马祖同福建沿海地区"通水、通电、通气、通桥"。支持两岸邻近或条件相当地区基本公共服务实现"均等化、普惠化、便捷化"，把福建建设成为"台胞第一家园"。其次两岸政策上要消除歧视，对台湾同胞做到同等待遇、甚至同等优先。两岸融合发展的主动权在大陆，主战场也在大陆，两岸融合发展的快慢、成效某种程度取决于台胞在大陆求学、工作、投资、生活所面临的政策限制、政策壁垒是否削除。未来大陆可以在扩大两岸婚姻、大陆台胞团体就地合法并纳入到大陆管理体系、让更多台胞参与到大陆公共事务中来等多个层面加以推动。

2018、2019 年大陆先后出台《关于促进两岸经济文化交流合作的若干措施》（惠台 31 条）与《关于进一步促进两岸经济文化交流合作的若干措施》（惠台 26 条），台胞可申领 18 位台胞证，两岸融合发展取得重大进展。

六是化解岛内外阻力。两岸关系和平发展面临岛内外的种种阻力。蔡英文领导的民进党反对由国民党主导的两岸和平发展，蔡英文只愿意在没有"九二共识"、在两岸"既有基础上"和平发展。蔡英文上台后采取"反中亲美"、紧缩两岸交流，配合美国企图两岸断流"脱钩"，开历史倒车。民进党当局及"台独"势力的阻挠、破坏是两岸关系和平发展的最大障碍。两岸固有政治分歧较难化解，包括两岸政治定位、台湾"国际参与"、两岸军事对峙、两岸制度差异等，都是深化两岸关系和平发展不得不面对的课题。

美国等外国势力出于自身战略利益的需要，强打"台湾牌"，陷台海局势于危急之中，试图挑拨民进党政权挑衅攻击大陆引起台海战争，达到两岸两败俱伤、遏止中国崛起的目标。

如何化解岛内外的种种干扰、阻力，需要两岸中国人集成两岸智慧，商讨合理方案，做出最富智慧的选择。

五、叩击台海时政

从事研究、开展交流之余，承担对台舆论工作、服务两岸关系发展也是应尽之责，理所当然。承蒙中央台办、上海领导的信任，感谢大陆各级涉台媒体、香港中国评论社、台湾中国时报、旺报、联合报等主流媒体提供的宝贵机会、舆论平台，本人撰写了大量台海时政评论，在两岸产生了一定舆论影响，为推动两岸关系和平发展产生一定作用。我将其中106篇收录在《叩击：台海时政评论》中。时间跨度长达30年，从20世纪90年代初一直到现在。内容集中于对台政策、两岸关系、台湾政局、台湾社会、台湾文化等多个领域，着重就台海形势中重大事件、重要人物、重要主张进行评论，肯定两岸和平发展成果，阐述对台政策要义、批判"台独"危害，引领台湾民意，破解两岸发展难题，警示外国反华势力，等等。许多评论缺乏深度、表述不够精准，但力求紧扣重点、要点，传达、释放大陆方面的权威信息、真实政策内涵。有些观点一时不被理解，遭到谩骂与网络"霸凌"，有引些评论让台湾某些势力无法接受，但站在国家与民族的立场为所当为。

结语

我的"台湾经验"是我人生旅程的重要部分，丰富了我整个人生。对于民进党沉沦的观察、两岸关系和平发展的求索、有关台海时政评论是我近30年来孜孜以求的事业。有机会出版《沉沦》《求索》与《叩击：台海时政评论》三本著作，算是对从事台湾研究、对台交流及台海时政评论工作的一个阶段性总结，告慰毕生所从事的事业，也为未来研究的拓展提升找到新的标竿，奠定好的基础。希望这些迎向海峡彼岸的呼喊获得更多两岸朋友的回响，融汇成推进祖国统一的强大动能。

目 录

政策解读

两岸暖和平

民进党两岸政策之辩

外部因素

宝岛写真

政策解读

情萦台胞，和平发展，共圆中国梦

——解读习总书记会见连战讲话

2月18日，北京春寒料峭，但钓鱼台国宾馆内春意融融。中共中央总书记习近平在马年新春时节会见国民党荣誉主席连战及随访的台湾各界人士，发表了题为《共圆中华民族伟大复兴的中国梦》热情洋溢、至情至亲的谈话，蕴含了无穷的信息，塑造了宽松的氛围。习近平的谈话引起两岸同胞强烈共鸣与海内外各界的高度关注，专家及舆论普遍肯定谈话平实亲切，晨钟暮鼓，饱含深情，充满智慧，产生感召力、推动力，塑造两岸关系和平发展的正能量，谱写了一首迎春交响曲。

用情用心

习近平总书记曾主政大陆东南沿海省市，与台湾各界接触较早，交流颇多，熟悉台湾情况，有舆论称其为"知台派"。就任中共中央总书记后，他高度关心对台工作，倾注大量心血。总书记情萦两岸，透过多种场合与台湾朋友沟通交流、对话谈心。2013年他先后四次会见了连战、吴伯雄、萧万长等人，提出了一系列两岸关系和平发展的新理念、新主张，促进两岸关系不断进步、螺旋上升。此次会见连战的谈话，是他会见时间最长、谈得最全面、最完整、最深入、最广泛的一次，各方反响最为热烈。

习总书记以"谈心"的方式与台湾客人交流互动，亲切平实的语言、坦率诚挚的态度令在场的台湾客人格外动容，瞬间拉近了大陆领导人与台湾朋友之间的距离，增进相互信任。习谈话鲜明生动，富有闽南语言特色与他个人风格，是大陆领导人中最具闽南语元素的谈话，极富感染力、说服力。一方面大量运用台湾同胞听得懂、听得进的闽南语言、词汇，如：几百年前台湾同胞"跨越'黑水沟'去'讨生活'"；具有"特殊的历史悲情心结"；有着"强烈的当家作

3

主'出头天'的意识"；台湾同胞"崇敬祖先、爱土爱乡、淳朴率真、勤奋打拼"，等等。另一方面体现习总书记鲜明的语言风格，如坚持"九二共识"、反对"台独""是两岸关系之锚，锚定了，才能任凭风浪起、稳坐钓鱼台"。显示习总书记对于推进两岸关系和平发展用情、用心及投入之深，收取"入耳入脑入心"的攻心效果。

四大主题

习总书记的谈话从同胞血缘、文化传承、历史联结、道路选择、利益共享、未来愿景等角度阐述他的台湾论述，引起各方共鸣。

四大主轴

其一，"两岸一家亲"、两岸割不断。习总书记积极倡导"两岸一家亲"的理念，始终将台湾同胞当作一家人来看待，具有无比宽厚的同胞情谊。这根植于两岸共同的血脉和精神，扎根于共同的历史和文化。两岸同胞同根同源、同文同宗，同属中华民族，传承中华文化，本是血脉相连的一家人。即使在被日本侵占的 50 年间，台湾同胞依然保持着强烈的中华民族意识和牢固的中华文化情感。不管遭遇什么风雨，历经什么沧桑，两岸同胞始终心心相印、守望相助。习饱含深情的称"广大台湾同胞都是我们的骨肉天亲"，"两岸同胞血浓于水"。因此，同胞亲情就是穿越时空、融合情感、指引未来的纽带，两岸走近、同胞团圆是两岸同胞共同心愿，没有什么力量能把两岸割裂开来。

其二，两岸命运与共，没有解不开的心结。台湾同胞的历史遭遇都是两岸同胞的切肤之痛，那是中华民族苦难历史的重要一页，习总书记对此无法忘怀。他告诫台湾朋友，两岸命运始终紧紧相连，祸福相依，休戚相关，荣辱与共。民族强盛，同胞之福；民族弱乱，同胞之祸。现阶段两岸需要携手同心，共同实现民族复兴。习总书记表示，对台湾同胞的伤痛感同身受，对台湾同胞的特殊心态完全理解，对做一个受人尊敬的堂堂中国人有志一同。大陆方面完全尊重台湾同胞自己选择的社会制度和生活方式，也愿意首先同台湾同胞分享大陆发展机遇。虽然历史不能选择，但现在可以把握，未来可以开创。习总书记对于台湾同胞的同情心、同理心，对于台湾历史、现实及其社会制度、生活方式的理解与尊重达到了新的境界，最能打动台湾人心。

其三，齐心协力持续推动和平发展。习总书记肯定两岸同胞共同选择了两岸关系和平发展道路，事实证明这是一条维护两岸和平、促进共同发展、走向民族复兴、造福两岸同胞的正确道路。他相信和平发展对两岸同胞都有利，都不希望目前的好局面逆转。他鼓励两岸同胞坚定信心，排除干扰，沿着这条道路一步一个脚印走下去。他欢迎更多台湾同胞参与到推动两岸关系和平发展的行列中来，凝聚智慧和力量，巩固和扩大成果，使两岸关系和平发展成为不可阻挡的历史潮流。习总书记还特别强调二点，一是针对两岸政治分歧，愿在一个中国框架内，同台湾方面进行平等协商，作出合情合理安排。有什么想法都可以交流。二是对台湾同胞一视同仁，无论是谁，不管他以前有过什么主张，只要现在愿意参与推动两岸关系和平发展都欢迎。习总书记承诺三个"有利于"：只要有利于增进台湾同胞福祉、推动两岸关系和平发展、维护中华民族整体利益的事，会尽最大努力办好，使广大台湾同胞在两岸关系和平发展中更多受益，让所有中国人都过上更加美好的生活。

其四，携手同心共圆中国梦。习总书记表示实现中华民族伟大复兴，实现国家富强、民族振兴、人民幸福，是孙中山先生、中国共产党人以及近代以来中国人的夙愿。两岸命运与共，中国梦与台湾的前途命运息息相关，中国梦是两岸共同的梦。这就意味着，中国梦值得两岸同胞共奋斗，在实现中国梦的过程中，台湾同胞应扮演积极、正面且富建设性、创造性的角色，发挥台湾的优势与台湾同胞的智慧，创造两岸盛世，共同成就中国梦，为民族复兴作出应有的贡献。习总书记号召两岸同胞相互扶持，不分党派、阶层、宗教、地域，都参与到民族复兴的进程中来，同圆中国梦，共享中华民族的荣耀。

习总书记谈古论今，纵情驰骋，梳理两岸血脉亲情，聚焦同胞命运与共，号召扩大和平发展，期盼两岸共圆中国梦。

四大特点

习总书记的整篇谈话，与历任中央领导的对台讲话相比，特点鲜明，感人肺腑。

其一是"情"。习总书记熟悉台湾，情萦同胞，念兹在兹就是同胞情、民族爱。他对台湾同胞充满情感，称其为"骨肉天亲"。整篇谈话中，提及"同胞"27次，其中"台湾同胞""两岸同胞"分别出现10次、11次；6次提及"亲"、6次说到"情"，4次提及"一家"，5次提及"血脉"，16次出现"心"字；"共同"出现15次，"同"字更是频现，多达50多次。这足以体现，"情"

字在两岸关系中的分量。习总书记深信亲情、真情可以熨平心理创伤，解决现实问题，实现心灵契合。亲情血脉最具感染力、说服力与影响力。没有任何力量可以割断。

其二是"诚"。习总书记对台湾同胞充满真诚，他是真诚地了解台湾地区历史、感受同胞伤痛，发自内心同情同胞遭遇，真诚倾听同胞心声，真诚理解同胞情感心态。他强调感同身受、将心比心、推己及人、有志一同。他特别强调尊重台湾同胞自己选择的社会制度与生活方式，愿意首先同台湾同胞分享大陆发展的机遇。

其三是"实"。面对两岸关系和平发展的良好态势以及破解两岸政治难题、度过深水区的需要，习总书记务实思考和平发展的实际步骤，主张相互理解，顺应潮流，顺势而为，齐心协力，取得成果，造福民众。两岸双方要坚持共同的政治基础，追求光明前景，决不能回到动荡不安的老路上去。他高度肯定双方两岸事务主管部门负责人会面，具有积极意义。他表示解决问题不可能毕其功于一役，但只要谈着就有希望。他号召两岸双方一起努力，出主意、想办法，相信两岸中国人有智慧找出解决问题的钥匙来。

其四是"梦"。中华民族因为中国梦而生机益然，比任何时候更接近民族复兴的梦想。习总书记创造性地将两岸关系和平发展道路与中国梦相连接，指明两岸关系和平发展总任务就是要实现民族复兴的中国梦，号召两岸同胞为此共同奋斗，这必将激励两岸同胞发挥智慧，携手努力，共同圆梦。

习总书记的谈话丰富并发展了两岸关系和平发展思想，"两岸一家亲""两岸命运与共"的论述打动了无数台湾同胞。他对闽南语的熟练运用与鲜明生动的话语体系，进一步增强了和平发展思想的可信可用。习总书记从民族情怀的高度理解台湾历史，由此切入两岸现实，透过巩固深化和平发展，创造两岸未来。走对了路，梦想就不再遥远。习总书记把两岸关系和平发展道路与民族复兴的中国梦紧密相连，让两岸同胞心同此理、有志一同，共享荣耀。两岸同胞已在历史、现实与未来的共鸣中找到了携手追逐中国梦的不归路，两岸关系和平发展的新时空已然开启，不可逆转。（本文发表于《两岸关系》杂志 2014 年 3 月号，总第 201 期）

融合发展：习近平对台工作重要论述最新成果

一、习近平对台工作重要论述体系

习近平总书记被众多媒体形容为"知台派"，曾长期在福建、浙江、上海工作，接触大量对台工作事务，与台湾朋友交往广泛。对台湾情况非常熟悉，了解台湾民众的"出头天"心态，熟悉台湾同胞的语言，使用"打拼""心结"等台湾同胞经常使用的词汇。

2012 年习总书记上任先后就对台工作发表了 30 多次公开讲话，分别在会见台湾客人、考察台资企业、人大、政协两会期间、重大节庆等场合发表重要讲话，形成了一系列有关对台工作重要思想，丰富、发展了两岸关系和平发展思想，创造性地提出了两岸融合发展的新思想、新理念、新主张，推动两岸关系从和平发展迈向融合发展，极大地推进了祖国和平统一进程。

习总书记提出了两岸关系的十二大著名论断，构成五大思想体系、体现了六大对台工作思维。[1] 在从和平发展迈向和平统一的进程中，融合发展成为对台工作主轴、成为推进国家统一的重大命题。

习总书记有关两岸关系的十二大论断：

一是"两岸一家亲"；二是"共圆中国梦"；三是"构建两岸命运共同体"；四是两岸政治分歧"不能一代一代传下去"；五是"一国两制"台湾模式的"三个充分"（"一国两制"在台湾的具体实现形式会充分考虑台湾现实情况，充分吸收两岸各界意见和建议，是能充分照顾到台湾同胞利益的一种安排[2]）；六是统一不仅是形式上的统一，更重要的是两岸同胞心灵契合；七是决定两岸关系

---

① 《倪永杰论习近平对台思想之融合发展》，香港中国评论网，引自 http://hk.crntt.com/doc/1045/4/8/1/104548110.html?coluid=0&kindid=0&docid=104548110，最后检索日期 2017 年 6 月 28 日。

② 《习近平总书记会见台湾和平统一团体联合参访团》，新华社北京 2014 年 9 月 26 日电，引自 http://news.xinhuanet.com/politics/2014-09/26/c_1112641354.htm，最后检索日期 2017 年 6 月 28 日。

走向的关键是祖国大陆发展进步；八是实现两岸经济社会融合发展；九是两岸青少年要担负起开拓两岸关系前景、实现民族复兴的重任；十是两岸道路与制度效果应当由历史去检验、让人民来评判；十一是两岸中国人有能力有智慧解决好自己的问题；最后是推进祖国和平统一进程、完成祖国统一大业，是实现中华民族伟大复兴的必然要求。

习近平总书记对台工作重要思想体系特征：

概括归纳为"一二三四五"，即："一条道路、两项基础、三项理念、四条路径、五项安排"。"一条道路"是两岸关系和平发展道路，使和平发展制度化，构建和平发展的制度框架。"两项基础"一是坚持体现一个中国原则的"九二共识"，二是坚决反对"台独"，提出"六个任何"（绝不允许任何人、任何组织、任何政党、在任何时候、以任何形式、把任何一块中国领土从中国分裂出去）。"三项理念"分别是"两岸一家亲""共圆中国梦"与"构建命运共同体"；"四条路径"依次是"全面增进互信""厚植共同利益""融合发展"与"心灵契合"。"五大安排"包括：一是关于"一国两制"台湾具体实现形式的安排，体现"三个充分"。二是关于解决两岸政治分歧的安排，强调两岸政治分歧"不能一代一代传下去"，应创造条件加以解决，并在 2013 年 10 月以后促成国台办与陆委会建立常态化沟通机制，实现两岸领导人会面，设立"两岸热线"。三是关于台湾国际参与的安排，即不违背"一中"原则、不造成"两个中国"和"一中一台"，透过两岸协商，作出合情合理的安排，如台湾参与 WHA、ICAO 的模式与路径。四是关于两岸和平发展红利的分配安排，更多聚焦青年一代与一线基层，照顾弱势，扩大参与面、增加获得感。五是关于塑造共同历史记忆的安排，在纪念抗战的时候提出两岸应"共享史料、共写史书"等。

习总书记有关两岸关系和平发展思想体现了对台工作的六大新思维。一是总体思维，对台工作和两岸关系发展服从、服务于"两个一百年"与实现中华民族伟大复兴的"中国梦"的总目标，是国家总体发展战略的重要组成部分。二是底线思维，确保国家主权和领土完整不被分裂；三是主导思维，掌握两岸关系的主导权、主动权，引领两岸关系发展，而不是被台湾方面、国际形势所误导。四是创新思维，涉及对台工作重要论述、制度安排、政策举措、两岸治理的创新，提出了一系列新主张，指明道路与方向，增强发展动能，推动两岸关系持续向前，取得突破。五是民本思维，即以人为本，以两岸民众福祉为念，特别是照顾、满足台湾民众利益诉求。六是法治思维，以法治思维、法律手段规范、发展两岸关系，增加两岸关系发展动力。这和大陆"四个全面"战略部署"全面依法治国"辩证统一、相辅相成，如《国家安全法》中便有涉台条文。

二、融合发展：对台工作重要论述最新成果

2015 年习总书记提出了"军民融合发展思想"，成为国家发展战略。2016 年 3 月 25 日中共中央通过了《关于经济建设与国防建设融合发展的意见》，提出"发展和安全兼顾、富国和强军统一"，2017 年 1 月中央成立军民融合发展委员会。与此同时，两岸关系融合发展思想逐步酝酿、成熟，并付诸实践。

习总书记在两岸关系和平发展思想基础上，创造性提出了融合发展的新思想。2014 年 11 月 1 日，习近平总书记在视察福建宸鸿科技（平潭）有限公司、与部分台资企业负责人座谈时，首次公开提出两岸"融合发展"的概念，他说："两岸同胞同祖同根，血脉相连，文化相通，没有任何理由不携手发展、融合发展。大陆人口多，市场大，产业广，完全容得下来自台湾的商品，完全容得下来自台湾的企业。欢迎更多台湾企业到大陆发展。"[1]2015 年 3 月 4 日，习近平在参加十二届全国政协三次会议联组会时，肯定"两岸制度化协商取得新成果，两岸经济融合发展不断深入，各领域交流合作保持良好发展势头，台海局势总体稳定"。[2]同年 5 月 4 日在会见国民党主席朱立伦时，习近平主张"深化两岸利益融合，共创两岸互利双赢，增进两岸同胞福祉。"[3]2016 年 3 月 5 日，针对两岸关系新形势，习近平参加十二届全国人大四次会议上海代表团审议时，公开提出大陆将"持续推进两岸各领域的交流合作，深化两岸经济社会融合发展，增进同胞亲情和福祉，拉近同胞心灵距离，增强对命运共同体的认知。"[4]融合发展思想是在推动、深化两岸关系和平发展的实践过程中逐步酝酿、完善的。融合发展思想既是价值观，又是方法论，是目标、路径、方法的辩证统一，更是

---

[1] 《习近平：实现有质量有效益的速度 实现实实在在没有水分的速度》，新华网福州 2014 年 11 月 2 日电，引自 http://news.xinhuanet.com/politics/2014-11/02/c_1113080850.htm，最后检索日期 2017 年 6 月 27 日。

[2] 《习近平强调：坚持两岸关系和平发展道路 促进共同发展造福两岸同胞》，新华社北京 2014 年 3 月 5 日电，引自 http://news.xinhuanet.com/politics/2015-03/04/c_1114523248.htm，最后检索日期 2017 年 6 月 27 日。

[3] 《习近平总书记会见中国国民党主席朱立伦》，新华社北京 2015 年 5 月 4 日电，引自 http://news.xinhuanet.com/politics/2015-05/04/c_1115169416.htm，最后检索日期 2017 年 6 月 27 日。

[4] 《习近平参加上海代表团审议》，新华社北京 2016 年 3 月 5 日电，引自 http://news.xinhuanet.com/politics/2016lh/2016-03/05/c_1118243972.htm，最后检索日期 2017 年 6 月 27 日。

推进两岸关系和平发展的行动指南，是对国家统一理论学说的全新创造。

1.融合发展具有广阔的时代背景与扎实的实践基础

融合发展思想契合当前两岸关系和平发展的时代背景，顺应大陆实现"两个一百年目标"与"中国梦"的要求。20世纪80年代以来，两岸关系经历了曲折多变的演进，历经李登辉制造的台海紧张、陈水扁炮制的"法理台独"、马英九时期的和平发展阶段，两岸关系内涵外延均发生了重大而深刻的变化。这是一个需要理论且能够产生理论的时代，下阶段两岸关系的发展需要强大思想的引领、伟大理论的指导。融合发展思想，实际上就是应对两岸关系变化的理论回应与思想革命，引领两岸关系爬坡过坎、着力推进祖国统一进程。两岸关系经历一段时期的和平发展后，理应上升到新的发展阶段、发展境界，融合发展就是要解决当前和平发展难以深化、无法破解政治僵局的难题。就是要解决只有和平发展、没有和平统一进展、甚至两岸愈走愈远、愈交流愈疏离的难题。就是要解决两岸大交流、大合作中两岸同胞情感疏离、难以心灵感应、心灵契合的难题，彻底防堵"和平台独"的可能性。

融合发展思想不是对两岸关系和平发展思想的扬弃或否定，而是全新的发展深化、丰富完善。透过两岸融合发展，进一步密切两岸同胞情感，促成两岸更多的利益融合，使两岸关系发展、祖国统一具有两岸同胞之间更多的利益共享与人文关怀的保障。

当前，实现两岸融合发展已具备较好的历史基础与经济、社会、人员深度互动的条件。自20世纪80年代两岸关系开展以来，两岸在经济领域的合作交融取得巨大成绩，书写了台资企业在大陆、陆资企业在台湾、两岸市场、两岸产品的传奇。"三通"直航使两岸进入"一日生活圈"，每年来往于两岸的民众接近1000万，在大陆台商、台生、台干、台属、台青、台配等如今已达到200多万。赴台学习、旅游、投资的陆客、陆生、陆商每年超过400多万。两岸婚姻33万例，占台湾涉境外婚姻的64.6%，其中11.7万陆配拿到台湾身份证，但也有许多台配约11万人不愿回到台湾，而是选择在大陆工作、生活。①尤其值得关注现象，就是两岸社会融合进程已在大陆许多地方自然启动。最初台商、台生、台干、台属等在大陆被当作特殊群体，两岸同胞虽然工作在一起，生活在同一个城市，但相互之间互动往来较少，沟通有限，缺乏交集，难以彼此欣

---

① 王伟男、张贤桦：《跨两岸婚姻中的法律、政策与政治》，《台海研究》2016年第4期，总第14期。

赏、相互接纳。但这一现象近年来已有所改变，越来越多的台湾同胞已开始与大陆普通民众生活在同一个社区，互为街坊邻居，两岸民众越来越多的学习、工作、生活交融在一起，拥有越来越多的共同经验、共同记忆，生活方式相近，价值观念趋同。相互排斥的现象越来越少，相互欣赏、相互学习的情况越来越多。大陆的社会团体已开始向台湾同胞开放，台商、台生的团体也开始接纳大陆同行、朋友。台胞的团体逐步合法化，纳入大陆社会团体管理体系，有些地方开始着手台湾人团体的合法登记、管理辅导事宜，使两岸经济社会融合具有更多的路径通道，加快两岸融合进程。

2. 融合发展具有多元丰富的内容

融合发展内容多元、丰富，涵盖经济、社会、文化、价值等多个领域。一是经济融合是两岸融合发展的物质基础，是现阶段两岸融合发展的优先选择与可行路径。二是社会融合是两岸融合发展的关键，既可承接、深化两岸经济融合的成果，又能提升两岸融合发展的境界，如今已成为两岸关系发展最为的生动实践。当前，两岸社会融合方兴未艾，掀起新的高潮，前景光明，培育两岸关系的巨大发展动力。三是文化融合、价值融合则是两岸融合的思想基础，是对经济融合、社会融合的回馈与升华。经济、社会融合越顺利，越有利于两岸的文化融合及价值融合。同样，两岸文化融合越深入、越全面，也会回馈反哺两岸经济社会融合发展，促进和平统一进程。两岸经济融合、社会融合是显性、浅层的，可以量化分析，看得见、摸得着；两岸文化融合、价值融合则是隐性、深层的，只能进行定性的认定，但人们可以感受到文化融合、价值融合的热度与效果，是有感融合。两岸融合发展应遵循由表及里、从物质到精神、从利益融合迈向价值融合，最终实现两岸同胞的心灵契合。四是政治融合，着眼于制度的借鉴、政策的对接，着重探讨国家尚未统一特殊情况下的两岸政治关系，对此作出合情合理安排。还可透过结束两岸敌对状态、签署和平协议、建立军事安全互信机制促进两岸政治融合。

3. 融合发展具有可行路径

经济融合是实现两岸利益融合的重要途径。经济融合旨在促进两岸资源要素的整合、互补，加强产业合作、对接及融合，形成并提高两岸经济之间的结构性依赖。如今两岸经济合作已进入新经济融合的新阶段，两岸可以在传统产业的转型升级、高科技产业、现代服务业、电子商务、新经济、循环经济、共享经济、海洋经济等方面展开广泛的交流合作，尝试资源、结构、产业、市场、人才等相互渗透、交叉与重组，实现深度融合。

社会融合就是消除两岸社会隔离与相互排斥，化解政治敌意、政策歧视，促成两岸同胞之间互赏互鉴、相互接纳、密切互动。台湾的教育资源、科技优势、人文热量完全可以在大陆崛起、"一带一路"建设中纵情发挥。

融合发展可分阶段推进，近程与远程相互配合，始于两岸经济、社会融合，这是融合发展的初级阶段、近程阶段，现阶段的两岸融合发展着重于两岸经济、社会的融合，可以为两岸文化、价值融合创造更好的条件。随着两岸经济社会融合的不断深入，必然会朝向文化、情感、生活方式与价值观融合推进，进入两岸融合发展的高级、远程阶段，实现深度融合。两岸经济社会的融合进展比较明显，但文化融合、价值融合是一个滴水穿石、缓慢推进的过程，需要时间与耐心。价值融合着重形塑两岸同胞共同的学习成长、工作生活的经历、经验，培养同甘共苦、相濡以沫、休戚相关、守望相助、生死与共的情感，形塑共同记忆、共同向往及共同命运。

两岸融合就是一个动态、渐进、多维的过程，两岸资源优势互补、相互激荡交汇，保存各自特质，吸收对方养分，酝酿新的社会形态、主流观念与生活方式，是一种高境界的创新发展。

两岸融合发展的主战场在大陆，主动权也在大陆。大陆完全可以操之在我，尽力而为，发挥关键主体作用。两岸融合发展的主力群体就是常年往来两岸之间的两岸群体、大陆的涉台工作、研究人员等。我们不必也不能期待台湾方面会出台有利于两岸融合、消除歧视的政策法规，我们只能依靠大陆自身的努力、汇集两岸同胞的智慧。我们不能等待台湾民众的自我觉醒与甘心投入，我们必须采取积极可行的政策、行动，呼吁、引领更多的两岸同胞投身于两岸融合发展的实践。

4. 融合发展需要政策与实践创新

社会学家对于社会融合形成三种理论，同化论、多元论及区隔融合论。同化论强调弱势一方融入主流社会的过程，多元论主张不同社会、文化形态的多元并存交融。区隔融合论是针对二代移民融合而言。[①] 美国社会学家米尔登·戈登（Milton Gordon）提出了族群融合的 7 项指标，包括文化行为的同化、社会

---

① 百度文库：《社会融合文献综述》，引自 https://wenku.baidu.com/view/370453b70722192e4536f6a1.html，最后检索日期 2017 年 6 月 28 日。

结构融合、通婚、身份认同融合、偏见、歧视的消除、公共事务的融合等。① 就社会融合而言，结构融合与身份认同是最为关键。而社会融合的心理建构主要围绕认同和接纳展开。

实现两岸融合发展需要破解制约，政治引领、政策创新、制度化保障。破解制约涉及台湾岛内的"反中民粹"、台湾当局的"反中对抗"，涉及国际反华势力的"台湾牌"，当然涉及了大陆某些部门、某些领域、某些地方的制度框限、政策制约。

融合发展需要发挥两岸政治精英、意见领袖的引领功能，转变台湾民意，汇集两岸特别是台湾岛内一切支持和平发展的力量、智慧。针对两岸关系新情势、新问题，集中两岸智慧进行政策创新、制度创新、方法创新、渠道创新，提升制度化程度。

当前，实现两岸融合发展需要从三方面入手。首先，观念上需要消除误解、歧视，相互接纳、彼此欣赏。其次，政策上消除歧视，实施同等待遇甚至同等优先，机会均等、尽可能消除身份限制，谋求分配的公平正义、福利均等，不分彼此。因此，某种程度上，两岸融合发展的快慢与成果取决于大陆对于台胞在大陆学习、工作、生活等相关政策限制壁垒的解决。再次，尝试四种途径。一是扩大两岸婚姻，增强他们及其子女的中国人身份认同，强化对于中国文化、中国历史、中华文明的认同。二是大陆台胞团体就地合法，纳入我社会团体的管理体系，加以引导、指导。鼓励两岸社会团体的相互参与、交流互动，让台胞参与到大陆的社会团体管理、活动中来，也让大陆人士参与到台胞社团中去。三是让台湾同胞参与到大陆公开事务中来，条件成熟地区、行业提高台湾同胞的政治参与程度。四是提高法治保障。通过立法提高两岸融合发展的制度化保障，保障台胞的合法权益，提高他们的政策有感程度。中央、地方应下更大决心，进行立法规范，上海、福建、江苏、北京等地已走在前列。2015 年 11 月，上海市人大出台了《上海市台湾同胞投资权益保护规定》，内容共 26 条，是上海运用法制思维、法治方式推动两岸关系发展的具体实践。最重要的就是给予在沪投资的台湾同胞同等市民待遇，子女就近入学，享受同等医疗待遇。使上海对台工作、保护台胞权益增添了法治保障、法治动力，反响很好，影响很大。

融合发展思想是对两岸关系和平发展思想的创新、深化，将对两岸关系将

---

① 黄匡时、嘎日达：《社会融合理论研究综述》，引自 https://wenku.baidu.com/view/4210666c25c52cc58bd6be76.html。

产生重要的思想引领作用，改造既有的两岸关系结构，在创造两岸关系发展的物质基础、社会基础的同时，更要创造两岸和平统一的情感纽带、文化基础与价值基础。融合发展就是推进两岸统一进程的思想库、方向标及动力源。（本文发表于中国台湾网 2017 年 8 月 3 日，引自 http://www.taiwan.cn/plzhx/zhjzhl/tyzhj/niyongjie/201708/t20170803_11826750.htm）

发展两岸关系新号令，推进统一进程新征程

——中共十九大报告对台部分解读

十九大是在全面建成小康社会决胜阶段、夺取新时代中国特色社会主义胜利关键时期召开的、举世瞩目的大会；也是台海局势发生转折、两岸关系处于关键节点召开的大会，对台报告备受关注。十九大不但对我党和国家事业发展具有重大意义，也将对两岸关系、统一大业产生重大而深远的影响。

党的十八大以来，习近平总书记站在党和国家事业发展全局和实现中华民族伟大复兴的战略高度，洞察国内外形势和台海局势的变化，发表了一系列内涵丰富、充满睿智的对台论述和政策主张，丰富和发展了两岸关系和平发展思想，成为习总书记系列重要讲话和党中央治国理政新理念新思想新战略的重要组成部分。十九大对台报告是在盱衡国际风云变幻与台海形势变化的基础上，根据党和国家全面建成小康社会、全面建成社会主义现代化强国、最终实现中华民族伟大复兴的两阶段战略安排，概括、综合十八大以来习总书记对台重要思想、重要理念，制定了未来对台工作的战略目标任务、根本原则、基础动力、发展路径，作出重要承诺、重大宣誓、重大号召，发出了发展两岸关系的新号令，启动了祖国统一的新征程。

一、结构

十九大报告对台部分共有800多字，与十八大相近。结构上分为三大部分。

一是总结过去五年成绩。这部分有91字，突出十八大以来的五年对台工作取得新进展，内容包括：坚持一个中国原则和"九二共识"，推动两岸关系和平发展，加强两岸经济文化交流合作，实现两岸领导人历史性会晤。妥善应对台海局势变化，坚决反对和遏止"台独"分裂势力，有力维护台海和平稳定。这

些成绩来之不易，是两岸同胞共同奋斗、冷静应对的结果，更是正确的对台方针政策指引的结果。

二是提出对台基本方略。把"坚持'一国两制'和推进祖国统一"作为建设新时代中国特色社会主义的基本方略写入党的报告，成为十九大对台报告全新安排。十九大报告提出了新时代中国特色社会主义思想和基本方略，"坚持'一国两制'和推进祖国统一"与坚持党对一切工作的领导、以人民为中心、全面深化改革、全面依法治国、全面从严治党等共十四条共同构成了基本方略，充分体现了以习近平同志为核心的党中央对于对台工作、祖国统一大业的前所未有的重视。习总书记提出的对台基本方略概括为"两项坚持、三条路径"，共83字："必须坚持一个中国原则，坚持'九二共识'。推动两岸关系和平发展，深化两岸经济合作和文化往来，推动两岸同胞共同反对一切分裂国家的活动，共同为实现中华民族伟大复兴而奋斗。"推动两岸关系发展、推进祖国统一进程应当在遵循这一方略的基础上加以推动，习总书记要求全党上下深刻领会其精神实质和丰富内涵，在各项工作中全面准确贯彻落实，对统一全党思想，调动各方积极性、主动性、能动性将产生重大作用。

三是规划未来对台工作。这是十九大报告对台部门的重点，共有628字，分五方面内容。

首先指明方向任务。必须继续坚持"和平统一、一国两制"方针，当前任务仍是推动两岸关系和平发展，推进祖国和平统一进程，由此表明我对台大政方针是一贯的、不变的。

其次亮明政治底线。强调一个中国原则、"九二共识"的重要性。

再次塑造发展路径。从尊重台湾现有制度与生活方式到交流合作，从分享机遇、增进福祉到弘扬中华文化，显示我们对台湾同胞的亲情、包容、诚意及爱护。

其四画下台海红线。宣示反分裂决心，强调我们有坚定的意志、充分的信心、足够的能力挫败任何形式的"台独"分裂图谋。

最后是发出感人号召。呼吁港澳台同胞顺应历史大势、共担民族大义，实现中华民族伟大复兴。

这一部分习总书记用时4分48秒，语速平稳，在对"台独"发出严厉警告时，语气坚定，字字铿锵，全场响起八次热烈掌握，体现了党心、民意，道尽了全体中华儿女的共同心声，显示反对遏止"台独"、发展两岸关系、加快统一进程、实现民族伟大复兴，已成为全党、全军、全国各族人民不可战胜的共同意志，也将成为不可阻挡的历史潮流。

在十九报告的最后，习总书记提出我党"三大历史任务"，号召全党全国各族人民为实现"推进现代化建设、完成祖国统一、维护世界和平"继续奋斗。中共十二大提出党的"三大任务"，历经十七、十八大，如今"三大历史任务"第四次被写入党的文件，将激励全体中华儿女不懈奋斗。

二、亮点

与之前党的历届大会相比，十九大对台报告具有六大亮点。

一是明确政治底线。强调一个中国原则是两岸关系的政治基础，申明"九二共识"的重要性在于界定了两岸关系的根本性质，是确保两岸关系和平发展的关键。从而彻底打破了台湾某些人期待大陆松动政治立场、甚至放弃一中原则、"九二共识"的幻想。

二是预留互动空间。当前两岸陷于僵局，但仍有破解之道，那就是只要承认"九二共识"的历史事实，认同两岸同属一个中国，两岸双方就能开展对话，协商解决两岸同胞关心的问题，台湾任何政党和团体就可与大陆交往也不会存在障碍。这是我对台湾各方的最大的包容与善意。

三是倡导"两岸一家亲"理念。习总书记强调两岸同胞是命运与共的骨肉兄弟，是血浓于水的一家人。我们尊重台湾现有的社会制度和台湾同胞的生活方式，愿意率先同台湾同胞分享大陆发展机遇。这充分体现了我对于台湾同胞的骨肉亲情与真心诚意。

四是承诺"同等待遇"。习总书记主张增进台湾同胞的福祉，承诺："逐步为台湾同胞在大陆学习、创业、就业、生活提供与大陆同胞同等的待遇。"这一承诺将对台湾同胞来大陆发展产生强大的吸引力，增加两岸关系发展动力，也对大陆各方面提出了极高的要求。

五是促进"心灵契合"。中华文化是两岸同胞共同的精神家园与纽带，两岸同胞都有责任共同弘扬中华文化，反对民进党当局"文化台独""去中国化"逆流，实现两岸同胞的心灵契合。

六是挫败"台独"图谋。习总书记向全党全国各族人民宣誓"绝不容认国家分裂的历史悲剧重演"，一如外界预期，强调"绝不允许任何人、任何组织、任何政党、在任何时候、以任何形式、把任何一块中国领土从中国分裂出去"

的"六个任何"写入了十九大报告，坚决反对各种形式、变相"台独"分裂活动，决不会坐视"柔性台独""文化台独""去中国化"活动，将对民进党当局、"台独"势力产生强大的威慑效果。

三、要点

自十五大以来的历届党大会都有对台部分，十九大对台报告篇幅与十八大相近，都有800多字，但此次报告针对性更强，高屋建瓴，提纲挈领，简明扼要，却字字珠玑，切中肯綮，铿锵有力。

台湾各界十分关注十九大报告对台政策内容，会不会提出"统一时间表"、会不会"武统"、是否写入"六个任何"、人事安排，以及十九大以后对台政策是硬是软，等等。十九大报告给出的答案有的明确、清晰，有的没有明确的答案，尽在各方解读之中。

1. "统一时间表"呼之欲出。习总书记在十九大报告最后向全党全国各族人民庄严提出"三大历史性任务"，号召人们为"推进现代化建设、完成祖国统一大业、维持世界和平与促进共同发展"而奋斗。十九大报告虽然没有明确的文字的统一时间表，但从决胜全面建成小康社会到2035年实现基本现代化、2049年全面建成社会主义现代化强国，祖国统一进程完全与其同步。未来30年，两岸关系发展步伐、祖国统一进程与三阶段全面建成社会主义现代化强国的时间表、路径图完全可以对接、对表、并轨。因此，实现国家完全统一的时间表早已呼之欲出，十九大报告是一份没有明确文字的统一时间表。2035年是重要节点，到那个时候大陆实现基本现代化，朝向全面建成现代化强国冲刺。届时，中美实力对比发生根本性变化，中国的经济总量将超过美国，综合国力、军事实力、国际地位与美国不相上下，美国难以挡住中国统一。两岸实力对比发生革命性变化，台湾民意将出现由当前的"被统一"期待朝"向统一"、最后"求统一"的方向发展，届时统一就将水到渠成、不统而统。统一的时间表掌握在全体中国人的手中，就看大陆的发展进步、全体中国人的努力程度，大陆自身的准备是否充分、各方面条件是否成熟。

2. 祖国统一与民族复兴的辩证统一。解决台湾问题、实现国家完全统一，是全体中华儿女的共同愿望，是中华民族根本利益所在，也是实现中华民族伟大复兴的必然要求。十九大报告把"坚持'一国两制'和推进祖国统一进程"作为建设中国特色社会主义的基本方略，表明解决台湾问题、发展两岸关系是党和国家总体发展战略的一部分，必须服从、服务于"两个一百年"的宏伟目标与民族复兴的伟大梦想。现阶段就是根据全面建成小康社会、以及2035年基本实现现代化、2049年全面实现现代的二阶段战略安排，努力维持台海和平稳定，实现两岸融合发展，实现同胞心灵契合，创造更好的统一条件。相信经过不懈努力，中国必将迎来最后统一的那一刻。

3.刚柔并济、软硬结合。针对民进党当局、"台独"势力"柔性台独""去中国化"甚至"公投""宪改"等活动，大陆将采取各种措施加以打击、遏止。从"绝不容认国家分裂的历史悲剧重演"到"绝不允许"六个"任何"，把十八大以来有关反对"台独"的内容全部纳入十九大报告，对"台独"分裂势力决不容认、决不手软，打击力度、政策举措空前绝后。同时坚持一中原则、"九二共识"前所未有的坚定，没有丝毫妥协的余地。在对民进党当局、"台独"势力硬的一手之外，十九大报告充分体现了对于台湾民众的手足之情、同胞之爱。

4.明示"和统"与暗示"武统"。十九大报告表明继续坚持"和平统一、一国两制"方针，推动两岸关系和平发展、推进祖国统一进程，实施各项两岸交流合作、促进两岸经济社会融合、促进心灵契合的政策措施。但是，如果台湾触动"反分裂国家法"的三种情形，大陆一定会采取断然措施采取"非和平方式"解决台湾问题，"'台独'尽头就是统一"，大陆也决不会承诺放弃使用武力。如果没有国防与军事的准备，"和平统一"就沦为空谈。十九大报告中提出实现国防与军队现代化的强军梦，建成世界一流军队，就是要为实现国家完全统一作好一切准备。

5."融合发展"将是重点。十九大之前，两岸不少学者专家认为实现两岸经济社会融合发展的观点应该写此次大会报告。可能由于篇幅所限，也可能在两岸关系形势严峻复杂、出现"冷对抗"的情况下，未来一段时期对台工作的重点在"反独"，实现两岸融合发展尚待两岸形势转换。从另一个角度看，习总书记倡导"两岸一家亲"理念，提出为台湾同胞来大陆发展提供"同等待遇"，共同弘扬中华文化，促进心灵契合，勾勒出两岸融合发展的生动实践情景，将为两岸融合发展思想酝酿更好的土壤与条件。

四、影响

1.十九大举旗定向，扩大对台战略优势

大陆继续坚持"和平统一、一国两制"的大政方针，并确定为建设新时代中国特色社会主义的基本方略，有助于消弭大陆内部"和统"与"武统"争议，整合调动各方力量，推动两岸关系和平发展。习总书记号召全党全国各族人民为实现完成祖国统一的三大历史任务继续奋斗，将极大激发中华儿女积极性，汇聚各方智慧，增添两岸关系发展动力。两岸关系发展进程将与决胜全面建成小康社会、两阶段实现社会主义现代化强国的时间表、路径图同步对接、对表，两岸实力差距几何级数倍增，台湾无法抗拒大陆崛起的强大磁场，和平统一的进程加快，趋势日益明显，不可阻挡。

2. 民进党面临巨大压力，难以招架

去年"520"以来蔡英文就面临继续"未完成答卷"的强大压力，十九大形成排山倒海、雷霆万钧的磅礴压力，民进党当局只有被动接招，企图以柔克刚，避其锋芒。蔡英文18日重调"善意不变、承诺不变、不对抗、不屈服"的"四不"老调，没有实质内涵。陆委会呼吁两岸以"新思维共寻互动新模式"。与蔡的低调、模糊不同，赖清德则以强硬、清晰回应，宣称"六个决心不变"，称"捍卫台湾主权、维护自由民主人权、深化两岸和平发展、维护未来选择权"等。

民进党内部对于两岸关系未来形成乐观与悲观的争议。乐观派以亚太和平基金会、前主席许信良为主，认为两岸长远趋势是乐观的。习近平的核心地位不可动摇，人事就位，政策将以软性的融合发展为主。大陆更加自信，两岸决不会兵戎相见的武统局面，两岸问题将由时间、以智慧解决。习近平强调承认"九二共识"的历史事实、认同两岸同属一个中国，仍为两岸互动保留"机会之窗"。

悲观派则认为习近平强调一个中国原则与"九二共识"，已使两岸双方没有任何妥协空间。未来大陆将采取政治、经济、外交、军事等各种手段打压、封锁台湾，刺激"独派"反弹，压缩蔡英文对大陆退让空间，两岸很可能出现"地动山摇"的情况。

3. 蔡英文沿袭模糊、拖延手法，避免摊牌

蔡英文执政不佳，民调下滑，面临"独派"、赖清德、"新潮流系"的多重挟持，正在极力捍卫其"总统"的大陆、"外交"及"国防"政策权力。蔡英文不改模糊、拖延策略，避免与大陆摊牌。一看十九大后大陆对台政策具体走向，是否"软多于硬""硬有多硬"。二看特朗普访问北京时中美互动情况与美国台海政策，争取有利于民进党的局面，避免大陆出重手反制、压缩台湾空间。

为累积对抗筹码，蔡英文未来将采取六招应对十九大。一是对大陆避重就轻、打太极。多谈"九二会谈"、求同存异的精神，无限接近"九二共识"的历史事实但绝不承认"九二共识"，更不会认同两岸同属一中。还将侈谈"中华民国宪法"、"两岸人民关系条例"等，强调"善意""承诺""不挑衅""无意外"等。二是加快"柔性台独"步伐。在"内政"、教育、文化等部门制造"去中国化""文化台独""台独史纲"，全面"绿化"台湾。三是启动"宪改"列车。推动"公投"修法，降低投票年龄与门槛，实施"公投绑选举"，为2018、2020年的选举造势。四是紧缩两岸交流，严厉处罚退役将领、退休高官赴大陆"违规"行为，限制台青、台师、台生赴大陆就业、创业。限制、刁难大陆官员、学者赴台交流，歧视陆客、陆生、陆配、陆资、陆谋权益。实施"亲美日、转南向"策略，远离大陆、愈走愈远。五是寻求美、日保护，拓展东南亚、印度市场、开展双方战略安全合作。六是"以武拒统"。对美军购、允许美军停靠，实施"舰机自造"，配合美日围堵大陆。

此外，为确保民进党长期执政，将严酷清算国民党党产，恐吓支持国民党的工商企业与团体，把2020年挑战民进党的对手包括柯文哲彻底打趴、歼灭，以绝后患。

4.两岸关系短期内僵局无解，陷于螺旋对抗；长期有望缓和

民进党出于选举需要拥抱深绿与基本教义派，加紧"柔性台独"步伐，玩弄"释宪台独"、"公投修宪"等闹剧，不排除"法理台独"冒险，制造"绿色恐怖"，挑起"台独"事端，进一步升高两岸紧张气氛，加剧对抗。

但是，十九大及其对台报告有关"和平统一""同等待遇""心灵契合"等主张让台湾民众吃了一颗"定心丸"，对台湾民众产生强大吸引力。愿意西进大陆工作、读书、就业、居住的台湾民众高达35%以上。民进党在两岸关系"开倒车"行为必将引发台湾民众的强烈不满与反弹，民进党面临岛内工商界、普通民众强烈批评，不得不改弦更张。国民党唯有坚持"九二共识"、反对"台独"，抢占和平发展的话语权，才能扩大对抗民进党的优势，赢得政权。长期来看，两岸关系发展大势难以改变，有望进入新一轮和平发展、融合发展的新阶段。

十九大对台报告对台工作的行动纲领，是推动两岸关系和平发展的宣言书，更是推进祖国统一进程的总动员令，催人奋进、快马加鞭。蓝图已经绘就，部署也已就绪，统一的新征程已经启航，统一已在路上，统一势不可挡。（本文发表于《两岸视点》杂志2017年10月号，总第51期）

"习宋会"透露大陆对台政策动向

亲民党主席宋楚瑜和中共中央总书记习近平的会面，在时机上极其重要，透露了许多政治信息。在台湾发生"反服贸"风波以后，宋楚瑜是首位应邀访问大陆的台湾政党领袖，大陆方面高度重视、高度评价、高度期待。习近平和全国政协主席俞正声分别会见宋楚瑜，高度重视亲民党始终坚持、支持两岸关系和平发展的这支力量。高度评价宋楚瑜此行对于推动两岸关系发展的深远意义，高度期待宋楚瑜能够发挥积极作用，推动两岸关系和平发展。

两岸一家体现真诚

习近平透过会见宋楚瑜场合，全面表达大陆方面有关两岸关系和平发展的基本主张、立场，体现了柔性、温情的谈话基调，表达了希望台湾社会安定、经济发展、台湾同胞过上安宁幸福的生活的真诚愿望，拉近与台湾民众的距离，富有感染力。其中的重点包括：五个强调、四不主张以及争取台湾民心三要点。

一、五个强调：一是强调两岸关系和平发展是两岸同胞顺应历史潮流作出的共同选择，共同追求。二是强调两岸关系和平发展大局稳定，经得起风浪考验。三是强调两岸关系和平发展前景广阔，特别提出大陆全面深化改革和扩大对外开放，将为两岸经济合作带来强劲动力。四是强调两岸经济融合任何时候都不应受到干扰。五是强调本着"两岸一家亲"的理念，将心比心，以诚相待。

二、"四不"主张：习近平表达了推进两岸关系的"四不"主张，显示大陆方面的坚定意志。包括：两岸关系和平发展的方针政策不会改变；两岸交流合作的务实举措不会放弃；团结台湾同胞的热情不会减弱；制止"台独"分裂图谋的意志不会动摇。

三、争取民心三项重点：习近平讲话具有鲜明的针对性，有关台湾部分民众的疑虑、担忧，习近平提出了三个新概念。一是加深两岸同胞相互信任，二是照顾好弱势群体，三是两岸青少年身上寄托着两岸关系的未来。

争取民心将更灵活

与之相呼应，习近平提出了争取台湾民众支持三项重点工作，一是扩大两岸社会各界各阶层民众的接触面，面对面沟通，心与心交流，拉近心理距离。

二是了解台湾民众尤其是基层民众的现实需求，使更多台湾民众在两岸经济交流合作中受益。

三是创造条件，让两岸青少年多来往、多交流，感悟两岸关系和平发展的潮流与中华民族伟大复兴的趋势，担当重任。

未来大陆方面应该在政策设计上更宏观、更长远、更周延，考虑两岸方方面面的愿望、需要。在政策执行上更细腻、更到位、更灵活，收取正面效果。

大陆对台有可能出台一些政策举措，向"三中"、弱势群体倾斜，让其在两岸关系发展中受益，化解他们的疑虑与担忧。鼓励两岸青年交流，让他们找到机会、看到未来与希望，支持两岸和平发展。（本文发表于台湾《旺报》2014年5月9日C3版）

两岸不逆转　习近平注入新动能

习近平这次会见台湾和平统一团体联合参访团，提出了四项主张。首先，强烈呼应统派的主张，在涉及国家统一和中华民族长远发展的重大问题上，大陆旗帜鲜明、立场坚定，没有任何妥协和动摇。面对两岸关系新问题、新情况，仍将毫不动摇坚持两岸关系和平发展的正确道路，坚持造福两岸同胞的政策举措，共同推动两岸关系不断取得新进展。

其次，大陆具有遏止"台独"分裂势力的坚定意志，绝不会容忍任何分裂国家行径。习近平讲话中多次提醒不要忘记民进党当年推行分裂路线、挑动两岸紧张，给台湾带来危害的惨痛记忆；警惕"台独"势力仍是两岸关系和平发展的最大威胁。与此同时预留空间，无论是谁，只要愿意参与推动两岸和平发展，大陆都欢迎。

第三，习近平也提出了具有理论与实践创新意义的命题，即"一国两制"的台湾模式。一是肯定"一国两制"是最佳的统一模式，成功解决香港、澳门回归问题，始终是大陆"垂范"台湾的基本方针，具有强劲的生命力，将发挥关键影响。二是"一国两制"具有包容性，是对台湾多元声音最大程度的包容、尊重，将成为台湾有关和平发展、国家统一诉求的平衡点。三是"一国两制"模式对于台湾的安排合情合理。两岸双方可以就台湾现实情况、两岸各界意见和建议等进行充分、平等、真诚的交换意见，最后达成共识。习近平表示"一国两制"在台湾的具体实现形式会充分考虑台湾现实情况，能充分照顾到台湾同胞利益的安排。

第四，习近平阐述了两岸同胞心灵契合的命题，称"国家统一不仅是形式上的统一，更重要的是两岸同胞的心灵契合"。两岸最终统一，不但要有形式、制度的统一，更应有两岸同胞情感融合、认同趋同与牢固的精神纽带，还要有价值的共鸣，后者比前者更为重要。

　　实现两岸同胞心灵契合，有三个关键，一是培植两岸共同利益，二是形塑两岸共同价值，三是建构两岸全面互信。"三通"直航缩短两岸时空距离，两岸交流拉近两岸的心灵距离。但要实现两岸同胞心灵契合将是长远、动态、善意的良性过程，需要在中华文化智慧的引导下，逐步寻觅两岸心灵融合的心路历程。（本文发表于台湾《中国时报》2014年9月30日A15版）

"习朱会"引领两岸关系

2015 年两岸关系重大历史性事件非"习朱会"莫属。"习朱会"是两岸执政党主席的第三度会面，也是习近平、朱立伦分别担任中共与国民党领导人之后首次会面，是否引领两岸关系持续向前、巩固深化，"习朱会"的一言一行皆有指标意义。2005 年"胡连会"开创两岸和平发展道路，迄今已届十周年。两岸关系得以螺旋上升还是螺旋下沉，牵动两岸亿万同胞的心，备受国际社会关注。去年"反服贸事件"、"九合一"选举重挫两岸关系，已是险象环生。面对即将开展的 2016 年选举及可能的政治变幻，两岸关系何去何从，正处于重要节点，"习朱会"已是两岸关系的关键指标，犹如两岸关系的定位器、导航仪，累积两岸和平发展不中断、不逆转的正能量，更是两岸关系转型升级的推进器。

"习朱会"是保持国民党竞争优势、打击民进党"台独"分裂势力的重要砝码。

"胡连会"确立两岸和平发展五项共同愿景、开创和平发展的光明道路，奠定国民党在台湾政治市场上的竞争优势，其"九二共识"、和平开放、稳定发展的两岸路线得到台湾民众的普遍拥护，国民党掌握了台湾两岸政策的话语权，分别赢得 2008、2012 年两次"大选"。但 2012 年以后，民进党转向岛内的社会运动寻找"奥援"，成功结合各种"反服贸"势力，掀起"反中""反商""反权贵"的逆流，轻易夺得了两岸政策的主导权，在"九合一"选举中一举击溃国民党。一段时间内，国民党上下弥漫悲观、失败主义的气氛，"两岸牌"是否有用、国民党的两岸政策有无优势，困扰泛蓝阵营，也是国民党新领导人无可回避、必须回答的重大命题。政治性格谨慎而擅长精算的朱立伦敢于在各种疑虑的氛围中开展大陆之行，就是要明确告诉两岸各界，国民党将传承"胡连会"和平发展愿景，引领两岸关系正确方向，创造公平正义、和平繁荣的新时代。

蔡英文自赢得"九合一"选举以来，试图在两岸政策上保持模糊性、可塑性的政党形象，旨在拉拢中间选民、知识阶层，忽悠美国，却因为"习朱会"而使其酸葡萄心理发作，陷入疯狂，又一次遁入"逢中必反"的"台独"宿命而破功，难以跳脱"仇中""反中"的政治魔咒，无法祛除不让对手在两岸议题得分的阴暗政治心理。民进党攻击朱立伦把两岸关系"国共化"、窄化台湾"国际"参与、"主权"退让、政治谈判。炮制各种"抹红"、唱衰"习朱会"的手法令人啧啧称奇，匪夷所思。亲绿学者造谣大陆已放弃国民党、放弃朱立伦，遭大陆拒绝往来。民进党自曝其短，两岸政策难以匹敌国民党，只能荒腔走板，作茧自己，只能豪赌"重内政、轻两岸"了。对此，人们深信台湾选民自有公论，民进党将再次因为两岸政策而遭选民唾弃。

"习朱会"成为两岸关系的定位器、导航仪，两岸面临道路选择、和平发展有待丰富内涵、转型升级等重大命题，"习朱会"一一作出明确回答，提供和平发展的正向能量。会面不但公开透明，成果让台湾民众深度有感，其功能难以撼动。

一是两岸关系处于重要节点，面临道路选择。国共双方紧扣历史命题，把握时代脉搏，需要对未来两岸关系的路应该如何走作出负责任的历史回答。两岸关系何去何从已成为两岸及国际社会高度关注、严肃而又重大的课题，攸关两岸同胞福祉，攸关台海和平稳定与两岸关系和平发展成果，攸关中华民族和国家未来，每一个负责任政党都必须明确回答，无法模糊，更难以回避。两岸各界也要作出慎重、明确的选择，确保自身的利益不因"台独"政党上台而受损。

二是继续和平发展道路，建设两岸命运共同体。和平发展是被历史、现实所证明的一条正确的道路，顺应民意潮流，符合历史发展规律，得到两岸与国际高度支持，没有任何政治势力能够与之对抗。和平发展不是天上掉下来的，是两岸双方、特别是国共双方共同奋斗的结果。和平发展绝不是理所当然，需要两岸各方珍惜珍重，共同捍卫。面对新形势，国共两党和两岸双方需要坚定信心、增进互信，维护两岸关系和平发展进程，携手建设两岸命运共同体。

三是坚定共同政治基础，增进政治互信。国共双方强调"九二共识"突出作用，习近平将"九二共识"核心定义为"大陆和台湾同属一个中国"，朱立伦则提出升级版的"两岸同属一中，但含义有所不同的九二共识"，双方已将"两岸一中"作为"九二共识"的核心内涵，对极欲"维持两岸现状"的蔡英文构成难以承受的政治重压。习近平再次公开警告民进党，否认"九二共识"，挑战两岸同属一个中国的法理基础，搞"一边一国""一中一台"，动摇两岸关系发展的基石，就不可能有和平，也不可能有发展。

四是正确对待差异，积极探索解决之道。对于两岸政治分歧，朱立伦提出"求同尊异"，而习近平主张由"求同存异"到"聚同化异"，管控分歧，避免干扰两岸交流合作。习以《尚书》"虑善以动，动惟厥时"劝导国民党勇于面对，汇聚两岸智慧，探索解决之道。提议双方构建维护两岸关系和平发展的制度框架。

五是共享大陆机遇，妥善安排台湾参与区域经济整合。双方同意分享大陆发展的机遇，习近平承诺首先同台湾同胞分享发展机遇，愿意优先对台湾开放，并且对台湾同胞开放的力度要更大一些。双方热议经济民生，关注和平红利惠及台湾基层农渔民、正面回答朱立伦提出的台湾参与区域经济整合、亚投行、"一带一路"等诉求，两岸就此可以加强研究、务实探讨，在不违背一个中国原则的情况下作出妥善安排。

六是聚焦民众需要，满足"三中一青"的期待。双方充分考虑两岸双方社会的心理感受，同意双方努力扩大两岸民众的受益面和获得感，尤其要为两岸基层民众、中小企业、农渔民合作发展、青年创业就业提供更多机会，让两岸同胞参与越多受益越多。国共双方将更多关注两岸青年成长，为其提供更多机会和舞台，让他们看到希望、找到机会，透过交流交心成为共同打拼的好朋友好伙伴。大陆方面将适时实施进一步便利两岸同胞来往的措施。

七是承担历史责任，追求民族复兴。朱立伦誓言领导国民党追寻孙中山的创党精神，理当秉持"天下为公"、民族大义，承担起为历史责任，团结各党、各派及各界人士，开创两岸关系崭新未来，致力于民族复兴，让中华民族巍然屹立于世界先进民族之林。

此次朱立伦无惧民进党的"抹红"与唱衰，已具有一定的免疫力。朱在两岸场域初试啼声，表现可圈可点，有为有守，有勇有谋，低调有格调，公开又透明，提携基层、中小企业与青年共同参与，形成朱氏特色，在两岸议题上取得战略纵深与比较优势。朱立伦既传承了国民党的两岸立场，明确和平发展道路选择；又深化"九二共识"论述，将"两岸同属一中"作为与民进党的政治区隔；还呼应了台湾主流民意及台湾对于参与区域经济整合、"三中一青"对于公平正义、和平发展的渴望，为两岸关系优质化、全面化、制度化发展创造了无限可能。

　　"习朱会"承接"胡连会"和平发展愿景，既是国共关系的新起点，也将是两岸关系的里程碑。"习朱会"当如十年前的"胡连会"，将是影响两岸关系历史进程的重大发展，创造新一轮的和平发展历史机遇，向下扎根，向上提升，向前跨越。（本文发表于台湾《海峡评论》杂志 2015 年 6 月，总第 294 期）

正确解读习讲话 继续推进和平发展

习近平讲话引起台湾各界广泛讨论，一时成为舆论焦点。人们纷纷解读讲话背景、目的、内涵、效果，涉及"一国两制"、和平发展、和平统一，提出多种统一方式，作出各种政治安排，诸如"一国良制""一国两治""一中三宪"等。有人忧心选情，有人质疑大陆改弦更张，走向"急统"。其中有些解读不够精准，存在误读的现象。

习近平高规格会见台湾统派团体，是对长期追求国家统一人士的高度肯定，激励人们投身于复兴中华民族的伟大事业。盱衡国内、国际风云，融汇国家战略和中华民族整体利益，习近平系统阐述了国家统一和实现民族复兴的内在联系，表达坚持统一、反对分裂的坚强决心，丰富、发展了对于统一形式和内涵的论述，重申继续推动两岸关系和平发展是当前两岸同胞的首要任务。

讲话最重要的创新价值在于赋予"和平统一、一国两制"的新内涵，增强包容性。

其一，国家统一的最佳方式。大陆早已表明，台湾社会制度和生活方式不变，实行高度自治，台湾同胞可以参与国家管理，充分享有当家作主的权利。"一国两制"既照顾各方利益，又有利国家长治久安，是最佳统一方式。

其二，三个"充分"。习近平表示："'一国两制'在台湾的具体实现形式会充分考虑台湾现实情况，充分吸收两岸各界意见和建议，是能充分照顾到台湾同胞利益的安排。"三个"充分"呈现了尊重历史与现实、照顾台湾同胞利益的务实精神，体现了以人为本、为民谋利的价值取向，具有至真至善至美的包容性。按照"一国两制"方式实现和平统一，台湾的特殊性将得到充分体现，台湾各界的意见将得到充分尊重，台湾同胞的利益得到充分保障，并将充分行使参与管理国家和社会事务的权力。唯有在"一国两制"方式下，台湾同胞才可实现真正意义上的当家作主、把命运牢牢掌握在自己手中。大陆方面可以根据台湾的特殊性、台湾同胞的利益诉求，在集成两岸智慧的基础上，作出最为合情合理的政治安排。在此过程中，大陆并不排斥台湾各界对于其他统一方式的讨论，愿意听取并一定会吸收各种积极、善意、有益的主张与建议。同时，有志探讨两岸统一方式的台湾人士也不应采取简单排斥大陆方面政策主张的态度。

其三，两岸心灵契合。习近平首次强调"国家统一不仅是形式上的统一，更重要的是两岸同胞的心灵契合"。一方面大陆愿用真诚、善意、亲情拉近两岸同胞的心理距离，另一方面台湾同胞也要理解大陆同胞的感受和心态，尊重他们的选择和追求，达到同胞心灵相通相融。

讲话真正的重点在于继续推动两岸关系和平发展。在过去两岸关系横遭逆流、几经波折的情况下，习近平再次强调两岸关系和平发展仍具有方向性意义。一是指明"两岸关系和平发展是通向和平统一的正确道路"，二是强调"毫不动摇坚持两岸关系和平发展的正确道路"，三是承诺"坚持造福两岸同胞的政策举措"，四是要求两岸关系不断取得新进展。实践证明，两岸关系和平发展有利于两岸协商谈判，解决分歧，积累共识；有利于两岸交流合作，增进共同利益，融洽同胞感情；有利于为和平统一创造和积累必要条件，具有强大的生命力。

当前，继续推动两岸关系和平发展应该成为两岸共识。在维护已有成果的基础上，需要巩固坚持九二共识、反对"台独"的共同政治基础，继续增进两岸政治互信，强化动力，塑造更为强大的和平发展主流民意，全面推进两岸经济、文化合作及社会、人员往来，完善两岸事务主管机构常态化沟通机制，克服干扰、保持速度、维持平衡，确保两岸相向而行，愈走愈顺、愈走愈亲。（本文发表于《中国时报》2014 年 10 月 13 日 A19 版，原标题《习讲话重点在和平发展》）

评赖幸媛在美言论

当前两岸关系处于六十年来最好时刻，"三通"直航、"两岸经济合作框架协议"建构一座座里程碑，两岸时空距离缩短了，两岸同胞的心灵距离更近了，必将产生连锁、加乘的战略效应。这是两岸双方坚持"九二共识"、共同反对"台独"的结果，也是两岸同胞共同奋斗、持续努力的结果。两岸各方理应倍加珍惜来之不易的成果。

日前，台湾当局大陆事务部门负责人赖幸媛女士赴美活动，8月4日在美国企业研究院（AEI）发表专题演讲，在不对的时刻、不适的场合，提出了一系列不当的言论，既与当前两岸关系持续改善、和平发展持续深化的气氛极不和谐，又恐将削弱两岸关系后续动力、有损两岸政治互信、压缩和平发展战略空间，更不符合两岸同胞共同期待。如果此篇演讲反映台湾当局的想法与观点，那么两岸关系的未来发展不能不令人忧虑，理应引起有识之士、有关各方高度关切。

在此，我们要对赖幸媛女士言论作一分析。

一、无视大陆努力，否认大陆"让利"。两年来两岸关系取得的成果超过了前六十年的总和，这是两岸双方、两岸同胞共同努力的结果，大陆方面对于两岸关系的发展作出重大贡献。大陆方面在ECFA协商中体现了最大诚意、做出了最大让步，为世人瞩目，获得台湾舆论与各界的普遍肯定。唯独赖女士通篇讲话对此只字未提，却刻意强调ECFA早收清单"不是中国大陆让利的结果"，这种无视事实的态度让大陆广大同胞情何以堪？必不利于两岸的ECFA后续协商。

二、以台方"片面论"指责大陆"共同论"。两岸同胞是血脉相连的命运共同体，两岸同胞共同决定台湾未来、共同推动两岸关系发展、共同分享发展成果、共同成就两岸盛世，这越来越成为两岸同胞的共识，也是大陆对台政策的核心思维。然赖女士声称:"台湾的未来由2300万人民作出民主、自由的选择,不能任由中国大陆片面决定。"这种说法不仅呼应了民进党的"台独"主张,企图使台湾未来由台湾2300万台湾民众单方面决定,而非由两岸同胞共同决定;而且是对大陆对台政策不符事实的无端指责。大陆方面向来主张通过平等协商解决两岸之间问题,这一政策是一贯的、明确的,何以指责大陆"片面决定"?大陆主张遵循"先经后政、先易后难"的政策思维推进两岸关系发展和协商进程,对于两岸政治及军事对话协商,大陆方面主张积极创造条件,营造合适气氛,共同破解难题,完全不存在赖女士所称的大陆"单方面有急迫感"的问题。

三、淡化共同基础,突出矛盾分歧。面对两岸政治纠葛与固有矛盾,正确的方法应是淡化与缩小分歧,寻求与扩大共识,经由求同存异走向聚同化异。然赖女士在演讲中只字不提"九二共识"这一为两岸双方共同接受的政治基础,却不断强调"中华民国是主权独立国家",要求大陆"必须"予以"尊重",完全有违两岸应"建立互信、搁置争议、求同存异"的精神。大陆方面主张面对两岸固有矛盾和政治分歧,应当通过双方协商加以解决;并提出,两岸可就在国家尚未统一特殊情况下的政治关系展开务实探讨。但台湾方面既不愿就政治议题进行对话协商,以种种理由加以搪塞;又要求大陆"必须"接受其单方面的主张。这种强加于人的做法不仅不足取,而且有损两岸互信。

四、渲染大陆"威胁",模糊焦点是非。众所周知,"台独"分裂活动是台海局势紧张、危急的根本原因,然赖女士却不分是非、模糊焦点,大谈特谈所谓"武力威胁",无端指责大陆"不放弃武力对台的政策和法律",要求大陆"必须改变思维,调整政策"。8月5日,刘德勋跟进呼应称《反分裂国家法》"绝对不需要""影响两岸关系发展"。对此,大陆人民决不会接受。2005年以来两岸关系不断发展的事实证明,《反分裂国家法》是两岸关系和平发展的根本保障,舍此,两岸关系和平发展终将成为不可能。我们不禁要问,在当前形势下,台湾方面挑起这些问题的动机何在?目的何在?这种做法只会搞僵两岸关系气氛。

五、奢谈台美关系,种植摩擦因子。赖女士在演讲中一再要求美国与台湾"强化官方之间的实质、有效的政策对话"。大陆方面对此坚决反对,希望台湾方面从维护两岸关系和平发展的大局出发,不要做破坏中美关系和有损两岸良性互动的事情,更希望台湾方面能够清醒认识到,不通过两岸沟通协商,而单方面寻求在国际上搞"官方关系突破",制造两岸摩擦、冲突,徒增两岸双方困扰、徒然伤害两岸人民情感，只会缩小台湾的所谓"国际空间"，把事情弄糟。

六、宁当外人棋子，要做美国工具。在当前中美关系微妙敏感时刻，赖女士在演讲中把台湾定位为"以美国为首的西方世界"应对中国大陆崛起的"关键枢纽"，声称"随着两岸社会、文化等层面交流活动的扩大与深化，台湾经验在中国大陆的影响力将不止于经贸层面"，并要求美国"重视台湾的这种影响力"。我们必须严肃指出，台湾某些势力向来怀有不切实际的幻想，甘愿充当"以美国为首的西方世界"对华战略的工具，甘愿充当西方反华势力的棋子与马前卒。怀抱上述心态推动两岸交流将误入歧途。

看来，赖幸媛女士有必要重温两岸共同反对"台独"、坚持"九二共识"的政治基础，有必要重温《两岸和平发展共同愿景》，诚实面对两岸关系和平发展的主流民意，满足两岸同胞共同发展、自主发展的热切期待，以两岸苍生为念，在对的时刻、对的场合，做对的事情，而且要把事情做对、做好。

"两岸猿声啼不住，轻舟已过万重山"。ECFA后的两岸关系已进入全新的境界，我们深信，两岸双方只要秉持"建立互信、搁置争议、求同存异、共创双赢"的精神，遵循"先经后政、先易后难、把握节奏、循序渐进"的路径，发挥中华民族的智慧，依靠两岸同胞的力量，持续培植两岸共同利益，扩大和平发展战略纵深，建构多轨推进、相互保障、基础牢固、动力强劲的和平发展架构，两岸关系螺旋上升就不可避免，两岸关系和平发展将难以逆转。（本文发表于香港中国评论网 2010 年 8 月 8 日，引自 http://www.chinareviewnews.com）

大陆对台更细更实更柔

习近平曾长期在大陆东部沿海省市工作，与台湾各界接触早、交流深，对台湾情况知之甚详，有"知台派"之誉。上任后高频率会见台湾客人，体现了习式风格，提出了发展两岸关系的新思维，拓宽了和平发展的道路，丰富、发展了两岸关系和平发展思想。

习近平对台工作的核心思维在于"两岸一家亲，共圆中国梦"。习积极宣导"两岸一家亲""两岸命运与共"，提出了台湾同胞都是我们的骨肉天亲，亲情割不断，心结不难解。大陆愿以同理心理解台湾历史遭遇，尊重台湾的社会制度与生活方式，大陆愿意首先与台湾同胞分享大陆发展机遇。

习强调中国梦与台湾前途命运息息相关，是两岸共同的梦，需要两岸同胞共同奋斗、共同成就、共享荣耀。从"两岸一家亲"到"共圆中国梦"，将两岸的历史与现实、感情与认同、制度与道路紧密结合，融合了亲情与命运，凝聚了价值与利益，成为和平发展思想的核心精髓，注入思想源泉，提供理论动力。

习近平坚持拓宽两岸关系和平发展道路，提出了一系列建设性、创造性的主张与策略。号召两岸齐心协力，持续推动和平发展。习提出"四个坚持"，坚持从中华民族整体利益的高度与历史发展趋势中把握两岸关系大局与前途，坚持"增进互信、良性互动、求同存异、务实进取"，坚持稳步推进全面发展。针对两岸政治分歧，习表示终归要解决，不能一代一代传下去，高度肯定两岸事务主管部门负责人直接见面。

"反服贸"风波之后，习近平及时表达了和平发展方针政策不会改变等"四个不会"明确立场，确保两岸大局稳定及和平发展趋势不可逆转。

习近平关注民情，强调争取民心，政策举措更多考虑台湾的"三中一青"、弱势群体、青年一代的需求，讲究针对性、可行性、有效性。习特别强调未来对台工作的三个方向，加深同胞相互信任，照顾弱势群体，两岸青少年寄托未来。与之相应，开展三项工作，包括：扩大两岸社会各界各阶层接触面，了解台湾民众尤其是基层民众的现实需求，让两岸青少年多交流，担当民族复兴重任。

　　未来大陆对台工作在政策设计上应该更宏观、更长远、更周延；在政策执行上更细腻、更务实、更柔软。优化两岸关系结构，提升和平发展质量，走向基层、走入民间、走进校园。使更多台湾民众在两岸关系发展中受益，化解疑虑，找到机会，看到未来与希望。由此实现两岸关系和平发展的向下扎根、向上提升、向内拓展以及向前跨越，造福两岸同胞。（本文发表于台湾《中国时报》2014 年 5 月 31 日 A17 版）

张志军访台谱写两岸关系新篇章

当国台办主任张志军踏上台湾岛的那一刻，具有价值典范的两岸时刻已然到来，追寻民情、感召历史，奏响两岸和平发展的强音，不可中断，不可逆转。

张志军在 6 月如期赴台访问，既在情理之中，又在意料之外。所谓情理之中，是指张访台是两岸关系历史发展的必然。近年来，两岸互信持续增强，发展动力日趋强劲，两岸制度化程度不断提高。加快两岸政治进程、实现两岸事务主管机关负责人之间的互访成为巩固深化的不二选择。台湾多数民调支持张志军访台的比例远超过反对者。

所谓意料之外，是指"反服贸"风波掀起"台独"风浪，两岸关系横遭逆流，今年能否访台一度成为悬念。但几经沉淀，终于拨云见日，显示两岸关系和平发展仍是台湾主流民意与最高价值，台湾民众对此期待出乎意料、超乎想象，日趋强烈，不可阻挡。事实证明，当今台湾没有任何一股力量能承受对抗和平发展的代价，即使民进党也难以违逆民意。

张志军访台谱写两岸关系崭新篇章，累积和平发展的正能量，具有划时代的意义。

一是实现访台就是重大进展。不必承载太多的政治功能，张志军此行是对 2 月陆委会王郁琦大陆行的回访，是建立国台办与陆委会负责人常态化沟通机制的关键步骤，是增进理解、强化互信的根本路径，也是寻找两岸合情合理安排的具体实践，开启两岸政治互动的新页，成为巩固深化和平发展的重要指标。

二是强化和平发展的主流民意。张志军行程安排突出与台湾基层、各阶层、各行业的互动交流，倾听心声，化解疑虑，寻求合作，必然吸引更多台湾民众对于和平发展的认同，积极投身于两岸关系，共同推进和平发展。

三是增强两岸社会信任。两岸社会形态与生活方式不同，但大陆充分理解、尊重台湾民众的选择。张志军此行寻找两岸社会密切互动对接的可行路径，对未来两岸交流产生示范功能，有利于增进两岸社会的理解与信任。

四是规划两岸关系后续发展。务实进取、全面发展是今后一个时期对台工作的基本形态。在推动两岸相关重大业务的同时，具体政策设计上更加重视台湾中南部、中低阶层、中小企业以及青年朋友的需求，让更多基层民众在两岸和平发展中得到实惠，找到机会，看到希望。

五是检验各方。民进党试图缩短"最后一里路"，加大与大陆交流力度，塑造一种民进党也能与大陆交流的印象。但该党似乎需要更多的实际行动证明其言行一致、上下一致、内外一致，而不是只为选举、只为党利，不为民众着想。

张志军赴台访问动见观瞻，尽管短暂，却是两岸关系一大步。值得两岸各方发挥智慧、把握"两岸时刻"，创造和平发展更大动能，造福广大两岸民众。

（本文发表于台湾《中国时报》2014 年 6 月 21 日 A17 版）

张志军访台　激发两岸想象力

四天三夜的台湾行，国台办主任张志军成功访台，成果超乎预期，具有历史性意义，揭开了两岸关系新页，谱写和平发展新篇，为巩固深化创造重大机遇，确保方向不变、动力不减、脚步不停，不可逆转。

一是促进全面发展。此行建立了两岸事务主管部门常态化沟通机制，有利于两岸双方定期交换意见，消除干扰与误解。尤其是为两岸政治关系良性互动、升级转型铺设轨道，提供可能。此行极大地提升了两岸政治互信，坚定了两岸双方和平发展的决心、信心及意志，不必因一时的挫折困扰而气馁，更不能因为少数偏颇、非理性势力的干扰而动摇。

二是促进稳定发展。此次"张王会"双方就"人道探视"、陆客"中转"、两岸经贸合作与台湾参与区域经济整合、服贸争议、两岸新闻机构常驻等议题等，达成高度共识，双方将采取正面、务实且具建设性的立场，积极寻找解决路径，充分体现了大陆方面"两岸一家亲"诚意、善意。

三是促进优质发展。当前，两岸关系巩固深化需要优化环境、优化结构，实现政经、区域、效益平衡发展。张志军走基层，实现两岸关系的向下扎根、向上提升、向前跨越。

张志军成功访台，赋予两岸关系历史性的启迪。

启迪之一：两岸关系和平发展深入人心，成为主流民意与最高价值。从北到南、从官员、学者到民众，张志军听到最多的声音就是赞赏、支持和平发展，希望拓宽道路，巩固基础、增强动力，使之不可逆转，给人机会，给人实惠、给人未来。

启迪之二：推动两岸关系和平发展关键在于增强互信。此次两岸事务主管部门常态化沟通机制的建立，就是增强互信、增强理解的制度化安排，有待持续深化、不断完善，在增进互信、破解难题上发挥突出作用。

启迪之三：巩固深化两岸关系亟须建立公平正义的利益分配机制。建立这样机制，不但激励优势竞争者在两岸关系事业中尽情发挥，也能透过政策倾斜，照顾弱势群体，更好地满足"三中一青"对于和平发展的殷切期待。

启迪之四：民进党左右为难。民进党面临两岸政策调整的重大压力，张志军访台本是转型的机遇之窗，温和派、地方实力派强推转型，但上层结构遭遇绿营基本教义派绑架与阻挠，呈现懦弱与无能，有可能葬送"最后一里路"，从而影响两岸和平发展。

张志军访台后的两岸关系富有想象力，充满"表面张力"。能否激发两岸关系的巨大能量，更好地满足和平发展的民意，值得两岸双方共同努力。（本文发表于台湾《中国时报》2014 年 7 月 1 日 A11 版）

金门"张王会"：重民生固共识

当前两岸关系面临一些新情况、新困难，此次"张王会"为了破解两岸关系的新问题，旨在巩固既有成果，进行一些尝试，取得某些突破。对于大陆方面来说，应该会按照最近召开的"2015年对台工作会议"精神，健全、完善两岸事务主管部门负责人的常态化沟通机制。

回顾去年的三次"张王会"，两岸双方不仅交换了对两岸关系情势的沟通，也在不断寻找发展两岸关系的新路径、新共识。人们发现，每次"张王会"都对当时两岸关系发展产生积极、正面的效应。面对2015年和2016年两岸关系可能到来的严峻形势，此次"张王会"应该对未来两岸关系发展做出顶层设计与总体安排，消除误解，增强互信，未雨绸缪，因应可能出现的复杂局面。

从地点上看选择金门具有特殊意义。金门作为台湾当局管辖的外岛，虽是弹丸小岛，但在两岸关系进程中的角色非同寻常，金门是两岸关系从对峙冲突走向和解合作的重要见证，两岸之间的首份协议"金门协议"就是在这里签署，之后的福建沿海与金门妈祖地区直接往来、两岸的人员交往等，在金门先行先试。

未来金门仍然会在两岸之间扮演重要的角色，比如建设金门和厦门的"两岸和平示范区"，建设两岸海上急难救助的示范区，还可把金门建设成两岸旅游观光、环境保护示范区。

从行程议题上看，国台办主任张志军金门两天一夜，除了与王郁琦的工作性会谈外，还会参访金门的企业、学校，与当地各界互动、座谈，一定会谈到金门关心的供水、海上垃圾处理、捕鱼、人员往来、福建自贸区建设等议题，都是双方讨论的重点。

总之，带动经济民生，造福各界民众，满足民众需要，是张志军此行安排的重点。这同时也代表了未来大陆对台政策更加重视民众利益分享，最为在意他们的感受，将更多面向基层、面向企业、面向年轻人，给他们带来实实在在的好处，扩大台湾同胞的参与面与受益面，让台湾的普通民众从两岸和平发展中找到机会，看到希望，成就事业。

除了民生议题，大陆还希望透过又一次的"张王会"，把两岸事务主管部门负责人的互访、国台办与陆委会之间的常态化沟通机制作为两岸政治互动的制度化成果得到巩固与确认。一方面形成定期互访安排与常态化业务沟通交流机制，希望每次会面使此机制都能有所健全与完善，有所成果，对两岸关系产生积极正面效应。另一方面，两岸双方也可形成默契，视需要或遇到突发、紧急议题，可以紧急会面。此外，两岸双方可透过国台办与陆委会常态化沟通机制，树立信心，增加互信，为未来两岸双方会面层级的迈步提升创造条件、酝酿气氛，直至设立各种会面平台，创造会面机制，为破解两岸政治难题、促成两岸领导人会面进行尝试与探索。

当然两岸双方都清楚确保两岸事务主管部门常态化沟通机制的共同政治基础系于坚持"九二共识"、共同反对"台独"，这被视两岸关系发展之锚。"九合一"选后台湾有人否认、回避"九二共识"，试图另辟蹊径保持两岸关系发展态势，甚至抛出"两国一制"直接伤害两岸共同的政治基础，对"九二共识"形成一些挑战。毫无疑问，"九二共识"、反对"台独"是建立两岸事务主管部门常态化沟通机制的政治基础，可以预见此次"张王会"上，大陆也将进一步重申"九二共识"对于确保两岸关系和平发展大局的重要意义。

笔者以为，当前两岸双方必须面对的核心问题，就是两岸双方共同努力把"九二共识"以政治、法律的形式固定下来，作为政治上的保障、法律上的规定。台湾的意见领袖、舆论应该高度重视"九二共识"对于两岸关系稳定器的作用，协助民进党内的温和务实派，共同促成民进党主事者幡然醒悟，勇于去除"台独"之殇。孙亚夫先生于去年 12 月 29 日在上海台研所、《台海研究》杂志举办的第四届两岸关系和平发展学术研讨会上，公开告诫民进党方面：不放弃"台独"分裂立场是不行的；不调整对两岸关系的政策是不行的；不找到与大陆交往的基础是不行的。这三个"不行"是民进党面对未来两岸关系的先行指标，民进党如不放弃"台独"立场，必然会持续面临绝大多数台湾民众希望保持两岸关系稳定、继续与大陆交流合作的巨大压力。（本文发表于台湾《旺报》2015 年 2 月 5 日 D3 版）

宋楚瑜可转动和平发展杠杆

　　暌违政坛、沉淀已久的亲民党主席宋楚瑜近日展开大陆之行，接触北京高层领导，领悟和平发展真义，此行影响与价值引起两岸各界关注，动见观瞻。

　　九年前的 5 月，作为亲民党主席的宋楚瑜首次踏上大陆，与时任中共中央总书记胡锦涛举行历史性会谈，共同开创两岸关系和平发展的崭新道路。此后，宋楚瑜始终高举和平发展旗帜，支持"九二共识"、反对"台独"，倡导"两岸一中"，推动两岸精英、青年、农渔民交流，终结贪污政权，造福两岸同胞，成为两岸关系和平发展的重要推手。

后马时代战略抉择

　　宋楚瑜向来是台湾政坛的异数，纵然选战中连续饮恨败北、承载着台湾政治中太多的不公不义，宋依然不改其不服输、不低头的硬朗性格，成就其绝境逢生的不朽传奇。如今的宋楚瑜挥别政治阴霾，在和平发展民意陷于"沉默螺旋"、台湾民众疑虑上升、甚至"反中"逆流沉渣泛起之际，积极布局两岸，奔走穿梭，影响政局，不啻宣示其在"后马英九时代"的战略抉择。

　　其一，追求两岸历史定位。时不我待，宋楚瑜如今最大牵挂就是个人的历史定位，两岸议题是其最能发挥、也最有可能有所收获的战场，具有政治附加价值。

　　其二确保亲民党连绵不息。宋是亲民党永远的领袖，维系该党命脉。如果宋在两岸议题取得战略优势，站上政治高地，增加亲民党的政治筹码，无疑将为亲民党后续发展带来无限动能，在年底选举中必将有所斩获。宋楚瑜提出亲民党在台北、新北、台中、桃园等"六都"议会成立党团，可能不再是遥不可及的梦想。

　　但宋此行可否像九年前那样鼓动风云，引领潮流，在两岸关系方面大有作为，可能是此行的最大悬念。"反服贸""反核四"导致马英九步履蹒跚，台湾政局陷入困境，既定的两岸时程遭到延迟。宋精准捕捉政治时机，选择在两岸议题上出招，此其时矣。观察宋能否借由此行成就两岸历史定位、延续亲民党命脉，端视其能否破解台湾沉闷停滞气氛，为两岸关系巩固深化找到新的生机，添加新的动能。

两岸深化关键指标

其中关键指标有五：

一是力挺和平发展道路。反对"台独"，坚决阻止以"台独"为指向的"宪政改造""台独公投"，阻止以"两国论"定位的各种版本的"两岸协定监督条例"。

二是力挺和平发展制度化。包括支持 ECFA 后续协商如服贸、货贸，支持两岸互设办事机构，支持"两岸人民关系条例"朝向积极、正面、公平、正义的方向修改。

三是力挺两岸政治互信。增加对于"一中框架"的共同认知，支持两岸高层政治接触，尽早结束两岸敌对状态，发表和平宣言。

四是力挺和平发展民意。汇聚、引领、塑造和平发展的主流民意，使之深入人心，获得知识界、舆论界的拥护。

五是力挺两岸交流。把交流引向"三中一青"，让和平发展的红利惠及中南部、中低层、中小企业及青年群体，都能获得发展机会，看到未来与希望。"自古英雄造时势，哪有主角等灯光"，这是宋楚瑜当年的政治豪情。虽然时移势转，但站在历史正确的那一方，宋楚瑜有机会转动和平发展的杠杆，顺势向前跨越。（本文发表于台湾《旺报》2014 年 5 月 7 日 C2 版）

让两岸和平发展不可逆转

"反服贸"争议是台湾政治沉疴难起的真实写照，也是两岸结构性冲突的必然后果，这场争议迟早到来，折射了台湾内部以及两岸之间的七大矛盾冲突。

"学运"折射七大矛盾

（1）统"独"冲突：李扁统治20年连续进行"台独"与"去中国化"教育，造就"新世代台独"，他们坚信"台独"与民主，运用网络科技进行快速有效的动员传播，以暴力非和平方式展现"民粹"。

（2）贫富冲突：近年台湾南北差距、贫富差距、城乡差距加剧，造成严重的"三中一青"（指中南部、中小企业、中低阶层与青年人）问题。

（3）世代冲突：年轻一代的行为模式、生活方式与其父辈迥然不同，其统"独"立场、价值观很难与上一辈形成交集，出现严重的代沟，形成所谓"世代孤独"。

（4）政治冲突："朝野"对抗、蓝绿内部权力争斗不断，民进党内出现苏蔡之争与派系恶斗，泛蓝则是马王之争、个人恩怨难以弥合，各方人马都试图透过此场运动争取左右政局的主导权，从而使得"反服贸"，难以落幕。

（5）利益冲突：两岸经济关系出现竞争多于合作的现象，甚至面板、LED、太阳能等产业形成恶性竞争。两岸交流质量不高，导致利益分配不均，少数人、强者获利，多数人、弱者受损，"看得到却吃不到"，使人产生"相对剥夺感"，不少人因此反对、甚至仇视两岸交流。

（6）文化冲突：两岸生活方式、文化差异，台湾已进入慢生活、慢节奏阶段，很多人把学习、工作当作是生活方式、享受，而大陆还是"大赶快上"。台湾民众对少数陆客文明习惯、行为举止并不认同，如"官本位"、炫富、大声喧哗、不排队、随地吐痰、在景点留名刻字等不文明言行打破了台湾的宁静，引人反感。

（7）价值冲突：部分台湾知识阶层、中间选民内心深藏"反共、反中"意识，崇尚普世价值、人道关怀，对于大陆的政治、社会体制不认同，担心大陆崛起改变两岸现状，疑虑加深，担心台湾成为"香港第二"。

不幸的是，上述冲突都与两岸关系有关，因此普遍认为"反服贸"是"反马"又"反中"。其实"反服贸"也并不意味着反两岸和平发展。除少数"学运"骨干外，多数学生并不主张"台独"，他们只是表达对于自身前途、未来出路的疑惧、忧虑而已。传播学中"沉默的螺旋"法则证实了挺服贸声音难以在"反服贸"声势中获得有效表达，沉默的多数、理性的声音更倾向用选票维护利益。但谁敢否认和平发展依然是台湾地区的主流民意？

优质发展才是王道

民进党在"反服贸"中的拙劣表演把败选两年来缩短"最后一里路"的所有努力打回原点，蔡英文较其他民进党人更容易从"反服贸"争议中汲取能量，她与"学运"骨干具有政治基因上的联结。蔡一直寻找民进党与公民运动、社会动员深度连结的密码。这次演练仍然没有实现既巩固绿营基本盘、又赢得中间选民信任的双重效果，后者是跨越"最后一里路"的不变法则。

未来若不能超越"十年政纲""和而不同、和而求同""从国际走向中国"的既有论调，只是重复"台湾共识"的空话、软话，民进党2016赢的机会值得怀疑。一般认为，蔡英文既有"两国论"操刀者的魔咒，又有"价值台独"的羁绊，着实令外界好奇她走完"最后一里路"的妙方在哪里。

诚然"反服贸"争议对两岸关系构成重大影响，两岸关系进入盘整在所难免。出麻疹后人体的免疫力就会上升，激情之后，理性的声音就会上涨。多数人民回归现实，和平发展是王道，向下扎根，向上提升，优质发展，使之不可逆转。（本文发表于台湾《旺报》2014年4月23日）

"一国两制"配套"九二共识"

在当前两岸关系遭遇波折、困难的情况下，"习萧会"举行，各界十分关注。我们注意到，这次习近平的讲话对象，和连战、宋楚瑜、统派人士或者台商都不一样，因为萧万长是代表马英九来参加 APEC 领导人峰会，属于两岸高层的重要会面，因此讲话的针对性非常强，即针对两岸关系的新情况、新问题，交换意见，消除疑虑，排除干扰，确定未来发展方向。

习近平讲话中有五个重点。

第一，两岸双方需要倍加珍惜两岸关系和平发展的成果，最好方式就是继续推动两岸关系向前发展。双方需要坚定信心，两岸交流合作具有广阔前景。要以更多的和平发展成果造福同胞，增加对共同未来的信心。

第二，确保两岸关系正确方向与良好势头的关键就是两岸在坚持"九二共识"、反对"台独"的共同政治基础上建立并增进互信，消除疑虑，排除干扰。

第三，相互尊重，实现心灵契合。两岸间存在差异，两岸关系遇到一些困难在所难免。对此，两岸双方应该相互尊重，尊重彼此对发展道路和社会制度的选择。透过交流促进两岸同胞相互了解理解，融洽情感，实现心灵契合。

第四，扩大深化两岸交流合作。加强两岸经济、文化、科技、教育等各个领域的交流和合作，应采取更多积极措施，取得更多成果。

第五，重视两岸基层、青年交流，创造更好条件，满足他们的需要，扩大两岸关系参与对象。

相较于去年印度尼西亚巴厘岛举行的"习萧会"时强调"政治分歧不能一代一代传下去"，这次习近平重点强调当前两岸关系重点还是和平发展，关键在于坚持"九二共识"、反对"台独"的共同政治基础上建立并增进互信。这是破解当前两岸关系发展难题的不二法门。台湾有关方面不可误读误判。

台湾舆论关注习近平有无提及"一国两制"。其实，"和平统一、一国两制"

始终是大陆对台的基本方针政策，在党的十八大报告或重要文件中都有论述，过去六年内讲得不多并不代表放弃或改变了政策。大陆领导人讲话内容多数根据对象而定。萧万长是作为马英九的代表，与习近平会面，双方会谈的重点就是交换意见，增进互信，坚定信心，良性互动，消除不应有的干扰，推动两岸关系继续向前。

习近平和统派朋友会面时就"一国两制"作了详细阐述，赋予创新价值与重要内涵。强调这是实现国家统一的最佳方式，"一国两制"在台湾的具体实现形式会充分考虑台湾现实情况，充分吸收两岸各界意见和建议，是能充分照顾到台湾同胞利益的安排。统一不仅是形式的统一，更重要的是心灵契合。上述论述，将是创新"一国两制"台湾模式的重要指针。

会面中双方都提到了"九二共识"。这是此前两岸双方共同坚持的政治基础，在两岸关系遇到困难的时候，双方有必要郑重表达坚持"九二共识"的坚定意志，有助于消除双方疑虑与误解，排除不必要的干扰，增进互信。

至于"九二共识"和"一国两制"的关系。前者是两岸关系和平发展的基础，后者则是大陆对台方针政策，也是两岸统一的最好模式。当前最重要的还是坚持"九二共识"、反对"台独"的共同政治基础，继续推动两岸和平发展。我们认为"一国两制"是未来实现统一的最好形式。在现有的中国人智慧里，还没有比"一国两制"更好的统一模式。当然，"一国两制"台湾模式的具体内涵，可以根据两岸和平发展的态势，不断创新完善。（本文发表于台湾《中国时报》2014 年 11 月 12 日 A15 版）

2014"九合一"难以逆转和平发展态势

扑朔迷离、高潮迭起的"九合一"选战降下帷幕，尘埃落定。虽属地方选举，与两岸关系的关联度不甚明显，但其结果牵动蓝绿政治版图重构与双方气势涨落，深度影响两岸关系后续发展与 2016 年台湾"大选"。

国民党全线溃败，彻底崩盘，遭遇毁灭性重击。"六都"只在新北以微弱多数险胜，连桃园意外失守，台中、台北无法逆转胜，差距高达 10%以上，高雄、台南大输。民进党大赢，不但保住原有的高雄、台南等六个县市，而且夺取基隆、嘉义市、澎湖及金马，大幅度赢得台中，意外夺取桃园。"墨绿"柯文哲夺取台北市这一滩头堡，给予绿营注射强心剂，声势上涨。"南绿北蓝"的政治版图已然改变，绿营由浊水溪推进至大安溪，攻陷泛蓝"滩头堡"。台北选举结果造成台湾政局震撼，马英九权力结构的重组在所避免，而蔡英文经历考验，应获 2016 年参选门票。

左右"九合一"结局的变数很多，关键是台湾内部环境与候选人特质。首先近年来台湾政治、经济结构性矛盾、社会氛围不利执政的国民党，民众以选票教训执政当局。马英九执政不力，"油电双涨"得罪了穷人，开征"证所税"得罪富人，调高"健保"费率得罪了所有人。"三中一青"经济状况得不到改善，每况愈下，怨声载道。改革"十八趴"、取消"军公教"慰问金导致泛蓝铁票生锈，蓝营人心涣散，选情始终徘徊低谷，选票大量流失。

其次民进党结合"318 反对势力"激化"反马""反商""反中"气氛，把台湾南北失衡、贫富扩大、分配不均、世代剥夺等全部归罪于马英九当局。而马英九当局百口莫辩，无法扭转不利的舆论氛围。

再次绿营运作网络工具颠覆传统选战模式，使 facebook、"批踢踢"、LINE 此类网络聊天平台成为集结动员绿营、拉拢年轻族群、攻击国民党候选人的利器，连胜文成为绿色网军长期恶搞、"霸凌"的牺牲品。

最后，国民党候选人特质在与绿营选手对比中处于下风，无法赢得多数选民的心。在蓝大于绿的台北市，连胜文使尽"危机牌""悲情牌""夫人牌"却无法激发蓝营基本盘，其最大的败笔在于无法剥离"权贵"标签，难以感动年轻人、中间选民。胡志强虽然政绩亮丽，但任期太久，台中选民期待改变，虽败犹荣。

选举期间两岸议题并没有成为选战主轴，候选人多数围绕地方建设进行交锋，很少涉及两岸政策。即使柯文哲闪躲"九二共识"，台北多数选民也认为地方首长选举不必上升到两岸议题层面而纠缠为难柯。不管蓝绿、无论胜负，两岸议题并没有成为此次地方选举的关键因素。

国民党输，并不表明多数民众怀疑甚至放弃支持其两岸开放政策；相反，多数仍然期待马英九方面选后推行更加和平开放、行之有效的大陆政策。国民党输，输在台湾内部环境，并不是其两岸政策的失败，更不能牵强附会为两岸关系和平发展的失败。

民进党赢，并不意味着其对抗性两岸政策赢得多数民众的拥护而不受质疑，甚至有部分善良的中间选民试图透过选票支持赐予民进党进行两岸政策转型的信心。多数民众不愿意在地方选举中检讨民进党"逢中必反"政策对台湾发展所造成的深层伤害，而更倾向在2016年"大选"中拿着放大镜加以检验。民进党赢得地方选举并不能保证笑到"大选"，民进党最终必须面对选民对其两岸政策的严酷检验。

"九合一"选举号称2016年"大选"的暖身与前哨战，"九合一"一结束，2016年"大选"的哨声就已吹响。"九合一"影响深远，但并不能决定2016年的选举结局。国民党虽然败选，但并没有丧失泛蓝基本盘，为催化"钟摆效应"提供了可能。不同于地方选举中民众忽略两岸议题，2016年"大选"中，民众必定擦眼睛检视国、民两党候选人的两岸政策孰优孰劣。

"九合一"选举给人们最重要的启示，就是只有和平发展的两岸关系，才是台湾最大的公约数，才是台湾民众根本利益所在。摆在民进党面前有二条路，一是继续坚持"台独"立场，拒绝"九二共识"，阻挡服贸、货贸，直至"大选"再次败选。二是丢掉幻想，缩短"最后一里路"，回应和平发展民意，务实调整两岸政策。第一条路是死路，第二条路才是活路。

透过"九合一"硝烟，人们清楚认识到，"台独"分裂势力仍是两岸关系和平发展的现实威胁，确保两岸关系和平发展任重道远。大陆方面一定会持续两岸关系和平发展道路，强化两岸双方反对"台独"、坚持"九二共识"的共同政治基础，增强两岸互信，加强沟通，排除干扰，促进合作，扩大交流，夯实和平发展的民意基础，安然度过 2016 年危险期，开辟不可逆转的两岸关系和平发展康庄大道。（本文发表于 2014 年 11 月 29 日，第一时间评论 2014 年台湾"九合一"选举，为多家媒体转引）

建构两岸空中和平走廊

昨天，两岸民航部门"小两会"在上海举行工作会议，就 M503 航线达成高度共识，为纷扰一时的争议画下句号。

消除疑虑释放善意

对于 M503 新航线，台湾方面存有各种疑虑、猜忌，对此大陆方面高度重视。对于台湾民众疑虑，大陆一贯的态度就是本着"两岸一家亲"的立场，以民为本、平等协商、释放善意，尽可能消除台湾民众疑虑，直到他们满意为止。

经过两岸双方多次协商，大陆方面释放了重大善意。包括 M503 航线实施后，实际飞行向西位移 6 海里；M503 运行中，暂不考虑双向，只采取由北向南单向飞行；现阶段暂缓开放 W121、122、123 三条东西向连接线，从而从最大限度上满足台湾方面的心理安全需要。此后，大陆方面还会就此航线与台湾保持沟通。

M503 合情合理合法

大陆划设新航线完全合情合理且合法。新航线主要在于满足经济发展与民航航班扩展的需要，有效缓解东南沿海航班快速增长压力，对壅塞的航线分流，降低航班误点率，提高航班安全系数。与 M503 平行的 A470 航线每天有 1200 多班航班，其中 43％为国际航班，误点率达 46％，如不及时分流，存有一定安全隐患。新航线的划设可以有效分流此空域的航班拥堵，提高安全系数。因此，新航线的划设符合各方利益，包括为广大台湾同胞搭乘此一航路的航班提供便捷、优质、安全的航空服务。新航线不是封闭而是开放的，台湾航空公司、两岸直航航班也可以使用这条航线，从中受益，有利于两岸航空业共同发展。因此，新航线完全是为了适应两岸航空业共同发展的需要，具有安全性、开放性、共享性的特点。

值得注意的是，新航线位于大陆上海飞航情报区内，丝毫没有影响到台北飞航情报区。新航线的划设也完全符合的相关国际标准，获得国际民航组织的批准认可，于法有据。

M503 两岸和平走廊

推进两岸关系和平发展需要新思维，不能用"民粹"、对抗甚至冷战的僵化思维来裹胁前进的脚步。所谓"海峡中线"只是一条虚拟的心理防线，不具任何实际的安全价值。当年有关"木马屠城"的谎言阻碍了"台湾亚太营运中心"的脚步，台湾真正的安全保障系于两岸关系和平发展。如果在台湾海峡上空每天穿梭飞行数千架民航航班，包括两岸航班、国际航班，那就极大地降低两岸军事冲突的风险，提升台湾的安全指数，台湾就更加安全。就此而言，M503就是一条台海两岸的和平通道、空中和平走廊。（本文发表于台湾《中国时报》2015 年 3 月 4 日 A15 版）

"九二共识"迸发正能量

　　民进党否认"九二共识"的存在，按此逻辑就没有承不承认的问题。矛盾的是，在否认"九二共识"存在的同时，民进党却不断攻击"九二共识"只是标签、名词，只是国共共识，没有经过台湾民众同意。

　　事实上，"九二共识"最初就是两岸两会为推动事务性商谈所达成的共识，基本内容就是两会同意各自以口头方式表达"海峡两岸均坚持一个中国原则"。至于一个中国的内涵，有待两岸进行政治谈判时协商确认，而在事务性谈判中不涉及一个中国的具体内涵。苏起日前坦陈"九二共识"基础就是一个中国，其概念获得全世界所有国家的支持。因此，"九二共识"也是各国普遍接受的国际共识，唯有台湾内部的民进党反对。民进党苦于"台独"迷思深陷荒谬逻辑，自外于两岸共识、国际准则，难以进步，无法与两岸关系和平发展同步，沦为政治笑柄。

　　"九二共识"不但是两岸共识、国际准则，更是 2008 年以来两岸关系和平发展的政治基础。削弱、动摇甚至抽离"九二共识"的政治基础，就有可能"基础不牢、地动山摇"，造成两岸互信不复存在，重回动荡不安的老路。这绝不是危言耸听，而是有民进党执政造成的两岸紧张对峙历史为证。当年陈水扁欲以及"九二精神"替代"九二共识"，现在的民进党仍然回避、否认，视此为标签，恐怕同样造成两岸关系的动荡倒退。

　　这几年两岸和平发展为台湾经济成长、民生改善提供了和平稳定的环境、经济活水。和平红利不是天上掉下的馅饼，也非圣诞老公公的礼物，而是两岸民众深受李扁对抗政策、付出惨重代价所换来的。设想 2008 年以后如果没有两岸和平发展，继续李、扁"戒急用忍"的路线，台湾经济还能维持成长、年轻人还有"22K"吗？当年李扁以"木马屠城"葬送台湾亚太营运中心的愿景，造成如今年轻世代只有"小确幸"没有大愿景，这辈子不一定永远"小确幸"，他们的下一代是否还有"小确幸"也未可知。如今民进党以同样的"反中"逻辑阻挡两岸共同发展,阻挠台湾民众、年轻人分享大陆崛起机会。"反中"路线除了成就民进党卷土重来的一党之私外,台湾广大民众有可能重复当年民进党执政期间的"吃二遍苦、受二茬罪",内心无比挣扎与纠结。

"九二共识"不仅有经济红利,还扩散至政治红利、和平红利、安全红利、外交红利等,提升民众对于台湾与两岸关系未来的信心指数。大陆已成世界经济成长的重心,"一带一路"建设将带动两岸暨香港、澳门及亚太地区的共同发展。基于"两岸一家亲"的理念,大陆愿意让台湾民众包括年轻人优先分享大陆崛起的机会,共同成长、共同成功、共同分享,"九二共识"对于两岸关系还将迸发出浩然莫之能御的正能量。台湾甘愿自外于大陆崛起的辐射吗?

面对2016年选举,台湾内部某些声音开始有意淡化、忽略"九二共识"的价值与作用,甚至认为谎称已非两岸资产而是负债。台湾还有人怀疑、挑战大陆对台政策的可信度,其后果不堪设想。

事实上"九二共识"成为两岸关系和平发展的关键基础,决不会只是一张操作选举的牌而已。从最近习近平、李克强、俞正声等大陆领导人连续谈话可以看出,大陆始终坚持"九二共识"、反对"台独"的政治基础,重视其不可替代的功能。无论是执政当局还是谋求执政的民进党,无论是制定两岸政策还是外交、经济民生政策,"九二共识"都是一条不可逾越的红线,除非逼迫大陆调整、放弃两岸和平发展路线。(本文发表于台湾《旺报》2015年3月24日D3版)

朱立伦访陆开启机会之窗

日前，前"国安会"秘书长金溥聪善意提醒蓝营支持者对于 2016 年不必悲观，而应以乐观但不必过度乐观的态度面对。金是"夜行吹口哨——自我壮胆"还是心有所本？悬疑已久的两岸经贸文化论坛初露曙光，国民党主席朱立伦将亲自赴上海出席，而且有可能赴北京举行"习朱会"。这是在柯文哲标榜"一五新观点"顺利脱困、蔡英文陷于深绿与中间双重挤压的情况下，国民党所作出的战略性抉择——持续推进两岸关系和平发展进程、提升发展质量，奠定国民党两岸政策优势。

朱立伦选择两岸议题出手，可谓掷下赌注，面临重大风险。目前看 2016 年态势，国民党面临四种结果。"总统""立院"全赢、或赢"总统""立院不过半"或输"总统""立院过半"或全输。如果作为国民党主席的朱立伦消极等待 2020 的机会，其结果很有可能全输，遑论 2020 年。如果以其参选保住国民党"立院过半"，至少维持泛蓝的声势不坠，为朱保留 2020 年的机会。因此，朱参选 2016 是赢得 2020 的最佳选择，此次不参选，下次就没有赢的可能。

盱衡情势，朱立伦手中最大的筹码就是两岸议题，与经济、对外政策等搭配就能形成政策优势。参加两岸经贸文化论坛甚至举行"习朱会"，将成为朱选赢 2016 的战略拐点。朱就任党主席时忧心两岸密切往来对于台湾社会心理层面的冲击与经济交流带来分配公平正义的疑虑。从已透露的此届两岸经贸文化论坛议题来看，两岸双方正努力让和平红利惠及"三中一青"努力，安抚台湾民众心理，消除疑虑，奠定国民党稳定、稳健、领航的比较优势。

朱立伦能否在两岸议题上得分，借两岸经贸文化论坛及"习朱会"抓住上升的气旋，关键有三项指标，即两岸关系的发展、质量及分配。没有发展，谈何质量？没有发展，哪有分配？这也是国民党执政区别于民进党的不同之处。民进党不放弃"台独"，其执政情景将是"地动山摇"，全民埋单。在扩大两岸关系发展的数量、规模、声势的同时，应该提升发展质量、发展内涵，注重平衡，把握节奏。提升质量的关键就是做好分配，更好地面向基层、面向青年，扩大普通民众的参与面，增加获得感。分配讲究公平正义，主要透过当局的租税政策调节，朱立伦如拿出可行办法，也是区隔民进党的利器。如果台湾能够在参与亚投行、"一带一路"建设中赢得参与区域经济整合的历史性机遇，取得突破性进展，谁说不是国民党为台湾民众拿到的和平红利？

自古华山一条路，唯有勇气智慧兼具方可登顶。朱立伦访陆或成机会之窗，点燃泛蓝希望之火。（本文发表于台湾《旺报》2015 年 4 月 28 日 D2 版）

蓝绿反连访陆，实在荒谬

连战应邀来大陆出席中国人民抗日战争暨世界反法西斯战争胜利 70 周年纪念活动，在卢沟桥畔挥毫泼墨题写"一十四年血泪史，赢得醒狮万世名"14 个大字，颂扬中华儿女经过长年艰苦卓绝的抗日斗争，终于赢得全民族抗战的完全胜利。

"一石激起千层浪"，连战大陆行，台湾岛内攻击、叫嚣之声不绝于耳。此类阻挠、挑衅连战之行的拙劣表演，暴露了岛内一些政治人物的局限自私、愚昧无知、懦弱顽劣及阴暗心理。

一是扭曲的历史观。国民党当局无视大陆近年来对于抗战中蒋介石、国民政府、正面战场等历史功过的客观、全面、正确的评价，反而口口声声要求大陆"正视历史"，甚至提出正面战场与敌后战场都是国民政府领导的主张。要知道，中国人民抗日战争是全体中华儿女、全民族的抗战，是包括台湾同胞在内的全民族团结奋斗的结果。习近平在会见连战时指出："国共两党合作建立抗日民族统一战线"，"正面战场和敌后战场相互配合、协同作战，都为抗战胜利作出了重要贡献"。大陆没有否认国民政府在抗战中的地位，也没有否认正面战场的重大贡献，大陆的历史研究、文学影视作品也充分重视并肯定当年国民党将领的抗战事迹。国民党当局此时抛出诸多奇谈怪论，无非是想抢夺历史话语权。但在全民族反侵略、反日本军国主义的人类共同价值面前，这些都只是低层次、技术性、枝节性的伪命题。两岸之间最重大的命题应该是共同纪念抗战，共同建立正确的抗战史观，而非争论谁领导、谁主导，以及贡献大小、战略对错。对于历史认识的分歧问题，国共两党应该"共享资料、共写史书"，总能找到解决的办法。

二是割裂的历史观。近来，台湾"反课纲微调"的一些人，公然美化日本殖民统治，称日据为"日治"、日本战败为"终战"、慰安妇被贴上"自愿"标签。这些主张"台独"史观、"皇民化"史观的人，否定台湾同胞的抗日斗争，极力反对连战出席大陆纪念抗战活动，企图抹杀两岸同胞抵御日寇侵略的历史，切断两岸同胞血肉情感，割裂两岸历史连接。习近平会见连战时指出："台湾同胞始终与祖国同呼吸、共命运，台湾同胞的抗日斗争是全民族抗战的重要组成部分。"在日本侵占台湾的半世纪内，从罗福星到蒋渭水，从武装抗日到文化抵御外侮，台湾同胞从未停止抗争。全面抗战爆发后，台湾同胞积极投身于大陆抗战，李友邦将军领导"台湾义勇队"抗击日寇，战功显赫，名震两岸。据统计，在日本侵占台湾50年里，为反抗日本殖民统治牺牲的台湾同胞就有65万人之多。两岸同胞团结一致、共同抗日的历史真相无法抹杀，两岸命运与共、同胞血脉相连不容切割。

三是凸显两岸分歧。国民党当局反对连战大陆行，提出要注意所谓台湾"社会观感"，正视"中华民国事实存在"等，实在荒谬。纪念中国人民抗战胜利暨世界反法西斯战争胜利70周年，具有世界性、普世性的意义，凡我中华儿女包括台湾同胞都应积极响应、主动参与纪念活动，彰显两岸共同抗日的史实，缅怀抗日先烈，扩大中国抗战在世界反法西斯战争中的地位与影响，弘扬抗战精神，维护胜利成果。对于这样一场纪念全民族抗战的活动，国民党当局有必要"泛政治化"、突显两岸政治分歧吗？不但不能如此，相反，两岸应该以共同纪念抗战为契机，弥合两岸政治分歧，强化两岸历史连接。只有这样，才对得起千千万万抗日英烈。

四是民进党借题发挥、借刀杀人。民进党对历史的认知和态度更是错乱不已，一方面无限"包容"李登辉认贼作父的"日本祖国论"，另一方面阻挠连战赴大陆纪念抗战，同时攻击大陆"炫耀武力"，"恫吓"台湾人民。殊不知，此次大陆举行抗战胜利阅兵，重在弘扬抗战精神，维护抗战胜利果实，珍爱和平，开创未来，绝不是炫耀武力，更不会针对台湾同胞。习近平总书记当场宣布中国将裁减军队员额30万，就是最好的明证。"台独"分子心怀叵测、心中有鬼，惧怕大陆军事力量的强大，才会有这些奇奇怪怪的言行。

此次连战先生独排众议，力抗铄金，以"虽千万人吾往矣"的勇气，参加大陆主办的抗战纪念活动，与其十年前"破冰之旅"一样，具有无比的历史责任感、道德勇气与强大意志。连战此行，弘扬了连家抗日救国的精神与传统。祖父连横为提醒台胞勿忘祖国而撰写《台湾通史》，其父连震东早年从事抗日活动，为其子取名连战、字永平，蕴含"战胜日寇，永葆和平"。连战此行，秉持民族大义，坚持大是大非，投下历史正确的航标，值得充分肯定。连战的选择顺应和平发展的主流民意，代表两岸关系发展的正确方向。

人间正道是沧桑。以李登辉为代表的"台独"势力，数典忘祖，其心可诛，企图分裂国家，割裂两岸历史连接，其结果必定是落得个玩火自焚、身败名裂的下场。

还有一些人在国际局势的变幻莫测面前缺乏定力，自乱阵脚，正在选择一条危险道路，企图在中国大陆与美日之间左右逢源，走一条貌似中立、实质配合美国的道路。此次有人发动各种力量，阻挠、打击连战大陆行，与这条亲美、依美路线有关。当美国无法阻挡英国、德国加入亚投行时，台湾方面才向大陆匆匆表达加入之意；当美国阻挠盟友出席北京阅兵时，台湾方面只看美国的眼色行事，赤裸裸向美日示好，出重手打击连战。这种作法有损两岸政治互信与两岸和解合作，有损两岸同胞情感，终将危害到两岸关系和平发展。所有关注两岸关系前途与命运的人们不能不对此高度警惕。

当前，两岸共同纪念抗日，有利于两岸同胞从全民族利益高度，铭记历史教训，弘扬抗战精神，增强两岸历史连接，从两岸共同纪念中萃取历史正能量，两岸双方绝不能因为抗战历史分歧而影响到两岸关系和平发展的进程和氛围。针对分歧，两岸双方可以通过"共享史料，共写史书"的方式加强交流研讨，求同存异，聚同化异，相向而行，逐步化解分歧，形成两岸共同、正确的抗战史观。两岸双方应加强沟通，继续在坚持"九二共识"、反对"台独"的共同政治基础上推动两岸关系和平发展。七十年前，全体中华儿女不分党派，众志成城，共抗外侮，谱写了全民族抗战的壮丽篇章。七十年后的今天，人们更有理由相信，两岸同胞完全可以克服一切偏见和分歧，着眼于民族复兴的大局和未来，勠力同心，继续推动两岸关系和平发展，共同开创中华民族伟大复兴的美好前景。这也是两岸所有负责任的政党和政治人物应当担负起的历史责任。（本文以"北京来论"于 2015 年 9 月 6 日发表于香港中国评论网）

"习马会" 集成两岸和平发展制度架构

两岸领导人会面牵动亿万两岸同胞与海外华人的心，是两岸关系中最富悬念、最具震撼力的历史性时刻，万众期待，举世瞩目。66 年等一回，谱写两岸崭新历史。当两岸领导人伸手相握、挥手致意长达 100 秒时，两岸同胞激情澎湃、热血奔涌，迎来了感动历史的 "两岸时刻"，它属于所有两岸同胞、一切爱好和平的人们。

在对的时刻，碰上对的人，才会造就对的历史伟业。多年来两岸关系和平发展成果为两岸领导人会面奠定了重要基础，两岸领导人会面已是水到渠成。当两岸关系处于重要节点，面临道路、方向与命运的重大抉择时，两位领导人高瞻远瞩，审时度势，引领潮流，敢于担当，抓住历史性的机会之窗，最终成就穿越两岸时空的世纪之握。两位登高呼吁勇于和平发展，排拒动荡不安，创造螺旋上升空间，再创两岸历史新页。两岸同胞应当为习近平、马英九的民族情怀、历史担当点赞、喝彩。

"习马会" 成就两岸和平发展制度化架构，包涵了中华情怀、和平典范、政治基础、道路选择及制度保障，成为两岸和平现状的根本要素。

一是凝聚中华情怀。振兴中华、民族复兴成为两岸领导人最大的交集。两岸同属中华民族，都为炎黄子孙，理应弘扬中华文化，培养优秀人才，致力振兴中华，台湾同胞决不会在民族复兴中缺席，两岸共同在中华文化智慧的指引下，为中华民族找到一条康庄大道。

二是创造和平典范。两岸同胞手足情深，命运与共，务必追求和平和谐、降低敌意，彼此仁爱、和平，透过 "各美其美，美人之美"，达到 "美美与共，两岸大同" 的至善境界。这不但是两岸和平诗篇，更是国际和平典范。

三是巩固政治基础。透过对海峡两岸于 1992 年就一个中国原则达成的 "九二共识" 再确认，使其内涵在两岸领导人之间得以精准化、明确化，"九二共识"将为两岸和平酝酿巨大的正向能量。

四是维护和平发展。和平发展是经过历史检验、符合两岸主流民意的正确道路，成果普惠台湾基层民众、青年世代、中小企业。此次会面将进一步拓宽和平发展道路，提升和平发展空间，成为两岸现状的核心成分。

五是提升制度保障。此次会面既强化了两会制度化协商机制，又健全了两岸事务主管部门常态化沟通机制，并且在国台办与陆委会首长之间建立"两岸热线"，处理紧急重要事务，加强沟通、避免误判、管控分歧，未来逐步升级。从事务性协商到政治性沟通机制，从23项协议再到两岸领导人会面，两岸已有广义的和平协议，两岸和平发展的超稳定架构雏形已现。

两岸领导人会面释出明确信号，任何逆转和平发展架构的企图都将徒劳，直至付出沉重代价。民进党如果不调整立场，既不承认"九二共识"的历史事实、认同其核心内涵，空喊"维持现状"；又强推新版"戒急用忍""南向政策"，扮演外族棋子，必然考验两岸同胞的心理底线，可能为历史所唾弃。

"两岸猿声啼不住，轻舟已过万重山。""习马会"敲响了两岸和平的钟声，两岸领导人制度化安排呼之欲出。伟人爱因斯坦说过"想象力就是一切"，两岸关系需要想象力，两岸同胞共同努力，拭目以待吧！（本文发表于台湾《中国时报》2015年11月11日A14版，原标题为《两岸超稳定架构浮现》）

"习马会"震撼两岸感动历史

两岸领导人会面牵动亿万两岸同胞与海外华人的心，是两岸关系中最富悬念、最具震撼性的历史性时刻，万众期待，举世瞩目。66年来等一回，谱写了两岸历史篇章，两岸同胞的心，在两岸领导人习近平与马英九的手紧握在一起长达81秒，在他们向两岸同胞与所有关注、支持两岸关系发展的人们挥手致意长达20秒时，迎来感动历史、激励人心、扣人心弦的"两岸时刻"，两岸全体中国人的心跳在一起，它属于所有两岸同胞、一切爱好和平的人们。

两年前的6月7日、8月8日，本人在台湾《旺报》先后发表两篇文章，呼吁两岸创造条件，尽快举行两岸领导人会面。虽历经波折，但峰回路转，终于成功实现，既在意料之外，又在情理之中。

两岸关系发展面临极其复杂因素的挑战，两岸领导人会面更需要克服明的、暗的、台湾岛内、国际社会的各种干扰，需要处理会面时机、场合、身份、议题、成果、影响等多方面的问题，困难度、复杂性超乎想象。但两岸领导人做到了，证明在中华文化的指引下，中国人有智慧、有能力解决我们自己的事情。

两岸领导人会面绝不是横空出世，而是双方酝酿多时，与时俱进，最后水到渠成。两岸双方在近年和平发展的基础上，历经两会恢复协商、谈判，签署协议，共组"经合会"，推动两岸经济合作、文化交流、人员往来，两岸关系处于60多年来最为和平稳定的阶段。特别是两岸事务主管部门建立了常态化沟通机制，会面6次，正式会谈为4次，取得多项成果，为两岸领导人的见面奠定牢固基础。两岸关系持续发展迟早会迎来两岸领导人会面的时刻。

当前两岸关系处于重要节点，面临两条道路与方向的抉择。是继续和平发展、螺旋上升、共享和平红利，还是回到动荡不安的老路，螺旋下沉、台湾民众再"吃二遍苦、受二茬罪"？两岸领导人会面就是登高一呼，号召两岸同胞、特别是台湾同胞在两岸关系的转折点上做出正确选择，坚持并拓宽和平发展的道路，投身于两岸和平发展事业。

历史往往是在对的时刻，遇到对的人，才会做成对的事情。我们要为两岸领导人点赞、喝彩。此次会面，具有鲜明特点。

一是顺应潮流，汇聚民意。和平发展既是历史发展潮流，也是跨越海峡的共识，更是台湾的主流民意。二是"两岸一家亲"、充满同胞爱。两岸领导人首次见面握手，千言万语，就是充满了浓得化不开的中华情结、兄弟情谊。三是包容倾听，务实创新。两岸领导人具有包容心与同理心，相互倾听、尊重、换位思考。大陆充分照顾台湾民众的期待、需要。务实面对难题、政治分歧，集成两岸智慧，创新突破，积极进取，寻找解决问题的路径。四是搁置争议，求同存异。面对困难、阻力，双方更多地求同化异、聚同化异，相向而行，凝聚共识。

此次会面，取得显著成果，达成积极共识，奠定未来两岸和平发展的新框架。

一是聚焦"九二共识"，巩固共同的政治基础。两岸领导人再次确认一个中国原则与"九二共识"，它规定了两岸关系的根本性质，是维持两岸关系发展的根本基石，两岸双方应坚持共同政治基础毫不动摇。

二是坚定两岸和平发展的信心，构建和平发展的制度框架。和平发展，利在当代，功在千秋。当前需要不断拓宽和平发展的道路，添加和平发展动力，拓展和平发展的空间，创造更多和平红利，造福两岸同胞。

三是建构两岸新互动机制，健全完善两岸事务主管部门的常态化沟通机制。设立两岸热线，加强沟通，避免误判，降低风险，有效管控分歧。大陆将在不造成"两个中国""一中一台"的情况下，透过两岸协商作出合情合理的安排。大陆的国防建设绝不是针对台湾同胞，而是出于捍卫国家主权领土完整的需要。

四是加强两岸交流合作，实现互利双赢。大陆积极回应、照顾台湾对于发展两岸关系的期待，聚焦基层民众、青年群体的需要，愿意优先与台湾同胞分享的机遇，大陆欢迎台湾参与亚投行与"一带一路"建设，做大共同利益蛋糕。

五是加强两岸情感纽带，实现民族复兴。两岸同属中华文化、都为炎黄子孙，都期待振兴中华民族。当前，我们比历史上任何时候都更接近实现民族振兴的那一刻，台湾同胞当然不能缺席。未来应扩大文化教育交流，弘扬中华文化，弘扬抗战精神，共享史料、共写史书，共同捍卫民族荣耀。

两岸领导人会面成功举行，开创两岸领导人会面的先河，必将带动台湾发展，推进两岸进程，引领世界和平。两岸领导人会面必将载入史册，历史将永远铭记这一刻。

　　伟人爱因斯坦说过，"想象力就是一切"，推进两岸关系需要发挥想象力，化阻力为助力，化不可能为可能。两岸领导人会面跨越时空，为两岸关系添加新动力，迈上新高度，拓展新空间，赢得和平发展的崭新境界。让我们共同祝福两岸吧！（本文发表于华广网，2015 年 11 月 11 日，引自 http://www.chbcnet.com/zjps/content/2015-11/11/content_1191014.htm，最后检索日期 2018 年 12 月 5 日）

"两岸同属一中"理应成为两岸共同认知

2016年选举是一场没有悬念、不对称的选举，所有的筹码都在民进党手上。民进党营造了强烈的换人做、换党做的政治气氛，运用社会运动为其加持，消费艺人吸纳年轻选票。但是，蔡英文未如预期跨过700万得票门槛，689万只是马英九的低标，相当于蔡2012年的609万加上首投族中的80多万，蔡只获得绿营选民及多数首投族相挺，并没有赢得蓝营选民、多数中间选民的信任。与"九合一"相比，蔡在民进党执政县市的选票非但没有增加，反而是全面下滑，除了桃园、嘉义、新竹3市外，高雄、台中、台南、云林、宜兰等10个县市选票均无增加。这证明绿色执政品质难以保证，难以赢得民众信任。多数人相信，民进党即将全面执政，但难以稳定执政，关键是其两岸政策无法打通台湾发展的任督二脉。

选举蕴含的台湾主流民意依然是维持两岸关系和平发展，期待分享更多机会与成果，实现积极和平与优质发展。面对民意，蔡英文执政后的第一里路依然是两岸议题。有人提醒她作为领导人不能回避"九二共识"，无法像县市长们只需"尊重并了解"即可。但当选后蔡英文的两岸谈话透露了不寻常的信息，既有冷静、善意、克制的态度，也有消极、负面、情绪的一面；虽然在寻找两岸互动之道方面作了尝试，但并没有对"九二共识"的核心内涵作出正面的、契合两岸关系本质、符合两岸关系现实的回答。

在"1·16"当选讲话中，蔡英文除了重复选前承诺外，字里行间多了"由软转硬"的激昂：突出"新民意"，强调"民主制度、国家认同与国际参与"等"不被打压"；只讲维持两岸和平稳定，不讲发展；选前保证她会"沟通、不挑衅、不会有意外"，选后强调两岸都有责任确保"没有挑衅、没有意外"，为转嫁责任给大陆埋下伏笔。

我注意到选后蔡接受台湾媒体采访时表示，1992年两岸两会秉持相互谅解、求同存异的政治思维进行沟通协商，达成了若干的共同认知与谅解，她理解和尊重这个历史事实。1992年之后20多年来双方交流、协商累积形成现状及成果，两岸应在这个基本事实与既有政治基础上，推动两岸关系和平稳定与发展。尽管蔡英文对既有政治基础作了4点解释，但我愿看到这是两岸双方相向而行、营造气氛的良好开始。而人们更关心蔡口中的"共同认知"是否包括"九二共识"或其"两岸同属一中"的核心内涵？"理解与尊重"是否是"回避与模糊"的托词？基于民进党的"台独"立场以及过去的所作所为，笔者宁愿不持乐观的理由以免失望。

值得注意的是，从选后蔡的两岸谈话看出，蔡英文试图以当年两岸两会会谈的"过程"取代两岸双方达成共识的"结果"；以相互谅解、求同存异的"方法论"取代"两岸同属一中"的核心"内涵论"；以"现行宪政体制"虚化两岸现有法理连接；以20多年协商互动成果淡化甚至否定8年来两岸和平发展成果；以及预留了在适当时候以所谓"民主""民意"否定两岸共同政治基础的空间。上述要害在于蔡英文既不明确承认两岸达成"九二共识"的历史事实，也不认同"两岸同属一中"的核心内涵，刻意混淆"九二共识"与"九二会谈"，回避两岸关系的本质，不讲清楚两岸是一国内部关系而非国际关系。

两岸之间唯有在认同"两岸同属一中"的政治基础上方可搁置争议、求同存异。如果没有这一共同基础，两岸如何"相互谅解"？如何"求同存异"？蔡英文称珍惜两岸成果，近8年来取得两岸和平发展成果的基础在于"九二共识"，如果没有"九二共识"，成果必将化为泡影。15年前民进党第一次执政时，就企图以"九二会谈""九二精神"取代"九二共识"，今天如果重蹈覆辙，任凭时光流逝、岁月蹉跎，最后必然伤害台湾同胞福祉。

胜选后保持理性、冷静，抓住机会之窗，承担维护两岸关系和平发展的历史责任，是蔡英文及民进党人的应有认知。由于民进党顽固坚持"台独"立场，民共之间长期缺乏互信，民进党有责任释放善意、营造良性气氛，特别是面对"九二共识"的历史事实与核心内涵，作出明智的、符合历史趋势的抉择。（本文发表于华广网2016年1月25日，引自 http://www.chbcnet.com/zjps/content/2016-01/25/content_1212838.htm，最后检索日期2018年12月5日）

坚持底线　融合发展　行稳致远

——习总书记最新对台讲话解读

3月5日下午，中共中央总书记习近平参加上海人大代表团审议讨论时，就两岸关系发表重要看法，"一石激起千层浪"，"坚持底线、融合发展、行稳致远"成为两岸关系和平发展的新航标。

一

众所周知，习总书记被称为"知台派"，早在福建工作期间就接触两岸事务，在浙江、上海工作期间也与台湾朋友广泛交流，熟悉台湾情况，拥有丰富的对台工作第一手经验。党的十八大以来，习总书记多次会见台湾各界人士，去年11月7日举办"习马会"，成功实现两岸领导人会面，把两岸关系拉升到前所未有的新高度，奠定新的里程碑。迄今为止，习总书记先后18次发表两岸关系谈话，提出了许多著名论断，"两岸一家亲""共圆中国梦"；两岸政治分歧"不能一代一代传下去"、统一不仅是形式上的统一、更重要的是同胞"心灵契合"、两岸关系的"关键是大陆自身的进步发展"等，从而形成一系列两岸关系和平发展的新理念、新思想与新战略，构成了习总书记治国理政的重要有机部分，为两岸关系与民族复兴描绘美好前景，注入全新动力，使两岸关系克难前行、稳中有进、成果卓著。

当前，两岸关系处于重要节点，面临两条道路与命运的抉择。2014年、2015年台湾先后发生所谓"反服贸事件"与"反课纲微调运动"，两岸关系遭遇新情况、新问题。今年初，民进党在没有根本放弃"台独"立场的情况下"全面执政"，台湾政治生态、社会结构趋向"绿化"，台湾民众"恐中惧统"心态上升，两岸关系和平发展的阻力增大、动力下滑、风险上升。

如何避免两岸关系和平发展中止逆转，确保持续向前向上向好发展，攸关中华民族和国家未来，攸关两岸同胞福祉，也是摆在两岸同胞面前的重大课题。为此，习总书记以其卓越的战略自信、深邃的战略视野及浓得化不开的两岸情怀，擘画两岸关系和平发展的宏伟工程，引来海峡两岸各界与国际社会的高度赞誉。

二

习近平两岸关系谈话，向两岸各界及国际社会释放清晰而强烈的政治信号，坚持"九二共识"，推进两岸交流合作，拉近同胞心灵距离。

一是传递明确的政治信号，促压民进党接受"九二共识"。大陆对台大政方针是一贯的、连续的，不因台湾政局的变异而改变。其核心就是坚持"九二共识"的政治基础，强化"大陆和台湾同属一个中国"的核心内涵。"九二共识"完全符合台湾方面的法律规定，经过两岸领导人直接、公开的确认，不但是两岸共识，更是国际社会的普遍认知，已成为两岸关系行稳致远的关键。

当前，民进党还试图以模糊手法虚化两岸共同政治基础。一方面承诺"维持两岸现状"，试图在"中华民国现行宪政体制"与两岸协商交流互动成果的基础上，持续和平稳定发展；另一方面只承认1992年两会会谈的"历史事实"与达成若干"共同认知"，只认同"相互谅解""求同存异"的方法，却不承认当年两岸达成"九二共识"的历史事实，不认同"两岸同属一中"的核心内涵，试图从根本上回避两岸关系的本质。

习总书记讲话针对性很强，明确而强烈地告诫民进党不要误判、心存幻想，期待大陆松动政治底线。只要承认"九二共识"的历史事实，认同其核心意涵，明确界定两岸关系的性质，相向而行，寻找到符合两岸同属一中国内涵、为两岸双方接受的政治基础，两岸就可良性互动、行稳致远。习总书记重申大陆的政治底线，指明了未来民进党与大陆互动的可行之道，既保持压力，又为对方的调整预留空间，无疑是富有创意、弹性、可行的政治安排，理应得到民进党方面积极、善意的回应。

二是严正警告"台独"势力不可蠢动。民进党重返执政刺激"台独"势力忘乎所以、蠢蠢欲动，试图"撤除国父遗像"、制定"两国论"版本的"监督条例"，推行"文化台独""教育台独""生活台独"等各式"柔性台独"，甚至不排除激进的"法理台独"，两岸关系风险上升。对此严峻事态，大陆方面已有充分准备。习总书记郑重宣示，坚决遏止任何形式的"台独"分裂活动，维护国家主权和领土完整、确保国家不被分裂的意志坚如磐石、绝不动摇。这既是全体中华儿女的共同心愿和坚定意志，也是对历史对人民的庄严承诺和神圣责任。

三是指明两岸关系融合发展的新方向。两岸关系和平发展已是两岸主流民意，任何势力难以阻挡。两岸交流合作已成为不可逆转潮流，即使民进党也不得不"维持两岸现状"，认同并持续两岸和平稳定发展。对此，习总书记明确要求两岸各方继续推进两岸各领域的交流合作，着力深化两岸经济社会融合发展，增进同胞亲情和福祉，拉近同胞心灵距离，增强对命运共同体的认知。习总书记讲话显示两岸关系和平发展将进入新阶段，由巩固深化期进入融合发展期，经过合作双赢结成命运与共，培植共同利益拉近心灵距离，最后实现心灵契合与民族复兴。

四是发出共同维护和平发展的强劲号召。在两岸关系关键时刻，面对险阻艰难，习总书记振臂高呼两岸同胞共同维护两岸和平发展的成果，共同开创两岸美好未来，携起手来同心实现中华民族伟大复兴。绝不让和平发展的成果得而复失、"和平之舟"遭遇倾覆；绝不让国家分裂的历史悲剧重演。

三

习总书记在全国人大开幕当天便来到上海代表团参与审议讨论，发表令人瞩目的两岸关系谈话，既是对上海对台工作的鼓励与肯定，更是对上海的期待与鞭策，希望上海在两岸关系中扮演引领作用。习总书记从上海及周边地区的台资、与台湾人员往来、交流合作谈起，突出了两岸同胞对于和平发展的期待，我们不能让其失望。可行之道就是坚持"九二共识"、遏止"台独"分裂活动，实现融合发展，拉近心灵距离。

习总书记的整篇讲话既接地气，又具有战略高度，充满历史纵深感与现实可行性。讲话体现了习总书记的一贯风格，思维活跃，极具创意，语言生动，富有感染力、说服力、穿透力。讲话对大陆内部统一思想，持续推动两岸关系和平发展；对台定调，总基调是鲜明柔性，合情合理。严格区分对象与内涵，政治方面讲理且更硬、更有坚持，针对"台独"势力坚决遏止、义正词严；针对民进党划定底线，对民进党压力上升，但又留有空间。在经济社会文化交流合作方面着力融合发展，共享机会与成果，讲发展大势深具信心与决心。面向台湾同胞讲情感、心灵呼应，体现感性与柔性，流露出同胞关爱、骨肉兄弟、血浓于水的亲情。

　　习总书记此篇讲话，给人鼓舞、给人信心、给人希望，体现了历经多年两岸关系和平发展，大陆已具有高度的战略自信、道路自信及政策自信，将保持战略定力，全力维护和平发展大局，携手两岸同胞，持续推动两岸关系向下扎根、向上提升、向前迈进，早日实现中华民族的伟大复兴。（本文发表于《人民日报》（海外版）2016 年 3 月 12 日）

无"九二共识" 毁两岸现状

2008 年以来，两岸双方在"九二共识"、反对"台独"的共同政治基础上，迈上两岸关系和平发展的光明大道，取得丰硕成果，惠及百业众生，台湾海峡呈现繁荣和平景象，为国际社会点赞称颂。人们普遍期待台海和平发展道路得以继续，两岸同胞长期共享和平红利。然而，即将上台的民进党人，虽声称维持现状，却既无接受"九二共识"的意愿，也无寻找两岸共同政治基础的诚意，相反各种紧缩措施蓄势待发，制造"民粹""反中"气氛，令人无比揪心。人们不禁想问，何为"两岸现状"？不承认"九二共识"，何以"维持现状"？

八年来的两岸现状，概括而言就是两岸双方基于体现"一中"原则的"九二共识"，成就两岸关系和平发展的历史伟业，实现两岸关系的全面发展、深度发展、良性发展及优质发展。

两岸和平发展现状体现在多个领域。两岸双方建立政治互信与政治默契，两会恢复协商谈判，签署协议，共组"两岸经济合作委员会"。两岸建立多个高层政治互动对话的机制与平台，规划、推动两岸发展进程。两岸事务主管部门建立常态化联系沟通机制，国台办主任与陆委会主委实现互访，深入交换意见，架设"两岸热线"。"习马会"开创了两岸领导人直接会面先河，成为两岸关系历史坐标与战略高位。本着"两岸一家亲"理念，两岸在涉外领域建立一系列合情合理安排机制，较好解决了台湾方面参与 APEC 领袖峰会、世界卫生大会年会 WHA、国际民航组织年会 ICAO 以及加入区域经济整合等愿望。基于"九二共识"与两岸各种安排机制，两岸经济关系朝向制度化、正常化与结构性融合。两岸进入"一日生活圈"，实现全面、双向海空直航，航班每周达到 890 班。两岸进入"大交流"全新时代，台商、台生、台属之外，两岸间涌现了陆客、陆生、陆资、陆媒、陆配等新兴群体。2015 年赴台陆客达到 430 多万，赴台陆生累计超过 4.2 万名，陆资企业近千家。不但为台湾每年创造数千亿新台币的旅游收入，提供上万个就业岗位，而且为两岸经济社会融合、拉近同胞心灵距离提供了可行路径。上述两岸和平发展现状与两岸同胞生活息息相关，成为多数台湾民众的生活方式与信心指数。

八年来两岸关系实践表明，"九二共识"与两岸和平发展构成正向良性循环，"九二共识"成为两岸现状的核心要素，否定、不接受以及回避、弱化"九二共识"，就是改变两岸关系现状，并且将从根本上动摇两岸和平发展基础，破坏两岸关系和平发展成果。

"九二共识"核心内涵就是"大陆和台湾同属一个中国"，关键在于界定了两岸关系的性质是一个国家的内部关系。"九二共识"成为两岸现状的核心要素，是由两岸有关规定、两岸共识规范以及两岸关系正反实践等因素综合决定。

一是两岸双方都规定了"大陆和台湾同属一中"。1949年以来两岸尽管尚未统一，但大陆和台湾同属一个中国的事实从未改变，也不会改变。正如吴伯雄2013年6月所言"两岸各自规定、体制都主张一个中国原则，都用一个中国框架来定位两岸关系，而非国与国关系。"马英九一再告诫继任者只要遵循"宪法"及其体制，接受"九二共识"就不难。不但如此，"大陆和台湾同属一中"内涵同样得到国际法的强烈支持，从《开罗宣言》《波茨坦公告》到联合国2758号决议、中美三个《联合公报》等无一不赞同台湾是中国一部分的事实。

二是两岸共识规范了"九二共识"就是两岸现状。"九二共识"不仅是1992年两岸授权机构海协会与海基会之间达成的两会共识，也是2008年以后推动两岸和平发展的两岸共识，更在"习马会"中得到了两岸领导人的再确认，由此获得国际社会的高度肯定与普遍认可。正如2015年11月7日马英九所言，"海峡两岸在1992年就一个中国原则达成的共识简称'九二共识'，是两岸推动和平发展的共同政治基础。"如今，任谁都无法否认"九二共识"已成为两会共识、两岸共识，也是国际共识，在两岸关系发展中具有不可取代的基础性地位。"九二共识"被两岸各方、为国际社会广泛接受，无疑成为两岸现状不可或缺的重要成分，不面对"九二共识"，不认同其核心内涵，两岸现状必将难以为继。

三是两岸关系由紧张动荡到和平发展的正反两方面实践，证明"九二共识"是维持两岸和平发展现状的根本保证。李、扁当年背离两岸同属一中、遂行"台独"分裂行径，陷两岸于危险边缘，祸害两岸同胞。与此相反，2008年以来两岸双方坚持"九二共识"，开创和平发展道路，塑造和平发展典范与主流民意，顺应历史发展潮流。"九二共识"成为两岸和平发展现状的定海神针。

当前，"大陆和台湾同属一中"的两岸现状正遭遇民进党继任者的挑战与侵蚀，两岸关系处于两种命运、两条道路的十字关口。如果不承认"九二共识"的历史事实、不认同"大陆和台湾同属一中"的核心内涵，不讲清楚两岸关系的性质，两岸之间难以找到互动沟通、对话协商的共同政治基础，两岸现状已被片面改变。选后不久，民进党方面便已蠢蠢欲动、磨刀霍霍，已无意维持两岸现状，朝向新一轮"台独"狂奔。有人妄言"民主原则"与"普遍民意"，有人明目张胆地叫嚷"台湾与中国"，还有人提案降低"公投"门槛，撤销"微调课纲"，变本加厉推动形形色色的"文化台独"，掀起"政治反中""经济离中""文化去中""战略制中"逆流。凡此种种表明民进党正在动摇两岸和平发展基石，从点滴做起、一步步地改变两岸和平发展现状，把台海两岸引向不可预知的未来。越来越多的人担心两岸关系将滑向紧张动荡、螺旋下沉的漩涡。

历史证明，两岸和平发展现状基于"九二共识"，有则续、无则毁。有无"九二共识"已成检验台湾各式政治人物"维持两岸现状"真假的试金石。古人有诗云："万山不许一溪奔，拦得溪声日夜喧。到得前头山脚尽，堂堂溪水出前村。"提醒台湾当政者认清两岸历史大势，唯有捍卫"九二共识"，方可维持两岸现状。（本文发表于香港中国评论网 2016 年 5 月 10 日，引自 http://hk.crntt.com/crn-webapp/mag/docDetail.jsp?coluid=0&docid=104225120，最后检索日期 2016 年 11 月 22 日）

回避"九二共识"，台湾当局新领导人何来"善意"

　　台湾当局新领导人 20 日发表了吊足人们胃口的"就职演讲"。尽管这篇讲话调动了不少智囊高参绞尽脑汁、精心准备，并被其幕僚称为"已释出最大善意"，但面对人们最为关注的是否承认"九二共识"，如何解决台湾内外困局等问题，讲话着实令人失望。讲话没有回答当前两岸关系是何种性质这一根本问题，依然回避"九二共识"及其核心意涵，无意与大陆方面确认两岸共同政治基础。两岸关系仍旧无法拨云见日。

　　台湾当局新领导人的这篇讲话有 6000 字，但攸关台湾经济发展与前途命运的两岸议题却被放在所谓区域和平稳定之后，只有区区不到 400 字。与此前相比，其两岸政策论述小有变化，往前挪了那么一点点，但远未达标，并不是一份合格像样的答卷。其政策论述的实质是要对两岸关系降温，降低两岸联结与依存度，保持台湾"主体性"。可以看出，她的两岸政策目标只求稳定，不求发展；只管控风险，不增长动力；不是让两岸愈走愈近，而是让两岸愈走愈远。

　　讲话提到 1992 年两岸两会会谈和达成了若干共同认知，表示要依据台湾地区现行规定和有关条例处理两岸事务。但只是重申了台湾方面现行规定的立场，依然回避前述规定中明确界定的两岸关系性质。仅仅作出这样的表态，不足以让人相信她真心接受了"大陆和台湾同属一个中国"的"九二共识"核心意涵。讲话还提出维持两岸现有沟通机制，但她只有愿景，没有路径，无法提出维持两岸制度化交往的可行办法。讲话还建议两岸执政党"放下历史包袱"，但正是民进党的"台独党纲""台湾前途决议文"以及"正常国家决议文"等"台独"文件为民共交流制造重重障碍。目前民进党连冻结"台独党纲"都做不到，两党对话的可能性微乎其微。

　　事实上，民进党上下目前正热衷于推动政治"反中"、法理"拆中"、文化"去中"，特别是经济"离中"，战略"制中"，她的"善意"何在？她对两岸议题说得高来高去，让人看得云里雾里。言辞光鲜，但声音很小、实际举动更少。与此形成强烈对比的是，在推动"新南向政策"、加入 TPP、发展军火工业、远离大陆方面她做得轰轰烈烈，可谓敲锣打鼓，其实质是为了增加对抗大陆的筹码，她的"诚意"何在？

对台湾当局新领导人的言行，大陆方面会密切观察、严格检验。对她既不看扁、看死，也不放低要求、放宽尺度。我们不但要听她怎么说，还要看她怎么做，看她的政治选项与政策工具是否指向"台独"。她多次声称要保持两岸政策的"一致性、可预测性与可持续性"，承诺"说到做到"，是真是假，我们拭目以待。如果她"说一套，做一套"，甚至视承诺为儿戏，在两岸关系上搞李登辉、陈水扁翻云覆雨那一套，她的政治信用将完全破产，沦为废话与谎言。

大陆对台大政方针是一贯的、明确的。台湾当局新领导人任内的每一天都得面对"九二共识"这道必答题。两岸同属一中的核心意涵无法回避，不容模糊、虚化及弱化。如果台湾当局新领导人仍不愿明确承认"九二共识"，无异于毁坏两岸两会协商谈判、国台办与陆委会常态化联系沟通机制的政治基础。如果"两岸热线"成为空号，责任当然在民进党执政当局。现在，"球"还在台湾当局新领导人手上。只要回到体现一中原则的"九二共识"，两岸关系仍将波平浪静、良性互动。（本文作为新华社署名评论文章发表于 2016 年 5 月 22 日）

"九二共识"就是善意

近日，曹兴诚先生扣响了攻击"九二共识"扳机，其在《中国时报》的文章，透露了他对于"九二共识"的无知、误解已到了极其荒谬的程度，有必要理论一番，以免以讹传讹。

"九二共识"不是像曹所说的两岸各自表述，而是具有高度共识，"九二共识"的共同版得到两岸领导人直接公开的确认。2015 年 11 月 7 日马英九当着习近平、全世界媒体的面表述：两岸两会在 1992 年就一个中国原则达成了"九二共识"。其核心要义界定了两岸关系是一个国家的内部关系，而非国际关系。如今蔡英文不啻是拒绝"九二共识"这四个字，根本原因在于不承认两岸关系的一国关系，还有"一边一国"幻想。

"九二共识"体现了求同存异的精神，面对政治分歧，两岸需要相向而行，求"一国"之同，存"谁代表"之异，"谁代表"是未来两岸政治谈判的议题。马英九"一中各表"是讲给台湾民众听的，但他强调无论如何他都不会表成"两个中国""一中一台"，所以马的"一中各表"决不会表成"两中""两国"，曹所言马"一中各表"成"两中"只是杞人忧天。

"九二共识"完全符合台湾的相关规定，决不是曹所说的大陆强加给台北的"狗链子"。"中华民国宪法"就是"一中宪法"，"两岸人民关系条例"的定位就是"一个国家，两个地区"，这些相关规定都赋予"九二共识"强大的法理基础。因此，如果蔡英文承认"中华民国宪法"，以"两岸关系条例"处理两岸事务，她接受"九二共识"就不会有任何法理障碍，完全不必如曹担心解散她的"政府"，唯一障碍就是她需要祛除"两国论""一边一国"的心理魔咒。

"九二共识"完全是善意、包容的解决之道，因为它没有挑战台湾的法理基础，反而是给予合理的存在空间，这是对台湾现有政治秩序、生活方式的最大包容。8 年来的实践证明"九二共识"是推动两岸关系和平发展的重要基石，犹如定海神针，产生巨大和平红利，绝不是曹所说的"九二共识带来和平红利是骗人的"。大陆对于"九二共识"的坚持不会因为台湾政局、"反中民粹"而变动，也不会对蓝绿而有差别待遇，不会对国民党放宽、对民进党从严。民进党高层拒不接受"九二共识"，实施"政治反中、文化去中、经济脱中、战略制中"的"戒急用忍"升级版，导致两岸陷入冷对抗、弱稳定的僵局，损及台湾民众福祉。

曹兴诚先生长期支持两岸关系发展，热心推动"两岸和平共处法"。面对民进党的全面执政与逆转紧缩两岸之策，曹先生可否多劝导民进党多"放空"、多行善，而非挫伤两岸关系发展的正能量，才会迎来两岸关系的真"妙有"。（本文发表于台湾《中国时报》2016年8月15日）

"两岸和平发展论坛"将引领两岸关系走向

11月2日，两岸多个团体将在北京共同举办"两岸和平发展论坛"。这是面对两岸关系新形势，经国共两党协商、共同支持的结果，表明已举办十届的两岸经贸文化论坛已被"两岸和平发展论坛"取代，届时国共两党领导人是否会面，能否扮演领航者的角色，引起人们高度关注。

一、"两岸和平发展论坛"的背景

"两岸和平发展论坛"的举办，是在当前两岸关系特殊背景下召开的，反映了大陆方面主导两岸关系进程、维持台海大局稳定、累积未来发展动力的战略思考。

其一，这是大陆主导两岸关系发展的重大举措。当前，两岸关系陷于"冷对抗"，面临严峻复杂局面，大陆亟谋发展改善之策，主导两岸关系发展。蔡英文拒不接受"九二共识"及其核心内涵，损坏了两岸共同政治基础，导致两会协商谈判中断、国台办与陆委会沟通机制受挫。蔡英文的口头"善意"掩盖不了其内心"反中"对抗本质，岛内掀起新一轮"文化台独""内政台独""释宪台独"的浪潮，两岸关系全面降温，两岸风险急剧上升，两岸民意冲撞愈演愈烈。要扭转此严峻复杂局面，制衡民进党当局，大陆必须保持战略定力、战略清醒，团结并壮大一切支持"九二共识"的力量，打击"台独"势力，塑造强大民意，主导两岸关系发展。为此，继9月中旬推出与蓝营八县市交流合作举措之后，大陆于10月12日宣布举办"两岸和平发展论坛"，形成两岸关系发展的新动力。

其二，国民党推动"和平政纲"，为"习洪会""两岸和平发展论坛"做好了政治准备。国民党败选后，内外交困，气氛低迷，党产面临清算，高层出现路线与权力之争。洪秀柱领导的国民党中央主张"一中同表"，签署两岸和平协议。但"一中同表派"遭到以吴敦义、郝龙斌及国民党"立法院党团"等"一中各表派"的全面反弹，双方路线冲突又与明年党主席、未来国民党地区领导人人选争夺纠缠在一起。在国民党十九大四届全会上，洪秀柱顶住压力通过"和平政纲"，主张在"中华民国宪法"基础上深化"九二共识"，探讨以和平协议结束两岸敌对状态的可能性，推动两岸和平制度化。"和平政纲"表明国民党中央高举"九二共识"旗帜，坚持两岸和平发展道路，为两党领导人会面、论坛的举办奠定了共同政治基础。举办本次论坛就是为了鼓励、督促国民党继续坚持正确的发展方向，高举"九二共识"旗帜，反对"台独"，制衡民进党"一党独霸"，并未雨绸缪为下一轮两岸关系突破发展创造机会。

其三，两岸经贸文化论坛亟须转型升级、创新发展。2005年以来，国共两党牵头举办了十届论坛，都具有指示方向、培植互信、凝聚共识、探寻路径等功能，对两岸关系发展产生巨大推动作用。但民进党、绿营媒体将此贴上"形式主义"、"大拜拜"、"腐败"、剥夺基层民众等标签，甚至国民党年初败选检讨也提出停办国共论坛。如今国共双方均有意吸取历届经验教训，采取新形式、赋予新内涵、聚焦新领域，实现论坛的转型升级，成为两岸关系的领航指标，防止两岸关系重大倒退。

其四，举办论坛是顺应台湾民意搭建两岸多元交流平台。民进党上台不久，台湾各种危机全面爆发，两岸关系由热转冷、急转直下，陆客下降、陆资撤退、陆生缩水，处于"闷两岸"状态。台湾民众对此有所反思反省，民意普遍期待维持两岸现状，持续和平发展，期待搭建更多两岸交流合作平台，参与并分享发展机会。台湾民众深感前景黯淡，机会渺茫，转而纷纷西进大陆寻找出路与机会。据台湾《联合报》9月19日发布的民调显示，民众西进意愿上升为31％，高于前年25％与去年19％；30—50岁群体西进大陆的意愿上升为38％，比去年高5个百分点；同意子女到大陆念书的比例达到32％，也较去年增长6个点。可以预判，自"反服贸"风波以来升高的岛内"反中民粹"情绪已自巅峰下滑，保持"台湾主体性"出现拐点，两岸和平发展成为台湾真正的主流民意和最强音。

二、"两岸和平发展论坛"的特点

据透露，届时将有来自两岸社会各界代表性人士、社会精英、社团负责人等约200人出席论坛，围绕两岸关系发展中的重大议题，按照政治、经济、文化、社会、青年五个小组进行专题研讨，展开交流对话，将呈现四个特点。

一是突出针对性、有效性，聚焦重大议题，及早战略规划。民进党上台后，两岸关系发展面临重大障碍与多种困境，两岸各方亟须找到突破僵局的方法，稳定两岸大局、防止恶化、管控风险、增长动力。两岸各界还应及早进行战略规划、路径探讨，为未来的两岸关系设计终极战略、可行战术，这是两岸当务之急，也是论坛的重要使命。

二是突出全面性、综合性，把政治议题作为首要议题重点探讨，破解两岸政治分歧。论坛将围绕"政治互信与良性互动""经济发展与两岸合作""文化传承与创新""深化两岸民间交流"以及"探索新愿景、开辟新路径"等五大主题展开，聚焦政治互信、经济合作、文化传承，关注青年世代，力推两岸同胞共同参与、分享与成就的新模式。此前，大陆与马英九当局有意"搁置争议，求同存异"，如今两岸政治议题不得不面对，也不能无限期地拖延下去。与历届经贸文化论坛相比，"两岸和平发展论坛"议题更为全面、综合，除了传统的经济、文化、青年交流等议题外，论坛最引人注目的内容在于"政治互信与良性互动"议题，着重讨论两岸共同政治基础、结束敌对状态、签署"两岸和平协议"等重大、敏感议题，将引起两岸及国际社会广泛关注。主办方试图集成两岸智慧，营造气氛，找到破解两岸政治分歧的终南捷径，尽早确立两岸政治定位，全面探讨国家尚未统一前的两岸政治关系，并作出合情合理的安排。人们尤其关注洪秀柱提出的"和平政纲"有关深化"九二共识"、以"和平协议"结束两岸敌对状态等构想是否成为论坛新焦点，激荡出智慧火花，成为论坛的重要共识。若果真如此，必将蔚为两岸潮流，推动两岸政治关系再上台阶。

三是突出民间性、多元性，淡化政党色彩，吸纳社会能量。台湾民众、舆论对于政党、政治议题极为敏感，对于此前国共论坛曾出现不少负面评论。为此，"两岸和平发展论坛"主要由国共有关方面协商同意，发挥台湾民间团体活力与影响力，由两岸多个团体共同举办，邀请两岸相关社会团体、代表性人士以及年轻一代共襄盛举，团结各界精英，汇聚和平发展力量，期待对于两岸关系形成正面、持续的影响。与此同时，大陆必然重视国民党的作用与影响，强化国共两党党际交流，延续两党领导人会面机制，增强政治互信，引导民意对抗民进党当局及"台独"势力，推动两岸关系发展。

四是突出创新性、包容性，探寻两岸关系改善发展的可行路径。创新发展是两岸关系发展不变的规律，两岸之间的各种交流合作平台，注重突破瓶颈，时刻创新，力戒重复空洞、形式主义，更不可滋生腐败、不当图利等现象，务必从外在到内涵、从参与对象到体制机制、政治思维、政策导向，都要确立一整套适应两岸形势、回应两岸特别是台湾多数民意、顺应两岸关系趋势的互信基础、政治安排、政策举措、路径模拟等。

三、"两岸和平发展论坛"的影响

"两岸和平发展论坛"已经成为国共两党、两岸重要团体应对当前危局、突破创新的关键举措，能否如 2005 年国共领导人会面那样打破两岸对抗对峙僵局、开创和平发展的崭新时代，这有待时间的检验。论坛既是对历届两岸经贸文化论坛的继承与深化，也是创新、超越，具有鲜明的时代特色，将成为两岸关系发展的领先指标，具有里程碑的影响。

第一，论坛将对两岸关系产生深远影响。论坛将高举"九二共识"旗帜，夯实两岸共同政治基础，既鼓励、督促国民党坚持既有立场，积极探讨两岸政治分歧，突出国民党在稳定、改善两岸关系中的特殊作用，又能对蔡英文、民进党构成巨大压力，只要不接受"九二共识"就无法稳定执政，更难以长期执政；还能争取台湾民意、舆论、知识阶层、年轻世代更多地支持两岸关系发展改善。

第二，论坛将扩大大陆对岛内政治的影响力。一方面，有利于国民党发挥两岸关系长项，在岛内政治中立稳脚跟，避免下滑；有利于国民党团结，提升国民党内坚持"九二共识"、希望"一中同表"、反对"台独"等主张的影响；有利于蓝营力量的集结、壮大，增强蓝营实力。另一方面，施压蔡英文，压缩民进党执政空间，使其长期执政的图谋破灭，催生岛内政党轮替的早日到来。此外，论坛将影响岛内中壮世代、中间选民、知识阶层、舆论媒体对大陆和两岸关系的立场，较能顾及蓝绿平衡。

第三，论坛将较能争取到国际社会的认可支持。论坛将对国际社会释放明确信息，大陆不会动摇"九二共识"立场，民进党回避两岸共同政治基础解决不了问题，国际社会更可能将民进党视为"麻烦制造者"，对民进党构成压力。

总之，"两岸和平发展论坛"能走多远、影响有多大，有待两岸各界共同努力，也需要历史和两岸民意的检验。（本文发表于华广网 2016 年 10 月 26 日，引自 http://www.chbcnet.com/zjps/content/2016-10/26/content_1263527.htm，最后检索日期 2018 年 12 月 5 日）

新时代拨动台湾同胞心弦的新举措

　　全国人大政协两会召开前夕，大陆选在"二二八"71周年的重要日子，发布《关于促进两岸经济文化交流合作的若干措施》，展现了对台工作的大气魄、大手笔，满足台湾同胞发展两岸关系的热切期盼，增强了两岸关系发展动力，揭开了新时代推动两岸关系和平发展的帷幕。

　　一、新时代新思维

　　《措施》是贯彻落实党的十九大精神与习近平对台工作重要思想的开篇之作。习近平总书记在十九大报告中要求秉持"两岸一家亲"理念，率先同台湾同胞分享大陆发展的机遇，提供同等待遇，共同弘扬中华文化。号召全党全国各族人民为实现包括祖国统一在内的三大历史任务而继续奋斗。《措施》的颁布，及时、有力、全面地执行习近平对台工作重要思想，充分展现了我党在两岸关系上的新思维、新作为。

　　1.保持战略定力与耐心。面对日趋复杂严峻的台海局势与不断上升的风险挑战，大陆保持足够的战略定力与战略耐心，坚持"和平统一、一国两制"方针不动摇，扎实推动两岸关系和平发展，推进祖国和平统一进程，取得新进展，实现新突破。

　　2.强化对台塑造力。面对全党全国各族人民早日完成祖国统一、实现民族复兴的强烈愿望，大陆抓住时机，充分调动各方积极性。《措施》在全国两会前夕颁布，将引起各级政府、人大、政协代表及媒体的热议，有利于把大陆实力、优势转化为对台影响力、吸引力及塑造力，为两岸关系发展与国家统一更好地累积基础、创造条件。

　　3.引领两岸关系发展。面对台海新情势与时代新要求，大陆展现担当与气魄，牢牢把握两岸关系主导权，引领两岸关系方向，以我为主、为我所用、主动作为，出实招、妙招、高招，扩大两岸各领域交流合作。

4. 分享发展机遇、提供同等待遇。面对民进党当局阻挠干扰与损害台湾民众利益的种种行径，大陆秉持"两岸一家亲"理念，率先让台湾同胞分享大陆发展机遇，为台资企业提供与大陆企业同等待遇，同时逐步为台湾同胞在大陆学习、创业、就业、生活提供与大陆同胞同等的待遇，消除两岸同胞的政策差别与心理隔阂，为台湾青年世代、优秀人才提供施展才华的机会与舞台。

二、新作为新突破

此次出台的《措施》，呈现了大陆对台工作的新作为、新突破。

1. 涉及部门多，权威性高。经过长时间、大范围、周密精细的调研之后，由国务院台办、国家发改委会牵头，征询、协调了中央29个部门，得到这些权威部门的支持与背书，有利于后续政策的协调与落实。

2. 针对性强，量身定做。31条措施聚焦当前台湾同胞在大陆发展、生活遇到的重点、难点议题，涉及投资创业、就业生活等各个方面的需要。大陆全面回应台湾同胞的诉求，直抵他们内心需要。《措施》破解台胞所面临的种种困难、政策限制，提供了他们与大陆同胞享受同等待遇，极大地扩大了在大陆生活、发展的领域。

3. 涉及领域宽。《措施》涵盖产业、财税、用地、金融、教育、文化、影视、图书、科技、医疗、社会、扶贫、公益等多个领域，极大地拓宽了台湾同胞参与大陆经济社会活动的空间，为台湾杰出人才、优秀青年提供了更为广阔的施展舞台。

4. 政策含金量高。对台湾同胞的政策开放力度前所未有，政策突破力度大。

在经济合作领域，台资企业享有与大陆企业同等待遇，包括鼓励台资企业朝向高端制造、智能制造、设立区域、研发中心发展；可以特许经营方式参与能源、交通、水利、环保等基础设施建设、具有同等用地权、参与政府采购；支持台资银行、征信业的发展；鼓励申报国家重点研发计划，支持台湾知识产权在大陆转化，等等。

在创业就业、学习生活等方面，为台胞提供同等待遇的力度前所未有。涉及职业资格考试、人才计划与国家基金申请、参与文化建设、社团活动、基层工作等等，彻底消除原先的政策限制。台湾同胞获得了申请134项专业技术职业的资格，获得了申请国家自然、社科、艺术、杰出青年基金以及"千人计划""万人计划"的机会。鼓励台师来大陆任教,承认其在台湾的学术成果,也欢迎台胞从事医疗、证券、期货、基金等工作,台湾同胞与大陆同胞享有同等的工作、发展权利。鼓励台湾同胞参与大陆扶贫、支教、公益、社会建设等基层工作,参与大陆经济、科技、文化、艺术类专业社团组织、行业协会。台湾同胞还可以参加"五一劳动奖章"、三八红旗手等评奖活动。鼓励台湾同胞共同弘扬中华文化,参与"中华文化"走出去项目,鼓励台湾同胞参与影视创作,扩大台湾影视节目发行、给予台湾图书绿色通道。

三、新影响新态势

《措施》的出台引起两岸各方的关注,影响深远。

一是显示大陆对台政策"软的更软",增强两岸关系和平发展的信心。一方面大陆有坚定的意志、充分的信心、足够的能力挫败任何形式的"台独"分裂图谋,绝不允许"法理台独",绝不坐视"激进台独",可谓"硬的更硬"。另一方面,大陆将尽一切可能、采取更为有效的政策措施,照顾台湾同胞的利益需求,回应他们对于发展两岸关系、分享大陆发展机遇的迫切愿望,真正做到"软的更软",而且软到位,必将极大地增强两岸同胞对于两岸关系和平发展的信心与决心。

二是拓宽领域,增加动力,深化两岸经济社会融合发展。《措施》根据当前两岸关系形势与现有两岸交流格局,破解政策限制,解决了许多之前解决不了政策难题,开放力度空前,进一步拓宽两岸经济文化交流合作的领域。特别是为台湾同胞提供同等待遇,给台湾同胞松绑,有利其认同大陆的道路与制度,必将释放出推动两岸关系发展的强大动力。同时允许台湾同胞参与大陆的社团组织活动,参与大陆扶贫、支教、公益、社会建设等基层工作,参与评奖活动,将极大地促进两岸同胞的交流融合,推动两岸经济社会融合发展走向更高形态。

三是主导两岸关系发展,塑造"事实统一"新格局。两岸实力差距越来越大,大陆对台湾战略优势为我主导两岸关系发展提供了坚实基础。大陆对台工作政策出发点已转向如何将大陆的综合优势转化为对台湾的实际影响力、感召力,透过操之在我的政策开放增强台湾同胞对于大陆机遇的兴趣与追求。31条《措施》的实施,将加快两岸经济一体化进程,同时使台湾同胞更加快速、便利地融入大陆经济社会建设与两岸交流合作的大潮中来,强化台湾同胞"被统一"的心理预期,有利于塑造两岸"事实统一""渐进统一"的新态势。

　　《措施》只是今年大陆对台惠民政策的第一波，未来还将陆续释放更开放的政策，两岸关系融合发展态势将一浪高过一浪。（新华社 2018 年 3 月 9 日电）

台海实弹军演重拳震慑"台独"

　　据新华网报道，中国人民解放军将于4月18日8：00至24：00在台湾海峡进行实弹军演，引起各方关注。此次军演的时机、地点、方式透露不寻常的信息，绝不是例行性军演，而是针对"台独"势力的重大行动，警告意味浓厚、震慑意图明显。

　　近来，台海局势波云诡谲、形势严峻复杂。"台独"势力忘乎所以、乘机作乱。赖清德劣迹不改，公开叫嚣"台湾是主权独立国家"，妄称是"台独政治工作者"，极尽挑衅之能事。李登辉、陈水扁贼心不死，结成名谓"喜乐岛联盟"的"台独"组织，到处煽风点火。"急独"势力推动"东京奥运正名公投"，掀起变相"台独公投"狂潮。一时间岛内"台独"极端分子兴风作浪，搅动"台独"污泥浊水，严重恶化两岸关系，危害台海和平安宁，损害两岸同胞利益。

　　"是可忍，孰不可忍？"我军此时举行台海实弹军演，就是重拳出击震慑"台独"分子。此次军演是我军成功举行南海海上阅兵之后的一次跨区实兵演练，习近平主席亲临检阅为我军开展实战化军事训练注入了强劲动力。继我航母、轰六K战机常态化绕台演训之后，台海实兵实弹军演更加贴近未来台海实战设计，提升军队战斗力，将反制、粉碎"台独"军事斗争的准备做得更为扎实。

　　近年来我军很少在台湾海峡举行实弹演习，此次选择台湾正面的台湾海峡展开演习，预示大陆将采取更多有效管用的军事手段，加大打击力度。挟洋自重、遂行"台独"必将遭到人民谴责、历史惩罚。

　　我们追求和平统一，但对于形形色色的"台独"分裂行径决不会听之任之。"台独"意味战争，分裂没有和平。台湾负责任的政党和各界同胞应该体认当前两岸形势的严峻性，自觉抵制、坚决反对"台独"。民进党当局和"台独"势力应悬崖勒马，否则玩火必自焚。（本文发表于台湾《中国时报》2018 年 4 月 15 日第 15 版）

两岸暖和平

建构和平发展新框架

——胡锦涛"12·31"对台重要讲话之解读

在两岸"三通"基本实现、两岸关系进入螺旋上升新阶段的历史性时刻，胡锦涛总书记于 2008 年 12 月 31 日发表了题为《携手推动两岸关系和平发展，同心实现中华民族伟大复兴》的重要讲话，这是针对两岸关系新境界、顺应两岸关系新潮流、回应两岸和平发展新民意的重大政治举动，是一篇推进两岸关系和平发展、促进祖国统一进程的行动纲领，也必将说服两岸同胞理性认知两岸关系的历史与现实，把握节奏，行稳致远，共同推动两岸关系和平发展，迈向两岸不断整合的新境界。

一、超越时空新思维，说服同胞顾两岸

胡总书记这篇讲话，充分投影出发展两岸关系、建构和平稳定框架的新思维，实现了多重超越。一是超越国共恩怨。面对岛内政党政治发展趋势，我决策高层已经跳出两岸关系是国共历史延续的窠臼，站在历史的高度来盱衡、处理两岸问题。二是超越蓝、绿，按照四个"有利于"的标准推动两岸关系的发展。未来，不管蓝、绿、只有秉持建构两岸和平稳定发展的意旨，台湾各政党都有参与两岸交流、对话的机会，其发展两岸关系的建议都将为祖国大陆所采纳，从而正面影响两岸关系进程。三是超越两岸。胡锦涛总书记是站在两岸同胞以及海内外中国人的角度，而不仅仅是站在大陆单方面来思考、谋求两岸同胞根本福祉及全中华民族的整体利益。事实上，如今的两岸已经不仅仅是台湾或大陆的单方面的两岸，而是两岸的两岸，海内外中国人的两岸，需要运用两岸中国人以及普天下华夏子孙的智慧，共同处理两岸和平发展的大局与国家统一民族复兴的大业。四是超越时空限制，顺应历史潮流，展示出更为广阔深邃的时空认知。胡锦涛讲话具有宽频巨视与深邃透镜，以前瞻性、穿透式的眼光

来透视两岸前景，让历史告诉未来，让未来警示当代执政者与历史见证者，两岸只有密切合作，冲破困局，累积动能，方能建构一种和平发展的良性互动结构，将两岸关系推进至长治久安的新境界。

整篇讲话是站在两岸的高度，以对历史负责、对人民交代、对潮流呼应的态度，认真思考和务实解决两岸关系发展的重大问题，真诚为两岸同胞谋福祉、为台湾地区谋和平、为中华民族谋复兴，是两岸关系和平发展的定海神针。

二、形塑核心新价值，加速两岸重整合

两岸新境界、新时势，需要全新的论述来形塑两岸核心价值，收取两岸加速整合之功效。胡总书记讲话所形塑的现阶段两岸核心新价值就是两个字："和"与"同"。

一方面是以"和"统领两岸，以"和"发展两岸。胡总书记经营中国内外方略，对外共建"和谐世界"、对内构建"和谐社会"，在台海两岸则谋求两岸和解合作，海峡两岸和衷共济、和解共生、共创双赢。胡锦涛总书记多次呼吁海峡两岸结束敌对状态，建立军事互信机制，签署和平协议，建构和平发展框架，迈向和平，永葆太平。

另一方面是以"同"整合两岸，以"同"形塑两岸新价值。胡总书记针对当前两岸关系快速发展的特点，以"建立互信、搁置争议，求同存异，共创双赢"为前提，以寻找共同点、透视交汇点为途径，回避敏感问题，提出了具有血肉情感、人文关怀、与时俱进、科学发展内涵的两岸"共同论"，包括四大命题：一是两岸同胞是血脉相连的"命运共同体"，包括大陆和台湾在内的中国是两岸同胞的"共同家园"，两岸同胞有责任把她维护好、建设好。二是任何涉及中国主权和领土完整的问题，必须由包括台湾同胞在内的全中国人民"共同决定"。三是实现中华民族伟大复兴要靠两岸同胞共同奋斗，两岸关系和平发展新局面要靠两岸同胞共同开创。四是两岸关系的前途掌握在两岸同胞自己手中，两岸关系和平发展的成果应该由两岸同胞共同分享。在此基础上，两岸需要不断厚植共同利益，经由共同发展，滴水穿石，水到渠成，最终实现两岸的完全整合。这是一条两岸趋同趋统的必由之路。

三、建构和平稳定新框架，规划共同发展新进程

站在两岸关系崭新的历史起点上，胡总书记提出了发展两岸关系、建构和

平发展的总体框架，其核心包括一个主题、二大支柱、三项规划、四项和平发展路线图。

一是要牢牢把握两岸关系和平发展的主题，这是贯穿胡锦涛总书记整篇讲话的一条最为生动感人的红线。我党十七大报告提出要牢牢把握两岸和平发展的主题，胡锦涛在此次讲话中再次强调："首先要确保两岸关系和平发展，这有利于两岸同胞加强交流合作、融洽感情，有利于两岸积累互信、解决争议，有利于两岸经济共同发展、共同繁荣，有利于维护国家主权和领土完整、实现中华民族伟大复兴。"这一主题将贯穿于未来两岸关系的各个阶段、各个方面，成为两岸关系发展最基本的指针。

二是确立"同属一中"与"共同发展"作为发展两岸关系的二大支柱。前者是搁置争议、建立互信、绕开历史纠葛与现实矛盾的最好方式；后者则是累积两岸和平发展动力，加速两岸同胞利益趋同、情感趋合、价值同步的最佳路径。两者前后呼应，互为表里。胡锦涛呼吁两岸双方"恪守一个中国，增进政治互信"，强调坚持一个中国原则决不动摇，争取和平统一的努力决不放弃，贯彻寄希望于台湾人民的方针决不改变，反对"台独"分裂活动决不妥协，要求"把坚持大陆和台湾同属一个中国作为推动两岸关系和平发展的政治基础"，携手开创两岸关系和平发展新局面。

厚植两岸共同利益，实现两岸共同发展则是两岸关系向前发展的根本动力，也是两岸"建立互信、搁置争议、求同存异、共创双赢"的必然要求。胡总书记多次要求两岸推进经济合作，促进共同发展。两岸同胞要实现经济的大合作、大交流、大发展，形成紧密联系，实现两岸经济关系正常化、制度化，确保互利双赢，厚植共同利益，实现两岸经济共同发展。

三是缜密规划两岸短、中、长三阶段进程。着眼长远，落实当前，围绕两岸未来重点、难点及热点议题，进行短、中、长程规划，设定两岸关系的具体议题与历史进程，涵括了两岸关系的六大方面。一是对两岸政治关系进行定位。二是筹划具有中国特色的两岸经济合作机制。三是认定台湾文化是中华文化的一部分。四是呼吁民进党认清形势，改变"台独"立场。五是务实协商、合理安排台湾参与国际组织活动问题。六是签订和平协议，建立和平框架。其中经贸议题可以立即着手安排协商，文化、交流、台湾参与国际活动、两岸军事交流等的议题也可逐步落实推动，至于结束敌对状态、签订和平协议，建构和平发展框架则需要从长计议，不断地加以沟通，累积互信，最终方可实现。

四是提出通向两岸和平发展框架的四幅路线图。其一是政治互信之路，即是确立两岸"同属一中"的政治互信，并对国家统一之前的两岸关系作出定位，提议两岸双方"可以在国家尚未统一的特殊情况下的政治关系展开务实探讨"。这为两岸下阶段的政治互动、事务协商奠定的基础，打开了一条通行两岸双赢之路的大门，提供了务实可行的思考方向。胡建议双方在一个中国原则的基础上，协商正式结束两岸敌对状态，达成和平协议，构建两岸关系和平发展框架。同时，两岸适时就军事问题进行接触交流，探讨建立军事安全互信机制问题。

其二是经贸合作之路，即是实现两岸经济关系正常化，签订综合性经济合作协议，建立具有两岸特色的经济合作机制，还可探讨两岸经济共同发展同亚太区域经济合作机制相衔接的可行途径。

其三是文化交流之路，即是弘扬中华文化，加强精神纽带，建议两岸双方协商两岸文化教育交流协议，推动范围更广、层次更高的两岸文化教育交流合作。

其四是人员往来之路，即是化解误解，扩大认同，团结争取更多的各党派团体人士共同参与到发展两岸关系的大业中来。胡总书记表明，大陆愿以最大的包容和耐心化解和疏导部分台湾同胞对祖国大陆因缺乏了解而产生的误解与疑虑，热诚欢迎那些曾经主张过、从事过、追随过"台独"的人回到推动两岸关系和平发展的正确方向上来。公开呼吁民进党停止"台独"分裂活动，不要再与全民族的共同意愿背道而驰。并明确表明只要民进党改变"台独"分裂立场，大陆方面愿意作出正面回应。

四、丰富和平发展理论，指导对台工作实践

胡锦涛重要讲话具有理论与实践的双重意义，具有四项特点。一是讲话体现了战略性与战术性的充分结合，原则性与策略性高度统一，既前瞻又务实，充分体现了胡锦涛总书记的政治领袖艺术与执政思维。二是讲话体现了中华民族的整体利益、长远利益与台湾同胞局部利益、眼前利益的充分结合。三是讲话解决了两岸和平稳定、两岸共同发展与中华民族复兴三者之间辩证关系，体现了将两岸关系和平发展课题置于整个中国发展的大政方略中。二者同为目标、又互为过程，相互促进。只要巩固并强化两岸和平稳定、共同发展的态势，实现中华民族复兴大业的那一天迟早到来，整个中国的国力将更为强盛。四是讲话把两岸关系的暂时性安排与两岸统一的终极性安排作了辩证的统一。

胡锦涛总书记的整篇讲话是站在两岸的高度，以对历史负责、对人民交代、对潮流呼应的态度，认真思考和务实解决两岸关系发展的重大问题，真诚为两岸同胞谋福祉、为台海地区谋和平、为中华民族谋复兴，丰富并完善两岸关系发展理论，是两岸关系和平发展的纲领性文件，必将在两岸统一进程中产生划时代的、里程碑式的影响。（本文完成于 2009 年 1 月）

培养政治互信　珍惜和平机遇

2008 年 3 月，台湾地区政局发生积极变化，两岸关系获得历史性机遇，取得重大突破。但毋庸讳言，两岸关系也面临一些挑战，主要有四方面。包括民进党非理性阻挠、两岸固有的结构性矛盾、"台湾主体意识"攀升、国际社会随着两岸关系的进一步发展疑虑增多。

当前，两岸关系和平发展面临新抉择，我认为，未来两岸关系将呈现五大趋势。

一是和平发展的方向难以逆转，但发展的速度、内涵、质量面临变量；二是两岸政治谈判难以回避，但何时启动尚难预估；三是两岸关系将进入经济、文化双轮驱动的新阶段；四是两岸双向有序集成，一体化进程加快；五是两岸民众价值观念相互融合、逐渐趋同。

两岸最重要的关键就是进一步培养政治互信，可以从五个方面入手：

一是两岸相互战略保证，互守政治承诺，包括强化"九二共识"、反对"台独"的政治基础；维护"一中框架""两岸同属一中"、确保中国的领土主权完整不被分裂；台湾方面需要进行"化独渐统"的中华文化、中华民族的认同教育，引导舆论，强化和平发展的主流民意；尽早结束敌对状态，化解台湾政治法律、媒体舆论、意识形态领域对大陆的不信任；修改歧视大陆人民的法律、法规，保障陆客、陆生、陆资及陆配正当权益；将两岸议题排除在"公投法"之外等等。

二是两岸联手合作，互为后盾。在处理涉外事务中加强合作，共同面对外部压力，守土有责，共同捍卫固有疆域，捍卫、争取中华民族的整体利益与长远利益。处理敏感、复杂的事务，两岸需要多通气，不搞片面、单方行动。

三是尊重彼此关切、扩大共同利益，两岸需要同情的相互理解。大陆的政治安全、经济安全、社会安全、文化安全、信息安全等，需要台湾方面给予应有尊重。两岸在培植经济及文化的共同利益之际，更应大力培植政治、军事、非传统安全领域的共同利益。

四是增进两岸基层、民间之间的互信互谅。将交流的种子播撒到两岸的各个角落，将交流推进至两岸各个领域、各个阶层、各类群体，让更多的民众参与到两岸交流中来，分享两岸和平发展的成果。

五是提高机遇意识，加强危机管理。两岸需要更加珍惜和平发展的战略机遇期，将机遇最大化、风险最小化。妥善处理突发事件，避免事态扩大，并持续走两岸关系和平发展之路。

我很欣赏马英九先生今年元旦的讲话，"振兴中华"是一句最为给力的口号，马先生主张在"中华文化智能的指引下，为中华民族找到一条康庄大道"。我相信，这条民族复兴之路，就在两岸同胞心中，就在我们的脚下。（本文发表于台湾《旺报》2011 年 5 月 20 日，系作者在上海接待海基会媒体参访团的座谈会上"两岸关系的回顾与展望"演讲摘要）

振兴中华、民族复兴成为两岸同胞的共同追求

——胡锦涛同志"在纪念辛亥革命 100 周年大会上的讲话"解读

一、凝聚两岸、追求两岸关系新跨越

在辛亥革命 100 周年的重大历史关键节点上，胡锦涛总书记继 2008 年 12 月 31 日发表题为"携手推动两岸关系和平发展，同心实现中华民族伟大复兴"讲话后，又一次就两岸关系发表重要讲话，将成为下阶段两岸关系和平发展的重要指针与政治纲领，具有理论的、实践的意义，推动两岸关系和平发展向纵深发展。

讲话全文 3600 多字，8 次提到"振兴中华"、23 次提出"中华民族伟大复兴"。讲话的重点、亮点之一在于结尾两岸关系部分，有 409 字，备受关注。振兴中华是近百年来中国人民奋斗的主题，站在历史的新起点上，实现中华民族伟大复兴成为全体国人的宏伟目标。在两岸关系和平发展的今天，胡锦涛总书记如此强调，具有承先启后、继往开来的划时代的历史意义。

一是紧扣"振兴中华"的永恒命题，发出"民族复兴"的时代号召。"振兴中华"是孙中山先生最早喊出的口号，既是百年中国的永恒主题，也是一百年来中国人民追求民族独立、民主自由、民生幸福的核心内涵。在中国迎来战略机遇期的重要时刻，在辛亥百年的历史性节点上，胡锦涛总书记向海内外中华儿女发出了实现中华民族伟大复兴的庄严号召。这既是历史呼喊、时代强音，也是发自全体中华儿女、包括台湾同胞在内的共同心声、相互感应、一致愿望。正如讲话所指出的那样："振兴中华成为两岸同胞共同的追求，携手推动两岸关系和平发展、同心实现中华民族伟大复兴成为两岸同胞共同努力的目标。"在两岸关系和平发展的此时此刻，"振兴中华""实现民族复兴"已是时代的共鸣、人民的呼喊、历史的必然，将是两岸同胞追求的最高价值，成为两岸中国人共

同的使命、共同的责任、共同的追求，一定会获得所有两岸同胞的热烈响应。实现民族复兴的重任已历史性的落到当今两岸中国人的肩上。两岸同胞尤其是台湾同胞理应牢记孙中山先生与辛亥革命先驱的教诲，积极投身于两岸关系和平发展的事业中来，将两岸关系和平发展的境界做得更顺、更稳、更细、更实，使之成为不可逆转的历史趋势。

二是紧扣中山思想与中山精神，作为联结海峡两岸同胞的精神纽带，也是推动两岸关系和平发展的重要动力。辛亥革命成为两岸同胞的重要连结点，是两岸同胞共同的历史资产，两岸同胞可以从中找出许多共同的历史记忆、共同认知。孙中山先生毕生追求国家统一、追求国家富强、民生幸福，中山思想与中山精神已成为两岸同胞共同的精神财富、精神食粮，也是联结两岸中国人的精神纽带，成为两岸双方对话、交流、求同存异、化异求同、合作双赢、共同发展、相互成全的精神支点、重要内涵。认真回顾、梳理中山学说思想，可以激励两岸同胞为推动两岸关系和平发展、实现民族复兴而不懈奋斗。包括孙中山先生喊出的"振兴中华"的历史命题、包括"和平、奋斗、救中国"的思想、包括"统一是中国全体国民的希望，能够统一，全国人民就享福；不能统一，便要受害"，等等。迄今为止，孙中山的思想仍然是两岸中国人追求国家统一的精神动力。一切中山先生的信徒，不容回避，也不可回避国家统一这一历史重任。台湾同胞决不能自外于中华民族复兴的历史潮流，更不能在这场复兴伟业中缺席，理应作出无愧于时代、历史的贡献。

马英九在今年元旦讲话中，以"壮大台湾、振兴中华"为主题，提出"要在中华文化智慧的指引下，为中华民族找到一条康庄大道"。在最新的"双十讲话"中，马英九明确表明辛亥百年是"海峡两岸共同的记忆与资产"，结尾时再次以"壮大台湾、振兴中华"作呼应。这是两岸领导人就孙中山先生"振兴中华"命题所进行的一次富有意义的直接对话、互动，这是两岸共同的语言、共同的语境，是两岸执政者对中山思想的最为宝贵的升华。我认为，台湾当局某些人的偏安思想早已过时，偏安没有出路，偏安误人误国，偏安的结局只有走向绝境，被历史遗弃，只有心系中华民族、胸怀民族复兴志业，现阶段就是迎向两岸合作双赢，追求两岸和平发展，将"壮大台湾"与"振兴中华"作紧密联结，融入中华民族伟大复兴的潮流中来，才会赢得历史的契机。

三是紧扣两岸关系和平发展的主题，指明两岸关系和平发展方向。胡锦涛总书记指出，当今时代，两岸中国人面临着共同繁荣发展、共谋中华民族伟大复兴的历史机遇，两岸关系和平发展已成为中华民族伟大复兴的重要组成部分。历经两岸关系和平发展三年来的实践，两岸迎来了合作双赢、共享繁荣的新时代，谱写了两岸关系历史新篇章。胡锦涛总书记具体指明了此后两岸努力的方向，包括：一是把握两岸关系和平发展的主题，二是增强反对"台独"、坚持"九二共识"的共同政治基础，三是促进两岸同胞密切交流合作，共享两岸关系和平发展成果，提升两岸经济竞争力，弘扬中华文化优秀传统，四是增强休戚与共的民族认同，五是不断解决前进道路上的各种问题，终结两岸对立，抚平历史创伤，等等。重点在于增强共同的政治基础，促进交流合作，增强民族认同，终结两岸对立，抚平历史创伤。这些都是未来两岸关系和平发展的重点、难点，当代两岸中国人，应该为两岸关系的发展创造条件，找到路径，建立制度，形塑框架，打下和平发展无可逆转的坚实基础。

二、终结对立，抚平创伤，成为两岸关系新支点

下阶段两岸关系和平发展能否持久、深入下去，关键之一是两岸之间仍有许多分歧需要梳理、解构，需要作出妥善处理，胡锦涛总书记点出了当前两岸关系深入发展的关键，指出了两岸关系后续发展的要点、重点、难点，指明了下阶段两岸关系和平发展的主题，就是创造条件，酝酿气氛，透过对话交流、协商谈判，以耐心、智慧、包容心终结两岸对立，抚平历史创伤，推动两岸关系进入积极和平的新境界。

可以从四个方面理解。

一是迫切性。当前，两岸已不能不思考如何处理两岸分歧。过去三年中，两岸双方本着"建立互信、搁置争议、求同存异，共创双赢"法则，与"先经后政、先易后难、循序渐进，把握节奏"路径，较为妥善处理了两岸政治分歧，双方在反对"台独"、坚持"九二共识"的政治基础，迅速推展两岸关系，取得了来之不易的成果。但如今，两岸关系处于一个关键点上，两岸关系后续发展越来越受到两岸政治分歧的障碍、牵制，"搁置争议"已越来越难以面对两岸关系快速发展、多层次发展的需要，需要认真、积极面对、正视两岸之间的政治分歧，妥善处理，否则有可能影响到两岸关系的后续发展。这些分歧如果长期得不到解决，有可能影响到下阶段两岸关系发展的速度、质量及方向，有可能使两岸关系和平发展的成果得而复失，更有可能使两岸关系和平发展失去动力、迷失方向、重新走上对抗、对峙危险之中。解决两岸分歧，已突出地摆在两岸

双方的面前。需要共同面对、协商，找到解决之道。

二是及时性。两岸三年来发展，已为解决两岸分歧创造了一些条件，酝酿了一些气氛，摸索了一些经验、模式、路径，如两岸建立了一些政治互信、签署了协议，共同成立了两岸经济合作委员会，互设机构等。这些摸索与努力，可能为两岸解决政治分歧提供了可能。两岸的分歧，只有在两岸关系的不断发展中给予解决，两岸关系一旦停滞甚至倒退，不但旧分歧解决不了，还会滋生新问题。

三是复杂性。两岸政治分歧，有些早已存在，不是现在才有，是60年长年累积起来。有些是这几年两岸关系快速产生的新矛盾，有些分歧在两岸许多领域存在，牵涉面广，极其复杂。要解决这些分歧，不可能在一朝一夕之间就能解决，不可能一蹴而就，需要双方不断磨合。

四是务实性，体现了大陆方面的诚意、善意及务实态度。

首先，终结两岸对立，大陆方面认为这是国共内战的遗留问题，这些对立不是一方对另一方的单方面的对立，也不是单一内容、单一层次的对立，是多方面、多层次的对立，除了政治的、外交的、军事的、意识形态的对立外，还有法律的、历史的、社会领域等方面的对立。

其次，大陆方面释放善意，希望抚平因为对立造成的历史创伤，理解并尊重台湾同胞因特殊历史情感而形成的台湾意识、本土意识，大陆也会倾听台湾民众对于"中华民国"的情感依赖、对于国际参与的意愿、对于大陆军事部署、对于大陆政治体制、社会制度等的看法感受等。有些是误解、有些是不了解。当然，大陆因为历史的原因，在特定的历史阶段采取了一些不当的政策，给台湾同胞带来了一些不愉快的记忆。面对历史创伤，大陆方面主张两岸双方应诚实面对、善意沟通，积极弥补，消除误解，增进了解，修复伤痕，促进融合。

再者，终结对立、抚平创伤，关键是两岸双方先谈起来。大陆认为这些分歧，可以透过两岸之间多层次、多面向的对话、交流来解决。由协商到谈判，由求同存异到求同化异，由低到高、由易到难、由简到繁、由低政治性到高政治性，逐步梳理、解构双方争议，培养互信，寻求共识。两岸双方应本着相互同情、相互谅解、相互成全、互为对方着想的原则，不断磨合。两岸之间，最终会找到解决之道。关键是两岸双方先谈起来，在协商的过程中找到解决方案。

三、中央高规格纪念辛亥革命，意义非凡

在辛亥革命 100 周年的历史节点上，中华民族迎来了民族复兴的重要战略机遇，中央高规格纪念辛亥革命，有多重意义。

一是重视历史。追思孙中山等辛亥革命先驱业绩，缅怀中山思想与精神。

二是确立传承，中国共产党始终是中山先生革命事业的支持者、合作者、继承者，不断实现和发展了中山先生和辛亥先驱的伟大抱负。

三是赋予动力。中共领导人以历史唯物主义、辩证唯物主义的观点诠释辛亥革命史观，从中找到建设中国特色社会主义的新动力、新思路。

四是发出号召，找准历史方位。在中国面临战略机遇期的重要时刻，利用纪念辛亥革命 100 周年，向海内外中国人发出了"振兴中华""实现民族复兴"的庄严号召。

这次纪念活动，将为中国的和平发展、两岸关系和平发展带来巨大推动力，具有历史性意义。激励中华儿女不断丰富"振兴中华"的实践，为实现中华民族伟大复兴而不懈奋斗。（本文完成于 2011 年 12 月）

高举统一旗帜　促进和平发展

——十八大对台报告解读

举世瞩目的中共十八大圆满落下帷幕，两岸关系和平发展处于富有想象的"十八大时刻"，两岸高层紧密互动，互致贺电。

台湾方面高度重视十八大的召开，11月8日十八大开幕当天，国民党中央致电中共中央，祝贺十八大召开。15日，习近平当选中共中央总书记，马英九、吴伯雄先后致电胡锦涛、习近平，后者即刻回电。马、吴电文中高度肯定和平发展成果，吴伯雄电文中强调两党坚持"九二共识"、共同反对"台独"。马英九称颂"中华民族复兴大业方兴未艾"，期待双方深化交流、互设办事机构、强化互信，真诚合作，创造和平红利，造福两岸人民。十八大期间两党高层的互致函电，极大地增进两岸政治互信，将为两岸关系和平发展增添新的动力。

十八大对台报告充分肯定了党的十六大以来十多年的对台工作成果，反映了我党对于两岸关系和平发展规律的深刻认识与实践路径的真切把握。报告提出了今后一个时期对台工作的指导思想和总体要求。要求始终坚持一个中国原则，持续推进两岸交流合作，努力促进两岸同胞团结奋斗，坚决反对"台独"分裂图谋。

十八大报告中的对台政策为两岸关系和平发展指明了方向、提供了动能，也为台湾提供了发展机遇，酝酿两岸共同发展的新契机，将产生连锁、加乘效应。

我认为，党的十八大报告具有五大特点、十大亮点及三项创新价值。

一、五项特点

具有时代性。报告顺应了时代潮流和历史趋势，符合当前两岸关系大交流、大合作、大发展的实际，适应两岸关系形势发展的需要，体现了鲜明的时代特色。

具有继承性。十八大对台报告，是对我党"和平统一、一国两制"理论、江泽民发展两岸关系八项主张的继承与发展，是对近年来两岸关系和平发展理论与实践的概括与总结，将胡锦涛同志"在纪念《告台湾同胞书》发表30周年座谈会上的讲话"的重要内容都写入其中，丰富了国家统一理论和对台方针政策。

具有权威性。十八大对台报告统揽全局、见微知著，经过全体党代表的审议，反映了我党对于两岸关系和平发展的历史规律的深刻认识与精准把握，是全党集体智慧的结晶，具备了理论高度、战略深度及发展强度，体现了原则坚定性、策略灵活性、战术务实性的有机统一。

具有包容性。报告充分论述了两岸共同论的思想，站在两岸的角度思想两岸的前途与命运，体现了我党对于台湾同胞追求和平发展意愿的充分尊重与利益福祉的真诚关怀，体现了我党的博大胸襟与高瞻远瞩。

具有前瞻性。对台报告高屋建瓴，站在两岸关系和平发展的时代前沿，提出了当前及未来对台工作的任务、发展路径及需要突破的领域，引领两岸关系前进方向，意义重大，影响深远。

二、十大亮点

与历届中共全国代表大会的报告相比，十八大的对台报告具有众多亮点，赋予丰富、鲜活的内涵。

1.首次用科学发展观统领党的对台方针政策。科学发展观成为我党各项工作的指导准则，当然也是对台工作的重要遵循，赋予两岸关系科学发展、系统发展、深入发展、全面发展及可持续发展的重要内涵。

2.首次写入两岸关系和平发展重要思想。经过全体党代表审议通过，成为我党对台方针政策的重要组成部分。这一重要思想既是我国和平发展战略的重要一环，也是坚持和平统一方针的必然要求。报告统一全党思想，两岸关系和平发展思想与"和平统一、一国两制"、江泽民发展两岸关系八项主张一起，成为我党对台工作的理论纲领与行动指南。

3.首次写入巩固和深化两岸关系和平发展的四项基础。报告提出"巩固和深化两岸关系和平发展的政治、经济、文化、社会基础，为和平统一创造更充分的条件"。有了上述四项基础，两岸关系和平发展就具备了充分的动力，从而赢得广泛的民意基础，塑造和平发展的主流民意。

4. 首次写入持续推进两岸交流合作四方面的政策措施。报告提出"深化经济合作，厚植共同利益。扩大文化交流，增强民族认同。密切人民往来，融洽同胞感情。促进平等协商，加强制度建设"。其中加强制度建设则是全新的内容，旨在透过两岸关系的制度化，塑造不可逆转的和平发展态势。

5. 首次写入建立两岸军事安全互信机制，达成和平协议。报告提出"商谈建立两岸军事安全互信机制，稳定台海局势；协商达成两岸和平协议，开创两岸关系和平发展新前景"。

6. 首次写入"九二共识"重要内容。报告提出"两岸双方应恪守反对'台独'、坚持'九二共识'的共同立场"。"九二共识"的核心是坚持一个中国原则，精髓是求同存异，其意义在于构建了两岸关系的政治基础。启示两岸双方要有正视问题、面向未来的政治勇气与智慧。未来两岸双方应不断强化"九二共识"功能，防止其虚化、异化。两岸双方应回归"九二共识"真谛，确认"海峡两岸均坚持一个中国原则的共识"。对于一中内涵，两岸双方应不断的求同存异、求同化异。

7. 首次写入一个中国框架。报告提出两岸应"增进维护一个中国框架的共同认知，在此基础上求同存异"。与一中原则相比较，一个中国框架具有更大的开放性、包容性、前瞻性，双方可以在"两岸现行规定"中寻找交集、寻找共同点及重叠共识，可以将两岸现行规定中有关两岸"同属一中""同属一国"的论述作为"一中"框架的基本内涵，由此构成可被两岸双方认可、接纳的一个中国框架，在此基础上求同存异，寻找双方的连结点、旋转点，扩大彼此的共同点，增强相互的包容性，增强和平发展动力，寻觅解两岸政治定位的可行路径，找到终极方案。这是大陆方面对于两岸政治关系所作的有益探索与良苦用心。

8. 首次提出探讨两岸政治关系。报告提出"双方共同努力，探讨国家尚未统一特殊情况下的两岸政治关系，作出合情合理安排。"其真实内涵在于四个方面。一是虽然两岸尚未统一，但国土没有分裂，主权没有分割。二是两岸可在两岸"同属一中""同属一国"的基础上，探讨国家尚未统一下特殊情况下的两岸政治关系。三是两岸双方可在合情合理的基础上，作出相关安排。主要是确定双方的身份、相互关系、各自的权利、责任与义务。解决你是谁、我是谁、你我是什么关系，解决双方背靠背、面对面、肩并肩的关系。其中的关键在于符合双方实际，合情合理。所谓合情，就是照顾彼此关切，不搞强加于人；合理就是恪守法理基础，不搞"两个中国""一中一台"（王毅 2012 年 11 月 26 日在纪念"九二共识"二十周年座谈会上讲话）。四是两岸双方共同努力。两岸政治关系的定位对双方来说都具有难度，需要双方共同努力，逐步创造条件、拓宽前进道路，在"中华文化智慧的指引下，为中华民族找到一条康庄大道"（马英九 2011 年元旦讲话）。

9. 首次提出了处理民进党的立场。报告主张"对于台湾任何政党，只要不主张'台独'、认同一个中国，我们都愿意同他们交往、对话、合作"。此前，我们一直呼吁民进党放弃"台独"主张、停止改变"台独"分裂活动，只要民进党改变"台独"立场，大陆就会作出正面回应。如今的主张是符合两岸关系新形势需要的务实之举，为民进党转型、为民、共交流打开了机会之窗。未来民进党与大陆方面可在"一中框架""两岸一国"的架构内进行交流互动。而与国民党则在坚持"九二共识"、反对"台独""两岸一中"的框架内良性互动。

10. 首次系统全面论述两岸共同论思想。突出了八个"共同"，更加尊重台湾同胞的意愿，更加照顾他们的切身利益。包括：双方恪守反对"台独"、坚持"九二共识"的共同立场；深化经济合作，厚植共同利益；增进维持一中框架的共同认知；两岸同胞是命运共同体；共同推进两岸关系；共同享有发展成果；共同努力探讨国家尚未统一特殊情况下的两岸政治关系，以及建设两岸同胞的共同家园。

三、三项创新价值

十八大对台报告体现我党对台工作的理论自信、道路自信与制度自信，两岸关系和平发展的重要思想获得全党的支持，两岸关系和平发展道路已经实践证明是一条无比正确、前景光明的道路，我党所推动实施的一系列对台政策措施、一套体制机制符合两岸关系发展的需要，两岸和平发展符合最广大两岸同胞的利益，获得越来越多台湾同胞的拥护与支持，成为台湾的主流民意，也赢得国际社会的高度肯定与鼓励。

十八大对台报告体现了我党在对台工作中的理论创新、实践创新与制度创新，反映了我党坚定的决心、充分的信心与必要的耐心。

1. 具有重大理论创新价值。丰富了"和平统一、一国两制"的理论，丰富了两岸关系和平发展的思想内涵，成为我党对台工作的新纲领。

报告蕴含大量新思维，提出了一些新论断、新论述包括科学发展观、和平发展思维、实事求是、稳中求进的思维、抓住机遇、与时俱进的思维、攻坚克难、破解政治难题的思维、两岸共同发展、共同成就、共同分享的思维，等等，为两岸关系和平发展思想提供了充足的理论源泉和思想养分，丰富了和平发展的思想。

报告提出了对台工作的"五个坚持"，突出了"九二共识"的重要作用：坚持一个中国与"和平统一、一国两制"方针；坚持全面贯彻两岸关系和平发展重要思想；两岸双方应在恪守反对"台独"、坚持"九二共识"的共同立场；坚持持续推进两岸经济文化交流合作；坚持增进两岸同胞共同福祉，切实保护台湾同胞。

报告回答了和平统一、民族复兴与和平发展的辩证关系，提出实现和平统一首先要确保两岸关系和平发展，把两岸关系和平发展作为实现中华民族复兴的必经阶段。

报告回答了"一中"原则与"一中"框架的辩证关系。"一中"原则是我们必须始终坚持的原则，而"一中"框架则是两岸双方需要增进维护的共同认知，在此基础上求同存异。

2.具有重大的实践创新价值。提出了未来对台工作的战略与策略，指明了和平发展的六项实践路径。

一是高举统一旗帜，坚定信心决心。二是巩固四项基础，即巩固和深化两岸关系和平发展的政治、经济、文化、社会四项基础，为和平统一创造更充分的条件。三是实施四大措施，即深化经济合作、扩大文化交流、增强民族认同，以及促进平等协商。四是推动政治对话，破解政治难题，找到解决方案。五是建立军事安全互信机制、达成和平协议。六是处理好民进党议题。

3.具有重大的制度创新价值。报告提出了加强制度建设的重大命题，基本内涵就是建立和平发展框架，作出制度化的安排，以此确保两岸关系和平发展不可逆转。分四个方面，一是促进平等协商，实现两会协商制度化。二是透过两会架构包括两岸经济合作委员会等机构，加强沟通，解决问题，增进互信。三是尽早促成两岸互设办事机构，更好的服务两岸人民。四是实现两岸高层的良性政治互动，增进政治互信，开创两岸关系和平发展新前景。（本文完成于2012年10月）

增进民间互信　引领和平发展

"互信"已是两岸关系中最热门的词汇，互信涉及情感、价值与利益，相互间情感越深、价值越近、共同利益越多，互信就可能越强。两岸民间互信是指两岸民间机构、团体、组织之间的相互信任，双方处于一种彼此可信赖、可预期的互动境界。两岸民间互信的强弱、高低对于两岸关系和平发展具有重要影响，与两岸关系和平发展构成正向关系：民间互信越强，和平发展民意基础越厚实，发展动力越强劲，发展空间越宽广；反之，发展的动力就受到削弱，发展的空间就受到压缩。

共同价值萌发

四年多来两岸关系取得重大进展，两岸关系面貌发生了历史性的变化，处于 60 年来最好的阶段。两岸民间已开展全方面、多层次、宽领域的交流，包括宗教团体、社会团体、非营利性组织（NPO）、慈善机构、基金会之间的交流合作十分频繁，善意互动、正面互动、积极互动增多。慈济功能德会已在大陆设立机构，两岸志愿者团体在四川、青海地震中创建了合作典范。两岸民众的生活方式、流行趋势、时尚潮流、价值观念呈现同步化趋势，两岸社会一体化、特别是网络一体化进程加快，两岸共同利益增多，共同价值也在萌发，两岸民间互信越来越强。

虽然两岸民间互信有所增长，但仍处于低层次的初级阶段，较为脆弱、肤浅，容易波动，具有不稳定、不平衡、不全面、不厚实、不成熟等特点。两岸民间的矛盾、冲突时有发生。例如，两岸民间组织在国际场合的纷争时有发生，因为参与名称、身份、权益而产生争执。

其次是两岸政治制度、社会制度等差异影响了两岸民间互信。两岸民众在心理上、情感上、价值观上彼此接受和认同的程度还比较低。

　　两蒋时期的"反共"教育、"李扁时期"的"台独"灌输、"去中国化"教育，影响了台湾民众的统、"独"立场与身份认同。此外，复杂的国际因素制约了两岸民间互信的发展。但我们应看到，不利于两岸民间互信的因素在下降，有些正在分解之中，而有利于两岸民间互信的因素逐步上升。

增进互信路径

　　当前，增进两岸民间互信具有多方面积极因素。两岸关系和平发展成为时代潮流，拥有广泛的民意基础。越来越多的两岸同胞参与到两岸交流中，成就并分享和平发展的成果。

　　两岸同胞同为中华民族，都是炎黄子孙，共同的中华文化传统成为增强两岸民间互信丰厚的文化基础。中国大陆综合国力上升，已为增进两岸民间互信储备了强大的物质基础，引导两岸民间交流合作向纵深推进。

　　两岸民间社会快速成长，成为增进两岸民间互信最为重要的依托。台湾拥有非常活跃、强大的民间力量，拥有 4 万个非营利组织、15059 个志工团体、超过 70 多万名志愿者，从事社会服务、慈善团体 2263 个，占所有社会团体的五分之一多，台湾社会具有蓬勃旺盛的民间活力。而大陆的民间社会、民间机构、民间团体快速发展，这是增进两岸民间互信的重要载体。

　　两岸关系的主体是两岸同胞，两岸关系的最大动力来自民间。增进两岸民间互信，具有多方面的路径。培植两岸民众情感。两岸需要同情的相互理解，两岸民众之间需要同理心、包容心，两岸民间机构、民间团体、民间组织之间需要共体时艰，坦诚合作。

　　培育两岸民间的共同利益。共同利益是促进两岸民间交流、合作的重要杠杆，将给两岸的民间社会、民间机构更大的生存空间与合作前景。同时，形塑两岸民间互信的价值体系。应以中华传统美德、中华文化核心价值为主，吸纳世界现代文明中的优秀养分，包括以民为本、贵和尚中、王道仁爱、讲信修睦等内涵，积极推广慈善、志愿活动。

　　创立增进两岸民间互信的保障机制，确保交流制度化。促进两岸民间团体、机构、组织交流的制度化，实施对口、双向、定期、深度交流，由点到线、由线到面。重点在于志愿团体、慈善机构、非营利性机构、基金会、宗教团体之间的合作。交流议题也应多样化，包括生态保护、消费者权益、劳工权益与职场安全、社区发展等均可成为民间团体交流的议题。

增进各阶层之间互信、形成综合互信。增进两岸行政互信、基层互信、媒体互信等各阶层互信。促进包括政治、经济、文化、社会、军事安全、涉外领域的综合互信。同时排除负面 、干扰因素，使两岸民间互信持续增强，引领两岸关系和平发展螺旋上升。（本文发表于台湾《旺报》2012 年 12 月 25 日 C6 版）

全面发展两岸关系的若干路径

当前，两岸关系进入深水区、攻坚期，面临全新的情势，需要采取稳步推进、全面发展的思路，累积更大动力，创造更大机遇，系统集成各种正能量，开拓两岸关系和平发展的新局面。

一、全面发展的四种认识

当前，两岸关系处于全面发展的关键时刻，可从四个方面加以认识。

1. 全面发展已成为时代的要求、历史的必然，已具有广泛的民意基础，受到两岸同胞、特别是台湾同胞的热烈欢迎。

2. 具备较好的基础与动力。两岸关系经过近五年的发展，已具备较好全面发展的经济、文化、社会及政治基础，累积了较强的发展动力。

3. 两岸双方已提高了对于全面发展的认识。两岸双方已积累了较多的经验教训，提高了对于两岸关系发展规律的认识。可在现有的"先经后政、先易后难、循序渐进、把握节奏"的发展路径上，寻找适合两岸关系全面发展的新路径。

4. 两岸关系处于不进则退、全面发展的转折点上。在当前外部（国际）环境挑战增多、台湾内部错综复杂、改革发展徘徊不前的情势下，亟须全面发展以突破两岸关系现有格局，引领台湾发展，突破外部环境的不利制约，赢得发展的主动权。如果没有全面发展，就会损害两岸关系的基础与动力，就会使两岸关系停滞不前，有可能使前几年两岸关系和平发展的成果得而复失，最后损害到台湾民众的根本利益、损害两岸和平统一以及中华民族复兴大业。因此，实现全面发展成为现阶段两岸关系和平发展的必然选择。

二、全面发展的四个面向

1. 全面化：全方位推动两岸关系。就发展内涵而言：从经济、文化、社会交流到政治对话、涉外合作、军事交流全面开展；就发展区域而言：两岸各地都参与到两岸关系发展中来，特别是台湾中南部地区、偏僻地区也与两岸关系发生紧密联系。

2. 深入化：就交流内涵而言要实现深度交流，就交流对象而言，要让两岸各行各业、各个阶层特别是台湾各种产业、"三中"群体（中小企业、中下阶层、中南部民众），特别是弱势群体、青年人也能参与、分享两岸和平红利。

3. 优质化：高质量发展两岸关系，提高两岸交流的质量与效益。提倡两岸交流正义，实现两岸交流文明化、人性化，符合"以人为本""为民谋利"的根本宗旨，争取更广大台湾民众的支持，有利两岸关系后续发展，取得正面、积极的效果，受到两岸同胞的肯定，减少两岸交流中的负面行为、不当行为，争取更多民意支持。

4. 制度化：实现两岸关系制度化是确保两岸关系和平发展不可逆转的重要保障。两岸两会应持续开展制度化协商，签署更多惠及两岸民生的协议。两岸官方、民间机构之间应建立各种交流机制、对话机制、合作机制，两岸应共同设立更多的合作组织，适时成立类似"两岸经济合作委员会"的两岸文化合作委员会、两岸和平发展委员会等机构。

三、全面发展的四条路径

实现两岸关系全面发展，需要采取切实可行的策略和路径积极推进。

1. 增进两岸互信。增进两岸综合互信，建立包括政治、经济、文化、社会、军事等内涵的综合互信。需要增进两岸高层互信、民间互信以及行政互信。

2. 强化发展动力。在既有的基础上，巩固、深化两岸关系。着力增强两岸关系和平发展的经济、文化、社会、政治等动力。需要发挥两岸同胞的主动性、创造性，不断创新突破，系统集成两岸关系发展的正能量，不断实现新突破。

3. 扩大民意基础。让两岸关系发展的和平红利、经济红利惠及更广大台湾同胞，让和平发展深入民心，吸引更多同胞参与到两岸关系发展的大潮中来，赢得更多民意支持。

4. 寻找突破点。力争两岸文化交流合作有所突破，尽早开启两岸政治对话。两岸双方应共同努力，就国家尚未统一前的两岸政治关系作出合情合理安排。

两岸可透过民间渠道进行两岸智库对话，举办两岸和平发展论坛、两岸智库峰会，两岸民间机构可共同开展两岸和平协议、两岸军事互信机制研究，发表共同倡议，出版民间版的两岸和平协议、两岸军事安全互信机制。两岸相关机构可分别与国际社会就两岸政治议题进行交流，化解外界疑虑，减少国际阻力。（本文发表于华夏经纬网，http://www.huaxia.com/thpl/mtlj/2013/03/3269136.html，2013 年 3 月 28 日）

两岸政治对话，此其时矣

中共十八大报告提出"探讨国家尚未统一特殊情况下的两岸政治关系，作出合情合理安排"，主张两岸双方共同努力探讨两岸政治关系。2月19日，中央在全国对台工作会议上首次提出鼓励两岸学术界从民间角度就两岸政治议题开展对话，表明中央已将探讨两岸政治关系、作出合情合理安排作为两岸关系重要突破口，并确立了由两岸民间展开政治对话的路径选择。据此，估计两岸各种形式的政治对话即将登场，但两岸政治谈判为时尚早。

首先，台湾方面顾虑重重。国民党高层对于两岸政治议题的态度前后有所差异。在2005年至2009年上半年，国民党方面对于两岸政治对话、政治谈判态度积极、主动。2005年，时任国民党主席的连战赴大陆进行"和平之旅"，国共双方达成"两岸和平发展共同愿景"，主张两岸进行政治谈判，签署和平协议。马英九接任党主席后，将"共同愿景"列入国民党政策纲领。2008年，马英九在"5•20"讲话中提出两岸要就台湾"国际空间"与两岸和平协议进行协商。之后，马又多次表示其大陆政策的最后目标就是与大陆"缔结和平协定""终结敌对状态"。2009年8月，时任台"国防部长"陈肇敏曾在"立法院"公开表态支持建立两岸军事互信机制。

但2009年下半年以来，马英九当局对于两岸政治谈判的态度、立场发生变化，由积极转向消极，由某种程度的接受转向绝对排斥，强调时机"不成熟"、条件"不具备"、民意"不支持"，并提出多种两岸政治谈判的前提条件。台湾"亚太和平研究基金会"董事长赵春山于2009年10月提出了两岸政治对话的三大前提：包括签署两岸金融监理备忘录（MOU）和两岸经济合作框架协议、台湾内部形成共识以及美日支持。马英九还把大陆撤除所谓对台导弹部署作为两岸政治谈判的前提，把"先经后政、先易后难"强解为"只经不政、只易不难"。2011年10月，马英九出于选举的需要，抛出未来十年审慎斟酌是否洽签两岸和平协议，并设立"民意支持""国家需要"及"国会监督"的三前提。设置如此门槛，实际上就是阻绝了两岸签署和平协议的可能性。

其次，两岸政治对话面临四项障碍。马英九当局拒绝两岸政治谈判的原因主要有四项。

一是民进党的非理性阻挠。马执政以来，民进党在两岸议题上采取"逢中必反""逢马必打"的焦土对抗策略，乱扣"亲中卖台"帽子，既反对 ECFA，又全力阻挠两岸政治对话与谈判，牵制马英九的大陆政策。

二是台湾内部分歧严重，无法就政治对话达成共识。不要说蓝绿难以达成共识，即使在马英九当局内部也对此存有严重分歧。

三是台湾缺乏谈判筹码，没有信心。台湾试图透过两岸政治谈判谋取更多的政治利益，但由于台湾蓝绿对立严重、经济发展徘徊不前、贫富分化日趋严重、马英九民调不振，台当局缺乏与大陆谈判的筹码，不敢轻易上桌谈判。

四是台湾难以抗拒美国的压力。美国公开支持两岸关系和平发展，2009 年11 月，奥巴马政府在《中美联合声明》中提出"欢迎台湾海峡两岸关系和平发展，期待两岸加强经济、政治及其他领域的对话与互动，建立更加积极、稳定的关系"，但对两岸进入政治接触谈判始终不愿松口。当今，美国实施"战略再平衡"，更不愿意看到马英九与大陆进行政治接触与谈判，防止两岸走得太近、走得太快，防堵台湾全面依赖大陆，防止大陆对台影响超过美国，影响美国的战略利益。

两岸政治对话条件初步具备

两岸关系五年的和平发展，已为两岸政治对话、政治谈判创造了有利条件。

一是两岸政治互信持续增长。两岸双方建立了反对"台独"、坚持"九二共识"的共同政治基础，"建立互信、搁置争议、求同存异、开创双赢"成为双方遵循的十六字箴言，找到了"先易后难、先经后政、循序渐进、把握节奏"的发展路径，两岸双方之间具有多种"相互同情的理解"。

二是两岸高层政治互动有所增加。2008 年 4 月以来，大陆领导人在各种场合与台湾各界人士会面多达 23 次，全国人大常委会副委员长、省部级领导赴台交流 30 多人次，新一届中央政治局委员中有多人曾有赴台交流的经验。连战、吴伯雄、萧万长、吴敦义等国民党高层多次来大陆交流。

三是国共高层已就两岸敏感的政治议题作了交流，形成了一定的共识。两岸已就"一中框架""两岸一国"等敏感议题作了深度交流。2012年3月"胡吴会"与2013年2月"习连会"上，连战、吴伯雄均主张"根据双方现行的体制及法律相关规定，彼此都坚持一个中国"，"两岸各自的法律、体制都实施一个中国原则"，双方应"求一中架构之同、存一中含义之异"等等。可见"两岸同属一中"、求同存异是未来开启两岸政治对话的重要基础。

四是两岸双方已就两岸政治对话积累了一定的经验，对两岸政治对话的认识有所提升，对两岸政治对话的规律把握更加正确。两岸在海协会、海基会的架构下开展制度化协商谈判，成立了"海峡两岸经济合作委员会"，设立六个工作小组，其协商谈判模式与经验可为未来两岸政治对话、政治谈判提供参考。

五是支持两岸政治对话的民意不断增长。两岸关系和平发展成为台湾主流民意，台湾民众对于两岸政治接触、对话的疑虑减少，反对比例下降，而支持意愿不断上升。2011年10月18日，在马英九提出洽签两岸和平协议的第二天，《中国时报》民调显示高达59%的民众认为两岸签署和平协议有助于两岸和平稳定。

积极稳妥推进两岸政治对话

未来开展两岸政治对话、谈判应注意三个方面工作。

一是树立信心。两岸双方应树立决心、信心、耐心，排除万难，谋定后动，持续进行政治对话。两岸政治问题既敏感又复杂，但不会永远无解，两岸一定能找到解决方案。两岸政治对话是一项复杂的政治工程，考验两岸领导人的意志、决心、信心与耐心。大陆方面应当展示诚意，尽量消除台湾方面的"被统战""被吞并"的疑虑。大陆方面还应给予台湾信心，让其认识到可透过政治对话解决台湾发展困境，为台湾人民谋取更多收益。两岸不必急于求成，应该谋定后动。两岸政治对话不可能一蹴而就、一步登天，将是一场接力赛，必然面临各种艰难险阻，有可能出现极为复杂的局面。两岸双方应该对政治对话的困难度、艰巨性有充分的心理准备，做好万全因应之策。

二是定位正确。两岸政治对话能否成功，与两岸双方的准备是否充分有关。两岸双方应就两岸政治对话的目标、议题、策略等进行沙盘推演。

两岸政治对话要考虑两岸民众、特别是台湾民众心理承受度，符合两岸实际，目标不宜太高，节奏不宜太快，可以紧拉慢唱、小火慢炖。两岸政治对话也应遵循"先易后难、循序渐进"的原则，在一轮又一轮的对话中逐步提升、逐步深入、逐步解题。所谓两岸政治对话，只是一种政治互动的形式，一个增进了解、缩小分歧、寻找共识、增进互信的过程而已。两岸政治对话只是两岸就双方关心的政治议题交换意见，梳理分歧，增进共识，探讨双方可接受的解决方案，找到合适的途径、渠道等等。如果政治对话过程顺利、进展较快，可为两岸政治谈判创造条件，为之暖身、吹响前奏，可以算作是政治谈判预热机制，催生、营造有利两岸政治谈判的气氛，但政治对话不能等同于正式政治谈判。

三是策略高明。两岸双方应就政治对话采取高明的策略，最大限度地争取各方支持，化阻力为助力。两岸政治对话可沿着机制化、民间化、学术化、多元化、透明化、普遍化的"六化"方向推进。

机制化：两岸双方应建立一套对话机制，摸索一套政治对话的路径、方法，使之可长可久。双方需确立两岸主办、协办单位，确定相对固定的参与人员。可在两岸、也可在港澳定期、轮流举办。

民间化：政治对话应发挥两岸民间力量，搭建民间渠道，物色合适的、有能力的民间智库、民间机构、民间组织、民间基金会等承担政治对话的组织、协调事宜。参与人员应以民间、学术身份进行对话较为合适。

学术化：以学术方式开展政治对话，既可降低政治敏感性，又可提高政治对话的有效性，对敏感、复杂的政治议题进行抽丝剥茧，提出可行方案。

多元化：包括参与人员与议题的多元化。参与人员应涵盖台湾蓝绿、无党派人员，只要认同两岸关系和平发展。政治对话议题应该多元化，可以优先考虑台湾方面、特别是台湾民众关切的议题，包括台湾参与"国际空间"、两岸东海南海合作、两岸军事部署调整、"中华民国"政治定位等。

透明化：两岸双方应使政治对话透明化，就政治对话的形式、议题、进展等对外说明，邀请两岸媒体进行公开、深度报道，增加透明度，争取两岸民意、舆论的支持。两岸双方应适时就两岸政治对话向国际社会进行适度说明，消除国际社会的疑虑，减少阻力，化阻力为助力。

普遍化：两岸政治可由两岸多个民间机构举办多个政治对话管道，形成两岸政治对话多元化、普遍化、正常化的现象，让两岸民众，媒体习以为常，不必大惊小怪。

两岸政治对话此其时矣

在两岸关系和平发展的重要时刻，两岸进行政治对话的时机已趋于成熟，两岸双方应善于抓住时机，即刻着手两岸政治对话、政治谈判的准备工作，酝酿气氛，创造条件，摸索规律。两岸双方应力争取得正面、积极效果，避免消极、负面后果，在中华民族智慧的指引下，建立具有两岸特点、中华特色的政治谈判模式，提升两岸和平发展境界，促进和平统一，共圆"中国梦"。（本文发表于华广网，http://www.chbcnet.com/pl/content/2013-03/22/content_502032.htm）

解读国台办主任张志军平潭讲话

经过五年来的和平发展，两岸关系迎来了巩固深化、全面推进的新阶段。面对两岸关系深水区的各种矛盾与挑战，两岸双方需要紧紧抓住机遇。认真梳理共识与分歧，探索攻坚克难路径，汇聚民意支持，系统集成各种正能量，实现两岸关系和平发展螺旋上升的升级版，共圆中华民族复兴的中国梦。

备受瞩目的对台政策演讲

在此背景下 3 月 22 日，备受两岸关注的第十一届两岸关系研讨会在福建平潭综合实验区召开，新任中共中央台办、国务院台办主任张志军在其履新第 5 天便出席开幕式，向与会的 100 多位两岸学者、嘉宾发表题为"稳步推进两岸关系全面发展"的演讲，提出两岸关系稳步推进全面发展的新理念、新思路：张志军在两岸场合首次亮相。便引起与会两岸学者、媒体及台湾有关方面的浓厚兴趣与热烈反响，其演讲成为两岸关系和平发展重要的政治风向标。

张志军演讲引起两岸媒体的高度关注，两岸数十家媒体、上百名记者云集平潭。深度挖掘、细致报道，一为探寻国台办新主任的其人其事、其言其行。二为报道中共十八大以后大陆对台工作新思路、新举措。张志军的演讲近 5000字，历时 40 分钟，赢得持久、热烈掌声。他站在民族复兴的高度，以历史的视野，系统回顾近年两岸关系和平发展的成果，深刻总结两岸关系发展规律，并就两岸关系和平发展的巩固深化作出全面阐述。演讲分两岸关系的回顾与下阶段两岸关系发展思路两大部分，详尽阐述了稳步推进的理念与全面发展的思路，就尽早破解两岸政治难题作了重点提示。演讲主题突出，层次分明，深中肯綮，首尾相连，一气呵成，蕴含丰富的内涵，对巩固深化两岸关系和平发展的总体思路、主题主线、核心要义、重点难点等作出精辟分析，向两岸同胞昭示大陆的气魄胆略，勾勒出两岸关系继续发展、向上提升的路径图。

纵览张志军在平潭演讲，有七大亮点。

亮点之一：梳理两岸关系和平发展成果

张志军首先全面回顾了去年两岸关系的重要进展，称2012年两岸关系经受住重大考验，取得重要进展，继续保持良好势头. 他概括了四个方面的成就。一是两岸政治互信续有提升. 国共两党在既有的政治基础上，就强化互信、真诚合作、共同推进中华民族复兴达成一系列重要共识，发挥了政策先导作用。二是两岸协商谈判取得成果，三是两岸经济合作继续深化. 两岸贸易创造1689亿美元的新纪录。陆企赴台投资大幅增长，ECFA早期收获全面实施，两岸产业合作机制不断完善，四是两岸各项交流再创纪录。两岸举办"台北会谈"，围绕认同、互信展开研讨，为开展两岸民间政治对话进行了有益的尝试。

张志军指出，两岸关系取得的丰硕成果表明，和平发展具备了更稳固的基础、更良好的条件、更强劲的动力，两岸关系进展至巩固深化、稳步推进、全面发展的关键时刻。

亮点之二：和平发展之路不会变，只会变得更好

张志军就外界所关心的中共新一届领导集体对台政策走向，特别是会不会改变两岸关系和平发展路线作了精彩解答。他说，两岸关系和平发展理念深入人心，两岸同胞坚定了和平发展道路的信心，支持两岸关系持续发展已成为两岸同胞的自觉行动。甚至一些民进党人士也愿意增进对大陆的了解，在改善两岸关系上有所作为。他引用当年邓小平同志所强调的话称。路子走对了，政策不会变. 要变，也只会变得更好。两岸关系持续发展的事实已经给人们明确的答案。正确的方针政策没有理由不坚持，行之有效的做法不仅不会改变。而且还会做得更好。

亮点之三：对台政策富有继承性，开创性与前瞻性

张志军向与会学者介绍了中共新一届领导集体有关对台工作的基本方针，突出强调大陆对台政策一以贯之的继承性和与时俱进、开拓进取的创新性与前瞻性。他说，中共十八大报告和今年的《政府工作报告》都突出强调要坚持中央对台工作大政方针，全面贯彻两岸关系和平发展思想，巩固深化两岸关系和平发展的政治、经济、文化、社会基础：他引用了习近平总书记不久前会见连战时所提出的三个"充分信心"，强调携手推动两岸关系和平发展，同心实现中华民族伟大复兴应该成为两岸关系的主旋律，成为两岸中华儿女的共同使命。

亮点之四：稳步推进的三个面向

张志军系统阐述今年对台工作总体思路就是稳步推进两岸关系全面发展. 稳步推进具有三个面向，即争取新发展、交流制度化及提高交流质量效益。首先稳步推进意味着要在全面把握两岸关系总体形势及其趋势中争取新的发展。既要保持坚定的信心和进取的精神，也要坚持从实际出发，继续按照先易后难、循序渐进的思路。奋发有为，持续推动两岸关系向前迈进，不断开辟光明的前景。

其次，稳步推进意味着要加强两岸各领域交流合作的制度化建设. 两岸关系越往前发展，越需要去除不合时宜的束缚，提供有效的制度保障. 只有机制化的交流才能可长可久。只有制度性的合作才能稳定发展，两岸双方都应当为制度化建设作出新的努力。

再次，稳步推进意味着要努力提高两岸交流合作的质量和效益. 在促进两岸交流合作扩大的同时。要着力提高质量和效益，争取更广大民意的支持，增强两岸同胞支持、参与两岸关系和平发展的信心和热情。

亮点之五：全面发展的五项要义

张志军比喻四轮驱动的越野车总比两轮驱动更能爬坡越障，认为两岸关系进入全面发展的关键时刻，两岸关系各个领域各个方面相辅相成、相得益彰，努力实现全面协调的可持续发展。两岸关系全面发展具有五项核心要义。

一是增进互信方面，深化两岸同属一个中国的共同认知。双方从各自现行规定出发，在维护一个中国框架下寻求连接点、扩大共同点、增强包容性。维护和巩固一个中国框架，对国家尚未统一特殊情况下的两岸政治关系作出合情合理安排，两岸关系发展就会有更加宽广和光明的前景。

二是在对话协商方面。当务之急是双方要全面加快 ECFA 后续协商进程. 并就海协会与台湾海基会互设综合性办事机构、适时商签文教科技等领域的合作协议积极展开商谈，力争早日作出安排。

三是在经济合作方面，要继续推动两岸贸易投资，扩大双向投资。积极寻求合作的新支点，加强两岸金融合作，提升两岸经济合作委员会的功能，办好两岸企业家紫金山峰会，推进海峡西岸经济区建设。

四是在促进交流方面，要保持两岸大交流的良好局面着力提高交流质量，扩大综合效益。鼓励两岸建立更多机制化交流平台，扩大大陆民众赴台旅游尤其是个人游的规模。办好第五届海峡论坛，扩大两岸大学相互招生。加强青少年交流。促进两岸知识界、文化界、教育界等加强机制化交流合作，消除"台独"思想造成的贻害，增强民族认同感。

五是在团结台湾同胞方面，要把寄希望于台湾人民的力针贯彻到各项工作中，真诚关心、尊重、理解和信任台湾同胞，为他们多做实事、多做好事。

亮点之六：破解政治难题的三条路径

两岸关系中存在的政治难题。影响到两岸关系的后续发展，需要两岸双方共同努力酝酿气氛，创造条件。共同寻找合适的破解之道。对此，张志军提出了破解的思路. 一是要正视问题，不应人为设置禁区；二是要积极思考，探寻解决之道；三是要先易后难、循序渐进，逐步累积共识。大陆方面鼓励两岸学术机构和有识之士就解决两岸政治难题展开对话。适时举办两岸和平论坛。以集思广益、凝聚共识，促进社会各界关注与思考，为将来进行政治商谈逐步创造条件。呼吁两岸专家学者为此出谋划策，贡献聪明才智。

亮点之七：热切盼望赴台访问

演讲结束后，张志军随即接受两岸媒体的联合采访公开表明他希望尽早有机会赴台湾访问，也欢迎台湾有关方面负责人能够来大陆看一看。针对台湾有人因称谓问题声称"相见不如不见"，张志军妙答"有情何似无情"'他说："世上无难事，只怕有心人，只要我们有这样的情、有这样的心，就能够去台湾什么名义问题、身份问题、方式问题都好解决。"而且"不见不如相见，晚见不如早见。"在体现了大陆的气度与胸怀，获得两岸舆论的一致肯定。

中台办、国台办主任张志军平潭演讲是一篇贯彻、落实中共十八大精神与新一届中央领导集体对台工作要求的宣言，既有实践经验的总结，又有理论规律的把握。富有针对性、时效性及有效性，已在两岸之间产生连锁的政治效应与强劲动力，成为两岸关系和平发展巩固深化的重要起点，发出了推动两岸关系和平发展的时代强音。（本文发表于《两岸关系》杂志 2013 年第 4 期，总第 190 期）

"汪辜会谈"的意义与启示

　　20 年前的 1993 年 4 月 27—29 日，两岸授权的民间机构领导人、海协会会长汪道涵与海基会董事长辜振甫在新加坡海皇大厦举行了历史性的汪辜会谈，签署了"汪辜会谈共同协议""两会联系与会谈制度协议""两岸公证文书使用查证协议""两岸挂号函件查询、补偿事宜协议"四项协议。虽然只是民间性、经济性、功能性、事务性，但在两岸关系的进程中具有里程碑的意义。在此基础上，五年后即 1998 年 10 月中旬，两位老人在上海举行汪辜会晤，这是两岸双方首次就政治议题展开对话。双方达成了继续开展政治、经济对话、辜振甫邀请汪道涵访台等"四项共识"。汪辜会谈与汪辜会晤是两岸关系史上具有深远影响的政治会谈，开启了两岸制度化协商、沟通对话的新阶段。但由于台湾与国际等时空条件的局限，更由于李登辉、陈水扁的"两国论""一边一国论"阴谋，汪辜会谈成为绝响。历史对汪道涵、辜振甫两位不公平。

　　汪辜会谈留下很多资产，也有很多遗憾。在两岸关系和平发展的今天，纪念、缅怀汪辜会谈，具有重要意义，值得我们的珍惜。

一、汪辜会谈的意义

　　1. 两岸首次高层会谈，有利增加互信。汪辜会谈是两岸高层人士经过长期隔绝后首次正式接触、会谈，是两岸走向和解的历史性突破，具有重要的政治意义。

　　2. 催生"九二共识"。为因应两岸事务性协商顺利开展的需要，两岸两会 1992 年 10 月在香港就一个中国原则进行讨论，后经多次函电往返，终于达成了"九二共识"，即两岸两会各自以口头方式表达海峡两岸均坚持一个中国原则。双方同意在两岸事务性协商不涉及一个中国的具体政治内涵。一中内涵可以在未来两岸政治对话中进行讨论。如今，"九二共识"已成为两岸关系和平发展的重要政治基础。

3.开启制度化协商大门。汪辜会谈围绕当时两岸关系发展进程中所面临的急迫议题，特别是两岸民众关心的公证文书查证、挂号函件查询、两岸经济、文化交流合作等事项，进行商谈，签署四项协议，取得重大成果，为后续商谈奠定较好基础。两岸由此进入对话协商、平等谈判的时代。

4.促进两岸关系发展。汪辜会谈就促进两岸经济交流合作、知识产权保护、文化科技交流、能源开发与合作、处理海上渔业纠纷、共同打击私渡走私、司法合作等提出了建设性意见，为两岸关系发展指明方向、提供动力。

5.创立两岸协商典范。汪、辜两位高风亮节，一招一式具有中国人文古典风范，给两岸后来者启发。包括会前协商、协商议题、协议文本、双方称谓、繁简二份、时间落款、会场布置、记者吹风、新闻发布等各环节，均对两岸后续协商提供了汪辜模式，具有重要的借鉴、启示作用。

二、汪辜会谈的启示

1."一中原则"、"一中"框架是根本基础。没有"一中"原则，两岸事务性谈判、政治谈判都成为不可能。当年之所以形成"九二共识"，就是表明两岸双方都主张两岸事务性商谈属于一个国家内部事务的协商。未来两岸双方应增加一个中国框架的共同认知，进一步寻找连结点、找到共同点、扩大包容性，共同维护国家主权与领土完整与发展利益。

2.以民为本、为民谋利是根本宗旨。两岸执政者理应顺应历史潮流、回应民意需要，急民所急、想民所想。当前特别要照顾两岸同胞的利益需要，务实解决两岸交流、交往中出现的问题，争取更多民意支持两岸关系和平发展。

3.搁置争议，求同存异是根本方法。首先是搁置争议，妥善处理两岸政治分歧。其次面对分歧及各种困难、挑战，两岸双方应求大同、存小异，乃至聚同化异。两岸双方应极力缩小分歧而非扩大分歧，不断寻找处理分歧、超越分歧的方法、路径。再次两岸决不能蹉跎岁月，应尽早开启两岸政治对话。

4.与时俱进，全面发展是根本路径。"环境在变、时代在变，潮流也在变"。两岸双方需要顺应时代潮流，把握民意脉搏，不断创新观念、体制、机制，与时俱进，提高两岸关系发展质量，巩固深化两岸关系的层次、广度及深度，应从经济、文化、社会的大交流、大合作、大发展走向政治关系全方位互动，实现全面发展。

三、两岸关系方向

近五年来，两岸关系面貌发生历史性变化，和平发展赢得两岸同胞与国际社会的普遍支持。当前两岸关系和平发展已由开创期进入巩固深化的深水区，处于承前启后、继往开来的转捩点上。两岸双方应当秉持汪辜会谈的精神，巩固和平发展的经济、文化、社会及政治基础，从两岸同胞的实践中累积强劲动力，培植两岸关系和平发展的强大民意，不断实现两岸关系的制度化、优质化、全面化，确保两岸关系和平发展螺旋上升、不可逆转。

中共十八大提出两岸双方共同努力，"就国家尚未统一特殊情况下的两岸政治关系，作出合情合理安排。"当前，两岸进行政治对话的时机渐趋成熟，可从民间智库渠道、从学术角度探讨两岸政治议题，创办两岸和平论坛、两岸智库峰会，实现两岸政治对话的机制化、多元化、透明化及有效化，尽早破解两岸政治难题。（本文完成于 2013 年 4 月）

"习马会"时机成熟了吗？

两岸领导人会面，签署和平协定，建立军事安全互信机制，是两岸各方最为关注的焦点、难点议题，挑战两岸的智能。但再难，总可以找到破解的办法。正如马英九所言，两岸双方可以在"中华文化智能的指引下，为中华民族找到一条康庄大道"。化梦境为现实，对于未来两岸关系和平发展的任何可能性，我们均应乐观期待，不必悲观。关键是两岸双方都需要信心与耐心，以中华智能从容应对。

实现"习马会"，需要考虑五个方面，即身份、场合、内容、成果以及时机，由此，两岸双方作出"合情合理的安排"。"习马会"就是两岸领导人的会面，双方身份可考虑大陆领导人与台湾地区领导人，体现平等。

就场合而言，有学者建议在国际场合举行"习马会"，这可增加台湾方面的信心，也可增进两岸政治互信，且有国际力量的保证、国际媒体的见证。而明年在大陆举办的 APEC 会议，正是台湾方面十分心仪的好时机。

就会谈内容，当然是围绕推进两岸和平发展、共同成就"两岸梦""中国梦"进行交流。两岸领导人可发表"两岸和平宣言""两岸和平纲领"，甚至签署和平协定。获得大陆和平承诺，马英九可以给台湾民众交一份满意的答卷。

就会谈的成果而言，如能顺利举行"习马会"，本身就是两岸关系发展的重要里程碑，是改变两岸历史的重大事件，将加载史册。如果签署和平协定、确保两岸和平发展的制度化，将增加台湾民众的安全感、自信心。就马英九个人而言，奠定马英九的历史地位，对 2300 万台湾民众、对 13 亿中国人民都有交代。就延续国民党"执政"而言，有利于巩固马英九、国民党的"执政"地位，对 2014 年的"七合一"选举以及 2016 年台湾地区领导人选举都是一项重大利多。

就时机而言，如果两岸双方妥善解决两岸两会互设办事机构业务，国台办主任及陆委会主委顺利互访，完全可为"习马会"酝酿气氛，创造条件。除了赴大陆出席 APEC 领袖峰会，马英九还可回湖南衡阳祭祖，谒拜坐落于南岳衡山的台军忠烈祠。

事实上，"习马会"很大程度是要解决台湾自己发展过程中遇到的问题。也许"习马会"不能解决两岸之间所有问题，但一定会改变两岸的历史进程。（本文发表于台湾《旺报》2013 年 6 月 7 日 C3 版）

"习吴会"让两岸关系迈入新里程

日前举行的"习吴会",是两岸执政高层透过国共平台进行的一次重要政治对话。双方回顾近年两岸关系成果,总结和平发展规律,为当下两岸关系把脉,为下阶段两岸关系发展定位、导航。"习吴会"营造了巩固深化两岸关系的氛围,酝酿了全面发展的契机,把两岸关系引入了全新里程,具有重大的政治意义。

"习吴会"备受关注

"习吴会"之所以备受各界关注,一个很重要的原因是时机特殊。这是中共十八大召开、新一届政府组成后,首次进行的国共高层对话,重要性不言而喻。全面呈现新一代中央领导集体对台工作思维,为未来两岸关系发展定调。同时,"习吴会"在习近平访美举行"习奥会"之后立即举行,表明两岸双方对于发展两岸关系的高度重视。吴伯雄此次率团来访,获得马英九的高度授权。马英九10日专门接见访问团全体成员,字斟句酌、耳提面命、交代任务。此外,在人员组成、行程安排上,也体现马氏思维。访问团成员都是经过马同意,马团队色彩加重,引人联想。除了吴本人、国民党副主席洪秀柱、黄敏惠,前"国安会秘书长"苏起外,人们更多地关注马英九选举操盘手詹春柏、国民党副秘书长林德瑞等人,他们被视为马团队的成员。行程安排3天2夜非常紧,只有与习近平、俞正声、中央政治局委员郭金龙、国台办主任张志军等少数几场会面,没有其他行程,避免节外生枝。大陆方面也极其重视,新一届领导集体试图透过此次"习吴会"交换发展两岸关系的意见,将两岸关系引入新的进程。

"习吴会"为两岸关系把脉、导航

"习吴会"是开启两岸关系新里程的转捩点,我认为其意义可以体现在三个方面。

首先,增强了两岸政治互信。习近平承诺将坚定不移地走和平发展道路,并巩固深化两岸关系和平发展的政治、经济、文化、社会基础。吴伯雄则是首先表达坚持"九二共识"、反对"台独"是国共两党一致立场,其次强调两岸各自的法律、体制都实行一个中国原则,都是用一个中国框架定位两岸关系,而不是国与国的关系。相关表态进一步扩大了国共两党的政治基础,就一中原则、一中框架进行了深度、精确的对话,增强了两岸政治互信。

此外,"习吴会"深化了两岸关系发展。国共高层就当前两岸关系发展作出路径选择。习近平提出了新十六字方针,即"增进互信,良性互动,求同存异,务实进取"。吴伯雄则是强调台湾的大陆政策仍将按部就班、循序渐进,希望在七个方面取得具体进展,是马英九当局亟须的执政强心剂。

再次,"习吴会"为两岸关系导航。巩固深化、全面发展是两岸关系和平发展进入深水区、攻坚期的战略目标。为此,习近平提出了"四项坚持"与"两个把握",对未来两岸关系作出战略性、方向性的导航。吴伯雄则从民族认同与中华文化认同作出回应,表示两岸同属中华民族、都是炎黄子孙,国共两党要有共同振兴中华民族的使命感,双方应为两岸和平发展、为中华民族长远利益携手奋斗。

两岸政治对话似近还远

有关两岸政治对话的议题长期受到各界关注,此次外界尤其关注"习马会"是否会开启两岸政治对话、政治协商,是否为两岸领导人会面铺路。

自 2009 年下半年以后,马英九始终拒绝两岸政治谈判、签署和平协议,声称两岸政治对话时机不成熟。今年 4 月 21 日马英九接受《中国时报》专访时除了强调时机不成熟外,还称没有人真正说清楚两岸政治对话具体该谈什么,不必急。但马当局的态度在今年 5 月发生急遽转变。5 月 8 日,"陆委会主委"王郁琦在"立法院"称随时都在努力促成马英九与习近平两岸领导人互访。6 月 3 日,马英九语出惊人地表示有关两岸政治协商早就展开,目前海基会、海协会所商讨的互设办事机构议题,就是政治协商的开端。莫非一夜之间两岸政治对话的时机就成熟了?

熟悉两岸关系的人都知道,早在 1998 年"汪辜会晤"时,两岸双方曾在上海、北京进行过政治对话,这应是两岸间最早的广义的政治对话。此后国、共高层就坚持"九二共识"、共同反对"台独"有过多次对话。但狭义的政治对话应该就是为了解决两岸政治分歧、探讨"国家尚未统一特殊情况下的两岸政治关系，进行合情合理安排"。两岸政治关系的扑朔迷离，令人兴趣无限，但一般人难以窥其堂奥。

随着中国大陆的和平崛起、两岸关系和平发展，影响两岸关系的岛内外、国内外时空背景发生了显著变化，两岸进行政治对话、政治谈判有利因素在增多，不利因素有所下降。只剩三年半任期的马英九对于两岸领导人互访、开启两岸政治对话的动因发生微妙变化。对此，我们不必太乐观，也不必太悲观，两岸关系未来发展的钥匙毕竟已牢牢握在两岸中国人手中。（本文发表于《海峡导报》2013 年 6 月 17 日）

两岸和平发展路线图：四路线对接中国梦

举世瞩目的"习吴会"牵动两岸关系结构性变化，不但为当前两岸关系定位且为未来两岸关系导航，成为和平发展螺旋上升的战略拐点，两岸关系启动新进程。

由经带政　破解难题

两岸高层透过国共平台展开机制化互动，马英九高调授权提升了国共平台的功能与影响，而马团队的直接参与，搭建了两岸执政高层之间的沟通、对话管道，既强化两岸高层的政治互信，又为未来可能的政治互动作了准备。双方围绕"九二共识"、反对"台独"进行深度对话，就"一中"框架形成更为清晰、明确的认知。吴伯雄明确表明用一个中国架构定位两岸关系，两岸非"国与国"关系，并重申马英九"不推动两个中国、一中一台或台湾独立"的"三不"。两岸政治互信有了战略上的契合点。

巩固深化全面发展、继续和平发展是此次习吴会的核心。习近平提出"四项坚持"，着重于"两个把握"，既要把握两岸关系大局，又要把握两岸关系前途，核心就是维护中华民族整体利益，认清历史发展趋势，团结两岸同胞实现民族复兴。吴伯雄则从中华民族与中华文化认同作出呼应，强调两岸同为中华民族、都是炎黄子孙，双方都有振兴中华的使命感。两岸同胞可透过两岸关系和平发展实现"两岸梦"与"中国梦"的无缝对接，台湾不应自外于中国梦，可扮演积极不可或缺的角色，成就"中国梦"。

实现两岸和平发展与"中国梦"的对接，需要作出战略性的路径选择，两岸需要自己的路线图。

路线一，巩固和平发展基础。包括巩固政治基础、经济基础、文化基础以及社会基础，使之基础牢固，动力强劲，永续发展。

路线二，塑造和平发展民意。两岸双方要着力将和平发展塑造成台湾的主流民意、主流价值，使台湾任何人都难以承受非和平发展的代价，无法改变和平发展趋势。

路线三，合情合理安排。"习吴会"已就台湾方面关切的议题包括台湾地区有意义参与国际活动、加入区域性全面经济伙伴关系（RCEP）、尽早互设办事机构等议题作了深度对话，两岸双方应共同努力作出合情合理安排。

路线四，由经带政，破解难题。"先经后政、先易后难、循序渐进、把握节奏"是推进两岸关系的基本准则，但五年来两岸关系发展实践表明经中有政、易中有难。如今，政治议题已难以回避，否则不利两岸关系的巩固深化。"习吴会"揭开了两岸高层政治对话的序幕，两岸关系将进入政经交替并行、良性互动的新里程。

全面互信　共同筑梦

当前中美正在构建新型大国关系，为两岸关系巩固深化、全面发展创造了新契机。"习奥会"时奥巴马欢迎中国和平崛起，强烈支持两岸双方改善两岸关系的努力，鼓励持续发展。两岸应从战略高度形塑新型两岸关系，推动两岸关系螺旋上升、不可逆转。核心要义有三：

（一）建构全方位、多层次互信。包括容纳政治、经济、文化、社会的综合互信，以及涵盖两岸高层与基层、行政与民间的各阶层、各行业全面互信。

（二）两岸良性互动，相向而行。两岸应展开正面、良性、全面互动，相向而行非渐行渐远，更非背道而驰。尤其是台湾应视"和陆"高于"亲美"，面对共同外来威胁，两岸联手是台湾最重要、最可靠的战略筹码。

（三）优化两岸、共同成就。追求质量、提高效益是巩固深化两岸关系和平发展的不二法门，两岸关系应排除外来干扰，消弭负面、恶质、粗劣言行，实现优质、高效、永续发展。

两岸同胞是发展两岸关系的实践主体，是推动和平发展的根本动力。如果有更多的台湾民众参与，"中国梦"就是两岸同胞共同的梦。（本文发表于台湾《旺报》2013 年 6 月 20 日 C3 版）

两岸领导人会面似近还远

在亚太局势风云变幻中，中美构建新型大国关系已为两岸关系迈向深水区、开启两岸政治对话提供良性友善的外部环境。纵然"战略再平衡"使不少人主观期待台湾扮演更为主动、活跃的角色，甚至苏贞昌积极投入"再平衡"，甘当遏制大陆崛起的棋子；但客观情势上台湾应选择避险管道，避免中美冲突面，融入中美合作面，促成中美新型良性竞争、多方位合作结构，巩固深化两岸关系，这是台湾最为聪慧的政策选择。而片面"拥抱美国大腿"，或在中美之间左右逢源、政治安全上寻求美国保护，并非长久之计，也非上策。

关键在两岸意愿

实现两岸领导人会面，外部因素并非决定性因素，关键在于两岸双方有无共同意愿。就大陆而言，两岸领导人会面将是两岸关系和平发展的分水岭，是联结"中国梦"的战略拐点。但大陆应该会实事求是、从容淡定、务实看待，既不乐观亦不必悲观。大陆可从战略高度、战术深度进行模拟，把握两岸关系和平发展的大局与前途，实现两岸和平发展的制度化、永久化，使之不可逆转、螺旋上升，直到民族复兴、统一水到渠成。

就台湾方面而言，两岸领导人会面是向台湾民众交一份台海永久和平的答卷，是为台湾奠定永享和平、持久繁荣的战略筹码。台湾方面应有信心支持两岸领导人会面的民意支持度不会只有台湾竞争力论坛所发布的47%，而应该与60、70%支持两岸和平发展的民调相媲美、甚至更高。除非民进党不想缩短"最后一里路"、拒绝执政，否则民进党也缺乏反对的正当性。

两岸领导人会面应该呈现两岸特色、时代特点、民族特征。按照双方6月间所认可的"一中"架构的法律与体制，两岸领导人会面当然是一国之内台湾地区与大陆地区领导人的平等会面。和平发展是两岸关系的时代主旋律，两位领导人可弥平两岸历史伤痛，强化一家人意识，奏出和平发展、民族振兴的时代强音。

两岸领导人会面应该朝制度化、双向化、持久化方向发展。无论哪一位大陆领导人，当然都期待踏上台湾这片国土，拥抱同胞。同样，如果马英九访问大陆，除了APEC峰会，难道没有重归故土的情愫、遥祭黄帝的驿动、祭奠中山及抗日将士的情怀？

创造历史一念间

对于两岸领导人会面，也许马英九早已心有所思、甚至心有所定。最近接受外媒采访时，马英九不排除两岸领导人会面的可能性，只要"国家需要，人民支持"。此前马也曾提出只要有利于两岸关系发展、有利于保障两岸胞利益。马始终强调需要两岸双方共同创造一些条件，解决身份、场合问题。其实马英九已经给了答案，台湾是以台澎金马经济体身分参与APEC领袖峰会，不是参与国家元首峰会，安排上不必计较头衔或身份。

马创造了"互不承认主权、互不否认治权"概念方便两岸双方见面，不会使人误会两岸彼此承认。为此，马强调无论何时何地，他都是"中华民国总统"，这是马的自我认知，他当然需要这样的自我定位，否则违反了他所宣誓的"宪法"。马希望大陆也能认知他的这一身分，但马不会、也不能要求大陆承认、接受他的"中华民国总统"身份，否则与"互不承认主权"的逻辑发生矛盾。因此，身份、头衔、场合等不应该成为困扰两岸双方的因素，两岸最主要的考虑应该是双方不能空手而归，而应互相成就。

参加在大陆举办的国际会议，是马英九与大陆领导人见面的最好时机，具有强烈的正当性。马可以在参与APEC领袖峰会、扩大台湾国际参与以及提升两岸关系两方面取得双丰收。如果明年无法访问大陆，马英九的大陆之行将延后到2016年卸任之后，或许可以国民党主席身份访问大陆，但缺乏历史性的震撼力，难以感动两岸人民，也难以吸引全世界的目光。

历史机遇稍纵即逝，历史的创造就在领袖人物的一念之间。（本文发表于台湾《旺报》2013年8月8日C3版）

两岸关系进入战略拐点

当前，两岸关系深水区、攻坚期，和平发展面临新的战略机遇，面临新的战略拐点，即将呈现新的面貌。开启两岸政治对话、实现两岸领导人会面，成为两岸关系和平发展重要支点。

一、两岸面临战略拐点，面临新的机遇

1.两岸政治互信得到强化。今年4月以来，马英九方面对于"九二共识"、反对"台独"多次强调，对于"一中"原则、"一中"架构有了正面表述。马在4月纪念"汪辜会谈"二十周年时明确表示：无论在国内国外，都不会推动"两个中国""一中一台"或"台湾独立"。6月13日"习吴会"上，吴伯雄受人之托，提出坚持"九二共识"与反对"台独"是国共两党一致的立场。两岸各自的法律、体制都主张一个中国原则，都用一个中国架构来定位两岸关系，而非国与国的关系。马对于两岸互设办事机构，明确不是设立驻外使领馆，"不挂旗""不办理签证"业务。7月20日，马英九当选国民党主席，在回复习近平贺电中强调：1992年海峡两岸达成"各自以口头声明方式表达坚持一个中国原则"的共识。上述几点表明两岸双方在坚持"九二共识"、明确"一中"框架内涵方面取得了更为牢固的共同的政治基础，为两岸关系巩固深化、全面发展作了准备。

2.两岸关系取得实质进展。两会签署服务贸易协议，有关互设办事机构、货品贸易协议、货币互换协议的商谈进展较为顺利，甚至两岸也出现协商教育、文化协议的曙光。台湾两岸关系条例修改的程序也已启动。两岸直航航班增加为670班，自由行城市增加至26个，上半年两岸贸易额超过1000亿美元，各项交流继续扩大。

3.民共交流取得进展，民进党两岸政策有所调整，试图缩短"最后一里路"。

谢长廷与大陆举办香港会谈，围绕两岸关系的发展与创新议题进行讨论，达成三项共识，主张面对差异、处理差异、超载差异，提出"创造共同记忆，共同面对世界，建立命运共同体"的"三个共同"。谢进入深圳会晤国台办主任张志军，与台商座谈，打开了民进党人士与大陆交流的新空间。此后，高雄市市长陈菊为推销"亚太城市峰会"来到天津、厦门、福州、深圳交流，改称"中国大陆"，从城市交流切入两岸关系，与国民党进行区隔，拓宽了民进党人士与大陆交流的新渠道。大陆与民进党内积极"和中派"的交流取得实质进展。在民进党内形成一波波"两岸热"，催生了民进党内务实、理性力量的成长，谢长廷的主张现在不是民进党的主流，但代表了民进党的方向。

民进党内有关调整两岸政策的争论交锋一波又波，前后有八次交锋，形成了五种不同观点、不同派别的分歧与争论。包括谢长廷的和中派、苏贞昌的反中派、蔡英文的抗中派、青壮世代的民主人权派以及"台独基本教义派"。民进党两岸政策到了应变而未变、想变但怕变、求变可不知如何转变的艰难时刻。民进党的两岸政策已有所变、有所不变；已处于从量变到质变的积累中，但质变的时机尚不成熟、条件尚不具备。如今，民进党已走在"最后一里路"上，但在2016年之前很难走完。

"台独"战略更为坚硬，"台湾前途决议文""台湾主体性"仍是民进党的顽固坚持，"民主人权""普世价值"仍是民进党的不变前提，扮演国际反华势力的棋子仍是民进党的擅长伎俩。"主权""安全""人权""联美制中"的调门不但没有减弱，甚至更为高亢、固化，变得更为坚硬。两岸政策上"为反对而反对""逢中必反""逢中必闹""逢中必骂"没有根本的转变。

策略调整更为灵活务实，突出表现在转变态度，区隔国民党，因应"九二共识"以及研拟各种方案，试图在"台湾人民接受、大陆能忍受、与国民党区隔、美国没有疑虑"等条件下寻找出路，但这挑战当代民进党人智慧，可能性很小。

苏贞昌主导下的民进党面临不得不调整两岸政策、又不敢、不能从根本上调整两岸政策，处于多重困境中。

民进党两岸政策调整是必然的趋势，也是迟早的事情，时间点在于2014年选举结束后。民进党有可能弄出"中华民国台湾"决议文，推动有别于国共交流的新型互动模式，包括城市交流模式。谢长廷继续以"宪法各表"当敲门砖，陈明通提出"宪法一台"，蔡英文走一条细致、平衡、社会互动的两岸政策路径，但蕴含"价值台独"。

4.国际环境仍然有利于两岸关系和平发展。中美构建新型大国关系对两岸关系是重大机遇，为两岸关系发展提供了宽容的、友善的国际环境。奥巴马同意中美建构新型合作关系，寻求在互利互尊基础上国与国的新的合作模式。奥巴马欢迎中国和平崛起，强烈支持两岸双方改善关系的努力，期待两岸关系持续发展。

美国"战略再平衡"对台湾角色的再塑造是以不破坏台海和平稳定为前提，中美多层次、多领域的合作共赢有利于台湾扮演中美关系的润滑剂，美国并不希望台湾成为中美战略互疑、战略对抗的复杂因素。虽然奥巴马的"战略再平衡"诱导台湾不少人主观上扮演更为主动、活跃的角色，甚至苏贞昌积极投入"再平衡"，充当遏制大陆崛起的棋子；但客观情势上台湾将选择避险管道，避免中美冲突面，融入中美合作面，这是台湾最为聪慧的政策选择。而片面"拥抱美国大腿"，或在中美之间左右逢源、政治安全上寻求美国保护，并非长久之计，也非上策。

台湾问题在中美关系中的重要性、比重下降，日趋边缘化。两岸双方在发展两岸关系、包括政治议题的自主性有所上升，美国正面看待两岸关系的巩固深化，对于两岸政治对话的反对力度有所削弱，美方对台方与大陆进行政治对话的容忍度有所上升，较可能采取谅解态度。这是两岸难得机遇。

因此，我认为两岸关系和平发展即将进入巩固深化、全面发展的战略拐点，一个全新的两岸关系正在酝酿建构之中，面临重大历史性机遇。

二、实现两岸战略突破的路径

实现两岸关系和平发展的战略突破，需要遵循四条路径，突出二项重点。

路径一，增强互信。增强两岸综合互信、全方位的互信。包括政治、经济、文化、军事、涉外互信。包括两岸高层互信、基层互信、民间互信（各团体、机构、基金会、NGO组织之间的互信），行政机构互信。

路径二，巩固基础。巩固和平发展的政治基础、经济基础、文化基础及社会基础。特别要巩固和平发展的民意基础，使之成为台湾的主流民意、主流共识。

路径三，添加动力。人民群众是创造历史的动力。从两岸人民的伟大实践中寻找智慧、寻找动力。调动更多的两岸同胞投入发展两岸关系的实践中去。

路径四，全面发展。拓宽两岸关系发展领域，扩大两岸交流领域，使各个行业、各个区域、各个阶层都能参与到发展两岸关系的事业中来，并分享成果。

三、寻找战略突破口

两岸关系由经入政有两个突破口，一是尽早开启政治对话，从民间入手，寻找两岸政治关系合情合理安排。二是尽早实现两岸领导人会面。

首先积极稳妥推进两岸政治对话。需要注意三个方面。

一是定位正确。所谓两岸政治对话，就是一种政治互动的形式，一个增加了解、缩小分歧、寻找共识、增进互信的过程。两岸政治对话只是两岸就双方关心的政治议题交换意见，探讨双方可接受的解决方案，找到合适的途径、渠道等。

政治对话可以算作是政治谈判预热机制，为之暖身、前奏，为两岸政治谈判创造条件，催生有利两岸政治谈判的气氛，但政治对话不同于正式政治谈判。

二是树立信心。两岸政治对话是个史无前例、空前绝后的政治工程，考验两岸中国人的智慧。两岸政治对话不可能一蹴而就、一帆风顺，将是一场持久战、耐力赛，必然面临各种艰难险阻，有可能出现极为复杂的局面。两岸双方应树立决心、信心、耐心，排除万难，相互鼓励，谋定后动，持续进行政治对话。大陆方面应当尽量消除台湾方面的"被统战""被吞并"的疑虑。大陆方面应给予台湾信心，让其认识到可透过政治对话解决台湾发展困境，为台湾人民谋取更多利益。两岸不必急于求成，应该谋定后动。

三是策略高明。

两岸政治对话可沿着机制化、多元化、透明化的方向推进。

机制化：两岸双方应建立一套对话机制，固定对话机构、对话人员、对话议题、对话方法、对话期限，摸索一套政治对话的路径、方法，使之可长可久。

多元化：参与人员应涵盖台湾蓝绿、各党派人士、涵盖台湾北中南、智库、学界、老中青三代，只要认同、支持两岸关系和平发展。可由两岸多个机构举办多个政治对话管道、对话平台。

透明化：两岸双方应使政治对话透明化，就政治对话的形式、议题、进展等对外说明，邀请两岸媒体及时进行公开、深度报道，增加透明度，争取两岸民意、国际社会的支持，消除疑虑，减少阻力，化阻力为助力。

两岸双方应最大限度地争取各方支持，化阻力为助力。两岸政治对话也应遵循"先易后难、求同存异"的原则，目标清晰务实，节奏循序渐进。

第二个突破口在于实现两岸领导人会面。

两岸领导人会面将是震惊世界、吸引国际舆论的历史性事件，将改变两岸关系的历史进程。

两岸领导人会面的时机已经成熟，条件初步具备。这是两岸双方共同的需要，民意支持度高，国际社会乐观其成，美国方面此前曾多次表示希望马英九出席 APEC 领袖峰会。2010 年 5 月时前"美国在台协会"办事长处长包道格就称乐见马英九出席在夏威夷举办的 APEC 会议。

远见杂志 2010 年 5 月民调显示，支持两岸领导人会面的台湾民众达到51%。最近旺旺中时的民调显示，支持比例达 47%。如果引导得当，台湾民众支持两岸领导人会面的比例应该与支持和平发展的六七成比例相仿。

民进党一定会反对，但反对的力度不够强，也没有用。发言人林俊宪表示，马英九想争取参加 APEC，如果为了扩大台湾的国际参与经贸利益，人民会支持，但马英九如果只是为了成就个人的"习马会"，那就是另外一回事了。民进党知道如果两岸领导人会面，民进党就被吸入和平发展的历史洪流中，难以抗拒。

两岸领导人会面的条件已经具备，时机渐趋成熟。明年在大陆举办的APEC 峰会就是最好的时机，不但具有可能性，也提供了可行性。

马英九明年来大陆出席 APEC 峰会、实现两岸领导人会面，是国民党赢得2016 年选举的最重要的王牌，是国民党延续执政的战略选择。马英九前后立场的变化反映了这种最新的战略调整。马英九对于两岸领导人会面一直采取"四不一没有"，强调时机不成熟、条件不具备、民意不支持、美国不背书，以及马英九本人没有意愿，主要是身份、头衔、场合、时机等问题。今年 3 月 7 日，马英九会见国际学人时称，基于政治现实，他并没有机会与习近平会晤，在任内他不打算访问大陆。若与习见面，不知道该以什么头衔称呼对方。

但今年 5 月马英九方面的态度发生急遽转变。5 月 8 日，"陆委会主委"王郁琦在"立法院"称随时都在努力促成马英九与习近平两岸领导人互访。6 月28 日王称，是否出席明年 APEC 会议，并与习近平见面，马英九已有想法，但现在此议题还太早。7 月以后，马英九密集对外谈论两岸领导人会面议题。7 月6 日，马英九接受美国"彭博新闻社"采访时称，他没有排除与习近平的会晤，只要国家需要，且获得人民支持。但有一些条件需要双方共同创造，包括身份、场合等。马相信，只要大家努力创造条件，就能创造出机会来。此后 7 月 10 日、20 日、26 日、8 月 14 日马又连续谈到此一议题，马在访问南美期间表示不能参与 APEC 峰会对台湾不公平。

马对于两岸领导人会面的前提有两个："国家需要""人民支持"，马还提出二个"有利于"：有利于台湾人民福祉及两岸关系改善。

对于身份问题，马称台湾是 APEC 成员，他出席的是经济体的领袖峰会，不是国家元首峰会，安排上不计较头衔或身份。他创造了"主权互不承认、治权互不否认"，让双方的首长见面，不会使人误会双方彼此承认。至于大陆撤除导弹问题，在军事上的意义不大。7 月 11 日，台"陆委会"发言人称，马英九在任内，不论何时何地都是"中华民国总统"，到大陆绝对不会是"马主席"。

明年在大陆举办的 APEC 峰会确实是两岸领导人会面的较好时机。马英九借参加 APEC 峰会的机会来大陆访问，最能获得国际支持肯定、争取台湾民意支持，民进党反对缺乏正当性，为马英九施政、国民党继续执政加分。

马是"台澎金马"经济体领袖身份出席大陆举办的 APEC 峰会，马可以台湾地区领导人身份与大陆领导人见面。马不会也不能要求大陆承认他是"中华民国总统"身份，这与他所主张的"互不承认主权"相矛盾。但马一定要对台湾民众宣称无论何时何地他都是"中华民国的总统"，否则有违他所宣誓的"宪法"。

两岸领导人会面应是一国之内台湾地区领导人与大陆地区领导人之间的平等、友好会面。双方围绕两岸关系和平发展进行讨论，就和平协议、两岸军事安全互信机制交换意见，就"国家尚未统一特殊情况下的两岸政治关系"、就台湾参与"国际空间"、就两岸军事安全互信等作出"合情合理安排"，达成一些共识。甚至讨论设立两岸和平发展共同委员会，可发表两岸和平宣言，表达两岸同胞追求和平发展的愿景，作出相应规划。

马英九赴大陆访问，要使两岸双方获益。其中马英九需要考虑如何与中华民族复兴、与"中国梦"进行连接，也就是说两岸领导人会面是中华民族复兴进程中的重要战略支点。只要这样，两岸领导人会面值得两岸双方共同努力，如果只是马英九单方面得益，大陆的民意、舆论很难给予掌声。

为了争取更多台湾民意的支持，马英九一定会争取与更多国家领导人会面、会谈，特别是与美国总统奥巴马交流，表达两岸追求和平发展的意愿。

为了消除台湾在野党、台湾民意的疑虑，马英九还可能邀请相关政党领袖、民意代表、民间人士组成和平代表团，率团来访。

马借明年大陆举办 APEC 机会实现两岸领导人会面，大陆的态度是关键。大陆一贯反对台湾问题国际化、反对两岸领导人在国际场合见面。明年 APEC 大陆是主办方，相关邀请、安排都是大陆主导。如果没有"两个中国""一中一台"的后遗症，如果以个案而非通案的方式处理，就是马英九只能参加大陆举办的 APEC 峰会，而不能参加由外国举办的 APEC 峰会；如果因此提高两岸和平发展的制度化程度、延长两岸和平发展的战略机遇期，明年两岸领导人会面可能性、可行性极高。我们希望这样的领导人会面朝向机制化、双向化、定期化的方向发展，不一定非要在国际场合，应该在两岸的场合。不但马英九能够来大陆，而且大陆领导人未来也能去台湾。

历史的转折就是在瞬间完成，历史的峰回路转也在历史人物的一念之间。（本文完成于 2013 年 8 月，发表于全国台联《台湾民情》2013 年 9 月号）

和平论坛设定两岸关系新时程

首届两岸和平论坛虽已落幕，但余波荡漾。论坛成功与否、效应如何、未来动向仍是各界津津乐道的议题。甚至国外机构、媒体持续跟踪两岸政治对话的前景与未来，仿佛两岸关系已然进入政治对话新时程。

共同背书　发表纪要

任何熟知两岸关系历史与现实的人都不会对两岸关系怀有不切实际的浪漫憧憬，甚至好高骛远追求天方夜谭。但基于五年来和平发展的丰硕成果，改变了两岸关系的历史面貌，进入螺旋上升的新通道，任何人都不应对两岸关系和平发展前景抱持悲观态度，即使政党轮替可能，也阻断不了两岸政治对话的进程。面对亚太局势的风云变幻与台湾瞬息万变的政治新局，两岸关系面临全新的议题、进入全新的时程。两岸和平论坛已经成为撬动两岸政治关系的重要杠杆与支点，形塑两岸关系和平发展新境界。

首届两岸和平论坛演绎一场民间版的两岸政治对话，是两岸民间知识精英围绕政治难题所开展的多议题、全方位、深层次的脑力激荡与智能碰撞。一部两岸关系史，就是民间推动官方的历史，两岸政治对话依然是民间先行、民间可行。

首届两岸和平论坛属于全新的两岸学术研讨，但不同以往，是真正意义上的政治对话。体现在论坛的主、协办方的精心组织、充分协调与妥善安排；体现在参与对象的代表性与多元性，甚至涵盖红、蓝、绿三方人士；体现在讨论议题的重要性与实践性；体现在对策建议的实务性与前瞻性。不同于一般学术研讨的各自表述、各言尔志，论坛发表了《纪要》，反映此次民间政治对话所达成的共同认知、有待深入研讨的症结性议题，以及论坛后续事项。这份《纪要》是包括亲绿智库、亲绿学者均可接受的论坛成果，得到两岸14家主协办机构的共同背书，得来不易。

首届和平论坛汇聚两岸红、蓝、绿多方人士共同对话，成为两岸寻求政治关系发展路径的重要平台。特别是"亲绿智库"的参与成为焦点。而曾任民进党执政期间"行政院副院长""新台湾国策智库"董事长吴荣义几番讲话，言必称"中国大陆"或"大陆"，对改革开放、上海的城市文明、上海自贸试验区等语多赞许，全然不同于民进党官式八股，显示拥抱深绿者已非主流、注定出局。和平论坛已是催生蓝绿共识、寻求两岸融合的最好平台，其所引发的蝴蝶效应、叠加效应不可低估。

八字箴言　上海典范

"八字箴言 上海典范"，首届两岸和平论坛凝聚两岸关系中的"上海典范"，那就是"尊重、包容、创新、融合"八字箴言。两岸之间、蓝绿之间固然立场不同，争议很多，分歧不少，但为了巩固深化和平发展，必须学会相互尊重、相互倾听，方可面对争议、超越差异、聚同化异，寻找"合情合理安排"的可行路径，和平论坛已经体现了这种包容性、创新性。不必说蓝营学者的众声喧哗，即使亲绿学者也是纵情发挥，道尽了他们的所思所想，获得了应有的尊重。上海人文风范为破解两岸政治难题提供了合适的时空环境。这是两岸关系继1998 年"汪辜会晤"首次政治对话后的又一幕上海记忆。

"两岸猿声啼不住，轻舟已过万重山。"两岸和平论坛具有避险功能、实验功能，是两岸政治谈判的预期机制。两岸关系和平发展已经处于新一轮的战略拐点。两岸互设办事处、两岸事务机构负责人互访、两岸领导人会面，已是引领两岸政治关系持续向前的"三部曲"。或许，两岸政治难题将在上述"三部曲"中逐渐融解。（本文发表于台湾《旺报》2013 年 10 月 23 日 C3 版）

破解两岸政治难题的开始

众所瞩目的首届"两岸和平论坛"今天起在上海东郊宾馆举行两天，引起两岸有关方面、国际社会的高度关注。尽早开启两岸政治谈判，结束敌对状态，签署和平协定，建立两岸军事安全互信机制，是大陆方面发展两岸有关系的一贯主张。但台湾方面囿于内部的特殊政治生态、民进党的"逢中必反"、台湾民众的疑虑、两岸固有的政治分歧，以及国际反华势力的竭力阻挠，使两岸政治关系停滞不前，难以突破。"和平论坛 避险预热"，去年11月中共十八大正式提出两岸共同努力，探讨"国家尚未统一特殊情况下的两岸政治关系，作出合情合理安排"。今年2月大陆对台工作会议提出鼓励两岸学术界从民间角度就解决两岸政治问题开展对话的设想，获得两岸舆论的普遍赞赏，也引起两岸有关民间智库的积极回应。去年12月"台北会谈"与今年6月的"北京会谈"，聚焦两岸红、蓝、绿三方学术精英讨论两岸政治议题，获致舆论良好反响，酝酿了合适的民间政治对话气氛。首届"两岸和平论坛"在巩固深化两岸关系和平发展的召唤下应运而生。9月以来马英九深陷政争困境，亟须两岸议题转移焦点。而民进党、亲绿智库学者出于平衡两岸政策话语权的需要，也有兴趣赴上海出席和平论坛。"青山遮不住，毕竟东流去"，民间政治对话的潮流已然勃兴，难以阻挡。而举办多年的两岸经贸文化论坛则为此延后到两岸和平论坛之后举行。透过民间智库进行两岸政治对话，不失为一条富有特色、闪耀中国人智能的路径选择。两岸关系就是一部民间推动官方的历史，在破解政治难题上，同样可以采取民间促进当局的模式。两岸和平论坛是一种避险机制，可以有效规避政治对话、政治谈判可能引发的台湾非理性势力的反扑、民意的疑虑、执政当局的筹码得失，以及外国势力的干涉。和平论坛也是一种预热机制，可以为未来正式的政治对话、政治谈判酝酿气氛，创造条件。和平论坛还是政治对话试验场。一切有利于消除两岸误解、增进两岸互信、探索两岸政治定位、寻求

"合情合理安排"的方法、路径都可以启迪、引领未来。当然，首届和平论坛可能难以承载太多的历史重任，因为两岸政治难题的复杂性超乎想象，因为参与机构、参与成员多元复杂，各言尔志，期待首届和平论坛达成太多实质性的共识是不现实的。虽然不一定有强共识，但应该有弱共识，一定会体现追求两岸关系和平发展的强烈意愿，一定就破解两岸政治难题、探讨"国家尚未统一特殊情况下的两岸政治关系"，作出"合情合理安排"等提出具有建设性、可行性的意见与建议。让首届和平论坛不出彩、没亮点恐怕也难。即使有分歧，甚至众声喧哗，但也不必大惊小怪。万事开头难，只要有了第一届，就有第二届，实现和平论坛的机制化、双向化、常态化，不断探讨两岸政治议题，提炼共识。复杂工程 需要智能 破解两岸政治难题是一项高难度、超复杂的系统工程，挑战两岸中国人的智能、勇气与耐心。没有圣贤先哲为我们提供现成的方案。需要集成两岸精英的智能，透过不断的对话、商谈逐步切磋，最终方可找到可行路径。引用马英九 2011 年元旦讲话，两岸双方需要在中华文化智能的指引下，为破解两岸政治难题找到一条康庄大道。（本文发表于台湾《旺报》2013 年 10 月 11 日）

和平论坛：两岸政治对话的实验场

众所瞩目的首届两岸和平论坛于 10 月 11、12 日在富有城市田园风光的上海东郊宾馆举行。因为探讨敏感的两岸政治议题，引起两岸有关方面、国际社会的高度关注，包括两岸主流媒体、外国如美国彭博新闻社、日本产经新闻、《朝日新闻》、读卖电视台、每日电视台、德国《法兰克福汇报》、新加坡《联合早报》等十多家洋媒纷至沓来，进行密集、深度地跟踪报道。这是继 10 月初印尼 APEC "习萧会" "张王会" 后，掀起的又一波 "两岸政治热"，两岸后续政治互动引人浮想联翩。

一、未演先轰动

尽早开启两岸政治谈判，结束敌对状态，签署和平协议，建立两岸军事安全互信机制，是大陆方面发展两岸有关系的一贯主张。但台湾方面囿于岛内的特殊的政治生态、民进党的 "逢中必反"、台湾民众的疑虑、两岸固有的政治分歧，以及国际反华势力的竭力阻挠，使两岸政治关系停滞不前，难以突破。

去年 11 月中共十八大正式提出两岸共同努力，探讨 "国家尚未统一特殊情况下的两岸政治关系，作出合情合理安排"。10 月 6 日，习近平会见台湾共同市场基金会董事长萧万长时，提出 "两岸长期存在的政治分歧问题终归要逐步解决，总不能将这些问题一代一代传下去"。不啻为两岸政治对话、破解两岸政治难题吹响了新一轮的号角。早在今年 2 月大陆对台工作会议提出鼓励两岸学术界从民间角度就解决两岸政治问题开展对话的设想，获得两岸舆论的普遍赞赏，也引起两岸有关民间智库的高度兴趣与积极响应。这是在当前两岸正式政治协商、谈判无法启动的情况下，透过民间渠道，破解两岸政治难题的务实可行之道。去年 12 月 "台北会谈" 与今年 6 月的 "北京会谈"，聚焦两岸红、蓝、绿三方学术精英讨论两岸政治议题，获致舆论良好反响，酝酿了合适的民间政治对话气氛。首届两岸和平论坛就是在这样的气氛下如期举办。

主办方虽然定位于两岸民间机构举办的论坛，但在两岸关系和平发展步入深水区、亟待巩固深化的关键时刻，两岸和平论坛所蕴含的意义超越了民间范畴，呈现出两岸政治对话的重要特征，是两岸政治关系的新起点，具有风向标、开创性、里程碑的意义。两岸关系和平发展期间"只经不政"的阶段有望终止，及早进入"有经有政、政经并行"的新阶段。两岸关系"由经转政"于此发轫，破解两岸政治难题、探讨"国家尚未统一特殊情况下的两岸政治关系，作出合情合理安排"面临重大契机。但这一牵动两岸关系大局的系统工程，必然是个复杂而又漫长的过程，考验两岸执政当局、两岸同胞的意志、信心与智慧，需要集成两岸智慧，共同成就。

二、多样性

首届两岸和平论坛会议由全国台湾研究会与台湾21世纪基金会牵头主办，包括上海台湾研究所、上海东亚研究所、中国社科院台湾研究所、北京大学台湾研究院、清华大学台湾研究所、厦门台湾研究院，以及台湾中山大学社会科学院、中国文化大学社会科学院两岸与中国大陆研究中心、政治大学国际事务学院两岸政经研究中心、淡江大学中国大陆研究所、"国策研究院文教基金会""新台湾国策智库"等两岸共14家机构共同协办。论坛规模较大，参与者众多，代表性强。台湾与会嘉宾、学者63人、大陆与会嘉宾、学者67人。涵盖了两岸从事台湾问题与两岸关系研究的学者专家，一时间两岸重量级专家学者汇集上海，"大咖"云集，具有多元、普遍、广泛的代表性。论坛呈现多元色彩，具有多样性。台湾学界、基金会、学术团体等踊跃参与，学界老、中、青三代，地域上北、中、南各路人脉均有参与。论坛汇聚了红、蓝、绿三方智库、机构的学者聚集一堂，特别是亲绿的"新台湾国策智库""国策院文教基金会"全面、深入的参与研讨对话，克服深绿"基本教义派"的种种压力，毅然赴大陆参加敏感的政治对话，深谙为客之道，对改革开放、城市文明、经济民生等表达由衷敬佩，营造了良好气氛，使亲绿机构、学者与大陆方面的交流迈出了新的步伐，使民进党内部气氛发生一系列化学变化，产生积极影响。论坛层级较高，影响深远。第九、十届全国人大常委会副委员长、全国台湾研究会会长成思危、"台湾21世纪基金会"董事长高育仁分别在开幕式上致辞，国务院台湾事务办公室主任张志军应邀到会发表重要讲话，引起与会学者、两岸媒体的高度关注。会议期间中共中央政治局委员、上海市委书记韩正会见了主协办单位的负责人及台湾学者，并宴请了两岸全体与会学者。上海海派人文特色与精心细致安排，赢得两岸学者的一致称赞。这是上海继1998年"汪辜会晤"之后又一次因两岸政治对话而引人注目。亲绿智库、学者尤其对上海举办和平论坛赞赏有加，既减轻了压力，又享受各式的便利，有机会深入了解大陆新一轮改革开放、推进中国（上海）自贸区试验区建设的具体情况。

三、认知、关切与机制化安排

首届两岸和平论坛就是一场重要而又关键的民间政治对话，就两岸之间最为重大、关键的政治议题进行全面、深入、坦诚的交流探讨，揭开了两岸政治对话的序幕。和平论坛不是一般意义上的学术研讨、智库峰会，它具有政治对话的鲜明特征。体现在论坛的精心规划、组织上。论坛的主、协办单位对于论坛的定位、性质、主题、形式、成果及未来安排均有周全的讨论、磋商，相互间协调、达成一致的共识。"台湾21世纪基金会"与其余六家协办单位进行充分的协商，确保论坛的顺利举行。论坛采取大会主题演讲、大会政治对话（两岸政治关系与两岸和平架构）、论坛分组研讨（两岸涉外事务、两岸安全互信）方式，透过小组总结报告、开闭幕式，将首届两岸和平论坛锁定在政治对话而非单纯的学术研讨。

同时，政治对话体现在紧扣当前两岸关系最为迫切需要探讨重大议题，并为之寻找切实可行的解决思路与方案。论坛设定"两岸和平、共同发展"的主题，就两岸政治关系、两岸涉外事务、两岸安全互信以及两岸和平架构等四个议题展开深入、精致的研讨对话。对话双方需要就双方的共识、分歧及下一步安排落实到文字表述。对话所达成的共同认知富有建设性、积极性，具有一定的政策可操作性，对两岸执政当局无疑具有决策参考的意义。对话所概括的有待深入研讨的事项也对两岸双方具有启示与参考价值。未来两岸高层可就在此基础上进行规划政治商谈。

首届两岸和平论坛发表了《首届和平论坛纪要》，由论坛14家主协办单位负责人共同签署，充分体现了两岸主协办单位求同存异、追求两岸和平发展的诚意与善意。《纪要》陈述了两岸和平论坛的缘起，表达了两岸双方追求"两岸和平、共同发展"的共同意愿，确定了有关寻求两岸政治关系的共识、厘清两岸政治关系性质、对特殊情况下的两岸政治关系作出合情合理安排、开展涉外事务合作、因应区域经济整合、寻求海洋事务合作、开展军事领域交流、促成两岸领导人会面、弘扬中华文化、提高两岸和平制度化等十项共同认知。同时梳理了有待务实深入研讨的若干课题，包括完善两岸往来的相关法律、对政治关系如何"合情合理安排""厘清一个中国框架与两岸各自现行规定关系"、台湾扩大国际参与、结束敌对状态内涵、军事安全互信机制步骤、和平协议等七项内容。《纪要》还就论坛的后续事项作了安排，包括协商组建和平论坛的常设机构、组成若干课题小组，开展共同研究，提交下届论坛讨论，明确宣布在台湾举办第二届研讨会。这份《纪要》确切表明了论坛主协办方面的共同认知、各自关切、尚存分歧及共同期待，真实反映了两岸政治议题对话研讨的水准、成果、面临的难题以及后续的安排，是两岸主协办机构、特别是红、蓝、绿三方人员抽丝剥茧、苦思冥想、积极磨合的结果，来之不易，体现了双方的共同意愿，也许无法令任何一方完全满意，但至少可以让各方接受，为和平论坛划上一个完整的句号。

四、避险预热实验功能

首届两岸和平论坛具备避险、预热及实验的功能。两岸和平论坛是一种避险机制，可以先行测试岛内外各种反应，试试水温，有效规避政治对话、政治谈判可能引发的台湾非理性势力的反扑、民意的疑虑、执政当局的筹码得失，以及外国势力种种不怀好意的干涉。和平论坛也是一种预热机制，可以为未来正式的政治对话、政治谈判酝酿气氛，创造条件。和平论坛还是政治对话试验场，具有先导功能。一切有利于消除两岸误解、增进两岸互信、探索两岸政治定位、寻求"合情合理安排"的方法、路径都可以启迪、引领未来。

首届两岸和平论坛具有开创性。透过民间智库进行两岸政治对话，不失为一条富有特色、闪耀中国人智慧的路径选择。两岸关系就是一部民间推动官方的历史，在破解政治难题上，同样可以采取民间促进官方的模式。和平论坛开创了两岸政治对话民间先行的可行路径，可以收到多种叠加效果，去除政治议题的敏感性，有效化解民众心中的视政治对话、协商谈判为洪水猛兽的恐惧心理。这场民间政治对话可以将政治议题大众化，在两岸民众中进行大讨论甚至大辩论，让人们了解症结所在，尽早破解政治难题。这是一场前无古人、后启来者的政治试验。

和平论坛质量较高，成果丰硕。论坛涉及了两岸政治难题的多个方面，富有深度。对话各方态度诚恳，讨论热烈，气氛融洽，达成十项共识，对巩固深化两岸关系和平发展具有指导性、建设性意义，值得两岸执政当局决策参考，及时认真的规划相关议题。

五年来，两岸已涌现了两岸经贸文化论坛、海峡论坛、"双百论坛"、紫金山两岸企业界峰会、两岸文创论坛等，唯独上海"两岸和平论坛"是为两岸政治议题量身定做，旨在为破解政治难题提供重要平台。和平论坛已成为一个多元开放、包容尊重、求同存异的平台，可以吸纳、融合两岸各方合理的、建设性的方案，尊重各种不同的意见、多元的声音，为破解两岸政治难题提供一个为两岸各方可以接纳的大平台。

当然，首届和平论坛可能难以承载太多的历史重任，因为两岸政治难题的复杂性超乎想象，因为参与机构、参与成员多元复杂，各言尔志，期待首届和平论坛达成太多实质性的共识是不现实的。即使有分歧，甚至众声喧哗，也不必大惊小怪。万事开头难，只要有了第一届，就应该有第二届，实现和平论坛的机制化、双向化、常态化，不断探讨两岸政治议题，提炼共识，梳理分歧，永无止境。（本文发表于《两岸关系》杂志 2013 年 11 期，总第 197 期）

四大亮点值得两岸共同期待

2013、2014 谐音为"一生一世"，两岸关系也在关键年代寻获螺旋上升的破解密码。2013 年大陆全面深化改革成为两岸关系持续向前的强劲动力，大陆成为台湾发展的正能量。首届两岸和平论坛揭开两岸民间政治对话的帷幕，弥补"先经后政"、甚至"只经不政"的短板。上海自贸区横空出世，已架构两岸经济对接的新磁场。服务贸易协议横遭波折，催化台湾边缘化的新危机。但岛内有识之士普遍认知台湾已不容蹉跎徘徊，巩固深化两岸关系和平发展成为历史的必然。

如果说两岸关系和平发展在 2012 年获得阶段性成果，2013 年两岸关系稳中求进、稳中有进，为 2014 年两岸关系的万马奔腾创造前所未有的战略新时空，将为 2016 年塑造两岸关系全新的不可逆转的新格局。

前瞻 2014 年两岸关系，将是全面发展、亮点频传的精彩时刻，值得两岸各方共同期待，两岸关系战略新时空将呈现在我们的面前。

亮点之一："张王会"

2013 年 10 月 6 日在印度尼西亚巴厘岛举办的 APEC 峰会期间，习近平会见了台湾两岸共同市场基金会萧万长，国台办主任张志军与台陆委会主委王郁琦自然寒暄，张称呼其"郁琦主委"，台湾方面喜出望外，解读为这是两岸双方"治权互不否认"的重大进展。双方约定加强沟通，尽快互访。如今王郁琦先来大陆、张志军后赴台湾已成定局。王将于 2014 年 2 月踏上大陆之旅，拜访台商，与张志军举行众所瞩目的"张王会"，揭开两岸政治互动大戏。套用马英九"铡王名言"："这不是政治对话，那什么才是政治对话？""张王会"不会取代海协、海基两会事务性、经济性之功能，但将推进、提升两岸政治关系，设下马年两岸关系有张有弛、高潮迭起的新旋律。张、王应就两岸互设办事机构、

151

两岸媒体常驻、两岸协议及双方共同关心的重大议题交换意见，共同规划。特别是有可能涉及两岸领导人会面议题，增进互信，交换意见，拟订方案，抓住历史性机会。

亮点二：两会互设办事机构

早在 2008 年 6 月前海基会董事长江炳坤首次访问北京时就提出海协、海基互设办事处的议题。六年后，两会互设办事机构的时机已经成熟。马英九定位两岸关系非"国与国关系"，海基会大陆办事处非驻外机构，没有"旗""歌""徽"的问题。但两岸关系是特殊关系，两岸双方将就互设机构作出合情合理的"特殊安排"，台湾方面需要尽快通过"立法"，两岸双方应就所谓"人道探视权"问题找到解套方案。在两岸直航三通、缩短两岸时空距离与心灵距离之空白带，两岸两会互设办事机构将成为两岸关系又一分水岭，战略加乘效应更加突出。如果一切顺利，两岸两会互设办事机构应在两岸领导人会面之机顺利达成。理想的时程就是马英九来大陆为海基会北京办事处揭幕，而张志军赴台湾为海协会台北办事处揭幕。

亮点三："习马会"

2014 两岸关系最大的悬念、最大的看点就是两岸领导人会面"习马会"，这是震惊世界的历史性事件，将改变两岸关系、改变中国、甚至影响世界。早日实现两岸领导人会面是大陆的一贯主张，马英九曾经策略性的排斥，采取"条件不具备、时机不成熟、内容不明确、效果不会好"以及马英九本人没有意愿的"四不一没有"。还提出了"'国家'需要、民意支持、对等尊严"等条件。然而自 2013 年 6 月以来，马英九的态度有所变化，由排斥转为期待、由悲观转为乐观。本人于 6 月 7 日、8 月 8 日在台湾《旺报》先后发表《马习会时机成熟了吗》《两岸领导人会面似近还远》两篇文章，肯定两岸领导人会面的历史意义，认为马英九借大陆举办 APEC 机会，来大陆实现"习马会"，将改变两岸历史进程。如今，本人深信，2014 年两岸领导人会面的可能性始终存在，可行性不断提升。

一方面，马英九以台澎金马经济体领导人的身份出席在北京举办的 APEC 峰会，提高参与层级，扩大经贸空间，这是台湾地区民意强烈支持、在野党难以反对马英九赴大陆的重要原因。马一定会充分尊重两岸围绕马出席 APEC 的相关协商结果，善尽责任与义务，决不给大陆任何意外。

另一方面，马英九来大陆一定会实现两岸领导人会面，否则难以向台湾民众交代，因为两岸关系和平发展已成为台湾民众最为关切、与其前途与命运最为密切的重要因素。马不实现两岸领导人会面，为台湾民众争取更多的保障与权益，马就辜负了台湾地区民意、两岸民意的重托，难辞其咎。

至于马英九的身份，其实马本人早已作了选择。那就是马将秉持"中华民国宪法"架构，两岸"互不承认主权"。按此逻辑，习、马两人都不能互称主席、"总统"的官衔，否则就可能"互相承认主权"、有"两个中国"之嫌，不符合马英九的"宪法"定位。台北"国安高层"的"叔孙通"们如果要坚持"总统"身份就犯了马英九的大忌。马以国民党主席或台湾地区领导人身份相见，最符合两岸现行规定，也是最自然。"近平兄""英九兄"可体现两岸领导人之间的浓得化不开的亲切与情感。

届时，"习马会"成为世界目光的中心，成为最接近两岸同胞及海内外华人心中"两岸梦"的历史性一刻。届时，两岸领导人的智慧与中华文化的感染力成为中外媒体的焦点，两岸领导人有关支持双赢、追求和平、实现民族复兴的宣言、纲领将代表两岸同胞的共同意志。两岸和平宣言将引领两岸同胞迈向两岸新时代。

亮点四：两岸自贸区对接之路

两岸双方都以推动自贸区建设作为扩大改革、发展经济的不二选择。台湾自由经济示范区（六港一空一区）酝酿已久，各界期待很高，可相关法规依然松绑有限，窒碍难行，踉跄上路，前景堪虑。但上海自贸区已成为台湾自经区的重要的助推器，也为两岸自贸区的对接提供了历史性机遇。不同于平潭的命运，台湾舆论对两岸自贸区对接没有冷言冷语，也没有"矮化""统战"担忧，多是万般期待，小心呵护。2014 年将是两区对接的试验期与收获期。

当然 2014 年两岸关系还将在经济合作、文化交流、社会互动、人员往来，甚至在教育科技文化协议、陆客、陆生、陆资、陆媒体、陆配等领域取得突破性进展。

实现两岸关系上述转折突破，尚需增进两岸政治互信，累积动力，形塑和平发展的主流民意。两岸双方需要共同克服部分台湾民意的疑虑、民进党的非理性反对，以及美国被置身事外、出乎意外的感觉。两岸双方特别需要共同应对日本在两岸之间使用离间计、在两岸伤口上撒盐的恶劣动作。关键在于增进两岸政治互信，增进两岸一家人认同，以智慧、勇气排除外部因素干扰，携手同心，向前跨越。（本文发表于《环球时报》2013 年 12 月 31 日第 10 版）

不以大陆为假想敌，两岸立信

阅读《旺报》2013 年 12 月 21 日《重新定义假想敌 募兵才能成功》社评，很有所感。近年来，两岸关系进入和平发展的新时代，两岸直航将台海两岸引入"一日生活圈"，当年反对两岸直航的"木马屠城"谎言已沦为笑话。原先充满风险的台海地区如今已成为祥和安宁的和平通道，不但惠及两岸同胞，也让国际社会享受和平红利。然而，两岸关系和平发展遭遇了政治互信不足、两岸政治分歧突出、民进党"逢中必反"、台湾地区内部民意彼此纠结等复杂因素的干扰，特别是国际势力仍视台湾为"不沉的航空母舰"而迟迟不愿松手，胁迫台湾在军事安全上追随美国，作为美日军事同盟的附庸。虽然两岸已进入和平发展时代，但两岸尚未正式结束敌对状态。台湾自称 1991 年就已单方面废止"临时条款"，结束"动员戡乱"时期。但大陆方面认为两岸分离源自 20 世纪 40 年代中后期中国内战遗留并延续的政治对立，两岸双方敌对依然如故。尤其是台湾军方长期视大陆为唯一假想敌，台湾所有军事理论、军事战略、军事部署、军事准备、军备采购、作战纲领、作战守则、军事体系等均以大陆解放军为假想敌。同时，台湾在军事上、安全上、心理上严重依附美国，扮演"围堵中国""演变大陆"的马前卒，加剧了两岸政治、军事敌对的严重性。依据"中华民国宪法"，台湾军方负有保卫"固有疆域"的重责大任；而大陆解放军也同样负有保卫国家主权领土完整的使命。其实，如若按照两岸各自的现行规定，两岸军人不但不应互视假想敌，而且应该成为血肉相连的友军。正如有识之士所称，"不论国军、共军，都是中国军"，应共同守卫东海、南海等"祖地"。台湾军方视大陆为唯一假想敌，不与大陆联手保钓，不符合"中华民国宪法"的"一中"规定，有"违宪"之嫌。台湾当局及军方高层热衷对美军购，这种向外人缴交保护费的错误之举已到了不能不调整的时候了。当日本侵占钓鱼岛、台湾渔民遭菲律宾军警开枪扫射时，台湾海巡署、空军却无法实时动用军队力量，保卫台湾同胞的生命与权益，对美军购又有何用？耗费巨额金钱采购的军事装备，不敢应对美国军事同盟对台湾民众生命利益的挑衅，这对台湾纳税人公平吗？从民间累积共同体意识，台湾长期将大陆视为唯一的假想敌，对外国敌对势力有利，特别是有利于美国钳制大陆，有利于日本、菲律宾等离间两岸。台湾视大陆为假想敌，伤害两岸同胞的整体利益与长远利益、伤害两岸同胞情感、严重制约了两岸关系和平发展，历史终将证明台湾前途与命运系于两岸关系和平发展，舍此别无他途。一旦两岸军事上由对抗转为合作，哪怕是增强默契，两岸关系将呈现崭新格局，历史将因此改写。着眼于两岸关系和平发展的巩固深化，两岸双方应根据"一中"框架的规定，共同承担捍卫国家主权领土完整的责任，守护好我们的领地、领空、领海。两岸双方应共同努力，由两岸领导人共同正式宣布结束敌对状态，发表和平宣言、和平纲领，签署和平协议，建立军事安全互信机制。当务之急，两岸可以先从不再视对方为假想敌做起。两岸军方释放善意，摒弃敌对、冷战思维，加强低军事领域的交流，从非传统安全领域切入，开展两岸军事理论、军事医学的交流研讨，开展海上救难、海上反恐、海上缉毒、联合救灾等事务合作，搭建军方人脉，积累军事互信，并逐步扩展至其他军事领域的合作。与此同时，两岸双方应停止相互敌对的宣传、污蔑与恐吓，从民间累积"两岸一家亲""两岸命运共同体"的意识。（本文发表于台湾《旺报》2014年1月6日C2版）

王郁琦与上海学者对话实录

2014 年 2 月 13 日下午，台湾方面大陆事务负责人王郁琦主委赴上海社科院，与当地涉台研究学者十多人进行座谈。两岸及外国数十家媒体跟踪报道，关注王郁琦与学者们讨论的议题，聚焦于两岸政策学术探讨。上海崇尚海纳百川、包容万方的精神，是台湾问题研究的重镇，拥有多家涉台研究智库，汇聚一批从事台湾、两岸及国际问题的研究学者。此次座谈上海方面重量级学者全数到齐，提出的精辟见解使王郁琦深受触动。王听了上海学者的发言后立即用台湾俚语称赞"行家一出手，就知有没有"，自称获益良多，表示下次来大陆一定再找机会继续向学者请教。

本人有幸参与座谈，领教了王郁琦的风格与观点。座谈会洋溢着坦诚、友善的气氛，学者们本着良心与专业，与台湾的大陆政策掌门人进行一场精彩对谈。学者闪烁理性、智慧的光芒，兼具理想性、务实性，言词中充满了对马英九的肯定，本人赞许马英九在台湾政治上树立了典范、在两岸关系上作出不可替代的历史性贡献，期待他牢记"化独渐统，共同振兴中国；协弱扶强，一起迈向大同"的父训。章念驰所长嘉勉"王主委加油！马英九加油！"

座谈会中上海学者建议台方修改"不统不独不武"为"缓统反独不武"，强化"一中"框架，两岸互设办事机构应该"先有求再求好"，加快两岸媒体互设进程，加快两岸 ECFA 后续协商，加强两岸经济合作，促进两岸自贸区对接，台湾区域经济集成与两岸关系同步发展，善待陆生、陆客、陆配、陆资、陆媒五种人，谨慎处理敏感人士入台活动，两岸联手应对外来威胁，形成共同历史记忆，警惕日本右倾化，等等。

王郁琦早就准备这场座谈会。其目标在于交换意见，听取大陆学者的意见，传递台方观点，强调岛内主流观点，争取理解与信任。王甚至不讳言希望透过上海学者"影响国台办以及国台办的上级部门"。

出生于 1969 年的王郁琦毕业于台大法律系，获得美国印弟安纳大学法学博士学位，曾从事科技法律的研究、教学工作。因金溥聪邀请加入马英九竞选团队。2008 年以后先后担任马英九的发言人、"国安会咨询委员"等工作。2012 年 10 月出任"陆委会主委"。值得一提的是，大学时代，王郁琦曾代表台湾大学与南京大学代表队在新加坡有过一段精彩辩论经历。那时的王郁琦与队友王文华（现为作家）、萧振寰（现为台国际经贸谈判官员）、王菲菲一起选择反方力主"人类和平共处是一个不可实现的梦想"。如今，王来大陆追求两岸和平发展的事业。

依旧具有当年辩论冠军的风采，加上政治上的磨砺，王更是思维敏捷，滔滔不绝，辩才无碍。他针对学者们提出的有关发展两岸关系的主张一一作了回应，体现了他对学者的尊重，也呈现好辩、善辩的风格。

王承诺加强两岸经贸合作、善待"陆客、陆生"、简化入台交流手续、鼓励两岸学术交流，对日本政局发展深感忧心。王解释台湾对于加入 TPP 与 RCEP 同样重视，台湾了解大陆方面对于台湾地区与其他国家签署 FTA 双边协议的关切，希望获得大陆方面的祝福。王坚持"不统不独不武"获得台湾民意七成支持，调整的可能性不大，希望大陆多讲"九二共识"、少讲"一中"框架，因为后者是陌生名词，容易引起疑虑与误解。王着重解释两会互设办事处难度在于台湾民意，蓝绿均要求"人道探视权"，大陆方面需要处理这一问题。两岸媒体常设则卡在"台湾资讯被大陆封锁""杂志不能发行""台湾电波遭到干扰""台湾记者在大陆自由采访权受限"等问题。

王透过这场座谈，充分表达了台湾主张与民众要求，强调在台湾经济不是唯一重要的议题，人权、人性关怀才是共同价值。要求大陆方面"正视现实"，特别是正视 1949 年以后的台湾发展。

此次台湾方面陆委会主委与上海台湾研究学者的座谈交流也创下先例，可算是王郁琦大陆行的一大亮点。有利于巩固两岸关系现有成果，增进了解与互信，集成两岸智慧，拓宽和平发展道路，为两岸关系找到务实可行的发展路径。

（本文完成于 2014 年 2 月）

"张王会"四个政治效应

"张王会"是甲午马年两岸关系方面的第一件大事，充满了表面张力，赋予人们无穷的想象力。它是温度计、加速器，更是风向标、导航仪，具有领航功能。它是两岸关系在甲午马年的第一步跨越，具有特别巨大的正能量。它是两岸关系和平发展的分水岭，具有里程碑的意义。

"张王会"是两岸双方在坚持"九二共识"、持续寻找"一中"框架共同的清晰认知的历史背景下出现的。它具有多年两岸关系和平发展的基础支撑，也获得广大民意的支持，特别是去年印度尼西亚巴厘岛APEC峰会期间国台办主任张志军与王郁琦的自然寒暄，前者对媒体引述"郁琦主委"的话，妥善解决了台湾主管大陆事务机关的称谓问题，顺利促成了本次"张王会"。

"张王会"的政治效应有四个方面。

一是形成新模式，是对两会协商模式的突破。两岸关系自20世纪90年代初形成了海协、海基两会的协商模式，定位于事务性、经济性、功能性、民间性，曾经为两岸关系发挥较大的作用。如今，为顺应两岸关系快速发展、全面发展的需要，在两会协商模式之外，形成了双方两岸事务主管部门之间直接沟通协商模式，有利于增进互信，消除疑虑，增进了解，提高效率，解决问题，进一步促进两岸关系和平发展，弥补了两会协商的局限，为两岸关系持续发展提供了重要保障。

二是增加新平台，是对现有两岸交流沟通平台的弥补，相得益彰。两岸之间已经形成多个交流沟通的平台，包括国共高层会晤、博鳌论坛、APEC峰会期间"胡连会""习萧会"两岸经贸文化论坛、海峡论坛、两岸和平论坛等，如今，又增加了国台办与陆委会之间常态化的沟通协调机制，围绕两岸关系中的重点、难点议题展开沟通协商，主任与主委、副主任与副主委、各局、处长之间可能随时随地对口会晤，相关业务自然对接，可以务实面对，及时有效解决一些难题，与其他平台共同发挥交流、沟通的功能，同步推进两岸关系。

三是累积新动力，推进两岸关系迈入新境界。"张王会"围绕当前两岸关系中的热点议题深入交换意见，达成多项积极共识，无疑将推进两岸经济合作框架协议后续协商、促成台湾区域经济集成，促进两会互设机构、两岸媒体互设、促进两岸文化科技协议的协商，解决台生、陆生的医疗健保问题、国台办与陆委会互为对方人员提供便利，等等，如果这些共识及时落实，必然为两岸关系的发展带来正向动力。特别是"张王会"极大增强了双方互信，全面增进了解，双方都已产生了多重"相互同情的理解"，尊重彼此的关切。"张王会"引发两岸领导人会面的无限想象，提供了可行性。两岸领导人会面将改善两岸关系，影响大陆，影响世界。

四是塑造新民意，和平发展的主流民意得到强化。经过五年多的发展，发展两岸关系越来越成为台湾民众关心、支持的正面因素。纵然台湾民众具有某些疑虑，"既期待又怕受伤害"，但始终有六成以上支持和平发展，肯定两岸开放政策。愿意到大陆工作、寻找机会的人越来越多，出现"白骨精"现象，即白领、骨干、精英更愿意西进大陆。即使绿营选民也赞成民进党调整两岸政策，支持民进党与大陆交流。此次民进党不得不肯定、接受"张王会"，民进党内部酝酿调整两岸政策的意愿、声音有所上升，两岸政策有可能成为党主席攻防、甚至年底"七合一"选举的主轴。最新民调显示，约60%民众认为两岸事务首长务实讨论交流，有助两岸关系发展。65.7%赞成讨论陆委会和国台办建立直接联络沟通机制。可以预计，"张王会"后支持两岸关系、期待和平发展的民意将进一步上升。

当然，影响两岸关系和平发展的主客观、岛内外因素尚未有结构性、根本性的变化，美日居心叵测，"亚洲再平衡"重塑台湾角色，极力拉拢，日本离间两岸。台湾面临战略选边。民进党被基本教义派绑架，缺乏武林盟主带领转型，"最后一里路"越走越难，仍陷于"为反对而反对"的泥沼。

当前，两岸需要一场深刻的思想变革。一方面大陆崛起、全面深化改革、上海自贸区建设，对台湾是动力而非压力、是机会而非威胁，台湾完全可以在"中国梦"中扮演积极、正面、共享的角色，成就两岸盛世。另一方面，两岸联手，共同应对外来威胁与挑战，在东海、南海、台海展开维权，增加台湾的战略纵深，获得更大的安全筹码。历史将证明台湾的前途与命运系于两岸关系和平发展。（本文发表于台湾《旺报》2014年2月18日C3版）

和平发展仍是台湾主流民意

"反服贸学运"在台湾存在一定的社会基础，其本质就是"反马"、"反中"。"反服贸"结合了台湾"反马"政治势力，得到了民进党、"台联党"的政治加持。"反服贸"抓住了经济全球化进程中受损产业、人群对于两岸经贸关系发展的抗拒心理。"反服贸"利用了台湾社会中很多人对于两岸关系快速发展所形成的失落、焦虑、疑虑、担忧、恐惧、不适应的心态，以及相对剥夺感。服务业占台湾GDP70%以上，从业人口达到6成多。《服贸协议》触动了台湾最广大基层民众。"反服贸"争议是近年来台湾社会长期累积的"怨中""恐中""反中""仇中"情绪的集体宣泄。

两岸协议签署难度增加

"反服贸"争议造成台湾地区政局动荡，经济空转，民心浮动，重挫台湾信誉。其对两岸关系产生复杂而又深刻的影响。

1. 延缓服贸生效时程，内容有可能遭到修改甚至冻结。按照相关规定，两岸协议如涉及"修法"应送"立法院"审查，如不涉"修法"经"行政院"核可即可生效，只需送"立法院"备查即可。按规定只需"备查"的服贸协议竟然违规送"立法院"审查，且需要"逐项审查、逐条表决"。如此恶劣先例一旦形成，将从根本上损害台湾民众利益、伤害台湾整体发展。

2. 改变两岸协议商签模式，增加协商变数与协定签署难度。之前两岸经协商谈判签署后经"行政院"核可即能生效，现在需要等台湾内部形成共识，再进行两岸谈判，再须"立法院"审查通过方可生效，其中变数在于因为"立法院"、社会上不同意见而导致两岸协议胎死腹中。因为一触即发的蓝绿纷争、统"独"争议，将使两岸协商、签署协议无限困难。有舆论担忧《两岸协议监督条例》可能变成"两岸协议签不成条例"，马英九当局可能变成"打破杯子，赔掉房子"。马英九大陆政策遭遇到有形无形的压力，决策空间被压缩，影响马未来在两岸事务上追求历史定位的意志与勇气。

3. 扭曲台湾民意，伤害两岸关系的社会基础。"反服贸"只是少数人声音，缺乏正当性，而大多数人陷于"沉默的螺旋"，没有公开表达支援服贸的主张。

4. 影响两岸关系整体发展。"反服贸"争议也延缓了两岸包括货品贸易、争端解决机制等相关协议的签署，两岸互设办事机构等一系列重要进程将被搁置。两岸各个领域的交流合作不同程度遭到延后、降格，使两岸关系发展动力、发展基础遭到削弱。

"反服贸"争议只是小插曲

从短期看两岸关系面临不少障碍，不容乐观。"学运"的负面影响难以消除，其效应还在持续发酵中。但长远看两岸关系和平发展的趋势不可逆转、不可阻挡。谁与之对抗，谁就可能付出代价。

1. 服贸争议使台湾各界深入认识到服贸对台湾的绝对"利多"。那些反对的理由根本站不住脚，经不起检验。近期台湾股市不甩"反服贸学运"，逆势上涨，就是追捧服贸通过后两岸经贸关系。

2. 使台湾各界看清民进党如何利用"学运"牟取政治资本，民进党所谓缩短"最后一里路"都是玩假的，原形毕露。

3. 使台湾社会中沉默的大多数逐渐累积正义进步的力量，透过各种渠道发出挺服贸的怒吼，激发和平发展强劲呼声，汇聚更多强大的民意。

4. 年底"七合一选举"将是新一场对于两岸关系和平发展前途的对决。"反服贸"有可能是民进党逆转的转捩点，有可能因此丧失年底选举优势。那些被压抑已久的挺服贸、挺和平发展的选票预期在年底的选举中发挥举足轻重的作用，反制破坏和平发展的政党候选人。民进党自食恶果，遭到民意的清算。

相信"反服贸"争议只是两岸关系发展中的一段插曲，迟早落幕，众声喧哗终将沉寂。经过服贸争议洗礼的两岸关系仍将沿着和平发展之路继续前行。毕竟，太阳每天照样升起，和平发展仍是台湾主流民意，不管你支持与否、喜欢与否，两岸关系和平发展才是台湾正道。（本文发表于台湾《旺报》2014 年 4 月 4 日 C2 版）

呵护陆生　添力两岸

　　2008 年以来两岸关系进入和平发展的崭新阶段，两岸关系出现许多新名词，涌现出陆客、陆生、陆资、陆配、陆媒等新群体，这在 2008 年之前根本是不可能发生，也不可想象。陆生就是两岸关系和平发展的新生事物，是两岸教育交流合作的试验场，承载了多少两岸关系所特有的敏感性、复杂性及脆弱性。而今迎来了首届本科毕业陆生，其中一半继续深造，或在岛内攻读硕、博士，或负笈海外，还有一半回到大陆就业，受到台资企业的追捧。他们的"台湾经验"丰富了两岸关系内涵，成为两岸关系发展的新动力。

　　陆生有二种：一种是早在 2005 年就出现的 3—5 个月的短期交换生，现在每年在台湾的大陆交换生约有 2 万人。另一种陆生就是学位生，2011 年台湾方面开始招收陆生赴台读大学，包括学士、硕士与博士学位，前后累计招收陆生5000 多名。台湾核定每年陆生名额为 2141 人，但前二年实际报到人数不足一半，只有 900 多名，后二年最多也不到 2000 名，约 1800 名左右。主要原因在于台湾方面对于陆生制定的"三限六不"的严酷限制。

　　台湾招收陆生的大学分公立、私立二种，最初本岛的公立大学只能招收硕士、博士生，不能招收本科生。而读本科只能到台湾的私立大学或台湾外岛的金门大学。现在全台湾约有 135 所大学招收陆生。最受陆生青睐的私立大学有淡江、铭传大学等，读硕士、博士最多的则是台大、政大等。陆生就读较多的专业是财务金融、电子工程、企业管理、法律、外语、传播、设计等专业。

　　并非大陆各省市的学生都能报考台湾大学，目前只有北京、上海、江苏、浙江、广东、福建、湖北及辽宁 8 个省市的考生才有机会到台湾求学。

　　陆生跨海赴台求学，最大的遗憾就是遭遇政治歧视与政策不公。马英九当局执政之初实施积极的两岸开放政策，也急于招收陆生以便为岛内 180 多所大学开辟生源，弥补岛内"少子化"压力，延缓大学倒闭潮的到来。但由于"台湾优先"政治思维作祟，减少民进党修法阻力，设置了种种荒腔走板而匪夷所思的限制，使陆生政策丧失了台湾各界时常炫耀的所谓"人道光辉"及其"人文关怀"。在 2008 年底修改"两岸关系条例""大学法""大学专科法"三法时，制定了"三限六不"的严酷政策。"三限"即"限校"（限制采认大陆院校学历，最初只承认大陆"985"的 41 所大学，后增加到"211"的 111 所大学，如今承认音乐、艺术、电影院校）、"限量"（限制陆生赴台总量不超过台湾招生数的 1% 即 2850 名）、"限专业"（限制采认医学和涉及"国家安全"领域的专业）。"六不"分别为"不加分、不提供奖助学金、不影响招生名额、不允许校外打工、不可留台就业、不开放报考证照"。由此，在两岸关系特殊的场景中，使陆生跨越海峡赴台求学遭遇台湾各式政客人为设置的麻烦与困难。

一是遭遇政治歧视与政策不公。陆生的待遇不如欧美外国学生，即使成绩再优秀也领不到公立奖学金，不能打工，不能当研究助理，不能参加社会实践，当然更不能留在台湾工作。不少两岸年轻人相爱却难有收获，因为无法留下来。与在台读书的"侨生"与外籍生不同，陆生迄今为止仍无法纳入台湾健保。在新北市八仙粉爆事件中受伤的 2 名陆生的医疗费用遇到困难，突出了台湾歧视陆生的严重性。

二是承载两岸纠结。两岸不同制度、生活方式、价值观对陆生造成困扰。陆生与台湾同学、老师之间存有无形的隔阂与冷漠，部分台湾同学、老师面对陆生产生莫名的政治"优越感"及傲慢，部分陆生因为历史、政治的因素较难融入台湾的生活圈，双方有点像是最熟悉的陌生人。还有台湾劣质情治人员找到陆生进行间谍发展工作，造成陆生巨大心理阴影。

三是生活环境不顺不便。最初陆生到台湾办理移动电话卡、银行卡、购买交通工具都遇到种种麻烦，要求一堆担保手续。台湾规定 20 岁以后才能登记移动用户，需要办理担保手续。往返两岸不自由、不方便，费用很贵，陆生家长也不能轻易赴台看望小孩。

四是性价比不高。赴台求学的学费与香港相比不算贵，但因为没有奖学金、没有打工机会，在台读书的成本居高不下，很多陆生放弃在台深造的机会。同时由于多数台湾大学在大陆的知名度不高，台湾清华大学、交通大学、东华大学等被大陆家长及用人单位怀疑为山寨版，闹出不少笑话，也使陆生毕业后就业相对困难，性价比相对较差。

陆生多种遭遇引起两岸各界的关注。台湾当局除了坚持限制采认大学医学学历、不能报考涉及台"国安"专业、不得留台工作之外，逐步放宽"三限六不"，陆生可以担任研究助理，可以报考公立大学本科，台湾多所大学透过募集企业资助为陆生提供部分奖学金。即使民进党人也已有人同意将陆生比照外籍生纳入健保，但陆生需支付六成，台方补助四成，陆生每月需要缴纳保费为749元台币（约150元人民币）。

尽管有这样那样的不公平，但赴台求学仍受到大陆学者与家长的追捧。台湾的教育制度不那么商业化，台大、政大、台湾清华等大学享有国际知名度，很多专业具有竞争力，台湾还保存着中国文化中尊师重教的传统。不同于政客，台湾的老师对学生还保留着人文关怀，有着浓浓的人情味。台湾对陆生来说还具有特殊的吸引力。今年传来喜讯，约有4817名大陆学生报考台湾各类大学，创历史新高。反映两岸关系和平发展获得大陆民众的支持，越来越多的大陆年轻人投身于两岸交流的潮流中，陆生赴台求学可谓络绎不绝。

笔者希望两岸有关方面，特别是台湾方面及时修改陆生政策，善待陆生，放弃歧视与不公，为其创造更具人文关怀的政策，细心呵护赴台求学的莘莘学子，为两岸和平发展增添动力。（本文发表于华广网2015年7月14日，引自http://www.chbcnet.com/zjps/content/2015-07/14/content_1148130.htm。最后检索日期2018年12月5日）

增强两岸历史连接　形塑美好共同记忆

　　两岸历史文化本来一体，两岸本是血脉相连的命运共同体。唯因李登辉陈水扁的"台独"路线，造成两岸历史断裂与文化心理伤痕。两岸不缺共同记忆，唯缺美好的共同记忆。为今之计当为增强两岸历史链接，形塑美好共同记忆。

一、造成两岸历史断裂的原因

　　一是历史磨难。台湾特殊的历史悲情让台湾同胞对祖国大陆心生怨恨，清政府被迫割让台湾，台湾民众产生被抛弃的感觉。其后被日本殖民统治五十年，遭受"皇民化"的文化心理摧残，导致身份认同的扭曲。二战中太平洋战争爆发后，台籍日本兵被派遣到中国大陆战场，两岸同胞由此成为敌人。二战结束后，两岸统一在一起只有 1945—1949 年短短四年历史，而且在那兵荒马乱的年代发生了不幸的"二二八"事变，在台湾同胞的心里留下了历史伤痕。1949 年之后两岸分隔半个世纪。120 年来，两岸合在一起的时间只有四年，而且不断上演痛苦不幸的历史记忆。

　　二是两岸敌视。1949—1979 年两岸处于对峙状态，从政治、军事、外交、文化、社会等全方位相互敌视。两岸开放后，台湾遭受李、扁"去中国化""法理台独"的疯狂冲击，割裂两岸法理、文化、历史、心理联系，导致当今台湾"80、90 后"认同错乱，对两岸关系和平发展"无感"。马英九执政后并没有对此拨乱反正。迄今为止，台湾民众对大陆的好感度相对较低，"台湾认同"、台湾"主体性"上升，台湾社会弥漫着浓厚的"反中""反商"气氛。

　　三是"台独"史观。李、扁执政台湾二十年造成严重历史后果，"去中国化""台独"教育猖獗，"台独"史观当道，杜正胜搞"同心圆史论"，曲解、歪曲中国历史，制造两岸仇恨。"台独"教科书把中国历史、地理当作"外国"历史、地理，"国父"孙中山成为"外国人"，离开台湾到大陆称为"出国"。"台独"史观无限美化日本殖民统治，视"日据"为"日治"，"抗战胜利"变"终战"，使得"媚日仇中"侵蚀了岛内年轻世代的中华认同。岛内研究台湾史成为"显学"，有人有钱有市场；中国史研究荒芜，人才凋零，难以为继，处于无人才、无经费、无市场的"三无状态"。

二、塑造两岸美好共同记忆的路径

增强两岸历史连接，弥合两岸历史断裂，可以从八个方面着力：一是中华民族五千年的历史文化、历史文物、历史遗迹等；二是中华民族共同的传统、节庆、习俗，如春节、元宵、中秋、端午节等；三是近代历史上两岸同胞共同抗击列强侵略、建设台湾的历史，如十九世纪八十年代抗击法国的侵略、清末在台湾的建设等；四是两岸同胞共同抗日的历史，从最初的反割台斗争，到林献堂领导的文化抗日运动，再到李友邦的台湾义勇队在大陆的抗战事迹，都是两岸共同抗日的历史见证；五是辛亥革命的历史，孙中山的革命活动广受台湾同胞的支持和认同；六是两岸现代化建设运动，包括台湾二十世纪六十年代到八十年代的经济现代化建设和中国大陆改革开放；七是当前两岸关系和平发展，两岸经贸合作、社会互动的历史进程；八是两岸共同传承弘扬中华传统文化的成就。

在增强两岸历史连接的基础上，形塑两岸美好共同记忆，一是要形成两岸共同史观，梳理共同历史记忆。两岸可以共同编纂抗日历史、两岸关系发展史、交流交往史等，培养年轻一代的中国历史研究人才。

二是共同纪念辛亥革命、抗战胜利、台湾光复等重大历史事件，共同举办相关纪念活动。今年是抗战胜利 70 周年与台湾光复 70 周年，大陆已先后设立 9 月 3 日为中国人民抗日战争胜利纪念日，12 月 13 日为南京大屠杀受害者国家公祭日，建议再设立"台湾光复纪念日"为国家法定节日。

三是创造新的共同历史记忆。增强基础，扩大动力，形塑民意，让台商在大陆市场的发展、两岸婚姻、两岸共同救灾、大陆协助台湾同胞从利比亚等地撤退等两岸双方在两岸关系和平发展进程中的交流合作，成为两岸新的美好的共同记忆。

四是创造两岸共同记忆的关键是培植共同利益，形塑共同价值，形成两岸命运共同体，在两岸共圆中国梦的过程中，实现两岸同胞的心灵契合。（本文发表于华广网 2015 年 6 月 3 日，引自 http://www.chbcnet.com/zjps/content/2015-06/03/content_1125341.htm，最后检索日期 2018 年 12 月 5 日）

双城论坛牵动两岸风云

8月18日，上海与台北双城论坛在上海如期举行。这个备受瞩目的两岸城市交流论坛，在当前两岸关系重要时间节点举行，蕴含的意义的确超乎两岸城市交流本身，牵动两岸风云变幻，为濒临窒息的台湾"闷政治"吹来些微清新空气，更预示两岸交流的新航标。

柯文哲个性"白目"独特，打破传统政客印象，对台湾年轻世代、网络乡民尤具人格感召力。柯在上海的一举一动、一言一行，备受媒体关注。不打领带、不穿皮鞋、不说空话，都成为媒体报道的焦点。岛内没有哪家媒体敢漏掉柯的新闻，多达50位记者随行采访，其风头之健超过岛内任何一位政治人物。

围绕双城论坛的纷纷扰扰，使此次城市交流充满了离奇悬念与表面张力。媒体记者及其他不怀好意者试图设陷挖坑让柯跳，令其口不择言，荒腔走板，风波不断，从而使柯灰头土脸。但柯在上海出乎意料地顺利，表现中规中矩，甚至可圈可点，一切按表演进，零意外、零悬念。即使柯前往上海博物馆翻阅历史档案、参观中共一大会址、四行仓库，也没有给媒体任何可乘之机，使许多本来看笑话的人大失所望。

柯文哲上海行有四大特色。一是风趣。他上台致辞第一句话就引来笑声："这个世界一直在变，七年前，有谁会想到iPhone会改变世界？一年前，又有谁会想到我会担任台北市长？一个月前，又有谁会相信，我今天会站在这里与上海的朋友见面？"二是务实。长年医生职业生涯，养成务实性格，柯在双城论坛"社区医疗"分论坛，表明医生救人治病不问蓝绿，只要民众需要，就应提供优质公共医疗服务产品，加强双城交流合作。三是创意。设立四个分论坛、签署四项合作备忘录、聚焦社区医疗、悠游卡与交通卡互通、加强公务人力交流合作等等，都是对以往双城论坛的延续与创新。四是历史感。不同于多数台湾政治人物，柯对中共、对历史怀有浓厚兴趣，他曾远赴延安追寻当年中共足迹，来上海坚持参观四行仓库、中共一大会址，并公开表示："在这些刻着历史痕迹的伟大建筑物面前，要用更谦卑的心情彼此对待，和平相处，避免争端。"

双城论坛平顺举办，成为今年两岸重大交流成果之一。一是巩固延续，双城论坛继续成为两岸重要交流品牌，成为两岸城市交流的领先指标，引领两岸交流。二是创新深化，加强市政交流，扩大参与，深化合作领域，包括社区医疗、双卡互通、智慧城市、青年创业就业、公务人员培训等都取得重大进展，获得两市民众的支持。三是增加互信。柯出发前表示"以简单心灵面对复杂世界"，透过论坛赢得对方信任。柯谨守分际，深谙为客之道，"心存善念，尽力交流"，未给主人意外，主动化解尴尬与台媒挑衅，不给媒体见缝插针的机会。

柯文哲成功登陆，关键之一在于"互信＋"。从3月到8月，从台北到上海，柯文哲仿照"互联网＋"模式，走出一条两岸"互信＋"之路。从最初"一五新观点"的"两岸一家亲""四个互信"，加上之后的"了解与尊重""九二共识"是两岸关系和平发展的基础，并定义台北与上海交流"非国际事务"，到抵达上海后发出了"只要有利于两岸人民、有利于两岸和平发展，都会积极去做、不会拒绝"的强音，医生的务实性格促使柯文哲在两岸舞台上褪去绿衣、洗淡墨绿转向中间。也许心有不甘、心存纠结，外有深绿横逆、民进党阻挠，但他毕竟跨出关键步伐，对台北市政、对两岸关系，善莫大矣。

关键之二在于坚持"三不"、坚守"三对"及追求"三好"。柯文哲顺利登陆，密码在于其自身的转变，褪去深绿转向中间，洗淡墨绿，漂染成"白色力量"，保持政治弹性，与时俱进，在坚持"不动摇、不反复、不退缩"的前提下，"走对道路，选对平台，做对事情"，而且"存好心，说好话，做好事"。柯已跃上两岸舞台，遵循两岸关系和平发展道路，选择双城论坛这个重要平台，着力提升论坛质量，聚焦两岸基层民众需要与青年创业就业愿望，从医疗基层、双卡互通、公务培训、智慧城市入手，赋予论坛新内涵，使之成为两岸城市交流领先指标。

柯文哲登陆风光将蔡英文逼到墙角。民进党对柯文哲走上双城论坛红毯内心五味杂陈。柯成为蔡英文的照妖镜、对照物，蔡英文口口声声"维持两岸现状"、参选"中华民国总统"、在"中华民国现行宪政体制下"如何如何，却将两岸关系定义为"对中关系"，顽固坚持"两国论"定位的"两岸协议监督条例"。蔡绝不接受作为两岸关系和平发展基础的"九二共识"，不愿通过服贸协议，不放弃"台独"立场，也不冻结"台独党纲"，在推动"台独"教育与"再皇民化"方面绝不收手，对长期"为反而反""逢中必反""逢日必媚"，恶意破坏两岸关系和平发展，始终不愿认错悔改。柯文哲虽出身绿营，但面对两岸关系和平发展现实，顺应两岸主流民意，认清历史潮流，回应民众需要，持续释放善意，从善如流，顺利促成双城论坛。柯文哲持续调整，蔡英文的立场却没有任何调整，两人差距日趋明显。

面对柯的快速转身，蔡英文压力陡然上升。蔡、柯性格始终"不对盘"，互视对方为政治对手，蔡更对柯在两岸议题上的比较优势心生怨怼，唯恐柯抢了她的风头，堵住民进党转型空间，想方设法给柯穿小鞋。"赖神"向柯打响了第一枪，而半年前赖还邀请柯为其写序，为其新书站台，真是莫大讽刺。

目前看来，民进党只有两条路可走。一是躲在柯文哲背后，尝试民进党基层县市长与大陆交流，收割城市交流成果。然而，民进党不放弃"台独"立场，不但民进党中央无法实现与大陆的任何正式交流，民进党县市长与大陆县市交流也面临重重困难，根本无法复制柯文哲模式，遑论收割成果。另一条路就是与柯保持距离，甚至与柯切割，拥抱深绿选票，与"铁杆台独""新世代暴力台独"互相取暖，结果可能反而扩张柯文哲的两岸论述空间。

对于柯文哲由绿色泥沼转向中间大道，为双城论坛、两岸关系注入新动力，理应点赞、给予掌声。但毋庸讳言，柯文哲并非"政治素人"，周围更是围满权谋之士，柯亟须两岸舞台以拉抬下坠之中的支持度。只有当其真正接受"九二共识"及"大陆和台湾同属一个中国"这一核心内涵，发自内心认同两岸关系和平发展，才可能拓宽政治道路，厚植政治实力，推倒所谓"蓝绿高墙"，书写更为广阔、精彩的政治人生。（本文发表于华广网 2015 年 8 月 21 日，引自 http://www.chbcnet.com/zjps/content/2015-08/21/content_1163537.htm，最后检索日期 2018 年 12 月 5 日）

开创两岸城市交流新格局

8月5日，台北市政府主动发布新闻称将于8月17—19日举办"2015上海台北双城论坛"，市长柯文哲将亲自率团赴上海出席，必将掀起两岸城市交流的热潮，引领两岸方向。

沪台双城论坛在两岸关系中具有动见观瞻的指标意义。柯文哲就任后，双城论坛举办与否、能否办好成为两岸双方、特别是台湾各界关注的焦点。期间一度蒙上阴影，根本原因在于柯文哲原有的深绿政治立场、捉摸不定的政治性格容易引起人们疑虑。在此期间，台湾民意、特别是台北市民对于双城论坛的强烈期盼使柯文哲倍感压力，也倍受鼓舞，柯选择双城论坛站上两岸舞台，拓宽政治道路，成为一条不归路。

柯文哲为此作出了艰苦努力，承受压力，积极探索，持续沟通。先后二次公开接受大陆媒体采访，甩掉包袱，澄清立场，表达善意，夯实互信基础。继"一五新观点"之后，柯最近明确表示了解并尊重"九二共识"，只要有利于两岸关系和平发展，他都不会拒绝。同时，柯在台北市政府内设立大陆工作小组专职处理两岸事务，把台北和上海之间交流定义为两岸城市交流，非国际事务。

对此，我们应该肯定柯文哲的努力与善意。两岸事务攸关两岸同胞福祉，值得每一位有识之士为之奋斗。"开弓没有回头箭"，一旦以市长身份踏上上海之际，他在两岸议题理应坚定"不退缩、不反复、不动摇"的"三不"立场，持续释放善意，做出无愧于双城论坛的业绩。

在两岸关系重要节点上，沪台双方应戮力传承历届成果，深化交流内涵，提升互动质量，为两岸城市交流提供可复制的示范模版，引领两岸方向。

柯文哲如今已成为蔡英文挥之不去的纠结，蔡访美期间仿照柯文哲路径，提出"两岸之间应该珍惜并维护20多年来协商和交流互动所累积的成果，持续推动两岸关系的和平稳定发展。"如今，她难有勇气如柯文哲最新所述那样，了解并尊重"九二共识"，两岸交流非国际交流！（本文发表于台湾《旺报》2015年 8 月 7 日 D2 版，原标题为《柯 P 能，蔡英文能吗？》）

交流是王道，莫入"冷和平"

联合报有关两岸关系的民意调查，提供丰富、深度、持续的资讯数据，便于人们精准解读台湾民众的两岸态度及其趋势。人们由此有理由相信，多年和平发展不但改变了两岸关系的历史面貌，而且影响了两岸民众的生活，重塑他们的两岸态度、生活方式。

两岸和平发展虽然短暂却具有历史性的航标功能，2008 年两岸挥别对抗的尘埃，进入全面交流、深度互动、激荡碰撞、包容共享、令人回味无穷的年代。每年来往两岸的民众已超过 1000 万人次，历年累计去过大陆的台湾民众及来过台湾的大陆民众均有 1000 万。两岸交往不再只是想象，而是现实生活中的重要部分，民调显示近六年去过大陆的民众高达四成五，有三成四表示自己或亲友中有人拥有两岸婚姻。两岸互动脉络中涌现许多新鲜群体，如陆客、陆生、陆资、陆媒及陆配等，他们与台商、台生、台干、台属等一起成为两岸关系中最为活跃、敏感的主体。这群两岸人多少改变了两岸，引领了潮流，影响了观念，推进了历史进程。两岸关系的快慢与质量、曲折与进退与两岸人的智慧、表现成正相关，他们态度越积极、能量越庞大、贡献越巨大，两岸关系就越发展、越进步、可持续；反之，两岸关系就越不发展、越萎缩。当然，很多因素制约着两岸关系，两岸关系与两岸历史记忆、两岸差异、两岸分歧等构成负相关。

唯有交流，才是两岸王道。多个民调显示，近年来台湾民众对大陆官方与民众的好感度有所上升，但好感度还没有超过负面的比例。比较而言，去过大陆的民众对于大陆友善度明显好于没有去过大陆者，高出十个百分点。唯有交流才能促进两岸群际互动，才是打破两岸利益、价值壁垒、改变民众刻板印象的有效途径。

事实上，两岸多年交流改变了台湾民众对于大陆刻板印象，促成多数台湾民众看好大陆未来，相信中国大陆有机会成为世界第一强国，六成二民众并不担心大陆崛起会压缩台湾的发展空间，正面期待远多于负面疑虑。其意义在于：一是表明台湾民众从理智与情感的双重维度上接受大陆崛起的现实，对大陆未来发展怀有正面、善意的期待；二是台湾民众殷切期待大陆和平发展赋予台湾新机遇、新动力，带给台湾普通民众更多改变命运、改善生活的新机会、新舞台。三是不同的统"独"立场对于大陆的接受度有所不同，其中统派、现状派对于大陆崛起的期待高于"独"派，"独"派对于大陆的忧虑、疑惧高于普通民众。

西进热、大陆热成为历史的必然。十年间，在上海、大陆居住的台湾民众由30万、80万分别上升为80万与200万，"上海热""大陆热"带旺了两岸人气。民调显示，愿意到大陆就学、就业创业、居住的民众维持在二三成，特别是30—39岁的青壮世代、高阶主管、白领专业及高学历群体跃升为西进主力，所谓"白骨精（白领、骨干、精英）"西进大陆的热潮仍在延烧，所谓"80、90后"的年轻族群虽然西进的意愿有所下降，但仍有三成二保留强烈兴趣与期待。纵使"台湾主体性"是其天然养分，但赴大陆发展仍将是他们不得不的务实选择。依此推估，未来一二年内，逃离台湾、西进大陆仍将掀起新一轮高潮。

台湾民众对于两岸关系的总体感受是3.2分，虽然两岸并未进入"积极和平"，但至少维持了"消极和平"。肇因于两岸历史、制度、价值及居心巨测的挑拨扭曲，两岸始终是矛盾共同体，两岸关系成为一阶段充满纠结、困惑、沮丧甚至绝望的旅程。

如果明年民进党在不接受"九二共识"的情况下卷土重来，多数人相信两岸关系瞬间降温，进入"冷和平"的霜冻期、阵痛期，两岸关系必将地动山摇，荣景不再。届时，对和平发展的"无感"就将转化动荡不安、"吃两遍苦、受两茬罪"的"痛感"，全民品尝"冷和平"的苦酒。明年的两岸关系民调结果就可能映照出另一番景象，善良的台湾民众不可不警惕。（本文发表于台湾《联合报》2015年9月16日A14版）

推动两岸关系法治化、制度化、优质化

——2008 年以来两岸政治关系的回顾与前瞻

2008 年以来两岸关系进入和平发展的崭新时代，两岸政治关系取得较大进展，涉及多个领域、多个层面，具有开创性、引领性的意义，但两岸政治关系滞后于两岸经济、文化关系。其局限性制约了两岸关系和平发展的巩固深化。

一、成果

2008 年以来推进两岸政治关系发展的实践成果丰硕，成为两岸关系和平发展的主要标志及重要动力，主要体现在六个方面。

1. 两岸政治互信不断增加，确立了坚持"九二共识"、反对"台独"的共同政治基础。两岸高层反复强调"九二共识"的重要性，核心是坚持一个中国原则，关键是认同大陆和台湾同属一个中国。2013 年 6 月国民党荣誉主席吴伯雄代表马英九表示：坚持"九二共识"、反对"台独"是国共两党一致主张，两岸各自法律、体制都主张一个中国原则，都用一个中国架构来定位两岸关系，而非国与国关系。同年 7 月马英九以国民党主席的身份在给习近平的回函中明确"1992 年，海峡两岸达成'各自以口头声明方式表达坚持一个中国'原则的共识"。马多次强调两岸是特殊关系，"非国与国关系""非国际关系"。马英九承诺"无论在国内国外，都不会推动'两个中国''一中一台'或'台湾独立'"。马还表示"一中各表"无论如何都不会表述成"两个中国""一中一台"。上述表明两岸双方在维护一个中国框架、寻求共同认知上，不断地相向而行，深化了两岸政治互信。

2. 两岸成立政治互动合作平台，规划两岸政治关系发展方向。大陆方面先后与台湾执政当局、主要政党、团体建立了合作交流的机制与平台，分别设立国共高层定期会面机制、APEC、博鳌论坛两岸高层会面机制，先后举行了"胡连会""胡吴会""胡萧会""习连会""习吴会""习萧会"等，规划两岸政治关系的战略框架与发展方向。大陆各级领导赴台交流日益增多，据统计，大陆省部级领导赴台交流的人数超过 2000 多人次，省部级一把手率团赴台交流也达到 30 多次，有 20 多个省、市委书记访问过台湾。两岸搭建了机制化的交流平台，先后举办了九届两岸经贸文化论坛、一届两岸"菁英论坛"、三届两岸县市"双百论坛"、六届"海峡论坛"等。

3.建立两岸事务主管部门常态化沟通机制，进一步提升两岸政治关系。基于台湾陆委会是处理大陆事务机构，称呼陆委会主委官衔并不违背一中原则，但可推进两岸进一步和平发展，2013 年 10 月在印度尼西亚 APEC 期间，大陆方面顺利解决了陆委会主委的官衔问题，由此推动两岸事务主管部门负责人的会面与互访，建立了国台办与陆委会之间常态化沟通机制。2014 年内促成陆委会主委王郁琦来访与国台办主任张志军访台，连续进行三次"张王会"，今年 5 月又在金门举办了"张夏会"，标志着两岸政治关系取得历史性突破，成为两岸开展政治对话、政策协商的最为重要、最为直接的管道，为两岸政治关系不断发展建立了制度化、常态化机制，进一步提升两岸关系政治关系。

4.两岸开展多种多样政治合作，共组机构共同演习，扩大并深化两岸政治关系的内涵。海协、海基两会恢复协商，签署协议，并在两会架构内成立两岸首个共同机构——"两岸经济合作委员会"，为两岸政治对话谈判创设了范例。两岸经贸机构已分别在对岸设立常驻机构，双方就海协、海基两会互设办事机构事宜进行协商，取得重大进展。两岸海事部门连续三年在金门、厦门海域展开海上救难演习，两岸公安、司法、民航等多个部门分别设立了业务沟通合作、危机应急机制等。上述多领域、多层次的政治合作丰富了两岸政治关系的内涵，提供了宝贵经验与强劲动力。

5.两岸就台湾国际参与作出合情合理政治安排，避免内耗。基于"两岸一家亲"理念，2008 年以来两岸双方为避免内耗，有关部门之间设立多条政治性、政策性沟通管道，就台湾的国际参与、区域经济整合、避免国际场合的纷争，两岸进行合情合理的政治安排，分别安排连战、萧万长参与 APEC 领袖峰会、台湾有关部门参与世界卫生大会年会（WHA）、国际民航组织（ICAO）年会，妥善处理了台湾地区与新西兰、新加坡等国签署了经济合作协议，扩大台湾地区在国际 NGO 的参与。为两岸国际场合的交流、合作提供了经验与路径。

6.举办两岸和平论坛，跨出两岸政治对话重要步伐。2013 年 10 月，两岸

14家智库120多名学者在上海召开了首届两岸和平论坛，围绕"两岸和平、共同发展"主题，就两岸政治关系、涉外事务、安全互信及和平框架四项政治议题展开研讨，跨出了推进两岸政治对话的实际步伐，为未来两岸政治对话进行了有益尝试，在两岸政治对话进程中具有里程碑意义。

二、经验

2008年以来两岸政治关系实践形成了宝贵经验，对未来具有重要启示。

1.坚持一中、增强互信。这是推进两岸政治关系发展的基本准则，也是两岸关系和平发展的根本保障。

2.聚同化异、把握节奏。这是经过实践检验、行之有效的推进两岸政治关系的基本路径。两岸政治分歧早就存在，也将长期存在，但并不是固定不变，也不会永远存在。只要两岸双方秉持求同存异、聚同化异的精神，采取先易后难、先低后高、循序渐进、把握节奏的策略，逐步营造气氛，创造条件，最终可以找到解决问题、发展两岸政治关系的路径与办法。

3.建立机制，增强动力。这是推进两岸政治关系发展的基本策略。正因为两岸相关部门之间建立了多元、通畅的政治沟通、协商机制，特别是两岸事务主管机关常态化沟通机制，对两岸政治关系的发展发挥了关键作用，取得了增进互信、释疑解惑、沟通协作、解决问题的突出效果，降低了两岸关系的风险，增强发展政治关系的动力。

4.集成两岸，创新发展。这是推进两岸政治关系发展的必然要求。两岸政治关系牵动两岸各方利益，需要集成两岸智慧，秉持同理心与责任感，相互体谅，相向而行，寻找破解政治难题的方案。与此同时，不断开展理论创新与实践创新，在体制机制、政策措施领域内求新求变，创新思维，另辟蹊径，赢得机遇，由此带动两岸政治关系进入新境界。

三、问题与制约

由于和平发展的时间不长，而两岸政治分歧十分复杂，2008年以来的两岸政治关系留下不少遗憾，存在多种局限，面临种种制约，影响到两岸关系和平发展的巩固深化。

留下四大遗憾：

1.两岸政治分歧没有得到根本化解，某些问题变得更为突出、更为迫切。

两岸政治定位、对"中华民国"看法没有取得突破性的进展，两岸军事部署、台湾国际参与问题尚未找到很好的办法。

2. 两岸没有开启政治对话与谈判。即使二轨对话与谈判也没有，只有民间性的和平论坛，对台湾当局缺乏实质影响。

3. 两岸没有结束敌对状态，签署和平协议，也没有建立军事安全互信机制。

4. 两岸双方在民主人权、生活方式、社会制度等方面缺乏共识、缺乏交集，双方隔空喊话、隔海交火的现象时有发生，双方还没有形成相同的价值选择。

两岸政治关系面临五方面的制约。

1. 两岸政治互信不足、不稳、不深。两岸政治互信较为脆弱，具有不稳定、不平衡、不全面、不厚实的特征。包括：台湾方面不断强调"中华民国主权"，突出"台湾优先"，歧视甚至敌视大陆，踩到大陆的政治红线，施压大陆让一部分人先"民主"起来，呼应香港"占中"运动。

2. 两岸政治分歧制约了两岸政治关系的发展。包括两岸政治定位、台湾国际参与、大陆整体军事部署以及两岸政治社会制度差异等分歧，并没有得到有效解决，有些问题还显得更为突出。

3. 民进党的干扰、阻挠及破坏。民进党迄今不放弃"台独"分裂立场，长期"逢中必反""逢日必亲"，影响大陆与民进党开展党际交往。民进党与大陆的交流停留在个人、局部、基层层次，使两岸政党交流并没有实现全面化、正常化。

4. 台湾民意对于两岸政治关系的疑虑增多。"台湾认同"上升，"主体意识"增强，虽然台湾民众对于大陆的好感度有所上升，但负面仍超过好感，尤其担心两岸政治对话、政治谈判会"出卖台湾"、伤害"台湾主权"、失去未来选择权。

5. 美日等国际势力对两岸政治关系发展的疑虑增多，尤其对两岸开展政治对话、谈判、签署和平协议怀有高度戒心。

四、前景

两岸关系发展的关键在于大陆自身的发展进步，"四个全面"战略布局为两岸关系带来巨大动力。当前，大陆牢牢把握两岸关系发展的主导权，一中格局难以改变，"九二共识"深入人心，和平发展倍受肯定。两岸经济融合、文化交流、人员往来、社会互动的态势只会加强，不会削弱，难以改变。

当前，马英九施政窒碍难行，心有余而力不足。明年"520"前的两岸政治关系深受2016年台湾选举结果的影响，有待选举结果的尘埃落定。可以预估，今后一段时期内两岸政治关系处于空转期，前景不容乐观。两岸政治互信呈现弱化迹象，两岸政治沟通对话平台亟须转型升级。今年APEC、明年博鳌论坛的两岸高层会面机制尚需发挥积极、正面影响，国共高层会面机制有待加强。两岸事务主管机关常态化机制有望继续进行，今年下半年、明年"520"之前还应举行"张夏会"，发挥定位、导航的功能，确保方向，保持动力。

明年如果民进党上台，而它不接受"九二共识"，又提不出让大陆认可的体现"两岸同属一中"的政治共识，两岸关系将会迎来地动山摇、暴风骤雨的艰难时刻。两岸有可能进入冷和平、冷交流的"凉战"（Cool War）阶段，不排除出现局部摩擦、停滞甚至中止。届时民进党将面临来自台湾内部、大陆、国际前所未有的压力。两岸协商谈判中断，两岸协议执行受到影响，国台办与陆委会之间的常态化沟通机制难以为继，两岸相关部门之间的沟通协调机制停顿。两岸航班受到影响，陆客、陆生、陆资赴台热情下降，大幅减少，岛内经济迎来寒冬，股市、汇市应声下挫，百业萧条，而蔡英文鼓吹的远离大陆的"新经济模式""在地经济"只是空中楼阁，挽救不了台湾地区经济。台湾遭遇"外交"冲击不可避免，产生"骨牌效应"。台湾社会有可能出现新的动荡，岛内民众将掀起新一轮的出走潮，"大陆热""上海热"高潮迭起。民进党固然可以拥抱美日，充当棋子，但大陆军事威慑将使其面临窒息的危险。

高压之下，民进党人承受煎熬，政治意志将被摧垮。蔡英文没有与大陆对抗的资本与实力，除了降低姿态，放软身段，寻求对话，别无选择。蔡英文较多可能在"文化台独""柔性台独"方面落实"台湾主体性"，较不可能以"法理台独"的方式刺激大陆与美国。

五、建议

面对2016年以后可能的形势剧变，笔者提发展两岸关系的三点建议。

1. 推进两岸关系法治化。根据"全面依法治国"的战略布局，大陆对台工作也应运用法治思维、法治方式和法律手段，加快两岸关系法治化的进程，依据中华人民共和国宪法、《反分裂国家法》《国家安全法》《台湾同胞投资保护法》等，捍卫国家主权领土完整，促进两岸关系和平发展，保障两岸同胞权益。创造条件，选择合适时机，制定《两岸关系法》。

2. 提高两岸关系制度化。健全完善两岸政治互动机制、建立两岸经济深度合作机制、建立两岸文化共创共享机制、建立两岸社会互信机制，以及建立两岸利益调节机制、建立两岸风险防范管控机制。

3. 促进两岸关系优质化。两岸关系需要向下扎根、向上提升、向前跨越，以文明友善、公平正义为价值规范，既要重视两岸关系发展量的扩张，又要重视质的提升；既要搞好发展，又要注重分配，使两岸关系发展成果惠及两岸基层、弱势群体、青少年。（本文发表于台湾《海峡评论》杂志2015年11月，总第299期）

寻觅两岸关系和平发展的新路径

——倪永杰谈《台海研究》的定位与未来

香港中评社北京 10 月 13 日电 在首届"两岸和平论坛"召开之际，由上海台湾研究所、上海社会科学院出版社主办的《台海研究》季刊顺利创刊。上海台湾研究所常务副所长、主编倪永杰就《台海研究》的由来、宗旨、定位及其未来作了详细阐述。他说，《台海研究》是两岸关系和平发展的产物，也是巩固深化和平发展的需要。上海作为台湾研究的重镇，具备了创办《台海研究》的条件，也有意愿打造两岸共同研究、交流的学术平台，集成两岸精英智能，提供智力支撑，成就两岸和平发展盛世。

一、《台海研究》由来

两岸关系和平发展的时代呼唤《台海研究》的创办。五年来两岸关系终结对抗，进入螺旋上升的新时代。两岸和平发展的机遇前所未有，挑战也是前所未有，需要广大专家学者深入研究，针对两岸关系重大问题展开探讨，寻找两岸关系和平发展的新路径。《台海研究》顺应两岸关系和平发展的时代需要，在历史的风云际会中应运而生，正可谓躬逢其盛。

上海的人文风华与台湾研究特色，为《台海研究》的创办提供了土壤与条件。上海人文荟萃、海纳百川。当年汪道涵先生睿智、开明的思想熏陶了一代又一代上海学者，造就了上海的台湾研究特色，体现了更大的包容性、前瞻性。上海台湾研究所是当年汪老亲手创立的学术机构，长期从事台湾问题的研究，侧重于理论研究、形势研究及对策研究，在两岸关系、台湾地区政局、选举民调、民进党两岸政策、"台独势力"等领域的研究颇具特色，受到有关部门的重视，享誉两岸。上海台研所有幸主办《台海研究》，既是信任，又是挑战，更是鞭策。

《台海研究》不是横空出世，而是历经多年酝酿与申办。国台办领导扮演关键推手作用，促成《台海研究》杂志于今年1月顺利通过国家新闻出版总署审批，取得公开出版刊号。国台办张志军主任特地致函《台海研究》编委会与编辑部，给予肯定和鼓励。孙亚夫副主任、黄文涛局长先后听取编辑部的汇报，提出要求。两岸学界朋友纷纷祝贺，提供建言，撰写论文，使《台海研究》提升了境界、拓宽了视野、展现了深度，我们的创刊号、第二期、第三期将是名家荟萃、"大咖"云集，精彩纷呈。

二、《台海研究》宗旨

《台海研究》办刊的宗旨就是贯彻落实中央对台方针政策，按照"和平统一、一国两制"理论、两岸关系和平发展思想，抓住两岸关系和平发展主题，梳理台湾问题的历史脉络，剖析两岸关系的影响因素，摸索两岸关系的发展规律，破解两岸关系的重大难题，探寻和平发展的路径，拓宽和平发展道路，形塑两岸共同发展的价值典范，为夯实两岸关系和平发展基础、增强发展动力、推进和平统一进程，作出上海以及两岸学界应有的贡献。

《台海研究》将立足上海，依托大陆，放眼两岸，兼容各方，充分培育对台研究资源，设定前沿主题，引领学术研究。

三、《台海研究》定位

《台海研究》定位于学术性、实用性、创新性及两岸的学术平台。

1.强调学术性：对台湾问题开展深入研究，透过学术途径，找到解析台湾问题的方程式。

2.突出实用性：着重研究中央关注、两岸重视的重大议题；研究当前台湾问题中的热点、难点、焦点议题；既有学术价值、又能服务于政治现实，探讨政策，寻找"合情合理安排"的学理依据，为决策提供能用、有用的参考。

3.注重创新性：创新是杂志的生命、竞争力。杂志将追求学术创新、提倡学术争鸣，着重于理论创新与政策创新，期待每位作者、每篇论文、每期杂志都要提出原创性的学术观点、甚至独特的理论体系。

4.建构两岸平台：《台海研究》将面向两岸及海外学者专家、广大读者，成为两岸的平台。以上海、大陆学者为主，吸纳台湾、港澳及海外学者，兼容并蓄、博采众长，汇集两岸同胞的智慧，建构《台海研究》的多样性、包容性及可塑性。

《台海研究》聚焦于台湾问题中结构性、深层次、规律性的重大议题，着重围绕四大板块内容：

1. 两岸关系：探讨"国家尚未统一特殊情况下两岸政治关系"，寻找两岸"合情合理安排"。开展两岸和平制度化、和平协议、军事安全互信机制、两岸海洋权益等议题的研究。

2. 台湾议题：包括台湾地区政局演变、政治生态、选举民调、社情民意、经济民生、社会形态等内容。近期将集中研究台湾政党政治、民进党转型及其两岸政策困境等重要议题。

3. 涉台国际因素：着重研究美国"战略再平衡"对两岸关系的影响，台湾的国际参与、区域经济整合等。

4. 两岸关系和平发展思想与对台方针政策：着重于对台方针政策、战略策略的研究。

其他如学术动向、学术综述、书评、信息等。

四、《台海研究》的未来

《台海研究》坚持正确的政治导向，按照新闻出版的相关要求，坚持"质量第一，创新为上"，坚持科学化、标准化、制度化管理，坚持可持续发展之路。我们还将培育《台海研究》学者专家库，让前辈发挥余热，给年轻学者机会，成就骨干精英，培养忠实的读者群，逐步扩大影响力。

《台海研究》目标有二，一是不断提高论文的转载率、引用率，早日跻身于中文核心期刊。二是力争成为大陆台湾研究的智能高地、两岸学术平台、以及两岸高层决策参考。

和平发展的时代在召唤，和平发展的民意在期待。《台海研究》目前尚处于起步阶段，面临各种各样的困难。她需要春风雨露，需要温暖呵护。办杂志是艰辛的事业，"衣带渐宽终不悔，为伊消得人憔悴"，就是从事研究与编辑杂志的真实写照。虽然道路曲折，但责任重大，只有克服困难，精益求精，不断前行。

期待在各方支持关爱下，把《台海研究》办成高质量的学术期刊、两岸共同的研究平台，赢得涉台学术圈的认可及信赖，为两岸关系和平发展寻找充满智能与情感的答案，累积正能量，说服两岸、感动历史。（本文发表于香港中国评论网 2013 年 10 月 15 日，http://www.chinareviewnews.com）

《台海研究》发展历程及其未来方向

一、《台海研究》发展历程及其特点

《台海研究》隶属于上海市委台办，由上海台湾研究所、上海社科院出版有限公司主办。与创刊30年的《台湾研究集刊》《台湾研究》相比，《台海研究》只是一棵幼苗。创刊于2013年10月，走过四年半的历程。季刊，出版周期较长，共编辑出版了19期杂志，发表了论文160篇，特稿5篇、书评3篇、学术动态4篇。《台海研究》二篇论文分别获得2014年第六届、2016年第八届全国台湾研究会全国对台优秀论文评比一等奖。2014年《台海研究》囊括一、二、三等奖。

《台海研究》杂志获得各级领导、各方力量的支持，王毅主任在申办期间亲自向新闻出版部总署推荐，张志军主任在2013年杂志创刊期间给编辑部发来一封信，提出要求。并在2013年10月10日亲自出席创刊仪式，提出了《台海研究》的历史任务，要求"办出特色、办出水平、办出影响，成为对台研究的权威刊物，留下经得起历史检验的篇章"。我尤其感谢孙亚夫主任对《台海研究》杂志的申办、成立及发展所给予的指导与帮助。

四年来《台海研究》杂志形成自己的特色。

1.抓住机遇。《台海研究》是两岸关系和平发展时代的产物，它诞生在上海，是上海投注于两岸关系的海派能量。它填补了上海作为三大台湾研究重镇却没有一份涉台刊物的空白。继老牌的《台湾研究》《台湾研究集刊》《现代台湾研究》之后，《台海研究》成为台湾研究领域的重要品牌、两岸学术交流的重要平台，成为引领研究、团结学者、推动两岸关系发展的重要载体。

2.找准定位。四年来，《台海研究》是定位于学术的、政策的、包容性的杂志，透过创新性的学术研究，力图将学术价值与政治实践融为一体，研究台湾问题的重大理论与现实课题，着重研究中央关注的、两岸学术界重视的深层次、结构性的问题，集聚于重点、难点议题进行学术攻关，提出了一系列推动两岸关系和平发展、推进祖国统一进程的战略、战术、策略、路径、方案。《台海研究》是两岸及海外学者共同平台，旨在集成一切关心中国统一的专家、学者、读者的智慧，为台湾问题的解决与国家统一的最终实现，寻找终极方案。《台海研究》不仅仅单纯研究台湾问题，更要突出台海背景、国际局势风云变幻、突出上海的"海派特点"，最大力度创新、最大范围集成。

3. 学术创新。力求出精品、出高端学术成果。我们邀请国台办与上海市委台办领导担任顾问，相关学者担任编委会委员。建立专家评审、盲审机制，组建了编辑队伍，建立一套编辑、校对、出版的制度体系、标准规范。

四年来，我们围绕对台工作重要思想、重大课题进行组稿、编辑工作。先后习近平对台工作重要思想、两岸关系和平发展思想、两岸经济社会融合、两岸政治关系定位、两岸政治互信、两岸共同价值、台湾政局演变、台湾九合一选举、民进党转型、民进党两岸政策、"反服贸"风波、台湾第三势力、台湾青年世代的政治态度、认同倾向、台湾问题的国际因素演变、奥巴马亚太再平衡、特朗普印太战略及其影响等重大专题，发表了高质量的学术论文。

4. 培养专家。团结、培养作者队伍、读者群体。四年来，建立了一支高素质的作者队伍，大咖、名家云集，大师涌现。确保数量较多、质量较高的论文来源。先后有 160 多位领导、学者专家在本刊发表特稿、论文等。其中有台湾学者 26 人、包括多位绿营学者、美国学者 2 人、日本学者 1 人。中青年专家学者为主体，成为学术创新的主力军。最年长的 90 多岁，年少者 30 岁。作者队伍有父子档，厦门大学陈孔立教授与陈动教授。陈孔立教授连续为我们写了 5 篇论文，分别研究了台湾政治的否决、卡关政治、认同问题以及两岸共同价值，功力深厚。也有师徒档、同学档、同事档。很多学者见证、参与了《台海研究》的发展历程。

《台海研究》拥有一大批读者群。主要为大陆对台机构、涉台研究机构、相关学者专家，以及关心台湾问题的普通朋友。我们还为 500 多位台湾、香港、澳门及美国、日本、英国等外国学者邮寄送杂志。

5. 塑造媒体形象。营造良好的媒体环境，扩大媒体、舆论、社会影响。2016 年初创立了《台海研究》微信公众号。我们与香港中国评论建立战略合作关系，2014 年以后中国台湾网评论中心转载《台海研究》的重要论文。与清华大学中国知网建立了中文论文网络下载协议。《台海研究》论文为中国人民大学复印报刊资料《台、港、澳研究》双月刊转载率名列前茅。2014 年在政治学期刊全文转载排名第 24 名，2016 年提升到 18 位。2018 年度成为人大报刊资料转载来源之家，在所有人文社科期刊中排名第 480 名。

二、未来台湾研究杂志着重做好五项工作

完成国家完全统一是我们党的三大历史任务，面对当前及今后两岸关系严峻局面，台湾研究、杂志面临重大任务，也酝酿重大机遇。应注意五个方面的问题。

1.需要学习领会习近平对台工作重要论述，把握正确的政治方向。要以习近平中国特色社会主义思想、习近平对台工作重要思想、对台基本方略为指导。围绕三大历史任务，深入研究对台工作的理论与实践，丰富国家统一的理论。

2.需要跨学科的整合与科学方法的指引。台湾研究具有跨学科、多学科交叉的特征，需要引入、运用现代社会科学、特别是政治学、国际政治、国际关系学、法学、经济学、社会学、历史学等学科的成果与方法，借用现代科技成果、大数据的方法，从宏观上把握研究的框架，完善研究论证的结构、内涵。

3.需要汇聚两岸力量，集成中华智慧。特别需要借重台湾一批学术人才、学术成果。需要大师引领、名家加持，中青年专家加盟，各界力量的关怀支持。需要培养一大批专家骨干，特别需要领军人物的支撑。

4.需要做好学术成果转换工作，扩大政策影响力与社会影响力。互联网时代、新媒体时代，大陆民意快速发展、瞬间爆发，如何发挥学术期刊的影响，加强学术影响力，需要加强与新闻媒体、舆论、公众之间联系互动。让学术成果让更多的读者接受，扩大社会影响力，发挥政策影响力，影响媒体、引导舆论、民意。

5.需要建立台湾研究的策略联盟。台湾研究是政治性、政策性、学术性非常强的领域，但在社科评价、中文核心期刊评价中处于弱势地位，相关涉台研究期刊应加强协作，抱团取暖，相互支持，良性竞争，做大蛋糕，扩大影响。

一是形成机制化的合作体系。北、中、南多家、公开与内部刊物、专业与综合性的刊物、学术性与新闻性期刊应定期交流会商，形成共建、共享、共荣机制。二是建立涉台研究的专业评价体系，反映涉台研究的成果、影响，摆脱现有中文社科评价体系唯转载率、唯影响力不利因素。三是建立共同的奖励机

制。设立相关奖项，鼓励作者。

三、未来台湾研究十大重点领域

鉴于台海形势的日趋严峻复杂，未来台湾问题需要加强理论研究、趋势研究、风险研究及对策研究。也需要强化基础性、规律性、战略性课题的研究。未来台湾研究有可能围绕下列十大领域展开研究。

1. 习近平对台工作思想研究。这是习近平新时代中国特色社会主义思想的重要组成部分，对台方略成为我党新时代十四大基本方略的之一。包括两岸一家亲、命运共同体、共圆中国梦、融合发展、心灵契合的理念需要进一步学懂悟透弄通。

2. 国家统一理论研究。研究国家统一的模式、战略、策略。特别需要研究"一国两制"台湾模式的内涵、实践路径。开展新时代推进祖国统一进程研究。

3. 两岸经济社会融合机制、路径研究。特别是要研究对台政策中"反独促统"的措施、效果、影响，如31条惠台措施的效果。

4. 台海风险及其防范、应对研究，特别是针对"公投""法理台独""渐进台独"以及美国打台湾牌、围堵中国崛起的风险加强。研究台海冲突的模型，研究避险机制。我们需要外交、军事、法律、媒体、民意等综合措施加强反制。

5. 台湾政局变迁、民进党演变、国民党趋势及第三势力、柯文哲现象的研究，总结台湾政党政治的规律。

6. 民进党、蔡英文当局大陆政策研究，研究它们的变与不变，厘清民进党两岸政策调整的上限与下限。

7. 台湾选举研究，选民结构、选举策略、选举民调研究。

8. 台湾经济、社会研究、台湾社情民意、认同问题研究。加强对于台湾青年世代、台湾基层的研究。

9. 美台、日台关系及台湾涉外活动研究。研究特朗普政府台海政策、印太战略的危险性及其给后果。特朗普找台湾牌不会有底线，但台湾牌的策略、效果值得研究。值得我们重视的是一旦台湾牌生效，台湾问题的解决可能提前到来。

10. 台湾战略安全、军事研究。

这些重大议题的研究，需要动员各方力量、各类学科进行集体攻关。

未来十年两岸关系处于重要节点，是台湾研究繁荣期，也是涉台研究期刊发展的黄金期。《台海研究》杂志愿为各位学者专家提供最好的平台，也愿与各大媒体鼎力合作，共同推动两岸关系发展，推进祖国统一进程。（本文是作者在2018 年 4 月厦门大学台湾研究院《台湾研究集刊》创刊三十周年纪念大会上的发言）

民进党两岸政策之辩

红绿香港对话：两岸关系的发展与创新

2013 年 6 月 28—30 日，由台湾维新基金会主办、中国社科院台湾研究所协办的"两岸关系的发展与创新"研讨会在香港举办。国台办副主任孙亚夫出席会议，并发表重要讲话，高度肯定这场研讨会的意义，希望双方秉持诚意、善意继续努力，共同改善发展两岸关系，为红绿交往树立良性互动的范例。

维新基金会董事长谢长廷率李应元、赵天麟、姚文智、邱志伟、许智杰、陈节如、陈欧珀、管碧玲、阮昭雄、李坤成、连立坚 9 名"立委"、市议员及童振源、谢敏捷、林文程、张五岳、陈芳明、林向恺等学者、企业家 29 人与会。大陆与会学者有中国社科院台湾研究所余克礼、张冠华，全国台湾研究会副会长周志怀，中国人民大学教授黄嘉树，南开大学教授曹小衡，上海台湾研究所常务副所长倪永杰，厦门大学台湾研究院林劲及国台办、商务部、文化部、农业部、环保总局等领导共 26 人。

这是大陆方面与民进党人士 20 年来首次举办较大规模的学术研讨会，受到两岸各界高度关注，对巩固深化两岸关系和平发展具有一定的促进作用。研讨会有助于民进党人士加深对于大陆的接触与了解，消除误解，走向和解，达成共同见解。有助于民进党人士以善意、积极的态度参与两岸关系中来，就发展两岸关系提出他们的主张。有助于扩大两岸关系和平发展的民意基础，特别是得到更多民进党人士的理解与支持，共同推进两岸关系和平发展。研讨会还有利于促动执政的马英九当局提出更为积极的大陆政策，实现两岸关系的全面发展。

会议围绕"两岸关系的发展与创新"主题，分别就两岸的差异与共识、两岸社会发展的差异与共识、两岸文化发展的差异与共识、两岸经济交流的现况与展望以及两岸城市交流的现况与展望等议题作了深入广泛的交流、研讨。

谢氏"平衡交流"

谢长廷发表了"平衡交流，万物并育"的主题演讲，其要点有六：

一是期待香港对话翻开两岸关系的新页。谢称 1992 年香港会谈是两岸关系历史上重要一页，此次香港对话研讨两岸关系现状、探索未来发展，也具有重要意义。

二是主张平衡交流。谢长廷提出当前台湾民众的"五个忧心"："台湾主体性"、现状被破坏；民主机制遭到扭曲、"政治一中"会"并吞台湾"、两岸差异继续扩大、社会对立扩大。谢深信两岸交流已是大势所趋，但国、共交流"垄断"了两岸关系，造成政策、利益失衡与民众焦虑，不利于两岸关系发展。台湾的大陆政策需要兼顾开放性与主体性的平衡，争取民意的支持。国民党垄断了话语权和两岸交流利益分配，偏向照顾特定族群，甚至导致徇私贪腐问题。

三是两岸双方需要了解差异、面对差异、处理差异、超越差异、解决差异。两岸关系已步入深水区，如果无法解决差异，随时可能产生误解，甚至冲突，更难讨论两岸和平协议与军事互信机制。

四是两岸共源同文，应该融入和平、稳定、文明、合作、双赢的世界潮流。两岸虽然缺少共同记忆，但有反对独裁的共同记忆；两岸虽然没有共同的过去，但可以拥有共同的未来。两岸人民不可能长期敌对，民、共之间也没有仇恨，不要制造新的仇恨、给子孙留下负担。

五是提出两岸"共同论"。呼吁两岸人民共同努力，"创造共同记忆，共同面对世界，建立命运共同体"。呼吁两岸共同深化提升"和平"内涵，发挥优点，向世界证明两岸多元共生，为世界树立解决差异、共生共赢的典范，让强大升级为伟大，让世界祝福我们。

六是提出发展两岸关系的四项作法，包括：积极负责，处理差异；由下而上，扩大参与；三是尊重现状、强化互信；四是立基宪法，稳定和平。

普世价值真伪

除了平衡交流外，民进党人还要凸显所谓"民主""人权"普世价值的优越与傲慢，有人提出"民主中国"作为两岸关系发展愿景。大陆学者认为这些主张超越了两岸关系的现实需要，没有回应两岸经济民生所迫切需要解决的问题，无法解决两岸大交流面临的形势与衍生的问题，没有适应当前两岸关系的根本需要。两岸双方对于民主、人权的理解存在严重差异，大陆的协商民主符合大陆国情，具有强大的政治生命力。台湾那套的政治制度离真正的民主制度太远，闹出不少笑话，大陆不会选择这样的制度，但可以此为鉴，避免重蹈覆辙。

台湾与会者着重就两岸差异发表观点，一是两岸交流造成台湾严重失衡，包括国民党垄断了两岸政策、两岸利益分配权，而民进党等反对党难以置喙，弱势群体的声音被淹没、利益被剥夺。造成台湾南北失衡、贫富差距扩大，贫者愈贫、富者愈富，差距扩大。造成财团、特定族群得利，造成贪污盛行。二是抨击服务贸易协议伤害台湾传统业者，图利电子商务、营造业、物流业等少数行业、特定财团，却伤害底层的美容美发业、出版印刷业，只照顾了少数利益群体，却伤害了底层的传统服务业。三是两岸社会、两岸文化存在差异，有人提出台湾文化与中华文化互为主体。

两岸"特殊关系"

谢长廷香港演讲的主旨就是深化和平、处理差异、合作共生。"宪法各表"成为区别于民进党人的谢氏标签。即"两岸两宪，互不隶属，依宪法有特殊关系"。谢提出"齿轮论"以寻求两岸的法理联结，就像转动大、小齿轮需要接触点，对台湾来说，这个接触点就是"中华民国宪法"，少了它就无法转动。谢认为"中华民国宪法"来自大陆，领土主权涵盖大陆。虽然在台湾"修宪"七次形成"增修条文"，但原来的条文一条没有废除，"一中"的基础还在，是"一中宪法"。现在两岸两宪都有"中华"之名为何是"台独"？两岸两宪不是分离主义。

谢主张用"依宪法两岸有特殊关系"进行诠释、联结两岸，采用道法自然、生态中华的理念作选择。谢长廷比喻两岸关系就像葫芦关系，远远看像两个，但近看中间还有联结。两岸事实上分开了，但"宪法"上有特殊关系。两岸形成"分治"的现实，需要尊重"宪法秩序"的现状，合乎自然，变动最小。因此，他所主张的"宪法各表"是让两岸变更最少、最多元、最自然的方法。谢政策智囊政大"国发所"教授童振源提出两岸关系是特殊的境内、境外关系。

由此可见，谢长廷香港谈话继承了其"宪法一中"一贯主张，提出两岸"依宪法有特殊关系"，这种特殊性体现在"中华民国宪法"源自大陆，仍有"中华"之名，"一中"基础仍在，非分离主义。尊重两岸"宪法秩序"现状，合乎自然，变动最小。这是谢长廷为两岸求同存异所作的积极探索，似乎打开了两岸关系和平发展的另一扇机会之窗。

但"宪法各表"存在六大症结需要面对。

一是民进党迄今回避、不接受"中华民国宪法"，谢长廷能否让民进党接受这部"宪法"？二是谢长廷认为"中华民国宪法"是"一中"宪法，但民进党是否接受？三是谢长廷解释"中华民国宪法"已有很多台湾元素，如果谢长廷将"中华民国"与"台湾"画上等号，不就是"台独"的借壳上市吗？四是"两岸两宪"是否是一个国家的"两部宪法"，还是两个国家的"两部宪法"？还是两个政治实体的"两部宪法"？五是"互不隶属"是"主权"上的"互不隶属"？还是治权、统治权或管辖权上的"互不隶属"？如果是前者，那么两岸就是"两国"；如果是后者，两岸各自的治权究竟有何区别？六是谢长廷所说的"两岸是特殊关系"究竟"特殊在哪里"？两岸究竟是"国与国关系"还是"非国与国关系"还是"非中央政府与地方政府关系"？如果谢反对"非国与国关系"，那么两岸是否是"国与国关系"？还是两岸是"特殊政府关系"？"特殊地区关系"？"特殊人民关系"？谢明确反对马英九所说的"两岸非国与国关系"，认为在国际上行不通。

上述是谢长廷"宪法各表"必须面对的基本问题，有些"以时间换空间"，有些需要创意的模糊来应对，但最根本的两岸是一国还是"两国"的问题难以回避，更无法模糊。

两岸机会之窗

谢长廷是一面镜子。特别是针对民进党形形色色的政治人物，就是一面照妖镜。不必说姚嘉文等少数"极独分子"冥顽不化；不必说"新潮流系"林浊水、段宜康诸辈"酸葡萄"心理；也不必说苏贞昌的"脑袋空空"，却精于选举算计。就拿人气旺的蔡英文而言，败选后的她说了不少"面对中国""务实交流"空话，访问印度、印度尼西亚、以色列时卖力炒作"冷战""对抗"旧思维，贩卖"多边架构""从世界走向中国"的旧货色。她做了哪件有利于两岸关系的事？她凭什么可以接收谢长廷的成果？大陆怎么可能任她接收红、绿交流的果实？

谢长廷是一面镜子。特别是马英九、国民党仍握有岛内两岸关系的话语权，应该继续增强两岸政治互信，巩固深化两岸关系和平发展。当谢长廷的政治光谱向"中华民国""宪法一中""一国两市"位移时，国、共之间理应形成坚持"九二共识"、反对"台独"更为坚实的政治基础，并就一个中国框架形成更为清晰的共同认知，寻找两岸连结点，扩大共同点，增加包容性，在政治对话作出具体努力，探讨两岸政治关系，共同作出合情合理的安排，拓宽两岸和平发展道路。

谢长廷是一面镜子。谢长廷是民进党内的智多星，也是最用功思索解开两岸纠结的民进党高层。他所提出的民进党"新法高于旧法""宪法一中""一国两市""命运共同体"等富有创意的概念迄今仍闪烁智慧的光芒。"宪法各表"似乎是红、绿对话、甚至解开两岸政治死结的可行路径，至少多了具有创意的选择空间。谢长廷政治身段柔软，一生遭遇许多政治低谷仍能绝处逢生。他紧扣两岸关系和平发展的潮流，"豪气天下可去，胆小寸步难行"。谢长廷在对的时刻，做了对的选择，正在努力把事情做对。他试图为两岸关系、为台湾内部共识、为民进党转型留下一些机会。如果谢在两岸关系方面做出成就，是谢一生政治摸爬滚打所能谱写的人生最精彩的一页。一切乐见两岸关系和平发展的人们应该为谢鼓掌、喝彩，多给些温暖与掌声，促他前行，打开民进党内的缺口，难以后退。他走得愈远，民进党转型的机会就愈大，两岸关系和平发展的民意保障就愈高。（本文完成于 2013 年 6 月）

民共交流的现状与前景

一、民进党与大陆方面交流的前提

与民进党对话、互动，是大陆方面与民进党方面共同面对、必须尽早启动的两岸大事。大陆方面对于与民进党展开互动，一直抱持积极、稳妥、乐观的态度，希望尽早开启大陆与民进党方面的正式对话、沟通，搭建对话、交流、互动的平台，消除误解与分歧，寻找共识，推进两岸和平发展，共同造福两岸同胞。

胡锦涛总书记在 2008 年"纪念《告台湾同胞书》发表 30 周年座谈会上的讲话"中对于与民进党交流提出积极呼吁，指出："对于那些曾经主张过、从事过、追求过'台独'的人，我们也热诚地欢迎他们回到推动两岸关系和平发展的正确方向上来"，"希望民进党认清时势，停止'台独'分裂活动，不要再与全民族的共同意愿背道而驰。只要民进党改变'台独'分裂立场，我们愿意作出正面回应。"

但是，与国民党相比，民进党与大陆的交住历史相对较短，双方互动较少，确实存在互信不足、甚至误解、曲解，面临一些障碍、一些困扰。

在当前两岸关系进入和平发展的新形势下，民进党决不要自外于两岸和平发展的大潮流，自绝于两岸和平发展的大趋势，应该积极投身到发展两岸关系的潮流中来。但两方要营造一些气氛，不搞"台独"，停止"台独"分裂活动，改变"台独"分裂主张，是最基本的要求，这是对两岸同胞负责、对历史负责的一种态度，也是营造民进党与大陆方面进行对话、交流的合适气氛。在此基础上，多思考两岸如何和平发展、多思考两岸如何共同发展，最大限度地实现两岸同胞的共同利益，满足两岸同胞共同愿望。

二、民进党与大陆交流面临的挑战与诱因

（一）挑战

当前，民进党与大陆方面展开正式交流面临一些障碍，主要有四个方面。

一是民进党"台独党纲"的限制。"台独"是民进党的神主牌，是一种政治图腾，有人称"台独党纲"已烧成历史的灰烬，但许多民进党的朋友仍深陷"台独"泥沼而不能自拔、摆脱不了"台独"旧思维。

二是绿营政治生态结构、民进党权力结构的限制，深绿选民占民进党的主导性力量，人数不多，但能量极大，限制民进党向中间、温和方向转型，反对与大陆交往。民进党内理性、中间的力量不够。民进党内部派系竞争，也使主张温和、理性两岸政策的派系遭到围剿，被贴上"十一寇"，什么"西进昌""中国琴"，当理性、温和派遇到民粹、激进的政治势力时，显得那么无力、苍白。

三是台湾地区内部政治竞争的限制。作为在野党，民进党提不出更好的两岸政策与国民党竞争，两岸政策论述无法超越国民党，为与马英九、国民党的两岸政策有所区别，所以只好"逢中必反""逢马必打"。跨不出实质转型的步伐。随着两岸开放的迅猛发展，民进党在两岸互动不但完全陷于被动，甚至还陷入"计划赶不上变化、口水比不上油水"的尴尬处境。面对国民党近乎每周突破的两岸开放政策，民进党原本可以凸显不同的经济选择，但在政治反击本能远高于经济反应本事的先天体质下，民进党却愈来愈焦躁，把复杂的经济选择题，简化为单纯的政治是非题。久而久之，人民也逐渐产生刻板印象，认为国民党专搞经济松绑，民进党专搞政治紧缩，有人甚至认定国民党专搞经济，民进党专搞政治。

四是国际背景因素的限制。美、日等国际势力还是希望民进党扮演牵制国民党、牵制大陆的一枚棋子，不能想象，如果民进党走到国民党前面，美、日等国可能会惊慌失措到什么程度。

当然，我们也应意识到，大陆可能不太熟悉如何与民进党打交道，经验不足，也丧失了一些机会。未来也不珍惜、抓住一切与民进党交往的机会。

（二）诱因

民进党与大陆交流是大势所趋，民进党无法自外于两岸交流的大潮之外，决不能在两岸交流热中做个局外人。

一是两岸交流交往是大势所趋，民进党挡不住这个潮流。

他们知道未来民进党要想发展，必须要务实地来面对现在两岸的这样一个

现状。两岸交流这就是一个潮流，已经成了一个不可阻挡的潮流。民进党应该面对大陆，走向转型，在两岸论述上提出愿景，在政策措施上提出切实可行的方案，做好功课，不应该只为反对而反对，靠反对就能执政的机会比较低。

二是民进党唯有稳妥地处理好两岸议题，才有可能重新赢得执政的机会。两岸政策，是可以为民进党发展奠定基础。

经济至上的全球趋势下，对民进党极为不利。只在岛内抗议，不与中国大陆正常往来，等于把两岸主导权完全交给国民党，让国民党成为与大陆打交道的唯一明星。不专攻经济，不经营两岸，等于自外于台湾政治的两大主流。

两岸两会领导人商谈签署三项协议后，民进党中央不再固守盲目反对的愚昧姿态，而是邀请学者专家召开记者会，做出不反对两岸经贸正常化、只是对于所谓"主权"、资源分配将影响台湾民众生活等的微调表态。

三是民进党内部虽然基本教义派力量很强大，但理性、温和、务实的力量始终存在，甚至不乏具有前瞻性的政治家，早年有民进党内有像许信良这样的先知先觉，现在也需要像林浊水先生那样的温和、务实派。最近吕秀莲表示，台湾人民不会坐以待毙，民进党也不该束手无策，她正思考两岸大战略，两岸不可能都不接触，"独派"或许也在重新思考；如果她要登陆，一定是值得去、有必要去，但目前她没有计划。

《联合报》民调2009年5月，陈菊的大陆行获得了62%受访者的支持，仅8%反对；泛绿支持者中，53%认为民进党应该调整两岸政策路线，其中73%支持松绑，仅12%倾向紧缩。五成五民众认为民进党有必要调整对大陆政策，一成六觉得无此必要；其中，认为民进党应调整路线者，八成六主张民进党放宽两岸政策，仅百分之四觉得应更为紧缩。即便是泛绿支持者，也有五成三认为民进党应调整两岸政策路线，其中七成三支持民进党松绑两岸政策，一成二倾向紧缩。多数民众主张民进党应扩大与大陆接触，占四成八，一成九主张维持现况，仅百分之八觉得应减少接触。五成一民众认为民进党蔡英文主席应前往大陆访问，一成八反对，三成无意见；绿营支持者对蔡主席访大陆的看法较分歧，四成七支持，三成二反对。

与大陆交流的时机、条件还在酝酿中，两岸各方都要创造条件，认真思考双方交流的模式。

（三）时机

民进党陷于低迷中、低谷中转型动力比较差，民进党与大陆交流、对话的动力就不足。但在有赢得重新执政机会的时候，民进党内部转型动力、与大陆对话需求就比较足，比如 2010 年底选完、准备 2012 年"大选"的时候。当前，民进党刚在县市长选举中小胜，与大陆对话的信心有所上升，也许是与大陆交流的机会。

我们认为，只要与大陆交流、交往对民进党政治上有利，有利获取更多选票的话，民进党一定会勇往直前，西进大陆，与大陆建立各式各样的交流平台。

民进党应思考如何在当前两岸和平发展的形势下，增加民进党的政党竞争力，提高民进党在两岸事务上发言权，如何提出不同于国民党、体现民进党特色、又能满足台湾民众对于 发展两岸关系的要求、保护台湾民众在两岸交往中的利益，由此赢得最大多数民众的信任，争取中间选民、甚至泛蓝的选票。

大陆希望尽早与民进党展开各种形式的交流、对话，使双方的交流走向正常化、常态化、制度化、机制化，共同造福两岸同胞。

三、交流模式

民进党与大陆对话互动，可以从积极面与消极面来看，积极面就是应该主动多做些什么，多做有利于两岸和平发展的事，多做有利两岸同胞共同发展、共享和平的事。消极面有三个层次，至少不做伤害对方的事，不说对方不喜欢听的话；或者不发表"台独"言论、不搞"台独"分裂活动；或者修改"台独"党纲，最好是废除"台独"党，制定新的决议文。

双方对话、互动，当然不是讨论双方存在严重分歧的话题，而是讨论如何推动两岸和平发展，如何谋求两岸同胞的共同利益。如果与这一宗旨不符合，就不应列为双方对话的内容。

1.要在两岸和平发展的既有基础上推动民、共对话。一年来两岸在共同坚持"九二共识"的基础恢复了协商对话，签署了十二项协议，一项共识，这是民、共双方对话的基础，在此基础上可以开辟很多可供讨论的议题。

2.要在民进党既有两岸政策基础上推动民、共对话。民进党曾在两岸关系发展历程中扮演了重要的、积极的角色，如在 20 世纪 80 年代两政策岸开放探亲、90 年代提出"大胆西进""强本西进"。民进党曾在 1999 年的"台湾前途决议文"中提出，是要和大陆建立"互惠而上歧视、和平而非冲突、对等而非从属的关系"。更希望，双方能抛弃猜疑与对立，从双方在历史上、文化上、血缘上的长远关系出发，从地缘政治、经济利益着眼，创造共生共荣、互信互利的美好前景。陈水扁上台时承诺"四不一没有"，提出的"积极开放、有效管理"，提出建立两岸和平稳定互动构架，拟定"两岸和平发展纲领"、建立两岸军事互信机制、建立海峡行为准则、甚至签订和平协定，实现"两岸关系正常化"，现阶段重点是"和平发展、平等、互利、互信"。指导原则是"善意和解、积极合作、永久和平"。

上述这些应该成为民、共对话的基础。目前，关键是民进党要回到上述原始文件的精神上来，积极、务实地推动两岸关系和平发展。

3. 可以在民进党与大陆交往既有模式的基础上进行。

两岸交流、对话、谈判，曾有各种模式，主要三种模式，国共党际交流、国共交流平台，海协、海基两会模式、行业对行业、协会对协会等模式。

党际交流模式，民进党比较回避、排斥，作为在野党的民进党，与大陆执政党、参政党的交流可以不拘形式，正式与非正式、公开与闭门的、地点可以在大陆，也可以在台湾、还可以在第三地。

民进党与大陆交流，也形成一些模式。

一是许信良模式：没有包袱，走在国民党前面，大胆西进、民进党中国政策辩论，引领风潮。

二是海峡论坛模式：民进党元老范振宗、许荣淑等参与海峡论坛。

三是陈菊、苏治芬的县市长模式，以县市长身份来访大陆，与国民党不太一样，和大陆建立"适度交往"的关系。可以保持面子、又赢得里子方式交流。为两岸互动开辟出有别于国民党的另类作为。陈菊此行至少有三项，首先是打开了中共与民进党人士公开接触的大门，其次是她访大陆只谈实质事务，建立了将来"只谈两岸福祉，抛开政治"的接触模式，最重要的一点就是，陈菊此行尚能为蓝绿接受，为未来两岸全面互动打下了基础。林浊水提出"稳健台独"：立场坚定、态度善意、避免刺激语言、政策弹性务实。

云林县长苏治芬之前到北京推销农产品，第四次陈江会期间，就巧妙地利用名字巧合，向陈云林赠送了"云林橙"礼盒，及各种介绍云林县农业、旅游业的资料手册。明年中将在北京或上海市设立常规性展览馆推销云林县农产品。

可以创造更多的交流模式。

4. 互信、互谅、互尊、换位思考，不强加于人。可以从增加互动，建立互信，互释善意入手，营造良好的气氛，多做些实事。

提倡换位思考，双方互谅对方，学会相互倾听、相互说服，习惯自己的不习惯，熟悉自己的不熟悉，慢慢让对方习惯自己所习惯、让对方熟悉自己所熟悉的语言、行为、思维模式、行为准则。

双方互释善意，互相成全，不是互设门槛、互相抬价，拉高门槛。多提出建设性、积极性的建议、措施。

双方避免讨论对方不愿谈、不方便谈、非常敏感的议题，包括"台独""疆独""藏独""法轮功""大陆人权"等。

民进党与大陆对话，实质比形式更重要，要有交流、对话之实；过程比结果更重要，通过互动过程，可以累积互信，可以交到真心的朋友。不求结论，只求过程、取得交流的结果即可。留下脚印比留下名留青史更重要。

5. 与民进党交流程序：先各自表述，各抒己见，增进互动、培植互信。然后求同存异，形成一些共识，聚同化异，找到为双方都能接受的方案。

交流的内容可以是抽象不具体，也可以具体而聚焦，可以近期的，也可以中程或远程规划，交流可以由简单到复杂、由低到高、由不敏感议题开始，可以讨论双方共同感兴趣的话题，经济民生放中间，政治议题放两旁，经济民生挂帅，民进党与大陆之间有许多共同议题需要讨论，如两岸和平发展、两岸经贸合作（中南部水果、农产品到大陆推销）、两岸文化交流、两岸地方治理、两岸公共事务管理、两岸乡村座谈、民进党执政县市可以与大陆进行地方事务交流。环保议题，治理污染，节能减碳、两岸共同开发能源、共同开发海洋资源，海上联合反恐，弱势保护，等等。（本文完成于 2013 年 7 月）

民共交流时机未成熟

日前，民进党"中国事务部"主任洪财隆对外释出该党欲与大陆智库合办学术研讨会的信息，引起媒体有关民进党即将启动与大陆交流、甚至政治对话的联想。因为此前民进党中央曾多次释出两岸政策调整转型的信息，但最后都化为泡影。人们不禁要问：此次民进党中央是真的作好了与大陆交流的准备了吗？

不转型执政恐成传说

蔡英文去年败选后，党内外均认为两岸议题是其"罩门"，错谬的两岸政策是其败选的"最后一里路"。党内形成了务实面对两岸议题，及早跨出与大陆接触交流的共识。即使是苏贞昌，也在党内初选时承诺恢复"中国事务部"、设立"中国事务委员会"，积极调整两岸政策。但苏弱势当选后，出于稳固权力与布局2014、2016年选举的需要，苏不但一再拖延"中国事务部""中国事务委员会"成立，而且谢绝一切改名为"两岸事务委员会"的善意建议，视谢长廷出访大陆为挑战苏氏权威与两岸政策底线。导致"中国事务委员会"沦为空谈与摆设，谢长廷、蔡英文、游锡堃等党内要角了无兴趣，乏人问津。不要说具备任何决策功能，就连讨论的功能也付之阙如。苏贞昌则不断重复面对大陆的老话，说些"台湾是台湾人的台湾、是所有台湾人的台湾、是世世代代人的台湾"之类不知所云的话，硬生生把党内两岸政策转型的好戏给弄砸了，民进党应声下挫，难以撼动马英九的执政地位。

谢长廷开辟两岸战场

谢长廷去年10月率先赴大陆访问交流，扮演绿营先锋，撕开了沉闷乏味的民进党两岸政策缺口。其早年"一国两市""宪法一中"等主张已在两岸引起涟漓，其"面对差异、处理差异、超越差异"的态度亦获得掌声。近期谢又大动作祭出连环动作，先是派出"维新基金会"代表出席平潭两岸关系研讨会，积极阐述谢的"宪法共识""宪法各表"理念。后又提出浓缩两岸"宪法"规定中的"一个中华"要义，寻觅两者间的"历史联结与特殊关系"。谢倡议在"两岸人民关系条例"之外考虑设置"两岸政府关系条例"，由此探讨两岸政治定位，为两岸政治互动提供了新的想象空间。此举表明谢长廷不但甩开了民进党内那批裹足不前、空谈转型的衮衮诸公，而且其勇气、格局、胆识部分超越了视两岸政治对话为洪水猛兽的鼠辈，给国、民两党主事者重大压力。一分耕耘就有一分收获，谢长廷主攻两岸议题，意外开辟了人生新战场，风生水起，获得了挑战党主席、与党内各派讨价还价的战略筹码。

苏贞昌抢夺主导权

谢长廷在两岸议题上的一言一行，使苏贞昌如芒刺在背，无比难受。此前，苏贞昌的基本盘算在于先安然渡过明年"七合一选举"，厚实其2016年代表民进党参选的基础，然后再琢磨两岸政策的调整。然而今年以来，苏贞昌在"火大游行""核四公投"、赴日、新出访等重大议题上表现失常，折戟沉沙，铩羽而归。苏也试图在两岸议题出招得分，急于扳回劣势。而苏贞昌对于"七合一选举"信心满满，自忖其两岸政策的变更与否对于明年选举的影响不大。苏在无后顾之忧的情势下提前出招，与谢长廷抢夺党内两岸政策的主导权，以化解谢长廷咄咄逼人的两岸攻势。

苏贞昌受制于各方

但苏贞昌的两岸政策受到党内外、岛内外多种因素的制约，难以有所作为，最后仍将沦为空谈与画饼。一是受党内各派制约、受深绿牵制。苏贞昌的任何政策主张，都将受到谢、蔡、游、吕等各派的检验或反对，陷苏一事无成、一筹莫展。"基本教义派"人少但声音被放大，破坏性强，民进党内任何政治人物都得向他们低头，苏贞昌难以抗衡，时常讨好深绿。二是缺乏人才储备与理论准备。苏重用一批民进党当政时期的两岸人才，"冷战"思维浓烈，对大陆缺乏善意、没有祝福，只有唱衰。苏系人马迄今为止没有提出多少有价值的两岸论述。苏自身也有局限。苏对两岸事务缺乏钻研，有人批评苏"头脑空空"，难以超越谢长廷的"宪法各表"、蔡英文的"和而不同、和而求同"。三是苏无法与国民党、马英九的两岸和平、开放松绑路线相竞争，更难以超越。四是美日并不鼓励现阶段民进党调整两岸政策。美方出于"战略再平衡"需要，可能借重民进党牵制马英九两岸政策走得太快、走得太近。

现在，为了拆解谢长廷的两岸攻势，苏贞昌便抛出民共智库开会讨论，抢得头香，而且不限议题、不限台湾或大陆，姿态似乎放得很低。但无法驱散人们心中的疑虑。

大陆听言观行

大陆主张只要民进党放弃"台独"立场、停止"台独"分裂活动，就可与之进行交流。"十八大"政治报告提出："对台湾任何政党，只要不主张'台独'、认同一个中国，我们都愿意同他们交往。"如果苏贞昌能够在"台独"问题上有所调整、软化立场，且积极思考两岸关系和平发展的路径、举措，特别是顺应和平发展的主流民意，关注两岸民众包括台湾民众关心的两岸经济、文化、社会、政治关系等全面发展的议题，而非急人所急、强人所难，就可为民进党与大陆方面的交流打开空间。人们当然乐见苏贞昌在两岸政策转型，并积极为两岸同胞谋福祉。关键是有无诚意、有无准备，而非逞口舌之快、视此为权斗工具，更不能口是心非。因此，对于民、共智库交流研讨的信息还须"听其言，观其行"。（本文发表于台湾《旺报》2013 年 4 月 12 日）

谢长廷是民进党内一面"照妖镜"

笔者有幸参与 6 月底的红绿香港对话，这场由维新基金会、中国社科院台研所合办的研讨会，吸引了两岸 80 多位重量级人士参与。"一石激起千层浪"，红绿香港对话成为民进党两岸政策的风向标。两岸关系因为民进党转型派的参与而更为多元、更为深入、更具动力，揭开了两岸关系新篇章。

谢长廷打开了另一扇两岸机会之窗

谢长廷香港演讲的主旨就是深化和平、处理差异、合作共生，"宪法各表"成为区别于其他绿营人士的谢氏标签。谢提出"齿轮论"以寻求两岸的法理联结，就像转动大、小齿轮需要接触点，对台湾来说，这个接触点就是"中华民国宪法"，少了它就无法转动。

由此可见，谢长廷香港谈话继承其"宪法一中"一贯主张，提出两岸"依宪法有特殊关系"，这种特殊性体现在"中华民国宪法"源自大陆，仍有"中华"之名，一中基础仍在，非分离主义。这是谢长廷为两岸求同存异所作的积极探索，似乎打开了两岸关系和平发展的另一扇机会之窗。

但笔者认为"宪法各表"存在六大症结需要面对：

一是民进党迄今回避"中华民国宪法"，谢能否让民进党接受这部"宪法"？二是谢认为"中华民国宪法"是"一中宪法"，但民进党是否接受？三是谢解释"中华民国宪法"已有很多台湾元素，谢长廷若将"中华民国"与"台湾"画上等号，不就是"台独"的借壳上市吗？四是"两岸两宪"是否是一个国家的"两部宪法"，还是两个国家的"两部宪法"，还是两个政治实体的"两部宪法"？五是"互不隶属"是"主权"上的"互不隶属"，还是治权或管辖权上的"互不隶属"？六是谢所说的"两岸是特殊关系"究竟"特殊在哪里"？两岸究竟是"国与国关系"，还是"非国与国关系"，还是"中央政府与地方政府关系"？

上述是谢长廷"宪法各表"必须面对的基本问题，有些"以时间换空间"，有些需要创意的模糊来应对，但最根本的两岸是一国还是"两国"的问题难以回避，更无法模糊。

两岸有识之士应多给谢长廷一些掌声

谢长廷是面镜子。特别是针对民进党形形色色的政治人物，就是一面"照妖镜"。不必说姚嘉文等少数"极独分子"冥顽不化；不必说"新潮流系"林浊水、段宜康诸辈"酸葡萄"心理；也不必说苏贞昌的"脑袋空空"，却精于选举算计。就拿人气旺的蔡英文而言，败选后的她说了不少"面对中国""务实交流"的空话，但却卖力炒作"冷战""对抗"旧思维。她做了哪件有利于两岸关系的事？大陆怎么可能任她接收红绿交流的果实？

谢长廷是面镜子。特别是国民党仍握有岛内两岸关系的话语权，应继续增强两岸政治互信，巩固两岸关系和平发展。当谢长廷的政治光谱向"宪法一中"位移时，国共之间理应形成坚持"九二共识"、反对"台独"更为坚实的政治基础，扩大共同点，增加包容性，在政治对话作出具体努力，拓宽两岸和平发展道路。

谢长廷是面镜子。谢是绿营内的智多星，也是最用功思索解开两岸纠结的民进党高层。他提出的"宪法各表""一国两市"等概念迄今仍闪烁智慧光芒。"宪法各表"似乎是红绿对话、甚至是解开两岸政治死结的可行路径。谢在对的时刻，做了对的选择，正努力把事情做对。他试图为两岸关系、为台湾内部共识、为民进党转型留下一些机会。一切乐见两岸和平的人们，应多给谢一些掌声。他走得愈远，民进党转型的机会就愈大，两岸关系和平发展的民意保障就愈高。（本文发表于《海峡导报》2013 年 7 月 8 日）

"冻独"跨越不了最后一里路

2012年蔡英文败选留给民进党最大的政治资产，就是承认两岸政策是民进党"罩门"。两年来，民进党上下都在苦思、寻找走完"最后一里路"的关键口令。

"战略之神"邱义仁务农之际主张走一条"不叫台独的台独路线"。谢长廷亮出"宪法共识""面对、处理、超越差异"，两岸"同文共源"、"创造共同记忆"等论点。蔡英文另辟蹊径，从经贸交流寻找与大陆互动的可能性。而蔡的政治幕僚姚人多早就放言"台独"已丧失主流市场。苏贞昌亦宣称"台湾早已独立，不是走回头路搞台独"。

九场"华山论剑"平淡无奇，两岸政策转型面临破局。谢系发动奇袭奏出改变两岸政策最强音，"中华民国决议文""宪法一台""宪政共识"瞬间成为党内焦点。

仍沉湎对抗思维

这场看似两岸政策辩论，实质是民进党苏、蔡"两个太阳"权力竞逐的戏码。自从"白衫军运动"风起、"马英九铡王"意外受挫后，民进党嗅到了重返执政的气息。于是，5月党权改选帷幕提前揭开，苏、蔡摆开两岸政策话语权争夺之势，旨在追逐浅绿以及中间选票，放手一搏。蔡英文承诺一旦执政，将致力培养民共互信，维持两岸和平稳定态势。蔡透过Facebook要求民进党"反省、再出发"，结合公民运动，与时俱进、有所改变。苏贞昌不甘人后，透过其政治盟友、"永远的总召"柯建铭放出"冻结台独党纲"风向球，获得北京一定程度肯定，视此为积极信号，着实给予焦虑无助的民进党人、特别是温和务实派鼓励，让党内有关人士感到振奋。

陆委会前副主委童振源与海基会前董事长洪奇昌联合发表"民进党的三支

箭"，建议"冻结台独党纲"与通过"中华民国决议文"、成立"两岸和平发展委员会"、推动"宪法各表"。看似形成民进党人集体过"斑马线"现象，闯过"最后一里路"。

然而"冻独"并非"废独"，充其量只是显示不搞"台独"的善意，却离放弃、废除"台独党纲"尚有一段距离。9日发表的苏贞昌版《现阶段对中政策总结报告》仍沉湎于对抗冲突思维，"主权安全""权贵资本""民主价值"成为关键字，看不到丝毫突破民共互动僵局的积极构思，再次浇熄了民进党的政策转型想象。

回顾苏贞昌任内种种限制陆配、陆生、陆客、陆资、陆媒权益、阻挡服贸、反对互设办事处等一切"为反对而反对"的行径，苏贞昌主持下的民进党仍面临折戟沉沙"最后一里路"的命运。看来，"冻独"只是虚晃一招、声东击西的"空城计"，暴露出民进党主事者的投机与胆怯。

必须拿掉"神主牌"

民进党迈向"最后一里路"，还得面对五大考验。

一是地方选举无助"大选"。民进党在上两次地方选举中气势如虹，但对"大选"加分有限。即使赢得"九合一"，2016年仍可能只是天边云彩，美丽而不现实。

二是苏、蔡"两个太阳"竞争，削弱了民进党的战力。蔡英文在2012年以非典型、新鲜感创造了"小英旋风"，2016年时还能有更大魅力再掀旋风？

三是选民不信任。"宪政共识"也罢，"冻独"也罢，并没有处理"台独党纲"问题，民进党跨不出民共交流实质步伐，缺乏处理两岸事务的能力，无法因应两岸大交流的局面，中间选民不甘心投票给民进党。届时两岸因素将使更多的选民（超过童振源2012年评估的4.75%）转向选择有能力维护两岸和平发展的政党执政。

四是美国不放心。固然"战略再平衡"需要民进党扮演一定角色，但不拿掉"台独党纲"，美国政府担心民进党人重蹈覆辙，制造麻烦，损害美方利益。

五是难过大陆关。大陆绝不接受主张"台独"的政党在台执政，挑战两岸关系和平发展，威胁大陆战略机遇期。

看来，"冻独"无助于民进党重返执政，民进党重返执政不啻差"最后一里路"。"天若有情天亦老，人间正道是沧桑"。民进党当务之急就是集成党内精英，汇聚转型力量，一举拿掉"台独神主牌"，彰显两岸交流的诚意，成为两岸和平发展的正能量而非负资产。（本文发表于台湾《旺报》2014年1月10日）

台湾学生"占领"行动的变异

发生于 3 月 18 日的台湾"反服贸黑箱"学生运动已持续九天，从占领"立法院"议场到攻进"行政院"，从瘫痪"立法院"议事到阻碍行政运作，此次"学运"已然变味，流血暴力只是开始，台湾地区政治僵局短期无解。

"占领"与民进党关系

曾几何时，台湾学运曾是威权政治解体的重要推手，也是台湾社会力茁壮成长的催化剂，引领台湾社会向上提升、向前跨越，走向多元开放。但如今学运已与进步、正义的价值渐行渐远，热衷于"逢中必反""逢中必闹"的政治游戏，不但沦为特定政党的附庸，更是少数人追求政治发迹的终南捷径，撕掉了学运神圣的面纱。

君不见此次"学运"的几位核心人物，如陈为廷、林飞帆、黄郁芬等都视出身社会学的亲绿学者为政治导师，有人曾经是蔡英文竞选总部的青年骨干，与民进党有着千丝万缕的基因联结。有人因此声名鹊起，后势看涨，未来可能是民进党提名的候选人。

此次学生运动所谓"反服贸黑箱作业"的理由与民进党如出一辙，仍然是数十年不变的"木马屠城"式的老梗，包括影响台"安全"、缺乏"对等"、抢了台湾业者生意饭碗等，没有一点创意，也根本站不住脚。

学生对服贸协议的不了解

事实上，服贸协议是两岸经济合作框架协议（ECFA）后续协商的一部分。服贸去年 6 月签署，因为民进党恶意阻挠而躺在"立法院"6 个月动弹不得。民进党先是拖延，后又根本不让"立法院"审议。在"立法院"审查之前，台湾有关方面先后举办了 20 场公听会和 1000 多场说明会，称服贸"黑箱作业"

不知从何说起。

服贸协议于台湾绝对是利多。大陆对台开放 80 项，高于台湾对大陆开放的 64 项，高于大陆对 WTO 承诺开放的项目，而台湾对大陆开放的项目低于对 WTO 的承诺。民进党谎言服贸影响台湾 500 万服务业业者生计，事实上台湾对于陆资、人员赴台投资服务业设置种种限制，几乎没有任何赢利的空间。服贸协议实施的结果，只会加速台湾服务业者进军大陆市场，如鱼得水，大陆服务业在台湾的发展空间微乎其微。多数学生不知服贸为何物，不清楚服贸协议对台湾服务业发展、对台湾参与区域经济集成的正面意义，不清楚服贸协议为台湾年轻人带来的机会。

盲目"反中情绪"的宣泄

"反服贸"的根本原因在于"恐中仇中""逢中必反"。在李登辉、陈水扁及民进党政客长期"台独"灌输、"台湾主体意识"的教化下，少数青年学生已然无法自主思考，陷于民进党的"反中"框架难以自拔。面对大陆崛起更是彷徨四顾，内心焦虑，唱衰大陆，自甘闭锁。更有"学运"人士呈现"后皇民化"人格，谩骂"支那猪滚回去"。曾是台湾理想、正义、进步化身的学运怎么萎缩为"原教旨主义者"、"台独"基本教义派的集合，充满了焦虑、不安全感，感染上民进党"逢中必反""逢中必闹"的病毒，只要碰上大陆事务，立刻发作，反对到底，不惜"焦土抗争"。此次"反服贸学运"，就是此种"反中情绪"的集体宣泄。

民进党"天王们"岂能放过此次表演良机？！苏贞昌直接喊出"胜选"口号，蔡英文早就主张民进党应该加强与"学运""公民运动"的联结，试图将此次"学运"作为她参选党主席的热身运动加以绑架，以利于她的选情。无奈"学运"失控，血溅街头，最后必然影响到民进党 2016 年前走完"最后一里路"。

台湾如此政治僵局，对两岸关系必然产生重大影响。人们关注服贸协议命运，通过是迟早的事，但是在什么情况下通过有待观察。协议内容是否被修改，大陆可否接受已签协议被否决或重新协商，这考验两岸双方的智慧。（本文发表于《海峡导报》2014 年 3 月 26 日，引自 www.taihainet.com）

反思服贸风波，深化两岸交流

"反服贸"风波搅动台海情势，已将台湾置于破碎的边缘，延宕两岸关系后续进展，和平发展面临重重困难，值得深思。

"反服贸"是"台独"势力最后的反扑

"反服贸"风波是"台独"运动的软土深挖，呈现政治动员与思想灌输相互纠缠的新形态，却将民进党缩短"最后一里路"努力推向十字路口。近日有人坦言"台独""建国"已失去市场，"台独无望论"敲响了"台独"的丧钟，弥漫着浓郁的"台独"焦虑，希望集结剩余的"台独"势力进行最后的反扑。"反服贸学运"可谓新一轮"台独"势力的总集结、总动员，对年轻世代开展一场危险而又震撼的"台独"浇灌。

"反服贸"暴露了民进党充分的"派阀化""庸俗化""边缘化"，其荒腔走板式的表演已到了匪夷所思的地步。民进党不再是台湾向上提升的民主的、进步的、良善的、正义的力量，反而是台湾沉沦的粗暴的、黑色的、反智的政治纠集，被人讥讽为"台湾之耻""台湾之恶"。

在学运期间，民进党人扮演了守门、跑龙套的角色，试图引导学运为党所用，无奈其粗鄙、庸俗、毫无先进思维的言行举止吓坏了精于算计的职业学运头头，民进党众多派系均不得其门而入，徒叹奈何。唯独蔡英文精准掌握了闯关叩门的密码，她与学运的导师们、学运骨干具有天然的基因联结。

"学运贵族"的走红，引起民进党政治人物的眼红与危机感。少数学运骨干一夜间成为政治明星，吸引媒体眼球，大有取代民进党内青壮世代之势，着实给后者敲响了"警钟"。情急之下赵天麟要求"天王们"退出舞台，让中生代上位。可谁都知道民进党世代交替难于上青天。

马追求历史定位的动能下降

"反服贸"风波极大地催化了岛内"台独"气氛，对马英九两岸开放和解路线构成重大威胁，压缩了马英九进一步开放松绑的空间，马英九追求历史定位的主客观条件、基本动能下降。于是，造成民进党两岸政策转型的动能下降，"台独基本教义派"对民进党构成绑架威胁之势。也有人因此预期，学运激活了沉睡的"台独"势力，巩固了绿营的基本盘，而民进党可以从容向中间转型，如果操作成功，推进转型，有利于扩张绿营的政治地盘，2016年可以收割更多中间选票，跨越"最后一里路"。

马英九面临权力跛脚与绝地大反攻的艰难选择。学运充分暴露了马英九的政治危机，其未来将面临更多不可预测、不可控制的挑战。反服贸风波尚未结束，林义雄的"反核四公投"风波迅即登场，挑动敏感的"公投"神经，马英九当局再次陷于风雨飘摇。泛蓝内部群雄并起，纷纷挑战马英九的权威，削弱马领导、控制能力，"令不出'总统府'"，不无政治崩盘的可能性。

但马英九试图稳住政局，力挽狂澜，不排除逆势运作，险中求胜。一是强势维持统治权力，全力打赢年底"七合一"选举，继续担任国民党主席。二是调动用活政治资源，包括行政资源与人事权，投资挹注马系人马，掌控人事权，包括党、政、军、情特的人事权以及2016年"立委"提名权。三是拼政绩拉民调，主要是同步发展两岸关系与扩大国际参与，尤其是力争促成区域经济集成，当然拼政绩的关键还是在于两岸关系能否突破。

折射美国对台巨大影响力

"反服贸学运"也是美国影响台湾地区的重要场域，美方将民进党人喊到华盛顿问话兼训斥，多次公开表达了对于"反服贸"的不以为然，有人合理推理似乎是美国出手才摆平了学运骨干及蓝绿政客。果真如此，证实了美国经营台湾60多年所拥有的巨大影响力，大陆难以望其项背。美国可能乘人之危，勒索马当局给予回报，特别是逼迫台湾开放美猪进口、拉拢台湾地区追随美日同盟、采购美国军火等等。

"反服贸"风波是对两岸关系快速发展的一种反弹，反映部分台湾民众对于大陆莫须有的疑虑、恐惧心理。和平发展是主流民意，是条正确的道路，得到多数民众的拥护，但两岸交流的时间不长，交流广度、深度不够，交流质量有待提高，产生利益分配南北不均、贫富不均等负面后果。两岸社会、制度、价值观存有一定的差异，酿成一些冲突。

目前和平发展面临一些难题，包括增强两岸互信、缩小政治分歧、提高制度化程度、提高两岸交流质量、逐步消除台湾民众疑虑等等。未来大陆将会追求精细化、优质化运作，提升和平发展的质量与效益，以时间换空间，以互信凝聚共识，以柔性感召民心，真正落实习近平"两岸一家亲"理念，以人为本，照顾底层民众与弱势群体，注重公平正义，塑造和平发展的主流民意，使之不可逆转、螺旋上升。（本文发表于《海峡导报》2014年4月25日）

构想具善意缺乏可行性

——简评"大一中架构"

5月27日，施明德、苏起等提出"我们的呼吁——处理两岸问题五原则"，引起广泛热烈讨论。这批蓝绿人士在当前发出呼吁，时机选择上恰到好处。当前，"反服贸""反核四"风波虽已落幕但余波荡漾，持续发酵，两岸关系处于一个特殊的酝酿时期。马英九执政遭遇困难，蔡英文接任党主席，"朝野"双方正在进行未来政策选择。此时此刻必然引发台湾内部及两岸之间热议，对蓝绿双方产生影响甚至压力，无疑具有一定的政治意义。

这群蓝绿大佬具有一定的代表性，有两位担任过"外交部长"（程建人、田弘茂）、两位陆委会主委（苏起、陈明通）、两位海基会董事长（焦仁和、洪奇昌），郝柏村一度参与讨论。此举蕴含在于那群处于蓝绿体制外的一批有思考力的人士长期脑力激荡，累聚能量，寻找蓝绿和解、两岸活路的途径。这种尝试本身具有积极意义，值得台湾及两岸各方鼓励、喝彩。

"大一中架构"并不必然成为蓝绿双方的政策选择，也难以成为两岸的政治方案。正如张五岳所言，这只是发展性观念，并不是两岸的终局方案。但却可能引发各方思考，产生政治能量。在当前的台湾，批评、破坏性的思考太多，而积极、建设性的建议太少，此举或许可以赋予台湾各界正面思考两岸政治关系的有益启示。

五原则不乏善意与建设性。尊重现状，不片面改变现状，意味着不主张"台独"，就其中的绿营人士而言算是一种进步，值得鼓励。消除敌对，维护和平与安全，不与外国签订不利于另一方的军事攻防协定。这在当前东海、南海形势紧张时刻有一定的积极意义。"大一中架构"多少保留了几丝"一中"的想象，力图促成两岸政治整合，寻找解决两岸政治分歧的过渡方案，并为两岸未来保留发展与诠释空间。

可惜的是，五原则只在乎蓝绿的和解，偏重于国、民两党的主张，忘却两岸的现实及其对于和平发展的关照。具体内容有悖于一中原则，弱化一个中国框架，存在模糊空间，导致和平发展的更多变数，较可能更加有利于两岸不统一的永久化、固定化，既不现实，也不合理，更不可行。

其一，"大一中架构"取代"一中"原则，不是对"一中"原则的继承，更多的是对"一中"的扬弃，其结果是背离"一中"原则，损害甚至挑战了国际所公认的中华人民共和国政府唯一代表的地位，虚化、弱化了一个中国框架，违背"大陆和台湾同属一个中国"的事实。此说来源于台北多人主张的"一中屋顶"，但"大一中架构"具体内涵尚不清晰，没有厘清如何与"九二共识"联结，更没有强调反对"台独"，恐将弱化两岸关系和平发展基础。

其二，"中华民国"与"中华人民共和国"并存，两者由"交战政府"变为"分治政府"。此说不符合两岸的历史与现实，两岸尚未统一，但并不是领土与主权的分裂，只是国共内战延续与政治对立。此说模糊、混淆了主权与政府的关系，如果是两个主权，那就是"两国论"；如果是两个政府，是"一国两府"还是"两国两府"？大陆愿意称台湾方面为"台湾当局"，意味着它管理或治理着台澎金马及其附属岛屿，但其权力、责任、性质、地位当然尚难与大陆相提并论，称两者"并存""分治"显然高估台湾当局的地位，扩张其难以承载的容量。

其三，两岸共组"一个不完整的国际法人"。此说似乎类似欧盟模式，在两岸政治现实与国际格局下，此一国际法人较多可能损害、较少可能丰富或完善中国主权。此说也没有详述两岸如何共组，各自的权力、责任、义务为何。

其四，强调台湾地区享有参与联合国等国际组织、以及与其他国家建立正常关系的权利。此说完全不符合一个中国原则，违背了国际关系基本准则。如今台湾思维向来只讲权利、台湾优先，不讲义务、不顾应承担的责任义务。"大一中架构"应更多地思考台湾所承担的责任和义务，从中华民族整体利益角度长远思考，共同捍卫国家主权与领土完整。

我们设想此次呼吁只是系列讨论、辩论的开始，应该还有后续的努力与呼吁，如果就此戛然而止，实在可惜。

本人认为，探讨国家尚未统一前两岸特殊政治关系，应从三个方向来思考。一是理性务实，即尊重两岸同属一个中国的历史与现实。与此相背，没有讨论的意义，也得不出有价值的结论。二是相向而行，即两岸双方从两岸现有的法律与制度出发，确认一个中国框架，形成更为清晰的共同认知。三是多提积极正面的建设性意见。提出促进两岸关系和平发展的价值论、制度论及路径选择，使和平发展基础牢固、动力强劲、民意沛然莫之能御，无人违逆，否则须付出沉重代价。（本文发表于台湾《旺报》2014 年 6 月 2 日 C3 版）

赖清德虚情假意无助"最后一里路"

赖清德近日登陆访问上海，引起关注，人们好奇此行对赖本人、对蔡英文及民进党有无加分？

赖是"新潮流系"栽培的派系中人，也是民进党地方实力派。如今政治行情持续上涨，政治前景广被看好，有可能扮演蔡英文副手或直接上场角逐。但赖清德深陷两岸"罩门"，其"激进台独""铁杆台独"色彩阻碍其进一步发展。于是利用民进党权力转换之际迅速登陆，表面上为蔡英文的两岸路线试水温，实际上是想修补赖本人"逢中必反""逢中必闹"的顽劣形象，赚取两岸学分、开始两岸拼图工程。赖绝不是民进党内许信良那样的先知先觉，但赖此行充满了政治人物的精心算计与虚情假意。

赖是最后一位登陆的民进党籍县市长，因为感受到两岸和平发展难以逆转，也因为台南拼经济的沉重压力，赖有不得不登陆的无奈，赖也要做给台南民众看他赴大陆拼经济。为此，赖去年先赴港出席台南与香港直航仪式，测试"独派"的反弹声浪，在未遭遇激烈反对之后，赖才展开上海之旅。

不同于普通的民进党籍县市长，也不同于其他民进党人的血缘情感或商业定位，赖刻意突出上海行的自我保护，做足了功夫。既没有体验上海的城市建设，也没有考察上海自贸区进展，对当地台商无甚兴趣。出席台湾画展、拜会复旦大学，"不经意间"大谈三"国"五城的画展之旅，以"你等会"的笑谈讽喻虱目鱼，刻意提起李登辉、陈水扁况选台湾地区领导人往事，不但为"台独"作注解，还点到大陆"1989年风波"。赖就怕上海主人听不到、听不懂台湾的那套"民意""价值"与"台独"陈腔滥调。但明眼人都清楚赖是说给那群"台独基本教义派"听的，避免回台后遭遇围剿与清算，证明他到大陆坚持了民进党的立场与价值，分寸拿捏似乎比已往到过大陆的民进党人"高明"，不少人因此"按赞"称他有"Guts"。

可见赖是把登陆当作选举操作与累积资本的杠杆。但赖的手法尚嫌粗糙，前后不一、两岸不一、表里不一成为他的硬伤，演得不太诚实。他无法解释一方面与大陆交流，想做生意，一方面挡服贸、挡自经区条例，呈现出"人格分裂"，在讨好"深绿"与拉拢中间难以兼顾，这也是如今蔡英文面临的困境。赖当年以"木马屠城""国安"强硬"反对直航""反对ECFA""反陆客""反陆资""反陆生"，一切都是"反"字当头，耽误了台湾发展。如今仍然是强烈"反服贸"、反"自经区"，未来预估还会反两岸互设机构、反两岸领导人会面、反两岸和平协议，目的就是摧垮马英九政权，早日政党轮替，阻挡两岸关系和平发展。

假如有人把赖上海行当作蔡英文重执民进党后缩短"最后一里路"第一站，那就高估了此行的价值，也可能误读了蔡英文攻顶谋取大位的基本策略。

面对美国亚太再平衡战略搅乱的东海、南海新情势，蔡英文已从"反服贸"风波中找到了另一条缩短"最后一里路"的秘笈。弥补两岸政策罩门、保持民共交流的假象只是蔡英文虚晃一招的障眼术，两岸政策转型已沦为辅助工具。蔡英文基本策略就是左手搞"修宪"，扩大绿营地盘，纾缓"台独"焦虑，满足"台独"想象；右手推"公民运动"，争取台湾知识阶层、中间选民及青年选民的信任，由此跨越政党轮替的门槛。

可以预期2016年之前，从赖清德到蔡英文，民进党可能在"逢中必反"与"逢中必演"之间来回摆荡。民进党人可能络绎于两岸之间，但表演、热闹背后，民进党修补"最后一里路"、争取中间选票功力尚欠火候，收效甚微，国民党反而老神在在，深入耕耘中间选票。（本文发表于台湾《旺报》2014年6月7日）

张志军访台　民进党的角色设计

国台办主任张志军赴台访问，创造历史性的"两岸时刻"，扩展战略纵深。习惯于"逢中必反""逢中必演"的民进党面临角色设计的难题，蔡英文是一如既往，上演当年"暴力围攻"陈云林的闹剧，还是洗心革面，调整立场，抓住机会之窗，认同两岸和平发展？令人好奇。

蔡压制党内温和派

蔡英文败选留给民进党最重要的政治资产就是缩短"最后一里路"，从谢长廷"宪法各表"、童振源"中华民国决议文"到柯建铭"冻结台独"提议，众声喧哗，民进党内要求调整两岸政策呼声、力量渐成主流，累积改变的能量。但热闹背后，仍因民进党主事者的胆怯与无知而功亏一篑。苏贞昌主导"华山会议"、发表"对中政策检讨纪要"，却遗漏积极主张，仅剩空洞言语与"价值同盟"对抗思维，最终在党主席选举是提前缴械，也导致民进党调整两岸政策的全部努力化为泡影。

蔡英文如今另辟蹊径，悖离"最后一里路"的最初设想，左手搞"修宪"，辅以"岛国前进"，巩固绿营基本盘；右手推"公民运动"，拉拢中间选民，全面压制党内温和派，大有葬送民进党的"最后一里路"之势。

上台伊始，蔡英文仍需缩短"最后一里路"作为掩护与点缀。一方面释放与张志军会面的意愿，却坚持在中央党部，其发言人要求张志军就台湾前途由全体中国人决定的发言"道歉"。另一方面高调肯定赖清德在上海的"台独告白"，向"立法院临时会"发出"战斗总动员令"，"反服贸""反货贸""反自经区"，反"行政院版两岸协议监督条例"，坚持绕开大陆走向世界，卡死两岸自贸区对接合作。以"卖台"恐吓谈判人员，使两岸协议签订不成、签不生效。蔡英文的逻辑就是要抢夺两岸议题，如果她不能得分，也绝不能让对手得分，不惜以牺牲台湾未来为代价，实施"焦土抗战"。

不惜牺牲台湾未来

蔡英文的历史倒车，引起党内调整派、温和派、地方基层的吐槽与反弹。民进党籍县市长及其候选人在蔡主导的"共识营"上纷纷离席不愿为蔡背书，有人向民进党全代会提案要求通过"冻结台独党纲"向蔡"呛声"，连蔡的"台独"导师李登辉也跳出来指摘其缺乏勇气与幕僚。

正视大陆崛起与两岸关系和平发展现实，这是民进党缩短"最后一里路"的必修课。台湾民众包括广大民进党支持者无不期待蔡英文主政下的民进党在调整两岸政策上作出实际努力，放弃一切选举算计与民粹作法，放弃干扰对抗，以台湾民众的利益为念，积极回应台湾民众和平发展民意需求，充分表达发展两岸关系的主张、建议，共同促进两岸关系，这是民进党重返执政的根本前提，舍此别无他途。（本文发表于台湾《旺报》2014 年 6 月 23 日 C3 版）

蔡英文"调整论"蛊惑选民难以得逞

2012 年蔡英文败选留给民进党唯一的政治资产就是承认两岸罩门，挑战苏贞昌时刻意与其区隔，寻求连接大陆途径，派人登陆，改称"对岸"。但主掌民进党后，蔡连续"台独"表白，口口声声"中国""中国"。最近抛出大陆"调整论"，自曝其短，蛊惑中间选民，让人见识蔡氏逻辑之荒谬。

蔡英文怪论有三。一是炮制"调整论"。称民进党最大挑战是打好 2014，"如果打好，中国都会朝民进党方向调整"；如果 2016 年最有可能赢的是民进党，大陆"自动会创造条件"与民进党交流。而且只要大陆调整，美国就没什么好讲的了。二是无须"冻独论"。针对"冻独提案"，蔡借口需要时间、需要党内共识，称"台湾前途决议文"既是民进党共识，也是台湾社会的共识，因应民、共交流是否要从"台独党纲"着手需要再讨论。三是散布"无关论"。蔡称民进党现在的主客观条件都比 2008—2012 年好，她能维持稳定，政党轮替影响不会两岸关系。

蔡英文上述论调，涉及两岸关系和平发展的大是大非，故意模糊民进党内"台独"势力对于台湾前途命运、两岸民众福祉的严重危害，麻痹中间选民对于民进党上台逆转两岸关系的敏感神经，使之丧失理性选择的能力，有必要进行深入分析揭露。

首先，拖挡"冻独"只会葬送民进党机会。"反服贸学运"让蔡英文误入战略陷阱，左手搞"修宪"，辅之以"岛国前进"，满足"台独"想象；右手推"公民运动"，吸纳社会能量，拉拢中间选民。然而这两手只能拉拢深绿选票，而回避"台独党纲"、拖挡"冻独"，进一步丧失中间选民、中产阶级、知识阶层的信任。此举显露蔡英文既无心无力改变、提升民进党，也无准备无智慧缩短"最后一里路"，可能愈走愈远。蔡英文如此选择的关键在于其骨子里仍纠缠于"两国论""一边一国论"的"意蒂牢结"，幻想无须政策转型即可赢得 2016

年"大选"。

其次，民进党上台必将威胁两岸关系和平发展。尽管现今民进党内温和、理性的声音有所上升，但为李、扁等政客灌输的"台独基本教义派"严重绑架了民进党，使之缺乏转型动能与人才、思想储备。在可见的将来，"台独"本质不会有根本的改变。一旦侥幸赢得政权，民进党"台独"立场只会强化不会弱化，将使两岸之间形成和平发展两大基石即坚持"九二共识"、反对"台独"不复存在，两岸关系遭遇严重威胁，蔡英文所说维持两岸稳定无疑是"痴人梦呓"。届时，台海和平成为追忆，和平红利化为泡影，台湾民众则由"无感"而陷于永久的"恨"与"痛"。因此，民进党不废"台独"而上台，两岸关系不排除出现重大转折，这绝不是危言耸听。

再次，美国仍不信任蔡英文。2012年"大选"时美国高度不信任蔡英文的"价值台独"，连续出重拳狙击蔡英文选情。蔡此刻谎称只要大陆"调整"，美国就不会说话了，透露一个惊人秘密：蔡从败选到回锅党主席，蔡诊然得不到美方信任。不但如此，在利用学运"反中"、炒作"绿卡"打击马英九，美国对蔡更不谅解。美国决策圈的主流意见就是蔡英文一旦上台，台海局势重趋紧张，美方官员疲于奔命，损害美方利益。

最后，大陆对"台独"决不手软。蔡英文所谓"调整论"不但高估民进党实力，错估台湾民意，而且低估大陆反对"台独"的意志、决心及能力。民共交流的障碍不在大陆，而在民进党的"台独党纲"。民进党有识之士试图通过"冻独"为蔡英文解套，但她显然并不领情。大陆对于民进党内温和、理性、基层力量给予温暖与鼓励，期待他们早日成为民进党主流，转变、改造民进党。与此同时，大陆反对"台独"、打击分裂势力必将一以贯之，毫不动摇、决不含糊。不论蓝绿、不论谁执政，反对"台独"是两岸关系和平发展的根本要求；不论2014或2016选举结果如何，大陆更将坚决反对"台独"，确保两岸永续发展。

蔡英文此时抛出大陆"调整论"其心可议、其议可诛。显然是一种蛊惑中间选民的选战策略，误导人们只要民进党赢了，大陆不能不接受民进党执政，两岸关系不因政党轮替而受到影响。事实上，只要民进党一天不放弃"台独"，大陆就一天不停止反"台独"斗争，一定会尽一切可能阻止"台独"势力上台，不惜一切代价终结"台独"政权。随着两岸此消彼长，反"台独"实力上升、手段多元、措施绵密，威慑超乎寻常，"台独"衮衮诸公犹如井底之蛙、螳臂当车，可笑之极。

　　大陆对于蔡英文的"两国论""一边一国"面目早有定论，已有万全之策。建议蔡英文早日放弃不转型也能跨越"最后一里路"的幻想，放弃只要选赢大陆就会"调整"的幻想，珍惜有识之士"冻独"力量，早日祛除"两国论""一边一国论"魔障，给民进党留下一线生机。（本文发表于台湾《中国时报》2014年7月14日 A15版，原标题为《蔡英文蛊惑中间选民》）

蔡英文"两个绝不"堵死"冻独论"

昨天，最令人关注的"冻结台独党纲提案"在民进党全代会没有激起太多涟漪，只剩一路哀愁。相反蔡英文抛出"绝不论"逆袭，表明民进党缺乏足够的勇气、智慧及能量承担"冻独"带来的挑战，不啻宣告民进党的"最后一里路"已经走偏、陷入迷思。这对两年来勇于探索民进党转型的"冻独派"不公平，对于追寻两岸红平红利惠及民众的地方实力派也不公平。

2012年败选那一刻，民进党就按钮启动寻找"最后一里路"的神奇密码，上下有志一同打开民进党与大陆交流互动的大门。民进党籍县市长络绎于途，重量级人士还与大陆建立交流平台，谢长廷亲自赴大陆进行"开启之旅"，召开"两岸关系发展与创新"研讨会。年初"小英教育基金会"派出专业团队赴大陆交流，改称"对岸"。民进党动员数百人次召开"华山会议"，寻找民、共交流的可行路径。今年1月民进党党团总召柯建铭抛出"冻结台独党纲"提议，打响了"冻独"第一枪。6月中，陈昭南、童振源、郭正亮等40位党代表共同连署提案"冻结台独党纲"，点燃党内对于"最后一里路"的强烈渴望，却也掀起民进党内新一轮"冻独"与"反冻独"论战，"独派"团体倾巢出动，叫嚣"实践台独党纲"反制。

出乎意料的是蔡英文在全代会前夕抢先出招，抛出"两个绝不"震撼弹："民主"与"进步"是民进党核心价值，绝对不会改变；而民进党对"国家主权"与"台湾前途由人民决定"的立场，也绝对不会改变。蔡还强调"认同台湾、坚持独立自主的价值"已经成为台湾年轻世代"天然成分"，这样的事实，这样的状态，如何去"冻结"？如何去"废除"？

此在之前，蔡英文劝说"冻独派"需要党内共识、需要时间，让人们对蔡的"理性""务实"抱有不切实际的幻想。现在蔡的"两个绝不"说得如此明确、毫不含糊、毅然决然，无情地击碎了"冻独派"的幻想，也向外界证明蔡英文所谓需要"时间""共识"只是托词。蔡不但没有摆脱"铁杆台独"绑架的实力与意愿，相反借机全代会，有意迎合深绿，奉献"两个绝不"大礼，给他们吃颗定心丸，却打脸"冻独派"，赏给党内温和派最大的政治悲凉。这是蔡英文"台独"内心的真正告白，中间选民、中产阶级还有意愿为她的"两个绝不"背书吗？

人们时常合理化民进党路线调整的时机选择，误以为"冻独"气氛不成熟，年底选后或者拿到2016的参选权以后，"冻独"的时机就会到来。事实上，"冻独"是一种政治决断，需要领导人的勇气与认知。而2012年败选并没有从根本上松动蔡英文"两国论"的意底牢结，经过"反服贸"风波冲击，蔡英文更加倾心于"台湾主体性""台湾认同"的选票价值。蔡此前声称选赢大陆就会朝民进党调整，只要大陆调整，美国就无话可说，表明蔡对两岸路线的调整早已意兴阑珊，对争取台湾中间选民、争取美国信任既无信心也无耐心。现在她最为念兹在兹的就是全力打赢选举，可她有无赢的秘籍？

蔡英文的"两个绝不"不但回绝了"冻独派"的转型要求，关闭了刚刚萌生的民、共互动契机，而且正式宣告其背离"最后一里路"，另谋他途。蔡未来的选举策略就是开辟"修宪"与"公民运动"两个战场，一方面延续当年阿扁的"民粹"路线，搞族群动员，另一方面以"分配正义"发动普罗大众对抗统治阶层、中上阶层，这是2012年蔡英文的选举老套。这样的选战策略还能给予人们想象空间？

全球化的步伐等不了台湾，两岸关系和平发展也不可能等待民进党。"天若有情天亦老，人间正道是沧桑"，"两个绝不"与"最后一里路"难以兼容，既要坚持"台独"，又要稳定两岸，这对民进党来说已是不可能的任务。

"冻独派"与其迷信政治人物的回心转意，不如脚踏实地深入民进党基层耕耘，远离派系恶斗，结成跨派系、跨世代组合，与深绿辩论，与浅绿对话，视交流为王道，奉合作为正途，壮大民进党内理性、转型力量。这或许就是民进党"最后一里路"的关键密码。（本文发表于台湾《旺报》2014年7月22日C2版）

民进党终须面对两岸关系

扑朔迷离、高潮迭起的台湾"九合一"选战尘埃落定。虽属地方选举，与两岸关系的关联度不甚明显，但其结果牵动蓝绿政治版图重构与双方气势涨落，深度影响两岸关系后续发展与 2016 年台湾"大选"。

国民党全线溃败，彻底崩盘，遭遇毁灭性重击。选举结果造成台湾政局震撼，马英九权力结构的重组在所避免，而蔡英文经历考验，应获 2016 年参选门票。

左右"九合一"结局的变量很多，关键是台湾内部环境与候选人特质。首先近年来台湾政治、经济结构性矛盾、社会氛围不利"执政"的国民党，民众以选票教训执政当局。马英九"执政"不力，"油电双涨"得罪了穷人，开征证所说得罪富人，调高健保费率得罪了所有人。"三中一青"经济状况得不到改善，每况愈下，怨声载道。改革"十八趴"、取消军公教慰问金导致泛蓝铁票生锈，蓝营人心涣散，选情始终徘徊低谷，选票大量流失。

其次民进党结合"318 反对势力"激化反马、反商、"反中"气氛，把台湾南北失衡、贫富扩大、分配不均、世代剥夺等全部归罪于马当局。而马当局百口莫辩，无法扭转不利的舆论氛围。

再次绿营运作网络工具颠覆传统选战模式，使 facebook、"批踢踢"、LINE 此类网络聊天平台成为集结动员绿营、拉拢年轻族群、攻击国民党候选人的利器，连胜文成为绿色网军长期恶搞、霸凌的牺牲品。最后，国民党候选人特质在与绿营选手对比中处于下风，无法赢得多数选民的心。

选举期间两岸议题并没有成为选战主轴，候选人多数围绕地方建设进行交锋，很少涉及两岸政策。国民党输，并不表明多数民众怀疑甚至放弃支持其两岸开放政策；相反，多数仍然期待马英九方面选后推行更加和平开放、行之有效的大陆政策。国民党输，输在台湾内部环境，并不是其两岸政策的失败，更不能牵强附会为两岸关系和平发展的失败。

民进党赢，并不意味着其对抗性两岸政策赢得多数民众的拥护而不受质疑，甚至有部分善良的中间选民试图透过选票支持赐予民进党进行两岸政策转型的信心。多数民众不愿意在地方选举中检讨民进党"逢中必反"政策对台湾发展所造成的深层伤害，而更倾向在2016年"大选"中拿着放大镜加以检验。民进党赢得地方选举并不能保证笑到"大选"，民进党最终必须面对选民对其两岸政策的严酷检验。

"九合一"影响深远，但并不能决定2016年的选举结局。国民党虽然败选，但并没有丧失泛蓝基本盘，为催化"钟摆效应"提供了可能。不同于地方选举中民众忽略两岸议题，2016年"大选"中，民众必定擦眼睛检视国、民两党候选人的两岸政策孰优孰劣。

"九合一"选举给人们最重要的启示，就是只有和平发展的两岸关系，才是台湾最大的公约数，才是台湾民众根本利益所在。摆在民进党面前有两条路，一是继续坚持"台独"立场，拒绝"九二共识"，阻挡服贸、货贸，直至"大选"再次败选。二是丢掉幻想，缩短"最后一里路"，响应和平发展民意，务实调整两岸政策。第一条路是死路，第二条路才是活路。（本文发表于台湾《中国时报》2014年12月1日）

民进党难成两岸正能量

　　蔡英文赴美面试的两岸论述谜底初露端倪，一是"维持两岸关系现状"，但"台独基本教义派"第一时间定义其为"一边一国"的"台独现状"。而"空心菜"如何维持现状则已成为台海两岸、太平洋两岸最大的悬念。二是攻击对手将两岸关系"国共化""权贵化""黑箱化"，谩骂"九二共识"窄化台湾"国际"参与，诓骗世间"两岸牌"已经失效无用。果真如此吗？

　　众所周知，两岸关系当然不只是国共关系，是包括两岸政府、政党、政治团体、社会组织、两岸人民之间涉及政治、经济、文化、社会、军事安全等全方位、综合性、系统性、复杂化的关系，国共关系只是两岸关系中政党关系的一部分而已。坦白而言，不同时期国共关系对于两岸关系的作用大为不同，李登辉控制下的国民党曾是两岸关系的破坏性因素，而民进党创党初期曾支持老兵返乡探亲，打开两岸交流的闸门。但2000年以来，连战领导下的国民党唾弃李登辉"台独"分裂路线，回归反对"台独"的历史正轨，坚持"九二共识"，追求和平开放，踏上和平发展正确道路，谱写两岸关系崭新篇章。国共关系因此成为引领两岸发展的先锋性、关键性、超稳定力量。

　　近七年来，两岸双方在"九二共识"、反对"台独"的基础上共同缔造和平发展的繁荣景象，经济红利撒向台湾的城乡、山区、渔村、部落，惠及台湾航空、旅游、零售、酒店、银行、等服务、文创、加工制造、教育培训等各行各业，带来人流、物流、信息流、资金流，创造新业态，提供商机，也提供就业。两岸民众受惠和平发展尽享丰硕果实，参与越多，分享越多；贡献越多，感受越深。民进党基于一党之私，谩骂、攻击和平发展"无感"。

　　民进党长年"台独化"历程及其"台独基本教义派"的结构性制约，使其深陷"台独"魔咒难以摆脱，始终是两岸和平发展的对立面、搅局者、破坏者。放眼民进党内外，既无人才，也无政策、更无能力推动两岸关系，引领和平发展。历经陈水扁及其"天王"、政客的"台独"民粹法西斯式操弄，民进党已丧失温和理性、务实稳定、正面积极的基因。2008年以来，民进党依然逆历史潮流而动，背离和平发展方向，擅于"逢中必反""逢中必闹""一切为反对而反对"的可笑、可悲又可恶角色。蔡英文作为"两国论"的操刀者，当年强力反对陈水扁接受"九二共识"、终止"国统纲领"与"国统会"运作。在党主席任内先是否认"九二共识"的存在，后又拒绝承认"九二共识"，攻击其为"国共共识"，没有"经过台湾人民同意"。蔡英文曾激烈反对ECFA，阻挡服贸协议，反对两岸和平发展。但为了选举、骗取中间选票，蔡承诺选后"不会横入灶""概括接受"两岸协议，如今蔡宣称"维持两岸现状"。但其"空心菜"特质让其"台独"导师李登辉看不下去，公开质疑蔡缺乏幕僚、缺乏政策，如何"维持现状"，更别说发展两岸关系。蔡英文依旧是一碟发霉有毒的"霉干菜"，其"台独已是天然养分""民进党选赢大陆就会向其调整靠拢""从世界走向中国""重内政轻两岸"等论调就是欺骗选民的最大谎言，明证蔡根本无心也无力发展两岸关系，只想收割现有成果。

民进党一方面攻击两岸关系"国共化"，一方面试图在不承认"九二共识"的情况下发展民共关系，维持两岸现状。但是，制造两岸冲突的历史面目、"台独"本质、拒绝"九二共识"，决定了民进党根本无法与大陆展开正式、全面、深度交往，无法成为引领两岸关系发展的正向力量，无法维护两岸和平发展的既有成果。民进党在未来两岸关系中将日渐边缘化、孤立化、无角色化。

大陆已多次警告民进党"基础不牢地动山摇"，否认"九二共识"，挑战两岸同属一个中国的法理基础，必将动摇两岸关系发展基石，两岸就不可能有和平，也不可能有发展。若台湾民众对和平发展"无感"，那一定会对地动山摇"有感"。（本文发表于台湾《旺报》2015年5月18日D3版）

蔡英文从"空心菜"到"霉干菜"

两岸与国际局势大变,让蔡英文声势翻转。"九合一"民进党捡到大便宜,而国民党候选人难产,蔡未战先赢。赴美面试出现"乐队花车效应"(bandwagon),美国最为现实势利,无法免俗,各色人马为蔡捧场。蔡英文最懂得察言观色,讨人欢心。美国"亚太再平衡"与中美南海争逐叠加,美国亟须打"台湾牌"。蔡英文食髓知味,投其所好,充分展露"亲美反中"本性,拥抱美国大腿,颇得美国欢心。蔡英文"访美"风光无限,并非其本人造就,只是借时势得分。蔡英文心花怒放,自诩"只差见到奥巴马",对外谦称顺利,民进党上下更是雀跃鼓舞。其实蔡表面风光,收获有限。

蔡英文对于赴美面试高度期待,希望透过此行与美方高层建立沟通管道,消除疑虑,建立互信,避免2012年美方"打蔡"历史重演,避免美方的不信任成为其迈向2016的障碍。如果能够通过美方的面试,争取到其加持,蔡英方等于为未来的选举向美方买了份保险。

蔡英文对此作了精心准备,跑了美国六大城市,广泛接触美国参从议员、工商企业、在台侨人士,与美国智库、著名台湾问题专家以及美国国务院、白宫官员见面,就美国所关心的两岸政策、南海政策、维持现状等议题进行深度、密集的交流。从现有公开透露的种种信息来看,蔡英文依然是一碟"空心菜"、"模糊菜"及有毒的"霉干菜"。

蔡英文现阶段的竞争策略就是"重内、重美、轻陆"。自去年"反服贸事件"以来,民进党结合"黑岛青"等"台独"势力,将"反中""反商""反权贵"的气氛渲染到极致,一举破解马英九、国民党"两岸牌"。"九合一"大赢后,蔡英文及其策士们深信"反中"并且全面倒向美日成为"最后一里路"的最为重要的拼图。但公开赤裸裸"反中"既让美国不放心,也刺激大陆,因此赴美过程中蔡英文采取"重内政、重台美、轻大陆"的策略,着重台湾内部经济环境、民生福利、分配长照等,鼓吹台美关系提升,尽量避谈两岸议题,以免两岸议题再次成为2016"大选"的议题，陷入国民党擅长的场域。

但此次蔡英文赴美面试不得不谈谈两岸政策，消除美方疑虑，蔡采取三大策略寻求安全。

一是"挤牙膏"方式。最初抛出参选"中华民国总统"，后是讲"维持两岸现状"，后又补充解释依照美国定义的现状，讲到美国的心坎里。后称依循"中华民国现行宪政体制"，最后称对于她所不承认的"九二共识"与大陆"求同存异"，旨在消除台湾中间选民、美国对其"台独理念"的疑虑，令其放心。二是"拿香跟拜"。蔡英文仿照马英九所言，也要推动两岸和平稳定发展，也会概括承受两岸协议、交流互动的成果，似乎忘记她当年在两岸关系中扮演的恶劣角色，仿佛她当年参与炮制"两国论"、阻止陈水扁接受"九二共识"、上街暴力抗议、反ECFA、反服贸、为反而反的所有一切不曾发生过。蔡不接受"九二共识"却要实现两岸和平发展，除了自欺欺人外，谁会相信？三是对美清晰求实、对陆模糊务虚。蔡明确表示要与美国寻求共同利益、共同价值，但对大陆模糊以对、空洞无物，除了"中华民国现行宪政体制""两岸20年来协商交流互动的成果"等空洞言辞外，外界始终在"猜英文"、始终"雾煞煞"。

蔡英文美国行的两岸论述，呈现出"三回避三突出"特征。回避"台独"、回避"九二共识"、回避两岸关系本质。蔡似乎忘了民进党还有"台独党纲""台湾前途决议文""正常国家决议文"三份"台独"文献窜白。蔡英文不直接回答任何有关"九二共识"的话题，"王顾左右而言他"。对于两岸关系的本质，是"两国论""一边一国论"规范的国际关系，还是一国之下的国内关系？蔡不愿就此表态，预估到选完也不会表态。但蔡英文时刻突出维持两岸现状这一愿景，突出"现行宪政体制"与两岸交流互动成果，突出所谓台湾的民主与自主、岛内民主与民意、公平共享等。只是外界猜不透蔡英文有关"中华民国宪政体制""两岸协商交流互动成果"的真正内涵，迷幻中间选民。

深入检视蔡英文的在美言行，其两岸政策只有目标、没有方法；只有愿景、没有路径；只会画饼充饥，不会施工执行。不接受"九二共识"，没有共同的政治基础，必然"地动山摇"，哪有和平发展？蔡英文曾攻击"中华民国是流亡政府"，坚持"台湾是中华民国、中华民国是台湾"，完全违背"一中宪法"，蔡英文是"中华民国宪政体制"的解构者而非捍卫者，"中华民国"只是蔡英文选举时的一块抹布而已。蔡英文试图按照柯文哲模式绕开"九二共识"，空谈"两岸20年来协商交流互动的成果"等等，却要"确保台湾民主与自主选择"、坚持民主、民意、共享等。如此处理"九二共识"议题就可蒙混过关，她太低估两岸民众的智商了。

最让两岸中国人无法释怀的是蔡英文依然顽固坚持"台独理念"，具有强烈的"反中"倾向，试图参与美日同盟围堵大陆，已然成为中国崛起、实现"两个百年目标"与中国梦的最大、最直接的现实威胁。

蔡英文把两岸关系定位于"对外关系"，口口声声要"建立更稳定一致可预测的对中关系"。蔡回避"台独"但绝不放弃，力挺且怂恿"黑岛青"帆、庭、昌为代表的新型"暴力台独"。以阶级对立、"分配正义"污蔑"图利财团"、"两岸政商高层"。以"新经济模式"、加入 TPP 摆脱对大陆经济依赖，制衡"一带一路"。陷于"民主人权""公民运动"的新价值对抗，积极提升台美军事关系，极力要求参与美国主导的多边军事演习，不惜模糊南海主权诉求，私自交易，只守太平岛，把它当作美军的避风港，其余南海之地不再坚持，有可能松动"固有疆域"，全面靠向美日同盟、出卖中华民族利益，等等。

两岸中国人、一切爱好和平的人士应高度警惕蔡英文的新型"台独"行径，冷静而坚决地捍卫国家主权领土完整，捍卫中华民族利益。（本文发表于华广网 2015 年 6 月 14 日，引自 http://www.chbcnet.com/zjps/content/2015-06/14/content_1136103.htm，最后检索日期 2018 年 12 月 5 日）

风光访美后，蔡恐由盛转衰

蔡英文访美风光无限，并非其本人造就，而是借时势得分，得益于美国"亚太再平衡"遇上中美南海纷争，美国亟须打打"台湾牌"。蔡英文食髓知味，投其所好，展露"亲美反中"本性，拥抱美国大腿，颇得美国欢心。"九合一"以来蔡英文声势看涨，而国民党候选人难产，蔡未战先赢，赴美面试出现"乐队花车效应"（bandwagon），美国最为现实势利，难以免俗，为蔡捧场，民进党上下雀跃鼓舞，蔡英文心花怒放，自诩"只差见到奥巴马"，对外谦称顺利。其实蔡表面风光，收获有限。

时势造蔡

其实蔡英文在美方眼里只是一根稻草而已，随时都有可能被抛弃，其对美国的利用价值就是刺激一下大陆、爽爽而已。民进党长期甘作美国附庸，充当棋子与打手，围堵中国大陆崛起。但在国际赛局中无论台湾或民进党只是"弱鸡"，基于陈水扁当政的历史教训，美国对于民进党、蔡英文的看法是"好使，但没用"，甚至添乱、帮倒忙、拖美国下水，最后损害美国利益。

衡酌蔡英文"两国论""暴力小英"及"为反而反"的历史行径，美国如今有两大担心。一是担心尚未选上就已无比傲慢的蔡英文上台后不听美国劝阻，一意孤行，为所欲为，成为新的"麻烦制造者"，最终损害美方的战略利益。二是担心国民党大败，岛内失去制衡民进党的力量，因此，出于平衡国、民两党候选人的考虑，美方未来拉抬国民党候选人，给蔡穿小鞋、让蔡难堪似乎不避免。

挑战尚在后面

蔡英文访美风光很快就被消耗完，许多不顺心将接踵而至，真正考验尚未开始。

蔡英文整合绿营颇为吃力。第三势力频频公开向蔡英文叫阵，要求让渡更多"立委"名额，"台联党"也决不会让民进党予取予求。林义雄、施明德等绿营大佬紧咬不放，隔三岔五批蔡，令其如坐针毡。民进党内部更是暗潮汹涌。"新系"与"非新系"、"新系"与小英之间的存在不可调和矛盾，随着"立委"提名争夺趋于激烈，一触即发。蔡英文只有无为而治一招，无法过关。

蔡英文赴美所赢得的虚拟掌声，必然遭到9月"习奥会"重击。基于构建中美新型大国关系的需要，美国坚持一中政策与中美三个联合公报，支持两岸关系和平发展、支持"九二共识"、反对"台独"的政策更为坚定明确。对于蔡在美国言行所透露的"台独"本质、"反中"倾向、给中美添乱的"台独"私心必然遭到中美两国首脑的严正警告与共同谴责。

"台独"吓跑中间选民

蔡英文逻辑错乱、前后矛盾、暗藏"台独"与"反中"玄机、迎合美日围堵大陆的两岸政策理当遭遇台湾各界的严酷检验，包括：顽固回避"九二共识"，坚持"台独"理念，毁损两岸和平发展基础；实施新版"戒急用忍"，以"新经济模式"、加入TPP远离大陆、制衡"一带一路"建设；宣扬"民主人权"搞意识形态对抗，甚至模糊南海主权诉求、意图变更"固有疆域"，全面靠拢美日同盟、出卖中华民族利益，等等。必然引起台湾中间选民、知识阶层的严重忧虑与不安。

等到国民党候选人出炉，蓝绿阵营各自归队，蓝绿对决的态势终将成型。蔡英文访美已然赢在起跑线上，但谁能保证蔡只会一路领先，而不会由盛转衰，重蹈历史覆辙！（本文发表于台湾《旺报》2015年6月15日D2版）

维持现状无法取信天下

"只会选举，不会治国"是外界对民进党的一致印象，该党的政治思维长期陷于选举逻辑，凡是有利于选举的话说尽、事做绝，不利于选举的则极力回避、否认。如今，蔡英文声势看涨，各种承诺出笼，"不反商"、"维持两岸现状"、小幅"修宪"、参选"中华民国总统"等。但蔡的承诺可以相信吗？

蔡英文如今的政治逻辑就是"一切等赢了再说"，"只要赢了，不但大陆向她调整靠拢，美国也无话可说"，届时她想做什么谁敢拦阻？？洪奇昌先生近日撰文为党辩护，表明该党今非昔比，已告别扁时代，顺应民意，维持现状。对此，笔者有二大疑问就教洪先生。

不妨冒昧揣测蔡英文的"宪改"路线图。近来"宪改"的号角已经吹响，但不同以往，因为声势大好，蔡英文反而担心"独派"的"宪改"活动坏了她的"总统"好梦，对于"修宪""公投"等敏感事项刻意谨慎低调，要求"独派"暂时隐藏"台独"尾巴，戒急用忍。蔡英文并非放弃"宪改"，而是等她当选后再搞"正名""制宪"也不迟。蔡英文有其险招，实施"二阶段修宪"。第一阶段降低投票年龄，拉拢年轻世代，炒热"宪改"气氛，营造无限想象。一旦政权得手，"宪政时刻"到来，便径行实质"宪改"，包括降低"修宪""公投"门槛，甚至借美国之力，就南海 U 型线作出不同解释，更改"固有疆域"。届时两岸情势一触即发，"维持两岸现状"瞬间破功。

蔡英文抛出"维持两岸现状"引发的悬念超过当年的"台湾共识"，甚至喊出美国定义的两岸现状，作为赴美面试取信美方的敲门砖，但蔡无法面对人们的大疑问。

其一是维持她所服膺的"两国论""一边一国"的现状？还是"中华民国是台湾，台湾是中华民国"的现状？还是"不统、不独"的现状？蔡英文能否明确讲清楚她对于现状的定义？

其二是维持七年前陈水扁"法理台独""文化台独""正名、制宪、公投"的"麻烦制造者"现状，还是七年来两岸和平发展的现状？如果蔡现在接受和平发展的现状，请问七年来蔡英文为何"逢中必反""逢中必闹""为反而反"？她"反对 ECFA""反对服贸协议""反对两岸合作互利双赢""反对一切的开放"，请问七年中她为两岸和平发展作出哪些正面、有益的努力还是负面、消极的干扰？她七年来有无承担一个理性反对党所应负的责任？

其三，蔡英文声称要维系台海和平及持续稳定发展的现状，但这个现状是两岸双方所共同坚持的"九二共识"所创造的，蔡英文不承认也不接受"九二共识"，她又如何维持现状？如果她提出一个非"九二共识"的新共识，请她告诉世人，这个新共识能否远离"大陆和台湾同属一个中国"的核心吗？

其四，如果蔡的现状定义与美国一样，那么她能否接受美国的一个中国政策，能否接受中美三个联合公报、中美新型大国关系所规范的一个中国原则？

人们无比好奇还在维持现状口号之下有无具体的政策设计？否认、不接受"九二共识"，蔡英文有何锦囊妙计维持两岸现状？赴美面试后美方不一定找到答案，甚至明年选后蔡也不一定给人们明确交代。

众所周知，蔡英文擅于模糊、更擅于造词，从"台湾共识"到"维持现状"都是她的杰作。蔡英文最大的弱点就是缺乏自信，也不用功。人们惊讶她在 4 月 15 日讲话中承认她需要"找回自信"方可"点亮台湾"。一个缺乏自信的蔡英文领导台湾，这是台湾民众之福吗？（本文发表于台湾《旺报》2015 年 5 月 20 日 D3 版）

赖清德走向"台独"悬崖必将自食恶果

　　民进党籍台南市市长赖清德日前祭出险招，悍然叫嚣"台独"，试图为其日趋黯淡的政治前途谋求突围，但必将遭遇政治悬崖，为人民、为历史所唾弃。

　　赖清德此举，属"一石三鸟"政治操作。

　　一是转移施政不力焦点，防止政治声势持续下沉。今年初，赖清德挑战台湾现有体制，开了地方自治恶例，拒绝议会质询，遭到媒体抨击与"监察院"调查弹劾。近来因为防疫无方，导致台南"登革热"四处漫延、几近失控，其政治声势直线下挫。一向傲慢自倨、备受媒体包装宠爱的"赖神"，为挽救政治形象，被迫放低身段回到议会接受质询。为躲避、分散议员防疫不力攻击火力，赖神大动作叫嚣"台独"，实属无奈之计。

　　二是扮演"铁杆台独"，抢夺深绿地盘，作为未来政治出击高地。蔡英文选情一路看好，压缩了被视为"明日之星"的赖清德的未来出路。只要蔡上位，赖可能此生梦断"大位"。此前曾传出赖谋求副手而始终得不到蔡"关爱的眼神"。不但如此，赖未来还得面对柯文哲这个"怪咖"，大位对赖来说越来越成为遥不可及的梦想。焦虑之际，赖选择跳进"台独"泥沼，与"台独基本教义派"相互取暖，俘获"深绿台独"的心，作为未来挑战蔡英文、柯文哲，竞逐"大位"的基本策略。

　　三是绑架民进党、"吃定"蔡英文。赖清德"项庄舞剑，意在沛公"，一方面想邀功，是他帮蔡英文巩固了"台独"选票，他选举有功，吃定蔡英文，坐地分赃；一方面着眼于选后布局，绑架民进党，在资源分配、权力制衡、路线决策等方面膨胀赖自己的影响力，"吃人够够"，甚至给她穿小鞋。蔡英文对此心知肚明，但为选举考虑被迫为赖缓颊、打圆场，谎称赖的主张与她"维持两岸现状"没有差别。但蔡英文的政治性格就是记仇，时机一到便会清理门户，民进党内的腥风血雨即将引爆。

有人曾分析赖清德此举旨在与蔡英文"分进合击",唱"黑、白脸":赖着力巩固"台独基本义派"选票,蔡重点拉拢中间选票。但事实上,国民党目前选情奄奄一息,前景看衰,蔡英文的选情大好,可能囊括深绿、浅绿及中间选票,无须别人帮她巩固"台独"基本盘。赖清德此时此刻大动作高喊"台独",直接结果有可能吓跑了原本支持民进党的中间选票,打压蔡的得票率。赖清德此招最险恶之处在于赖及其背后的政治势力看不得蔡英文以50%以上的绝对多数赢得选举,也容不得2016年后蔡英文全面执政、稳定执政,更不容许民进党路线转型。

赖清德向来以死硬"台独"面目示人,俨然是深绿总代表。虽然一度为情势所迫表达两岸交流意愿,并赴上海交流,但依然不改其"台独"心迹。此时高唱"台独",却显示其已陷入政治末路,前景不妙。

一是背离国际情势,"台独"无异痴人说梦。不久前举行中美首脑"习奥会"会晤,显示中美构建新型大国关系取得重大进展,奥巴马总统重申坚持基于三个联合公报的一个中国政策,不支持"台独",再次表明"台独"分裂势力无法得到美国任何支持。美国将出于自身战略利益的需要,不容许岛内"台独"势力挑战台海底线,破坏中美合作大局,危及美方利益。可以预计,美国将与中国大陆共同管控"台独"挑衅。可以说"台独"无异以卵击石。

二是触动大陆红线,葬送台湾前途。如今大陆实力增强,GDP已是台湾的20倍,军事力量更对"台独"势力构成强大威慑。"台独"挑战大陆红线、触动《反分裂国家法》,大陆将强势还击。赖清德此举无异于葬送台湾2300万人民的前途命运,任何负责任的政治人物决不会只为个人政治利益而绑架台湾同胞、陷其于不义。

三是违逆两岸和平发展民意,牺牲民众幸福。近年和平发展已成台湾主流民意,两岸经济合作、文化互动、社会融合已势不可违,陆客、陆生、陆资为台湾经济发展、民生改善提供强大动力,对南台湾经济贡献也是有目共睹,无可替代。任何负责任的政治人物都不会睁眼说瞎话,无视民众需要,以"台独"立场排斥陆客、陆生、陆资的到来。

四是"台独"政客日趋没落,将为历史所唾弃。绿营各式"铁杆台独"均没有好出路,"老台独"已经凋零,"新台独"只想捞取政治资本难担大任。"台独"政客掌声稀落,势力范围越来越小。赖清德选择"台独"这条政治悬崖之路,彰显其鼠目寸光,狭隘自私,坐困愁城,将失去更大多数理性、中间选民支持，未来几乎与大位绝缘。

大陆方面严重关切民进党、蔡英文的两岸主张，如果赖清德的"台独"立场主导了选举期间民进党，那么蔡英文选情有可能遭遇翻转；如果主导了2016年民进党的两岸走向，那么两岸关系必将陷于地动同摇的可怕境地，两岸关系不但陷入"冷和平"，而且遭遇长期的霜冻期。（本文发表于台湾《旺报》2015年10月5日D3版，原标题为《"赖神"高唱"台独"，小英要提防》）

台湾 2016："小辣椒"如何爆炒"空心菜"

7月19日国民党"全代会"全体鼓掌通过洪秀柱代表国民党参选2016年提案，纷扰多时的国民党提名之争尘埃落定。"一柱擎蓝天"、"实心柱"爆炒"空心菜"成为舆论焦点，2016台湾选举毫无悬念成为两个女人之争，但鹿死谁手尚存悬念。

出生平民，关怀弱势

洪今年67岁，祖籍浙江余姚，1948年4月7日出生普通外省家庭，虽为外省第二代，但洪一家命运多舛，频遭不幸。父亲洪子瑜曾受"二二八"事件牵连，坐过国民党黑牢，终其一生抑郁不得志。母亲只是普通女工，收入微薄，二个女儿先后送给别人领养。洪秀柱文化大学法律系毕业，曾获美国密苏里州立东北大学硕士学位。迄今未婚，早年曾与前海基会秘书长焦仁和传出恋情，2011年罹患癌症，但凭借顽强意志战胜病魔。

洪来自基层，长期接触台湾底层民众，讲一口流利的闽南语。长期从事教育、"立法"工作，早年担任中学训导主任，后转入国民党党务，于1989年当选"立法委员"，曾是国民党"立院"八大金钗之一，迄今已连任八届，资历仅次于"立法院长"王金平。2012年当选"立法院副院长"，后又担任国民党副主席。

洪长年关注教育、关怀弱势，关心教师学生权益、全民健保等议题，热心两岸交流，支持和平发展，曾来大陆出席"海峡论坛"等两岸交流活动。

A咖怯战，"由砖变玉"

洪秀柱最初表态参与党内初选，本意是希望"抛砖引玉"，逼出党内"大咖"出征，赢得明年选举，最后竟然假戏真做、"由砖变玉"，披上蓝袍征战

2016。国民党内的"A咖"们朱立伦、王金平、吴敦义不是胆怯，害怕输光所有政治资本；就是机关算尽，企图透过"征召"直接参选。王金平5月婉拒领表投入初选，6月上旬又出尔反尔高喊"义不容辞"旨在打压洪初选民调，使其无法通过所谓30%"防砖民调"关卡，王由此可获得国民党"征召"参选。朱立伦开口"团结"、闭口"制度"而拒选2016，关键是担心"总统""立委"及新北市市长三输，最后连挑战2020的火种也被熄灭了。

事实上，朱立伦是国民党内最有实力挑战蔡英文的选手，在蓝营声势屡弱之际，最需要有人登高一呼，带领蓝营奋勇向前，即使输掉也会赢得尊敬，至少输人不输阵。洪秀柱虽非党内"大咖"，但因其强势担当，赢得蓝营支持者鼓励肯定，不但通过党内连署，6月9日一举跨过30%的"防砖条款"，民调高达46.203%，虽然频遭党内各路"卡柱"逆流，但最终抢滩成功，扬鞭迎战蔡英文。

精彩可期，充满悬念

明年选举精彩可期，有四大看点。

一是两女之战。由于特殊的政治土壤，经过李登辉、陈水扁、马英九等人政治洗染，台湾政治已进入"男人不行靠女人"的阶段。台湾"福佬沙文主义者"如辜宽敏诸辈始终坚持"穿裙子不能当三军统帅"，但明年"520"以后台湾只能让女性指挥军队。尽管有宋楚瑜、施明德等人出来搅局，还是"两个女人的选战"最吸睛。民进党长期为男性霸持，但2008年败选后荡到谷底，无人愿意承担，最后推举具有"非典型政治新品种"蔡英文出来领导民进党。国民党内"大咖"怯阵，只能由洪秀柱这位女生承担，"台湾男人行不行"成为大问题。宋楚瑜曾二次参选台湾地区领导人、一次参选台湾地区副领导人、一次参选台北市市长，此次参选可谓再创纪录。宋的亲民党面临泡沫化，如果宋此时此刻吊足选民与舆论胃口，在国民党、民进党之间谋求利益最大化，也不枉宋的"表演张力"。施明德十年前"红衫军"的倒扁英雄，去年提出过"大一中架构"，政治热情始终不减。但不管宋、施后势如何，都改变不了明年女人当家的结局。

二是实力不对称但充满悬念。去年"九合一选举"国民党遭遇重大挫败，民进党结合"反服贸势力"意外捡得便宜，大赢地方选举。蓝绿政治版图已是不相上下，多数人相信"绿大于蓝"，民进党执政县市达13席，"六都"中已有

4市沦为绿地，国民党更是失去台北市这个战略要塞。民进党的地方执政人口、预算已是国民党的两倍多。如今"骨牌效应"出现，蔡英文未选先赢。马英九彻底"跛脚"，"令不出总统府"，而国民党选情被看衰，以致党内"大咖"纷纷避战，逼得洪秀柱跳出来参选。洪揭竿而起，振奋泛蓝，声势一日三涨，一扫国民党内失败主义、悲观主义情绪，给泛蓝一线希望。证明蓝营实力犹存，尚可一搏，关键看选战策略。明年选举未必已定输赢，悬念往往是在没有悬念处酝酿发生。

三是流行"非典型"选战。台湾选举习惯所谓地面"组织战"、空中"文宣战"，一度"赌盘"盛行，甚至陈水扁、邱义仁发明了"割喉绑桩""两颗子弹"等超限战。如今台湾选举已抛却激情，投票率逐年下降，由2000年的82%下降为2012年74%，而且传统选战方式失去市场，更多倾向"非典型"选战路数，塑造候选人清新、亲民形象，着重新媒体、网络战，通过网络媒体抢夺并主导议题，双方决战Facebook（脸书）及PTT、LINE等聊天工具。蔡英文开设脸书官网"粉丝"达到120多万，洪秀柱起步虽晚，但已突破30万，其"晴天蜗牛"异军崛起，战力不可小觑。

四是攸关台湾与两岸前途。2008年以来，两岸关系进入和平发展阶段，两岸步入"一日生活圈"，两岸每周直航航班达到890班。两岸之间出现了陆客、陆生、陆资、陆配、陆媒等新群体，每年往来两岸民众达到900多万人次，来大陆的台胞达到550多万人次，赴台湾陆客达到400多万人次。岛内陆生达到35000人。如今，累计来过大陆的台胞达到900万人，而去过宝岛的大陆民众也有900多万。台湾海峡成为和平、繁荣之海，更是机会、希望之海，为两岸民众特别是台湾同胞提供了丰厚的和平红利，包括经济发展、民生改善、就业增加、失业降低，两岸活水可引，台湾希望再现。但是，如果明年民进党在不接受"九二共识"、不放弃"台独"的情形下上台执政，两岸和平发展的基础遭到削弱，所谓基础不牢，必然地动山摇，两岸关系将重回动荡不安的老路，和平发展成为追忆，和平红利得而复失，两岸民众将同再次遭受痛苦不堪的折磨。因此，明年的选举将影响台湾与两岸关系的稳定与否、是对台湾前途与命运的重大抉择。不但台湾民众关注，大陆人民也极其关注，甚至国际社会也会聚焦这场选举。

"小辣椒"爆炒"空心菜"

舆论对比洪秀柱与蔡英文，纷纷以"小辣椒"爆炒"空心菜"形容。洪、蔡虽同为未婚女性，但两人形象、性格、特质、能力截然相反，颠覆了国、民两党传统政治人物的形象。

一是就出身言，平民 Vs. 富人。洪出生平民，家境清贫，全家遭遇很多不幸。与洪相反，蔡出生富贵之家，自小含着金汤匙出生，念大学时开跑车，养成飙车习惯。继承遗产高达十亿台币，坐拥豪宅。蔡英文衣服讲究，一身贵气。

二是就心理特质言，自信 Vs. 缺乏自信。"穷人的子女早当家"，洪自小出道当家，颇有女中豪杰之霸气。蔡英文是家中"老幺"，父母掌上明珠，饭来张口、衣来伸手，其大嫂经常为她系鞋带，其姐陪她赴英国读博士，"万千宠爱集一身"。由此导致蔡英文的人格心理缺乏自信、缺乏担当，从政路上没有当过"一把手"，她 2010、2012 年两次选举都以失败告终。

三是就政策言，"实心柱" Vs. "空心菜"。洪有"反台独""反民粹"，追求和平的两岸政策，也有发展经济、改善民生的稳健可行政策，还有关怀弱势、实现公平正义的美好愿景。尤其是洪在当前岛内浓厚的"反中""反商"气氛中，主张实施"稳健核能"政策，敢于提出"九二共识"升级版，朝向"一中同表"、签署两岸和平协议努力，得到蓝营支持者的追捧、中间选民的赞赏。与此相反，蔡英文在 2012 年抛出"台湾共识"，谎称"和而不同、和而求同"，现在又以其特有的模糊语言试图"维持两岸现状"，令人不知所云。无怪乎舆论讽刺其为"空心菜""模糊菜"，甚至还是一盘有毒发霉的"霉干菜"。

四是就政治性格言，清晰 Vs. 模糊。洪秀柱是问政犀利，讲话辛辣，快人快语，清清楚楚，蔡是模模糊糊，吞吞吐吐。6 月 17 日洪秀柱在中常会发表"道路"演说，"依道不依势，依志不依力"，讲话正义凛然，铿锵有力，掷地有声。洪政策主张前后一致，始终如一，而蔡总是前后反复、自相矛盾，蔡当年领"十八趴"却反"十八趴"，当政时支持核四，下台后却"反核四"。

当前，台湾需要既能干、又清廉的人打破目前政经困局。蒋经国之后，台湾先后遭遇奸人、坏蛋及"笨蛋"当政，"台湾主体性""台独民粹"成为政治主流、政治"正确"，已经严实绑架了台湾政治人物、蓝绿选民，台湾已陷入严重的政治困境，难以脱困。打破目前台湾"闷政治""闷经济"的困局，多数民众期待一位既能干清廉、又具有胆略的人率领民众走出困境。洪秀柱的"由砖变玉""脱颖而出"，就是得益于这样的政治气氛。

优劣互见，洪须逆转胜

洪秀柱虽然已披上蓝军战袍，但后续的挑战极其艰巨。比较洪秀柱与蔡英文优劣势，洪暂时处于下风，能否逆转胜，翻转选举，仍需付出艰苦努力。洪、蔡优劣互见。

蔡英文的优势在于：一是民进党声势上涨，占尽地方执政优势，已显准执政党姿态；二是"维持两岸现状"具有欺骗性，特别是对部分中间选民、青年世代；三是美国出于"战略再平衡"的需要，拉拢民进党以制衡大陆，因此美国不像 2012 年那样批蔡，只要求蔡与大陆沟通、对话，稳定选后台海局势。蔡英文的劣势包括：一是"台独"本质有可能吓跑中间选民；二是蔡不够自信，领导能力不足，缺乏强大的幕僚团队；三是政策空洞，无法应对经济、民生、环保、两岸、国际等变数。

与此相反，洪秀柱的优势在于：一是坚定清晰的两岸政策，稳定台海局势的能力对泛蓝、中间选民、知识阶层、对台商、台生、陆配等群体有影响力；二是洪的平民出身、清新形象、直白敢言的性格、重视教育、关怀弱势的政策诉求对台湾基层普通民众有感染力，也对年轻人、网络乡民有吸引力，洪的网军"晴天蜗牛"异军突起，不输绿军；三是国民党的发展经济、应对金融危机的能力深受企业的信任，洪对"经济选民"有号召力。

但是洪秀柱的不利因素也相当明显。一是泛蓝政治版图萎缩、泛蓝基本盘已没有优势；二是泛蓝分裂隐忧难以消除，亲民党宋楚瑜闹分裂，参选到底；王金平为首"本土派"出工不出力，泛蓝的"本土蓝"失血流失；三是洪在中南部没有知名度，影响力弱，短期内很难经营有效；四是洪个人魅力、政策能力不如蔡，对中间选民、青年群体吸引力稍弱。挺蔡的中间选民 42%，支持洪的只有 24%。年轻世代中挺蔡 70%、80%，支持洪不到 20%。五是岛内"反中"、"反商"的气氛不利国民党，民进党散布"国民党不倒，台湾不会好"的谎言，攻击两岸红利"图利财团"、政商利益集团剥夺普通民众，腐败到台湾等攻击伤害国民党候选人。国民党擅长的"两岸牌""经济牌"不一定对国民党加分。此外，马英九执政包袱、政绩欠佳将进一步拖累洪秀柱的选情，无法为其加分。

胜选方程式：非典型选战

离明年 1 月 16 日投票选举已只有 150 多天，这对缺乏中南部经验、缺乏

"大选"经验、缺乏国际事务经验缺乏资源、缺乏人脉的洪秀柱来说是一场极其不公平的选举。为今之计，笔者以为洪只有出奇制胜，出奇兵、出奇招，方可取得最后的胜利。

其一，主打非典型选举。洪应摆脱传统选举模式，主打一场清晰、有效、彻底的非典型、非传统选战，着重诉求中间选民、基层民众及青年群体，运作网络战、新媒体。同时，洪需发挥"母鸡带小鸡"的功能，与国民党"立委"选举分进合击、无缝对接。国民党中央应发挥传统战力，巩固泛蓝基本盘，鼓动中南部选情，整合地方实力派。

其二，选定两岸战场与蔡决战。当岛内"台独"沉渣泛起、"反课纲微调"、李登辉"媚日反华""反中"气焰高涨之际，明年选举将是一场"反反中"与"反中""和平发展"与"动荡不安"、螺旋上升与螺旋下沉的对决。洪应主动导向两岸战场，突出其和谐两岸、稳定亚太、为台湾提供机会、为台湾民众创造福祉的形象，彰显蔡英文的"两国论""一边一国"原形及其危害两岸关系、损害民众权益的严重后果，最大幅度争取中间选民。

其三，突出直白敢言勇渡艰险的"小辣椒"形象。相对于蔡英文的无心、无能、无力的"模糊菜""空心菜"，洪应强化其"小辣椒"形象，"给人信心、给人欢喜、给人希望、给人方便"，破解台湾当前"闷政治""闷经济"困局，带领台湾破茧而出，迎向光明。

最后，尽最大可能团结泛蓝。把握每一张蓝营选票，刺激泛蓝的危机意识，凝聚、激励深蓝及"本土蓝"，发挥王金平、"本土派"的作用拉票功能。

台湾选举瞬息万变，一着不慎就可能逆转选情。面对挑战，如果采取非典型、非传统选战策略，如果实现国民党及泛蓝的团结整合，如果洪积极和平的两岸政策获得广泛支持，洪秀柱就有可能翻转目前不利选情，逆势崛起，2016年谁能笑到最后还是未定之数。（本文发表于《世界知识》杂志2015年16期）

"冷和平"：两岸之痛

长期来两岸关系随着台湾"大选"而起伏波动已成为一个规律性的现象：由于选举过程的波谲云诡及选举结果给两岸关系投下的不确定性，两岸关系在选前会出现停滞甚至紧张；在选后，大陆经历一段观察期后，确定对台政策，形成两岸新的互动模式。2016年选举不同以往，选举结果几无悬念，大陆对民进党及蔡英文已有定论，因此，2016年1月16日如果民进党卷土重来，大陆无须像2000年陈水扁上台时那样"听其言、观其行"，而是早就拟定针对民进党、蔡英文的因应之策。多数人们预估，2016年以后，两岸关系和平发展的态势面临变局，两岸极可能呈现"冷和平"景象。

"冷和平"（cold peace）是20世纪90年代国际关系领域出现的概念，与"冷战"（cold war）相对。冷战结束后，世界既没有出现"历史的终结"，更没有进入"美丽新世界"，甚至"和平红利"也不如预期；国际关系虽不如冷战时期那样高度紧张对抗，但最多只是一种"消极和平"，而非人们所向往的"积极和平"。在此背景下，"冷和平"概念应运而生并被广泛用于描述多组双边关系，如冷战后的美俄关系、法美关系、埃以关系、印巴关系，以及近年来的中日关系、中印关系。① 以色列学者本杰明·米勒（Benjamin Miller）将国际关系分为热战、冷战、冷和平、暖和平四种状态，且对"冷和平"提出了一个系统概念：（1）双方已经实现了关系正常化，如缔结和平条约；（2）短期内发生武装冲突、

---

① 例如：Peter Ester, Loek Halman, and Vladimir Rukavishnikov, From Cold War to Cold Peace? A Comparative Empirical Study of Russian and Western Political Cultures, Tilburg: Tilburg University Press, 1997; Peter J. Schraeder, "Cold War to Cold Peace: Explaining U.S.-French Competition in Francophone Africa," Political Science Quarterly, Vol.115, No,3, Fall 2000, pp395-419; Jeff M. Smith, Cold Peace: China-India Rivalry in the Twenty-First Century, Maryland: Lexington Books, 2015; 高祖贵：《美俄关系的新态势及其根源——〈冷和平：俄罗斯的新帝国主义〉介评》，《现代国际关系》2005年第5期；理查德·萨克瓦：《冷和平：解读俄罗斯与西方的关系》，《俄罗斯研究》2010年第6期。

军事危机的可能性较低；（3）从长期看，双方都各自有应急方案，以便在发生重大变故时用武力解决争端；（4）一方内部存在一些强有力的社会力量，对另一方持有强烈的敌意；（5）双边关系的质量由官方互动决定，非政府行为体之间的交流可能别开生面，但"以民促官"的作用非常有限。[①]

以此标准来衡量，可以说此时此刻两岸关系便已呈现了冷和平的若干征兆：2008年以后两岸启动和平发展，虽然两岸和平协议未能签署，但军事冲突、军事危机的可能性显著降低；从长期来看，《反分裂国家法》不排除以非和平方式实现国家统一的可能性；近年来，台湾岛内掀起"去中国化"逆流，"反中"气氛浓厚，"反服贸""反课纲微调"为典型；两岸民间交往不断扩大，但量变并未促成质变，特别是两岸政治关系并无实质进展。过去八年是从以前的两岸紧张对峙的"冷战"经由"冷和平"往"暖和平"的方向发展，2016年选后这一正向进程可能被中断，两岸关系长期陷于"冷和平"的僵局中。

一、"九二共识"基础性地位

2008年以来的两岸和平发展大好局面，绝非一方对另一方的无条件恩赐，而是两岸各界有识之士共同打造的结果。众所周知，坚持"九二共识"、反对"台独"是两岸关系和平发展的政治基础，其核心是认同大陆和台湾同属一个中国。习近平总书记在会见国民党主席朱立伦时强调，"否认'九二共识'，挑战两岸同属一个中国的法理基础，搞'一边一国''一中一台'，就会损害民族、国家、人民的根本利益，动摇两岸关系发展的基石，就不可能有和平，也不可能有发展。"[②]因此，"九二共识"在两岸关系中具有基础性地位，已是两岸主流共识。虽然民进党及"台独"势力不遗余力地将"九二共识"污名化，但客观而言，大陆所划定的前提条件具有一定的灵活性。马英九每提到"九二共识"时言必称"一中各表"，虽不为大陆所乐见，但大陆并未回应反弹。柯文哲从其原有政治立场向"九二共识"有所靠拢、提出"一五新观点"，大陆"与其进也，不与其退也"，给予善意回应，借沪台双城论坛的机会与其进行尝试式交往。"九二共识"基于"中华民国宪法"与"国统纲领"，是当年两岸两会协商

---

① Benjamin Miller, "Hot Wars, Cold Peace: An International-Regional Synthesis," in Zeev Maoz and Azar Gat, eds., War in a Changing World, Ann Arbor: The University Press of Michigan Press, 2001, pp.99-100.

② 《习近平就维护两岸关系和平发展提出5点主张》，载《人民网》2015年5月4日，http://politics.people.com.cn/n/2015/0504/c70731-26945493.html。

的结果，在两岸关系中具有基础性地位，是两岸和平发展的政治基础。对台湾各个政党而言，接受"九二共识"并非难事，全看是否有维系两岸和平发展的诚意。

对于"九二共识"，民进党非不能也、是不为也。长期以来，民进党对"九二共识"百般抗拒，不顾台湾主流民意，对冻结"台独党纲"一事虚与委蛇。蔡英文以"维持现状"为名，无视和平发展现状的政治基础，先是否定"九二共识"的存在，后又污蔑为"国共共识"非"台湾共识"。最近民进党籍台南市市长赖清德更是公开叫嚣"主张台湾独立"。关键是民进党、蔡英文极力回避两岸关系的本质，不愿面对国际上只有一个中国的现实格局，也不敢讲清楚两岸关系是一国内部关系。可见民进党所要维持的现状，不是"大陆和台湾同属一个中国"的现状，而是民进党所想象的两岸"一边一国"的"现状"，即使毁损两岸关系和平发展现状也在所不惜。可以预见，2016年以后两岸关系和平发展恐怕只是善良人们的一厢情愿，两岸陷入"冷和平"的困境在所难免。

二、"冷和平"：两岸阵痛期

民进党拒不接受"九二共识"，也无诚意、善意回应"大陆和台湾同属一个中国"的核心内涵，对近日张志军提出的两岸关系系"一国两部分"的弹性、创意冷漠不理，民进党提不出为大陆所接受、认可的替代共识，缺乏稳定两岸关系和平稳定的诚意与举措。一旦两岸基础不牢，必然会地动山摇。两岸和平发展的道路面临重挫，和平发展的局面难以维持，两岸迎来"冷和平"、冷交流的霜冻期、阵痛期。两岸出现"冷战"（Cold War）的概率较低，但"凉战"（Cool War）已不可避免。[①] 两岸关系瞬间降温，由热转冷、由快转慢，由密切转为淡漠，甚至出现局部冲突摩擦、停滞反复，两岸荣景不再。

1.总体冷、局部热；短期冷，长期热

民进党一当选，两岸关系总体冷却降温，动力不足，前景不明，但也可能出现局部升温的现象，形成新的热点。两岸交流重点转向城市交流、基层交流。沪台双城论坛较可能成为两岸城市交流的领先指标，引领两岸互动方向。

两岸关系发展的规律就是在曲折中前进、在前进中调整，每当经过一个阶段的曲折、动荡后，就可能迎来和平、稳定、发展的新阶段。民进党上台后两

① 倪永杰：《交流是王道，两岸莫入冷和平》，引自台湾《联合报》2015年9月16日A14版。

岸关系短期内面临波折起伏，但长期来说和平发展必然是大势所趋、民心所向，难以阻挡。

2. 官冷民热；政冷经热

民进党上台，两岸官方往来中止，两岸政治面交流停滞，协商中断、协议执行面临困难，国台办与陆委会常态化沟通机制中止。台湾"断交"狂潮不可避免，国际参与越来越难。但两岸民间往来所受影响较小，民间交流、经济合作、文化社会互动仍然维持，甚至可能逆势向上。

3. 绿冷蓝热；南冷北热；本岛冷离岛热

民进党上台执政，较可能执行从严管控、冷却降温的两岸政策，绿营对于两岸交流有所畏惧、并不热心。与此相反，蓝营将更为热衷于两岸交流，造成台湾两岸交流绿冷蓝热的现象。同时，台湾南北、本岛外岛对于两岸交流出现南冷、中北部热、本岛冷、外岛热的景象。2015 年 5 月 23—24 日金门举办"张夏会"，签署金门自厦门引水协议，一举突破了困扰金门发展的"国安"难题，为未来解决福建向金门供电、建设金厦大桥提供了可能性，金厦一体化进程加快。当年福建沿海与金门、妈祖地区直接往来自金门实施，未来包括金门、马祖地区有可能掀起一轮两岸热，发挥稳定两岸关系的功能，与台湾本岛的冷漠形成明显的对照。①

4. 两头冷、中间热；普通民众冷、工商文艺界热

台湾不同年龄阶段对于两岸关系的态度有所不同，可能出现年轻、年迈者冷、青壮、中壮世代热的现象。20—29 岁、60 岁以上人群对于两岸关系不热心，甚至冷漠以对，但 30—39 岁、40—49 岁、50—59 岁的青壮、中壮世代人群热心于两岸交流，成为两岸关系中最为活跃的主体人群。②同时，普通民众对于两岸交流积极性不高，但工商界、文化艺术界对于两岸关系的积极性高，非常投入。大陆经济、文化、社会对于台湾的磁吸效应放大，"一带一路"建设、"大众创业万众创新"等吸引台湾两岸群体，③岛内有可能掀起新一轮的"大陆热""西进潮"。

---

① 马祥祐：《金门自福建引水签约之研析》，台湾《展望与探索》月刊第 13 卷第 8 期，2015 年 8 月。

② 台湾《联合报》2015 年 9 月中旬进行的两岸关系民调，引自台湾《联合报》2015 年 9 月 16 日 A1、4、5 版。

③ 邱莉燕：《中国掀起最大创业潮，台湾人才恐流失》，引自台湾《远见》杂志第 351 期，2015 年 9 月。

5.两岸冷、涉外热

出于遏止中国崛起的需要，美、日频打"台湾牌"，美国台海政策出现"再概念化"的迹象。民进党食髓知味，试图降低对大陆的依赖，加强与美、日、东南亚、印度、欧盟等"国际"社会的联结与依赖，试图扩大"国际"参与空间，参与区域经济整合，甚至扮演制衡大陆的"马前卒""急先锋"。因此，民进党必然降低两岸政策位阶，抬高对外关系地位，优先甚至不惜重金推动涉外活动，谋求"国际"突破，以涉外热掩盖两岸冷。

三、"冷和平"：两岸之痛

必须认识到，尽管过去八年来两岸关系中也不乏一些"冷和平"现象，但这属于从过去的紧张对峙（冷战）到未来的心灵契合（暖和平）过程中的阶段性现象，时间可能或长或短，但大方向是"由战转和""由冷转热"。2016年以后，由于民进党一意孤行，这一乐观的发展趋势可能会被迫中断甚至逆转：只要不接受"九二共识"或其"两岸同属一个中国"的核心内涵，两岸关系就将长期陷于"冷和平"状态而难以自拔，往"暖和平"方向发展的动能不足、民意支撑流失，甚至不乏倒退入"冷战"的可能。这种"冷和平"对两岸关系、对大陆都是一种伤害，但首当其冲的，还是台湾自身。

其一，"冷和平"将使台湾"两岸和平红利"得而复失，对台湾的经济发展带来强烈冲击。2008年以来，全球经济疲软，台湾地区自然也受到影响。但在不利的全球经济基本面之外，台湾相比于其他经济体有一个得天独厚的优势，依靠与大陆的经济连接，尽情享受大陆经济崛起的机遇，充分享受两岸和平发展的经济红利，维持台湾自身竞争力。一旦两岸陷入"冷和平"，"两岸和平红利"流失，台湾经济将直接面临国际市场残酷竞争，即使加入美国主导的 TPP、与别国签署更多的 FTA 都可能于事无补。

其二，"冷和平"无法满足台湾民众的现实需求，民进党自身也会面临质疑。和平与交流是两岸民众的共同心声。对台湾公众特别是几百万台商、对很多年轻人来说，大陆意味着个人的发展机会。"冷和平"条件下，不仅"消极和平"无法满足民众要求，而且很多台湾民众会错失在大陆的机遇。他们会质疑：

民进党是不是能让他们过安全且安心的日子？①虽然民进党、蔡英文试图以"新南向政策"提供经济机遇，但语言、文化、政策方面的客观障碍将导致大多数台湾民众无法从"南向"中直接得利。李登辉、陈水扁时代"南向政策"以失败告终，"新南向政策"也将是"竹篮打水一场空"。

其三，"冷和平"状态下，官方交流的匮乏难以排除滑向"冷战"的风险。民进党为推行其"反中"政策，甘作域外强权遏制大陆的棋子，两岸政治互信、民间互信将降至冰点。在此背景下，两岸两会、两岸事务常态化沟通机制等官方交流全部中断，两岸已签协议执行困难，两岸涉外协商、避免内耗的默契荡然无存，台湾参与APEC峰会、参与WHA、ICAO年会、签署FTA只能成为追忆。届时，两岸挥别和平发展的机遇管理，进入预防冲突的风险管控。两岸沟通管道不畅，一旦遭遇突发事件难以及时有效的妥善处理。两岸关系在危机预防与危机管控能力将面临重大挑战。

两岸关系面临各种国际政治、两岸历史因素以及两岸现实的制约，两岸关系发展的规模、领域、质量无法脱离历史、超越现实而快速前行。"冷和平"将是两岸之殇、同胞之痛，两岸民众不能不共同面对、共同承受。（张笑天同志参与本文写作，本文发表于香港《中国评论》杂志2015年11月，总第215期）

---

① 《中评论坛：两岸或面临"冷和平"？》，载《中国评论网》2015年4月27日，http://hk.crntt.com/doc/1037/1/7/4/103717461_3.html?coluid=7&kindid=0&docid=103717461&mdate=0427001203。

蔡英文两岸策略及两岸"冷和平"

一、蔡英文执政策略

蔡英文曾被大陆学界视为"理念台独""理性台独"代表人物，不同于机会主义"台独"，不会轻易放弃"台独"目标，反而会穷尽一切戮力追求，其对两岸关系、国家统一的威胁远甚于后者。"两国论""流亡政府论""台湾主体论"等是蔡对两岸关系刻下的险恶烙印。但辩证唯物主义告诉人们，没有永恒不变的事物，特别是在特定的时空条件下，人的认识、观念都会随着外在环境的变化而变化，尤其是政治人物都难以抗拒现实条件影响与历史潮流。在当前台海两岸及国际大格局下，台湾政治人物无法对抗大陆的政治影响、违逆台湾和平发展的主流民意、忽视国际社会对于两岸关系和平稳定的需求，只能顺应历史潮流趋势，谋求两岸关系的和平发展。

当前蔡英文首要任务是稳定岛内局势，实现执政权顺利交接。蔡英文治理台湾的策略在于渡过危机、稳定台湾、谋求发展。具体策略如下：

一是"内政"优先。突出"转型正义""改革"，以拼政治掩盖拼经济的无能。着重于"新政治""新经济""新南向"诉求，但最后将不了了之。

二是"外交"重于两岸。取法安倍"积极和平主义"，推动对美、对日实质"外交"，提升台与美、日、印（度）、菲之间政治、经济、战略安全等合作，围堵、制衡大陆崛起。

三是冷却两岸。为了进一步强化台湾"主体性"，改变马英九时期两岸密切互动、对大陆高度依赖的格局，蔡英文将采取措施对两岸关系全面降温，降低两岸经济、文化、社会联动，摆脱对大陆依赖，增加台湾未来"自由选择权"。

蔡英文对于两岸关系的最高战略目标仅止于"维持两岸现状"，即只是维持两岸关系的和平稳定，决不会追求并实现两岸关系的"和平稳定发展"，"和平发展"绝不是蔡英文的两岸政策选项。蔡的理想在于台湾借美日等国力量，打开通向国际之路，确保台湾安全，摆脱对大陆依赖，绞断两岸经济、文化、社会甚至法理联结，走完"和平台独"之路。

很多人预期蔡英文未来采取"柔性台独""笑脸台独"策略，推行一条"没有'台独'之名但有'台独'之实"的新型"台独"之路，实施升级版的"戒急用忍"政策。蔡的两岸政策工具、政策选项核心就是"五中"：政治上"反中"、法理中"拆中"、经济上"离中"、文化上"去中"、战略上"制中"，尽其所能，特别是利用执政力量、经济、军事、文化、社会资源等消除"中国元素"，强化台湾"主体意识"，遂行另类"台独"。

选后一段时间内，为了达到稳定两岸的低阶目标，蔡英文就两岸事务作出一系列安排，包括调整两岸论述、推出相对理性的两岸政策，作出具有一定善意的人事安排；强调维持陆客数量，采取分区、分段管理，提高优质团数量；在李登辉《余生》发表之际，蔡英文第一时间"打脸"老李，指称"钓鱼岛是台湾的"；要求民进党拿出去"两国论"的"两岸协议监督条例"，挡下尤美女、李俊邑、苏巧慧及"时代力量"等版本；阻挡高志鹏发动的"去孙中山"活动等。这些举动释放了某种善意，增加了未来两岸政策的延续性、一致性与可预测性。

二、蔡英文两岸论述

1. 论述策略

蔡英文的两岸政策核心论述，与其早年的两岸论述相比，有了重大变化，策略上高明许多。

一是占领论述言论的中间市场。由空洞的"台湾共识"转向"维持两岸现状"，抢占台湾政治论述市场的中间位置，争取到了大量中间选民、经济选民、知识阶层的支持，也在一定程度上消除了美国的疑虑、赢得了信任。

二是软性包装术。蔡英文采取软性包装硬调的策略，把坚硬的所谓"民主原则""普遍民意""未来选择权""共同责任论"等透过软性的"维持两岸现状""珍惜两岸成果""持续推动两岸和平稳定发展"的论调来包装，较能争取台湾舆论、民众的认可。

三是正面承诺与负面表列组合。蔡英文选举前后不断作出正面承诺，"建立一致性、可预测性、可持续的两岸关系"，甚至开出负面表列，承诺"积极沟通、不挑衅、不会有意外",降低人们对她搞"两国论""逢中必反"的厌恶与疑虑。

2. 论述内涵

面对台海两岸实力差距、两岸关系和平发展的现实以及国际社会的压力，蔡英文的两岸政策较之 2012 年作出调整，由"台湾共识"转为"维持两岸现状"。从 2015 年 4 月 9 日在"中国事务委员会"讲话率先提出"维持两岸现状"主张，经历 6 月初访美谈话、竞选辩论、2016 年 1 月 16 日胜选演讲以及 1 月 21 日接受《自由时报》采访、4 月 21 日接受《中国时报》采访，蔡英文围绕"维持两岸现状"，不断充实她的"维持现状论"，构成蔡英文的两岸政策的核心内涵，有软有硬、有正面承诺也有负面表列。

一是"维持两岸现状"。蔡称执政后将根据"中华民国现行宪政体制"，"珍惜两岸 20 多年来协商和交流互动累积的成果"，"持续推动两岸关系和平稳定发展"。她以教授身份对"中华民国现行宪政体制"解释为包括现在的"中华民国宪法""增修条文""大法官释宪""法院判决"，以及与"宪法"及其解释和实践相关的一切，弹性很大。

二是"会谈事实"与"共同认知"。蔡英文选前承认有"九二会谈的历史事实"，选后表示当年两岸"达成若干共同认知"，具体而言，"在一九九二年，两岸两会秉持相互谅解、求同存异的政治思维进行沟通协商，达成了若干的共同认知与谅解，我理解和尊重这个历史事实"。

三是"既有政治基础"。蔡英文提出四项内容：第一是一九九二年两岸两会会谈的历史事实、以及双方求同存异的共同认知；第二是"中华民国现行宪政体制"；第三是两岸过去廿多年来协商和交流互动的成果；第四是台湾的"民主原则"以及普遍民意。

四是强调"未来选择权"。蔡英文选后坚持"依循普遍民意，遵循民主原则，坚持确保台湾人民对于未来的选择权"，旨在保留台湾未来"可统可独"的空间，满足绿营支持者的"台独"想象。

五是"共同责任论"与大陆"打压论"。当选时蔡英文声称"两岸都有责任尽最大努力，寻求一个对等尊严、彼此都能够接受的互动之道，确保没有挑衅，也没有意外"，其意图在于表示两岸能否和平稳定发展，不只是民进党的责任，大陆也有责任。蔡的"不被打压论"声称台湾的"民主制度、国家认同与国际空间，必须被充分尊重，任何的打压，都会破坏两岸关系的稳定"，预示蔡英文早已准备将两岸关系的责任推给大陆。

六是"三不"。蔡英文承诺"建立一致性、可预测性、可持续的两岸关系"，当选时，蔡保证未来处理两岸关系会"积极沟通，不挑衅，也不会有意外"。她也承诺过"沟通、诚信，不把两岸议题当选举操作，借机牟取利益"等等。

此外，蔡英文还提出过"三个有利"与"三个坚持"：两岸政策必须有利于"自由民主发展""区域和平安全稳定"及"两岸互惠互利交往"，"决策必须充分透明与民主化""交流的过程必须多元参与机会平等""交流的成果必须维护公益与社会共享"。

3. 论述本质

蔡英文的两岸论述的本质还是回避"九二共识"，不承认"九二共识"的历史事实，不认同"大陆和台湾同属一个中国"的核心内涵，关键是没有讲清楚两岸关系是一国内部关系，而非"国与国关系""一边一国"或者是国际关系。蔡试图以1992年两岸两会会谈的"过程论"取代两岸双方达成"九二共识"的"结果论"，以其口中的"相互谅解""求同存异"的"方法论"模糊"两岸同属一中"的核心"内涵论"。甚至试图以"现行宪政体制"虚化"中华民国宪法"中的"一中宪法""终极统一"内涵，斩断两岸现有"法理连接"。蔡以"两岸20多年来协商互动成果"淡化甚至否定2008年以来两岸关系和平发展成果，在适当时候以所谓"台湾民主""普遍民意"否定两岸共同政治基础。蔡英文两岸论述的要害在于蔡英文既没有承认"九二共识"的历史事实，也不认同"两岸同属一中"的核心内涵，混淆了"九二共识"与"九二会谈"，回避了两岸关系的本质，不讲清楚两岸是一国内部关系而非国际关系。

二、两岸"冷和平"

多数预期都认为，民进党执政后，两岸关系将瞬间由热转冷，陷入"冷和平"，较可能是偏向"冷暴力"的"冷和平"，甚至不排除两岸出现"冷对抗"。

民进党在不放弃"台独"立场、不承认"九二共识"的情况下上台，两岸将迎来"冷和平、弱稳定、慢发展"阶段。两岸"冷战"（Cold War）的概率较低，但"凉战"（Cool War）已不可避免。两岸关系瞬间降温，由热转冷、由快转慢、由密切转为淡漠，甚至出现局部"冲突摩擦"、停滞反复，两岸荣景不再。具有五项特征：

1. 总体冷、局部温；短期冷，长期温

两岸关系总体冷却降温，动力不足，前景不明，但也可能出现局部升温的现象，形成新的热点。两岸交流重点转向城市交流、基层交流。两岸关系发展的规律就是在曲折中前进、在前进中调整，每当经过一个阶段的曲折、动荡后，就可能迎来和平、稳定、发展的新阶段。

2. 官冷民温；政冷经温

两岸官方往来中止，两岸政治面交流停滞，协商中断、协议执行面临困难，国台办与陆委会常态化沟通机制中止。台湾"断交"潮不可避免，国际参与越来越难。但两岸民间往来所受影响较小，民间交流、经济合作、文化社会互动仍然维持，甚至可能逆势向上。

3. 绿冷蓝温；南冷北温；本岛冷离岛温

台湾南北、本岛外岛对于两岸交流出现南冷、中北部热，本岛冷、外岛热的景象。2015年5月23—24日金门举办"张夏会"，签署金门自福建引水协议，一举突破了困扰金门发展的"国安"难题，为未来解决福建向金门供电、建设金厦大桥提供了可能性，金厦一体化进程加快。当年"小三通"自金门实施，未来包括金门、马祖地区有可能掀起一轮两岸热，发挥稳定两岸关系的功能，与台湾本岛的冷漠形成明显的对照。

4. 两头冷、中间热

台湾不同年龄阶段对于两岸关系的态度有所不同，可能出现年轻、年迈者冷，青壮、中壮世代热的现象。20—29岁、60岁以上人群对于两岸关系不热心，甚至冷漠以对，但30—39岁、40—49岁、50—59岁的青壮、中壮世代人群热心于两岸交流，成为两岸关系中最为活跃的主体人群。同时，普通民众对于两岸交流积极性不高，但工商界、文化艺术界对于两岸关系的积极性高，非常投入。大陆经济、文化、社会对于台湾的磁吸效应放大，"一带一路"规划、"大众创业、万众创新"等吸引台湾群体，岛内有可能掀起新一轮的"大陆热""西进潮"。

5. 两岸冷、涉外热

民进党试图降低对大陆的依赖，加强与美、日、东南亚、印度、欧盟等国际社会的连结与依赖，试图扩大"国际参与空间"，参与区域经济整合，甚至扮演制衡大陆的"马前卒""急先锋"。因此，民进党必然降低两岸政策位阶，抬高对外关系地位，优先甚至不惜重金推动涉外活动，谋求国际突破，以涉外热掩盖两岸冷。

如果国民党继续执政，两岸关系和平发展也将遇到"天花板"，两岸政治分歧、台湾"国际"参与、两岸制度、生活方式差异等将制约两岸关系发展空间。民进党执政，两岸关系的风险固然上升，动力下降，特别是在美国实施"亚太再平衡"策略、日本政府右倾化的格局下，民进党将拥抱美日、制衡大陆，给大陆崛起设置障碍，但在两岸实力差距扩大、大陆主导两岸关系发展方向、台湾民众期待和平发展、民进党内温和派及理性声音壮大、国际社会反对两岸紧张动荡等因素制约下，"冷和平"只是两岸关系史上短暂的插曲，两岸关系仍将沿着既有规律重返稳定发展的轨道，迎来深度融合、向上、向前、向好发展的新阶段。（本文发表于华广网 2016 年 4 月 27 日，引自 http://www.chbcnet.com/zjps/content/2016-04/27/content_1229636.htm，最后检索日期 2018 年 12 月 5 日）

蔡英文"第一里路"勉为其难

今年"520"政权交接，主要的特点就是台湾第一位女性当家，第二位民进党籍领导人上台，也是台湾第三次政党轮替。

昨天蔡英文顺利完成交接，开始她执政的"第一里路"。上台没有悬念，但上台后充满变数，多数民众对于蔡英文当局普遍没有期待，甚至不断被人看衰，英国《经济学人》断定蔡尚未上任，她的蜜月期就已结束。

固然民进党已经全面执政、完全执政，从行政到立法，甚至岛内绿色气氛都有利民进党执政，唯因为蔡英文、民进党结构性局限，难以稳定执政，更难长期执政。如果像当前民进党内所弥漫的那种盲目乐观气氛，缺少分赃图利的免疫机制，蔡英文的执政之路必定坑坑洼洼，动荡颠簸。蔡英文的"520"讲话没有从根本上解决两岸关系的本质问题，无法拨云见日。

蔡英文的"520"讲话完全服务、服从于她的执政策略。一是内政优先，着重解决台湾内部问题，二是涉外重于两岸，三是冷却两岸，对两岸关系降温，降低两岸联结与依存度，保持台湾"主体性"。因此，"520"讲话共有6000多字，主要讲岛内议题，涉外议题也占很多篇幅，但攸关台湾发展与前途命运的两岸议题则被放在区域和平之后，不到400字。

蔡英文"520"讲话的两岸部分，总体而言是小有变化，往前挪了那么一点点，但远未达标，后续有待观察与检验。

蔡英文两岸部分主要在于重复既有论述，包括尊重既有事实与政治基础，如1992年两岸两会会谈的历史事实与求同存异的共同认知、"中华民国"现行宪政体制、两岸协商交流互动的成果以及民主原则普遍民意等。呼吁两岸共同珍惜与维护20多年来两岸双方交流、协商所累积形成的现状与成果，在这个既有的事实与政治基础上，持续推动两岸关系和平稳定发展。

在此之外，蔡英文另有四点新内容变化值得我们关注。

一是首次抛出"宪法说"。蔡英文5次提到"中华民国"，2次提到"中华民国宪法"，声称依"宪法"当选，承诺"有责任捍卫中华民国的主权和领土"。蔡特别强调"依据中华民国宪法、两岸人民关系条例及其他相关法律，处理两岸事务"，显示她在此前所说"中华民国现行宪政体制"的基础上，更加贴近"宪法"本义，少了弹性。人们不一定据此得出蔡是否真心接受"中华民国宪法"，也无法确认蔡是否认同"中华民国宪法""是"一中宪法""统一宪法"，但至少比多数民进党人、传统民进党立场更进一步靠向"中华民国宪法"及其体制。

二是首次正式提到东海、南海议题，主张"搁置争议、共同开发"。与马英九相比，她没有申明"主权在我"，甚至有可能把太平岛作为"人道救援"。

三是针对两岸对话沟通，首次提出"维持现有的机制"。只是她无法提出维持现有机制的方法。

四是首次提出两岸执政党"对话论"，主张"放下历史包袱，展开良性对话，造福两岸人民"。蔡英文表明了她的态度，但两党对话的根本障碍就是民进党的"台独党纲""台湾前途决议文"以及"正常国家决议文"等，目前民进党连"冻结台独党纲"都做不到，遑论处理这批"台独"文件了，所以两党对话的可能性不大。

蔡英文讲话虽然在她既有论述上又有所发展，往前挪了一点点，但仍未达标，离大陆设定的低标、底线尚有很大距离，有本质差异。大陆坚持承认"九二共识"的历史事实，认同"大陆和台湾同属一中"的核心意涵，特别是要讲清楚两岸关系本质是一国内部关系。纵使蔡英文接受"中华民国宪法"，但仍未接受"大陆和台湾同属一中"的核心内涵，依然回避两岸关系的本质，何况民进党内充满了"修宪"、更改"国土"的冲动与强烈幻想。

对于蔡英文的"520"讲话，需要持续观察。衡量民进党政治人物，我们不但要看她怎么说，还要看她的怎么做，看她的政策工具。如果"说一套、做一套"，甚至做的与说的完全相反，她的讲话将沦为废话与谎言。蔡曾承诺保持"一致性、可预测性"，她会说到做到，但事实上民进党上下正在推动政治"反中"、法理"拆中"，文化"去中"，特别是经济"离中"，战略"制中"，谁愿相信她的"善意"？蔡对于两岸议题说得高来高去，但在实施"新南向"、加入TPP、发展军火工业、远离大陆方面做得轰轰烈烈、敲锣打鼓，谁会相信她的善意？她在战略上"依美联日抗中"，东海南海议题上配合美日，结成价值同盟，此与大陆之间怎能培养政治互信？

摆在两岸同胞面前的两岸形势难以乐观，前景堪忧。对台湾蓝绿双方而言，"九二共识"不是选择题，而是必答题，更是是非题，无法回避模糊，不容虚化弱化。（本文发表于台湾《旺报》2016 年 5 月 21 日 D2 版）

"520"后台湾政局面临结构性变动

5月20日后，民进党上台实现"全面执政""完全执政"，台湾政局面临结构性调整，传统的蓝绿竞争局面渐被颠覆，新兴政治势力头角峥嵘，进入深度的动态变动之中。

一、民进党"完全执政"，但难以稳定执政、更无法长期执政

与2000年陈水扁"少数执政"不同，如今民进党当局已全面掌控台湾，从"中央"机构到地方、从行政部门到"立法"机构，已完全落入民进党手中。因为民进党的"台独民粹"、人才不足与"只会选举、不会治国"特质，以及蔡英文政治性格的局限，民进党难以应对党内外、台湾岛内外各种挑战，特别是无法妥善处理两岸关系与涉外挑战风险。之前，蔡英文从没有当过一把手，缺乏战略格局，面对经济困境与两岸大考，端不出可行的"政策牛肉"，迟早会遭民众的唾弃，其民调支持度恐怕将降到历史低位，且不可逆转。民进党内早晚会掀起派系权力风暴，缺乏贪腐的免疫机制，吃相难看，完全与蔡英文所标榜的"谦卑、谦卑、再谦卑"背道而驰。因此，蔡英文难以稳定执政，民进党更无法长期执政。

二、台湾政治版图裂解，"绿大蓝小"趋势进一步扩大

在2009年、2010年二次地方选举中，民进党县市长得票率便已超越国民党三个百分点，2014年底民进党的优势扩大到七个百分点。目前，民进党地方执政县市达13个、人口为1444万，地方预算达5877亿；而国民党只有6个县市、人口581万、预算2488亿。此次蔡英文得票率达56.12%，国民党与亲民党合计仅43.87%，绿营领先蓝营十三个百分点。况且，民进党执政后将动用政权力量清算蓝营，压缩对手政治空间，蓝绿差距势将持续扩大，"蓝大绿小"的

格局早已被逆转,"绿涨蓝缩"的趋势难以改变,2018年选举蓝营前景堪忧。

三、蓝绿相互制衡的结构失衡,绿营独大的局面将持续

传统的蓝绿制衡、二元竞争格局已经失衡,国民党已失去向民进党"说不"的实力。此次政党轮替后,民进党已完全控制"立法院",民进党加上"时代力量"合计73席,已近三分之二多数,国民党仅剩区区35席,无法与之抗衡,就是2008年81席、2012年64席占尽优势的时候,国民党都挡不住民进党的来势汹汹。当前,民进党通过法案、人事、预算甚至"修宪案"都已易如反掌,何况国民党路线正在朝本土化方向蜕变,对民进党的很多政策、法案不无放水的可能。

清算党产、清算蓝营的血腥场面即将登场。民进党已掌握台湾政治的主流话语权,将持续运用政治资源追杀、清算国民党,直到把国民党彻底"打趴"。分裂、老态臃弱、路线摇摆、心存侥幸的国民党就像"待宰的羔羊",毫无还手之力。目前,国民党缺乏中心思想、领袖、人才,组织缺乏竞争力,缺乏经济基础与社会基础,在不断地弱化与蜕变,短期内看不到再起的可能性,甚至面临生死存亡的考验。

四、台湾"两党制"出现松动,新兴政治势力乘机兴起

台湾"单一选区两票制"较能从选制上保障"两党制",但近年来剧烈的结构性政治变迁已使"两党制"格局出现松动,台湾政治进入"一大一中多小并存"的格局。

国民党的弱化带给台湾新兴政治势力机会,从柯文哲到"时代力量""绿色社会党""民国党"等新兴政党相继登上政治舞台,有的只是昙花一现,但"时代力量"摘取"反服贸风波"之果,挤入"立法院"兴风作浪,却倍受青年世代追捧。柯文哲、"时代力量"等新兴政治势力对台湾政局、两岸关系将影响重大,动摇甚至威胁国民党的第二大政党地位。岛内某些政治势力幕后积极运作成立民进党之外的另一个本土政党,主要是结合国民党本土派、李登辉"台联党"等,弱化国民党,与民进党竞争。未来不排除形成两个本土政党与多个小党夹缝中求生的局面。

五、台湾民意愈趋多变多元，"反中偏独"气氛得到强化

台湾人口结构中外省籍第一代不断凋零，所谓"80、90后"因为李登辉、陈水扁时期的"台独"教育而呈现"天然独"倾向，对发展两岸关系的认同度偏低，岛内媒体、舆论、政治论述都朝向"绿化"演进，绿营较能争取年轻群体的支持。两岸关系和平发展仍是台湾的主流民意，可岛内对于发展方式、成果分配却存在分歧，多数民众接受"维持现状"，"急独"或"急统"空间较小，民众要求保持台湾"主体性"，岛内"反中恐中""偏独容独"气氛渐浓。但是，何谓"现状"、如何维持，岛内各方存有分歧，在争夺"维持现状"的话语权。此外，台湾民众还想"要尊严、要身份、要国际空间、要撤弹、要民主、要透明、要公平、要机会、要红利、要未来选择权"，这显示出台湾民意多元、多变，且多数被少数"绑架"。

六、大陆对台影响力扩大，两岸关系成为台湾政局发展的焦点

两岸实力差距日渐扩大，大陆对于台湾的影响不可同日而语。经过多年和平发展，两岸已形成高度联结互动的局面，难以倒退，民进党当局也无法不面对大陆崛起与两岸"大交流"的现实。未来，两岸关系将深度影响到台湾的经济民生、"转型正义"、国际参与等，成为台湾政局演变、经济发展、社会稳定的关键。

如果蔡英文、民进党无法面对两岸关系的现实，高估美日对自己的支持，低估两岸关系对于台湾的重要性和大陆坚持"九二共识"、反对"台独"的决心，错估台湾内外和国际形势，还抱有不切实际的"台独"幻想，冲撞国际上"一个中国"格局，挑战大陆底线，则台海局势没有和平稳定，台湾只有进一步被边缘化，"被统一"将是不可违逆的历史命运。（本文发表于华广网 2016 年 6 月 12 日，引自 http://www.chbcnet.com/zjps/content/2016-06/12/content_1238384.htm，最后检索日期 2018 年 12 月 5 日）

"民意"做不了蔡英文的挡箭牌

　　台湾地区领导人蔡英文日前接受美国《华盛顿邮报》专访，就两岸关系的一些重要问题做了回答。在 21 日公布的这份蔡英文上任后首度接受外媒独家专访中，她再度声称必须尊重台湾"民意"。被问及是否会在大陆所设的期限内承认"九二共识"，蔡英文表示"可能性不大"。针对蔡英文这一立场，国台办发言人 22 日作出了清晰有力的回应。

　　观察蔡英文的言行，不仅要看她是否愿意接受"九二共识"这个名词，更要看她是否真心接受"九二共识"所反映的核心内涵，即两岸同属一个中国，说清楚两岸关系是一个国家内部关系，两岸关系不是"一边一国"，也不是国际关系。若蔡英文一直不接受、不承认"两岸同属一中"的核心意涵，就难言两岸共同政治基础，和平发展难以为继。

　　自蔡英文发表"520"讲话以来，外界看到的事实是，针对两岸关系的表态和对"九二共识"的态度，她一直回避，打"模糊牌"。对台湾蓝绿双方而言，"九二共识"不是选择题，而是必答题，更是是非题，不容回避模糊，不容虚化弱化。未来只要蔡英文在任一天，只要她未完成这份"答卷"，就会每天都要面对"九二共识""两岸同属一中"这个大问题，也逃避不了"两岸关系本质"这道考题。

　　这一次蔡英文依然没有正面回应，在不否认"九二共识"的同时亦不接受、不承认，并不出乎外界的意料。只不过，这一次蔡英文拿出所谓"民意"作为其迟迟不肯清晰回应的"挡箭牌"。那么，对于"九二共识"，台湾的民意究竟是什么？真的像蔡英文所说的那样？

　　根据台湾竞争力论坛本月 7 日发布最新民调显示，认为台湾当局领导人应接受"九二共识"以稳定两岸关系的台湾民众占 47.5%，高出不支持者 15.2 个百分点。同时在对外发布的今年上半年"台湾民众国族认同"调查结果中显示，有 84% 的台湾民众认同自己是"中华民族一分子"。高达 88% 的台湾民众认为两岸关系对台湾经济有影响。从这些数字可以看出，蔡英文扭曲台湾"民意"，希望两岸关系和平稳定发展才是台湾的真正主流民意。蔡英文不能只以岛内一小部分人的假"民意"拒绝"九二共识"，更要看台湾主流民意及两岸同胞的大民意。

2008 年以来，两岸双方在"九二共识"、反对"台独"的共同政治基础上，迈上两岸关系和平发展的光明大道，取得丰硕成果，惠及百业众生，台湾海峡呈现繁荣和平景象，为国际社会点赞称颂。人们普遍期待台海和平发展道路得以继续，两岸同胞长期共享和平红利。

从根本上说，蔡英文一再回避承认"九二共识"，就是想模糊两岸关系的本质。离开两岸同属一中这一两岸关系和平发展的政治基础，两岸关系和平发展将难以维系。这个责任必须由蔡英文完全承担。（本文发表于《环球时报》2016年 7 月 23 日第 7 版）

推动"统独公投"后患无穷

曹兴诚先生提出"两岸和平需要程序正义"、并以"统一公投"弥补"程序正义"。我们有兴趣与曹先生"程序正义"是否有助于两岸和平？

"程序正义"是英美的法律传统之一，强调的是法律或政治实践中程序而非结果的优先性与重要性。"程序正义"成为台湾政治的流行词汇，其实质就是超越法律规定，让各种势力不论其主张合理与否，都可借口"程序正义"介入两岸事务，翻转"两岸人民关系条例"、甚至"宪法"的相关规定。比如《两岸服贸协议》引来民进党及绿营"名嘴"攻击抹黑为"黑箱"、不符"程序正义"，掀起漫天"反服贸"风波，改变了两岸协议只需送"立法院"备查而非审查、更非逐条审议、表决的法律规定。如今，掌握行政权、立法权的民进党可能不再重视"程序正义"，而是推崇"转型正义"，清算政治对手、斩草除根。"程序正义""转型正义"在如今的台湾有谁相信会是正义的化身？呈现的都是非正义的掠夺与政治谋杀。如果把"程序正义"引入两岸关系，以此维护两岸和平，无异与虎谋皮。

曹先生提出以"统一公投"弥补"程序正义"、推动两岸关系发展，诚属赤子之心，但其天真恐难敌台湾险恶的政治环境。本人认为作为"程序正义"之"统一公投"万万不可。

一是违宪。在台湾推动"统一公投"不但违背中华人民共和国宪法，而且违背"中华民国宪法"，后者是"终极统一"的"一中宪法"。统一是两岸两部"宪法"所规范的法理状态，何需"统一公投"？

二是不合理。"统一公投"涉及两岸前途命运，事关十三亿多中国人民福祉与中华民族整体利益，岂能只由2300万台湾民众投票决定、而剥夺大陆人民的意见表达？必须尊重全体中国人民的意志。

三是冒险"公投"，后患无穷。如果有人热衷"公投"，不妨在岛内进行

"台独公投"，既可测试台湾民众对于"台独"的承受度，也可测试大陆及"国际"社会的强烈反应。这必将是一次撞墙式的政治实验。

维护两岸和平，关键是面对两岸共同政治基础，坚持和平发展道路。所谓"程序正义"对于两岸和平根本于事无补，反而可能节外生枝，酿成重大苦果。（王贞威同志参与本文写作，发表于台湾《中国时报》2016 年 8 月 21 日）

"九二共识"是 APEC 入场券

APEC 领袖峰会即将于 11 月 20 日在秘鲁首都利马登场，台湾出席人选再次引起各方关注。民进党几经盘算，拟推荐蓝营人士出席，试图破解当前两岸僵局，表明即使不接受"九二共识"，民进党仍有办法打开两岸通路。但从亚太和平基金会、海基会的人事调整的结果来看，费尽心机作出的人事安排，都没有实现预期目标。许信良、田弘茂作为绿营中与大陆来往较多的人士，依然无法启动亚太、海基会与大陆对口单位的交流沟通功能。现在民进党沿用此种政治逻辑处理 APEC 人选，最后仍可能是"竹篮打水一场空"，徒劳消费蓝营当事人。

按照 20 世纪 90 年代初两岸有关台湾参与 APEC 活动有相关谅解，台湾只能派遣财经人士代表参与，不能推荐政治特性明显人士。当年陈水扁提出李元簇、王金平、赖英照等非财经人士名单，都遭主办方拒绝。马英九时期，连战、萧万长先后出席 APEC 峰会，这是两岸基于"九二共识"共同政治基础下的特殊安排。如今，两岸共同政治基础已遭民进党摧毁，两岸协商管道全面中止，台湾参与 APEC、ICAO 等面临不得其门而入的渠道窘境。如果推荐非财经性人士参与 APEC 峰会，遭到主办方拒绝就是最有可能的预期结果。

台湾出席 APEC 峰会人选，须遵守两岸谅解，关键是如何面对"九二共识"。大陆方面始终坚持"九二共识"所界定的两岸同属一个中国的内涵，这是两岸关系继续和平发展的根本基础，也是台湾发展命脉所系，更是台湾参与国际组织活动、参与区域经济整合的通关密码、入场券。

2008 年以来两岸和平发展阶段，大陆与马英九当局已就台湾国际参与形成一整套安排模式，遵循不违背"一中"原则、不造成"两个中国"或"一中一台"，透过两岸协商，作出"合情合理安排"。包括台湾参与 WHA、ICAO、APEC 领袖峰会等，都是上述安排的结果。

如今两岸政治环境逆转，台湾"反中"民意得到绿营的渲染怂恿，两岸发生民意冲撞可能性升高。民进党高层只图稳定，无心两岸关系发展，既没有管控两岸危机，任凭台湾"反中"民意愈演愈烈，对于"火烧车"事件中大陆罹难者冷漠以对，大量转发歧视"没有陆客的台湾风景更美"这样的不当言行，无异在两岸民众伤口上撒盐。"520"后民进党全面全力全速推动"文化台独"，加快脱离大陆的"新南向"脚步，谋求军事对抗与挑衅，甘做美日棋子，甚至与达赖势力勾结。不仅挑战两岸共同政治基础，更是挑战两岸十三亿人民的意志。上述种种，有为两岸关系发展、为两岸协商台湾合情合理的国际参与营造善意的氛围吗？

如果亲民党主席宋楚瑜参加了秘鲁 APEC 峰会，能否如当年连、萧那样与大陆领导人密切互动、赢得两岸关系转圜空间，还存有诸多疑问。民进党一再消费蓝营人士，除了制造议题、转移视线、转嫁责任、刺激"反中"民意外，于事无补，根本无法解决当前两岸困境。（本文发表于台湾《中国时报》2016年 9 月 8 日 A10 版，原标题为《APEC 特使，不承认"九二共识"没戏》）

"台独"梦呓阻隔蔡英文转型之路

近段时间来，台湾"独派"按捺不住"寂寞"，一改此前静默，集体大动作发难，掀起一波波"台独"浊浪，把本已脆弱的两岸关系推向深度危险边缘。

先是埋怨蔡英文的人事安排，齐声要求撤换林全，强烈干预蔡英文用人。吴澧培首先开炮，认为林全绝对用不得，不然蔡英文没有明天。他还透露早与服务于蔡英文当局的"国安会秘书长"、侄子吴钊燮不再往来。"台湾社"张叶森提高分贝为其帮腔，喊出了绿营心声。辜宽敏更是怨声连连，重炮吐槽蔡英文"做四年就好，不要想着下一次选举"。"台独"大佬密集唱衰让民调陷于死亡交叉的蔡英文如芒刺在背，骨鲠在喉。

继而在"入联""制宪"上持续发难。许世楷鼓噪"入联"，要求台湾以"新国家"加入。如果蔡英文当局没有作为，不惜以废掉"外交部"、陆委会相威胁，甚至干脆成立"推动参加联合国部"。他还大放厥词，现有"宪法"不改不行，"公民投票""正名制宪"都要进行，一样不能少。蔡明宪抢滩成立"台湾联合国协进会"，组团赴美到纽约联合国广场活动，与美国亲台议员、智库会面，为台湾"入联"造势。

"台独"表现不落人后的李登辉继年初在《余生》发表"媚日卖台"言论后，5月初公开要求蔡英文只做"正名、制宪、入联"，提高"国家认同"即可，不必纠缠"九二共识"。7月向与美、日学者、政界人士密集兜售"制宪"论调，9月下旬在募款餐会上大放厥词，点燃"宪改"战火：妄言"台湾不属于中国、处于独立的状态，台湾的中华民国与中华人民共和国都是个别的存在。"李主张即刻启动"宪改"工程，终结"一个中国""中国法统"的寄生与约束，防止中国大陆"改变台湾现状"。李登辉重弹"强化台湾主体性"，"迈向正常国家"的老调，"以台湾之名存在是唯一重点。"李登辉预知余生恐怕只剩5年，但他决不会就此罢手，还将恶整台湾，牵拖蔡英文与民进党。

早已在台湾政治市场边缘化的"台联党"近日针对"入联"受挫，提议蔡英文当局反制，邀请"藏独""疆独""港独""法轮功""民运分子"入台，把台湾建造成"反华基地"，沆瀣一气。同时禁止大陆涉台官员、智库人士入台"统战"，全速推动"正名制宪"运动。

在"独派大佬"的激赏下，"时代力量党"成为"台独"急先锋。先后抛出"两国论"版本的两岸协议监督条例草案，提案修改"公投法"，降低"门槛"、把两岸议题纳入"公投"范围。派人赴达兰萨拉邀请达赖访台，遭到后者"打脸"，自讨没趣。

在"台独"分子不可一世的鼓噪下，台湾岛内一时间沉渣泛起，"独"浪滔天。"独派"的政治算计在于藉"台独"议题向陷于民调死穴的蔡英文当局发难，给她"穿小鞋"，不但可以刷刷存在感，更可主导议题、捞取丰厚的政治资源供其挥霍。

"独派"如此嚣张有四项目的。

一是制造事端，挑战大陆。民进党执政为"台独"创造不可错失的机遇，岛内外"台独"势力决必持续制造事端，挑战大陆底线，制造形形色色、耸人听闻的"台独"分裂活动，重玩"公投入联""正名制宪""正常国家"等老把戏，操纵各种"反华"势力的烂招数，让人一眼看穿倒胃口。

二是主导议题，阻挡转型。"台独"是深绿的政治生命线，一旦失去"台独"市场，将面临淘汰出局的风险。在蔡英文两岸路线左右摇摆、窒碍难行之际，"独派"强烈发声，旨在抢夺岛内两岸议题主导权，阻隔蔡英文两岸路线向中间转型空间。

三是扩充版图、培植骨干。设计议题，玩出花招，喊破嗓子，提高声势，开辟"台独"空间，培养"台独"骨干，扩大"台独"支持者，壮大"台独"阵营，扩大深绿政治版图，以便"独派"后继有人，长盛不衰。

四是聚拢资源，争夺权力。经过多年在野，"独派"不断凋零，资源萎缩，急需补充银弹遮粮草。但蔡英文当局人事安排、资源分配并未独厚"独派"，"打江山却未坐江山"引起深绿严重不满。制造"台独"议题，就是要挟蔡英文让步，抢攻深绿选票，抢资源、捞位置，在选举中只要冲过3.5%甚至5%的得票率门槛，便可获取政党补助金，成立"党团"，谋求更大政治空间。"独派"早已瞄准了2018、2020年选举，准备大干一场。

面对"独派"叫嚣勒索，蔡英文被迫在人事上低头妥协，调整司法部门提名,海基会交给"独派"信任者掌管,撤换发言人,更多的"公营"、金控位置留给"独派"。未来蔡英文撤换改组林全"内阁",向其释放更多的资源已无悬念,只是时间点选择而已。

蔡英文宣称"不挑衅、没有意外",建立具有"一致性、可预测且可持续"的两岸关系,"520"讲话承诺按照"中华民国宪法""两岸人民关系条例"处理两岸事务,早已引起"独派"不爽,未来蔡英文能否顶住压力,兑现承诺,续写"未完成的答卷",主导权已不在蔡手中,蔡英文转型之路充满悬念。

"老狗玩不出新把戏"。不要说如今两岸实力悬殊,就是当年"台独"最猖獗之时,陈水扁玩遍各式"台独"花招后只能承认"台独"搞不成就是搞不成。

习近平在"七一"讲话中严正警告"台独"势力:"对任何人、任何时候、以任何形式进行的分裂国家活动,13亿多中国人民、整个中华民族都决不会答应!"

"台独"终成万劫不复、痴人说梦的谎言而已。(本文发表于香港中国评论网2016年9月28日,http://www.CRNTT.com)

"宪改"玩火自焚，阻挡不了两岸发展正道

日前，坐拥豪宅、贼心未死的李登辉还在拼命捞金，进行年度募款大会，大放厥词，鼓噪"台独"，点燃"宪改"战火，向蔡英文下达"宪改"的总动员令。岛内正升腾起"台独"污泥浊水，拍打着脆弱的两岸关系悬崖。

当天李登辉面对"英派"核心要角苏嘉全、民进党"立院党团"总召柯建铭、"时代力量"黄国昌等，要求即刻重启"修宪"工程。其论调有四：

一是改变所谓"总统有责无权、权力分立及制衡混淆的乱象"。其实质就是"总统"继续扩权，成为超级"总统"，打破在野党的制衡，遂行"修宪"、为所欲为。

二是终结"一个中国""中国法统"的寄生与约束。其目的就是透过"宪改"彻底切割两岸脐带，告别与中国大陆的法理的、政治、经济、文化、社会的联结，台湾不再附庸或寄生于中国大陆的母体，真正实现两岸是"特殊国与国关系"的法理定位。

三是"宪改"巩固台湾现状。李登辉定义台湾现状就是："台湾不属于中国、处于独立的状态。台湾的中华民国，与中华人民共和国都是个别的存在。"这是基于"两国论"基础的"台湾中华民国论"。李登辉叫嚷"现在不改革，就会被中国改变现状"。其实，定义台湾的"台独现状"，毫无法理、政治、经济、文化及国际社会的依据，只是认同日本的李登辉们的政治狂想罢了。

四是强化"台湾主体性"，"迈向正常国家"。为促成"宪改"，李登辉警告蔡英文当局避免步上陈水扁"托古不改制"后尘，他愿协助蔡"脱古改新"。同时充分动员青年，煽动政治热情。有报道称李登辉拟发起成立所谓"宪政改革论坛"，提供政治舞台给年轻人，为投入2018年选举预作热身。

李登辉的"宪改"狂言获得苏嘉全、黄国昌等人的响应，他们表示将着手在"立法院"成立"修宪委员会"，具体负责"宪改"事宜。

日前，岛内"独派"势力蠢蠢欲动，许世楷、辜宽敏、"台湾社"等大动作集体呛声。先是抨击蔡英文的人事安排，要求撤换林全。随后在"入联""宪改"议题上连续发难。许世楷要求台湾以"新国家"加入，不惜以废掉"外交部"相威胁，另立"推动参加联合国部"。许主张"宪法"不改不行，"公民投票""正名制宪"一样都不能少。李登辉高分贝"宪改"，使蔡英文如芒刺在背。李登辉们的有四项目的。

一是制造事端，挑战大陆。民进党执政为"台独"创造不可错失的机遇，以李登辉为代表的"台独"势力必然持续制造事端，挑战大陆底线，制造形形色色、耸人听闻的"台独"分裂活动，重玩"公投入联""正名制宪""正常国家"等老把戏，操纵各种"反华势力"的烂招数，让人一眼看穿倒胃口。

二是主导议题，阻挡转型。"台独"是李登辉们的政治生命线，一旦失去"台独"市场，将面临淘汰出局的风险。在蔡英文两岸路线左右摇摆、窒碍难行之际，李登辉强烈发声，旨在抢夺岛内两岸议题主导权，向蔡下指导棋，阻隔蔡英文两岸路线向中间、中道转型空间。

三是扩充版图、培植骨干。李登辉们企图设计议题，玩出花招，喊破嗓子，提高声势，开辟"台独"空间，培养"台独"骨干，扩大"台独"支持者，壮大"台独"阵营，扩大深绿政治版图，以便"独派"后继有人，长盛不衰。

四是聚拢资源，争夺权力。对于民进党重新执政，李登辉胃口很大，但蔡英文的人事安排、资源分配并未独厚"独派"，引起"独派"严重不满。李登辉们制造"台独"议题，就是要挟蔡英文让步，抢攻深绿选票，抢资源、捞位置，在选举中只要冲过 3.5% 甚至 5% 的得票率门槛，便可获取政党补助金，成立"党团"，谋求更大政治空间。"独派"早已瞄准了 2018、2020 年选举，准备大干一场。

面对李登辉、"独派"叫嚣骂阵，蔡英文被迫在人事上低头妥协，甚至撤换林全只是迟早的事。蔡英文"维持现状"、承诺按照"中华民国宪法""两岸关系条例"处理两岸事务的两岸路线，早已引起"独派"不爽，未来蔡英文能否顶住压力，兑现承诺，续写"未完成的答卷"，主导权已不在蔡手中，蔡英文转型之路充满悬念。

"老狗玩不出新把戏"。"正名"也罢、"修宪"也罢，"公投""入联"等老套已没有多少卖点，只是最为平庸、媚俗的工具而已。不要说如今两岸实力悬殊，就是当年"台独"最猖獗之时，陈水扁玩遍各式"台独"花招后只能承认

"台独"搞不成就是搞不成。日渐凋零、风烛残年的"独派大佬"如李登辉之流除了苟延残喘、拥"独"自保外，尚能饭否？

习近平在"七一"讲话中严正警告"台独"势力："对任何人、任何时候、以任何形式进行的分裂国家活动，13 亿多中国人民、整个中华民族都决不会答应！"不管李登辉们与蔡英文演的是哪出，是"唱双簧"，还是下指导棋、发动员令，不管是"文化台独"、"法理台独"还是其他形式的"台独"，大陆立场坚定，将予以迎头痛击。

"台独"终成万劫不复、痴人说梦的历史谎言而已。（本文发表于台湾《中国时报》2016 年 9 月 30 日，原标题为《李登辉们绑架蔡英文》）

假善意掩盖不了真对抗

蔡英文执政荒腔走板，民调陷于死亡交叉，动摇其政治根基。彷徨无助中转向深绿取暖，在资源分配、政策路线上向"独派"靠拢，撕下"善意"伪装，出口"力抗中国压力"诳语，损及原先两岸规划，引发岛内非"独"势力、大陆强烈不满，美方也是高度警惕。

自"520"到"双十"，蔡英文先后六次正式发表其两岸主张，其中包括三次接受外国媒体采访，一次致信民进党员。每次都是在重弹老调后挤牙膏、兜圈子，以谈判手法讨价还价，扮"可爱"、装"可怜"、显"无辜"，取悦美方，欺骗不明真相者，有损其领导人的格局与高度。蔡英文的盘算在于以最小妥协、甚至无代价而谋求大陆最大让步，甚至放弃"九二共识"、反对"台独"的底线。

此前蔡英文两岸政策要点，主要在于："维持两岸现状"，"九二会谈的历史事实""珍惜维护两岸交流协商互动成果"，"宪法论""执政党对话论""区域合作论""民主民意论""共同责任论"，等等。上述属于"嘴软""善意"的包装，以便其度过上台初期的危险期。在"双十"讲话前夕，蔡英文就 ICAO 事件公开责难大陆，民进党党庆时公然叫嚣"力抗中国压力"，暴露其隐藏已久的"反中"对抗本质。

"双十讲话"犹如文字游戏，言不由衷。蔡依然采取老调与新把戏混合手法，呈现"善意"及对抗的双重面目。重点在于"四不"与"什么都可以谈"。

蔡英文"维持现状承诺不变""善意不变""不屈服压力""不对抗"的"四不"充满了欺骗性与不负责任。上任前信誓旦旦的"维持现状"承诺已成一句空话，两岸和平发展现状早已被其不承认"九二共识"所摧毁。处理东海南海事务有违捍卫主权领土承诺，"中华民国宪法"就是"一中宪法""两岸关系条例"就是"一国两区"，按照"宪法"承认"九二共识"何难之有？

蔡口口声声地"善意"却因对陆客罹难者的冷酷无情、毫无同理心、紧缩"陆配"权益、紧缩两岸交流而暴露无遗。蔡英文当然不会屈服于大陆压力、两岸和平发展压力，这是她赢得选举、拉拢深绿的法宝。但蔡屈服于外国压力、"台独"压力。蔡逢美、逢日必软必亲，公然屈服于美日的压力，不惜开放美猪、开放日本有害食品进口，坑害台湾消费者、渔民权益、损害台湾食品安全。

蔡恶意推动"文化台独"、"内政台独"、"价值台独"、"生活台独"、拉拢台商"新南向"、加紧 TPP，战略安全上配合美日，这不是对抗什么才是对抗？对抗就蔡英文两岸政策而言不但是过去式，而且是现在进行式，人们也无法排除对抗将是其未来进行式。

蔡英文的承诺可信乎？还有谁相信其承诺？此次蔡英文提出"只要有利于两岸和平发展，有利于两岸人民福祉，什么都可以谈"，还要把两岸分歧带向双赢未来。蔡此举实为声东击西、缓兵之计，为其稳定台湾内部、挽救难看的民调赢得时间。只要不承认"九二共识"、不说清楚两岸关系是一国内部关系，侈谈两岸谈判只是欺人之谈。

"尔曹身与名俱灭，不废江河万古流。"蔡在两岸关系上曾有历史旧账未曾清算，她必须想清楚是做过河卒子、李扁第二，还是回应两岸民意，多做善事？蔡英文执政成败，系于两岸关系。为今之计，蔡只须做三件事。一是兑现承诺，捍卫"主权领土"，维持两岸关系和平稳定发展，而决不可口是心非、说一套做一套。二是"冻结台独"，至少在党内通过"维持现状提案"。三是面对"九二共识"，只要在任一天，每天都得面对，这是绕不过的坎。（本文发表于台湾《中国时报》2016 年 10 月 13 日 A10 版）

撕下蔡当局两岸政策"善意"伪装

蔡英文执政五个多月，荒腔走板，民调陷于死亡交叉，执政根基遭到动摇。彷徨无助中转向深绿取暖，在资源分配、政策路线上向"独派"靠拢，撕下"善意"伪装，口出"力抗中国压力"诳语，损及原先两岸规划，引发岛内"非独"势力、大陆强烈不满，美方高度警惕。

一、两岸策略

蔡英文上台伊始，执政目标在于顺利执政，巩固权力，谋求稳定执政及长期执政。其执政策略有三。

一是"内政优先"。亟须控制台湾全岛，分配政治资源，理顺体制运作，全面掌控党、政、军、警、特等各系统，平衡民进党各派系，利诱绿营各路诸侯，掌控媒体及舆论市场，全面清算国民党。政策上搞新经济、新军事工业，重点在于"转型正义"，打趴政治对手。

二是"外交突破"。标榜"踏实外交"，增进与美、日实质关系，巩固现有"邦交"，扩大国际参与，扩大区域经济整合。深化与欧盟、东南亚、印度等的关系，结成所谓的"利益、安全、价值同盟"。重点推动"新南向"，意图结合美、日抗衡大陆，其扮演美国棋子的心态昭然若揭。

三是冷却两岸。蔡英文两岸政策请求稳定的两岸环境，并对两岸关系实施降温。其内涵只求稳定、不谋发展；只求"脱中"，没想"联中"；只管风险，不增动力；只有紧缩，没有开放；非使两岸愈走愈近，而是愈走愈远，日趋疏离、隔阂甚至怨恨。如果两岸关系有所发展，也只让台湾独享成果，有利于台湾经济发展、民生改善、国际参与扩大等领域。

蔡英文处理两岸关系的基本策略有四。

一是冷处理。蔡英文故意忽略两岸议题对于台湾地区政治稳定、经济发展、民生改善、社会和谐的极端重要性，置全台湾、两岸及国际社会对于发展两岸关系的万般期待于不顾，反而对两岸关系强制降温，不但泼冷水，还泼脏水。

二是缓处理。蔡英文优先处理"内政""外交"议题，两岸议题并没有成为她最关注、最投入的议题，并不急于处理，一切都是暂缓处理。蔡本身没有意愿处理，现阶段也没有能力处理，只好缓处理。

三是逆处理。围绕执政目标，蔡英文的两岸手法就是人们越期待她顺应潮流、重视两岸、优先处理，她越是逆向操作、逆潮流、逆期待。选前蔡有各种承诺"维持两岸现状"，选后特别是上台后，她率性作为、心迹暴露，大搞"去中国化""文化台独"，没有对一系列意外事件如"雄三误射"、针对陆客火烧车事件认真善后，任凭其漫延扩散，甚至火上浇油、推波助澜，反而暴露其内心"反中"、"台独"、甘当外人棋子的本质，如何培养两岸之间的互信与善意氛围？

四是稳处理。蔡英文求稳怕乱，奢求享受和平发展成果，担心大陆经济"制裁""外交"打压、军事威慑等。于是，她发挥谈判专家特色，挤牙膏、兜圈子，试图以最小妥协谋求大陆最大让步。蔡今后将持续与大陆如此周旋。2015年4月抛出"维持两岸现状"与"520"抛出"宪法论""对话论""区域合作论"，都是如此操作。

为了稳定、管控两岸关系，蔡英文在政策、人事及管理方面采取三项措施加以因应。

政策上持续释放口头"善意"。如"遵循中华民国现行宪政体制"，承认两岸两会达成"九二会谈"的历史事实、秉持"求同存异相互谅解"的精神等，维持"两岸和平稳定发展"等，自认向大陆释放了很多"善意"。与此同时，不断作出承诺，"不挑衅、没有意外"，建立"一致性、可预测性且可持续性"的两岸关系，而且她会"说到做到"。

人事安排上求稳。在"国安"、"外交"、军事、两岸事务人事显现"老、蓝、男、外（涉外）、守（保守）"特色，缓和两岸对立气氛。但同时安排深绿把守文化、教育部门，推动"文化台独"，田弘茂出任海基会也是如此考虑。

管理上作出区分。如党政分隔、"行政"与"立法"区分、"中央"与地方区隔，"唱双簧""扮黑白脸"。

二、两岸政策内涵

自"520"到"双十"，蔡英文先后6次正式发表其两岸主张，其中包括3

次接受海外媒体采访，1 次致信民进党员。每次都是在重弹老调后挤牙膏、兜圈子，回避"九二共识"及其一中内涵，以谈判手法讨价还价，扮"可爱"、装"可怜"、显"无辜"，取悦美方，欺骗不明真相者，有损领导人的格局与高度。

1. "善意"谎言包装

慑于大陆压力、谋求美方信任，蔡英文持续包装、修饰其两岸政策，涉及五大核心内容。

一是抛出"宪法论"，继 2015 年 6 月提出遵循"中华民国现行宪政体制"说之后，蔡承诺"捍卫中华民国主权领土"，按照"中华民国宪法""两岸人民关系条例"处理两岸事务。"现行宪政体制"并非蔡英文的发明，而是在当年民进党"华山会议"辩论中，谢长廷"宪法共识"与"新潮流系"相争不下时，最后达成妥协的结论。

二是"九二会谈"与"共同认知"。蔡英文选前改变长期公开否认、攻击"九二共识"的立场，不再正面否认"九二共识"，但仅承认两岸之间有"九二会谈的历史事实"，选后表示当年两岸"达成若干共同认知"，即"在一九九二年，两岸两会秉持相互谅解、求同存异的政治思维进行沟通协商，达成了若干的共同认知与谅解，我理解和尊重这个历史事实"。蔡所说的"共同认知"是否包括"九二共识"，她不愿说清楚。"九二会谈"与"九二共识"两者最大不同，在于前者只有过程没有结果，后者有过程，但更重要的是有"九二共识"这个结果。蔡英文只承认会谈过程而不接受会谈结果，根本原因在于她不接受两岸关系的一国性质，仍有"一边一国""两国论"妄想。

三是"既有政治基础"。2016 年 1 月 21 日，蔡英文接受《自由时报》采访，提出其处理两岸关系的"既有政治基础"的四项元素：第一是一九九二年两岸两会会谈的历史事实以及双方求同存异的共同认知；第二是"中华民国现行宪政体制"；第三是两岸过去廿多年来协商和交流互动的成果；第四是台湾的"民主原则"以及"普遍民意"。其中最引人瞩目的是所谓"民主原则""普遍民意"，这是蔡英文当选演说中新加进去的内容。

四是"什么都可以谈"。蔡英文采取声东击西、以拖待变的缓兵之计，为其稳定台湾内部、挽救难看的民调赢得时间，抛出"什么都可以谈"。侈谈两岸应该尽快坐下来谈，"只要有利于两岸和平发展，有利于两岸人民福祉，什么都可以谈"。马当局时期两岸在"九二共识"的共同政治基础上开展协商谈判，是蔡英文拒绝"九二共识"、摧毁了两岸政治基础，关闭了两岸谈判大门。只要不承认"九二共识"、不说清楚两岸关系是一国内部关系，奢求两岸谈判只是欺人之谈。

五是各种虚假"承诺"。为了消除各界不信任，蔡英文还作出一堆承诺，如"建立具一致性、可预测、且可持续的两岸关系，维持台湾民主及台海和平的现状"，希望两岸关系"是一种和平，而且相互合作、共同解决问题的关系"，承诺"沟通、诚信，不把两岸议题当选举操作，借机牟取利益"，蔡还保证未来处理两岸关系会"积极沟通，不挑衅，也不会有意外"，等等。

2."反中对抗"本质

蔡英文一系列策略调整、口头"善意"，难以掩盖其内心的"反中对抗"本质，更被其赤裸裸的"台独"行径洗刷得七零八落。

一是"民主、民意"及"未来选择权"。这是对抗大陆最廉价的工具，蔡英文曾突出两岸政策"三前提"，即"依循普遍民意，遵循民主原则，确保台湾民众对于未来的选择权"，意图以"民主""民意"为幌子，保留台湾未来"台独"的自由选择空间。蔡抱怨台湾不应该"因为不接受某些不民主的框架限制，而被剥夺应有的权利"（指参与ICAO）。"双十"还提出两个"正视"，"正视中华民国存在的事实，正视台湾民众对于民主制度的坚信"，试图累积对抗大陆筹码。

二是"共同责任论"与"打压论""分化论"。蔡英文曾称"两岸都有责任尽最大努力，寻求一个对等尊严、彼此都能够接受的互动之道"，诬蔑大陆"打压"，声称台湾的"民主制度、国家认同与国际空间，必须被充分尊重，任何打压，都会破坏两岸关系的稳定"。"双十"前夕，蔡英文公然责难大陆"打压"，把台湾无缘本届ICAO归咎大陆。指责大陆与蓝营执政县市加强交流合作是"分化"台湾。在表明蔡英文早已图谋把两岸停滞、倒退的责任推卸给大陆，争取岛内民众的同情与美国等国际社会的庇护。

三是叫嚣"力抗中国"。蔡以公开信的方式致函民进党员，公然煽动民进党人的"反中民粹"，"要力抗中国的压力，发展与其他国家的关系。要摆脱对于中国的过度依赖，形塑一个健康的、正常的经济关系"，充分暴露了蔡英文内心真正的两岸关系想象。

四是欺骗且不负责任的"四不"。蔡在"力抗中国"叫嚣后，10月初分别向美、日媒体抛出"承诺不变、善意不变、不屈服压力、不对抗"的所谓新"四不"，还在"双十"讲话中大谈特谈。

蔡英文"维持现状承诺不变""善意不变""不屈服压力""不对抗"的"四不"充满了欺骗性与不负责任。上任前信誓旦旦的"维持现状"承诺已成一句空话，两岸平发展现状早已因其不承认"九二共识"被摧毁。处理东海南海事务有违"捍卫主权领土"承诺。"中华民国宪法"就是"一中宪法""两岸关系条例"就是"一国两区"，按照"宪法"承认"九二共识"何难之有？

蔡口口声声的"善意"因对陆客罹难者的冷酷无情、毫无同理心，因紧缩陆配权益、紧缩两岸交流而暴露无遗。蔡英文当然不会屈服于大陆压力、两岸和平发展压力，这是她赢得选举、拉拢深绿的法宝。但蔡屈服于外国压力、"台独"压力。蔡逢美、逢日必软必亲，公然屈服于美日的压力，不惜开放美猪、开放日本有害食品进口，坑害台湾消费者、渔民权益、损害台湾食品安全。

蔡恶意推动"文化台独""内政台独""价值台独""生活台独"，拉拢台商"新南向"，加紧 TPP，战略安全上配合美日，这不是对抗，什么才是对抗？就蔡英文两岸政策而言，对抗不是过去式，而是现在进行式，并且无法排除对抗将是未来进行式。

三、两岸政策工具

蔡英文两岸政策工具核心就是"戒急用忍"的升级版，大肆推动"政治反中、法理拆中、文化去中、经济脱中、战略制中"，推行一条没有"台独"之名、但有"台独"之实的"柔性台独""文化台独"路线。"520"后蔡英文在两岸关系的所作所为，证实其善意只是口是心非，心不甘情不愿；但其在实施"文化台独""经济脱中""战略制中""亲美媚日抗中"方面，出尽险招实招、既快且狠。

一是全面、全力推动"文化台独"，无比迅猛。"台独"正走在由"文化台独"向"法理台独"的路上。

二是加速"新南向"，加快 TPP 步伐。成立了"新南向政策办公室"，通过"政策纲领"，全方位、综合性、多面向（面向东南亚与南亚）实施，人员、资金、政策部署到位。积极参与美国主导的 TPP，牺牲台湾民众权益。

三是掌控军队，图谋对抗。蔡上任后密集视察、掌控军队，实施"国舰国造""国机国造"，透过军事工业合作，催生美日台隐形军事同盟。

四是推动"踏实外交"。蔡英文高调过境美国出访巴拿马，低调参与 WHA，言必称"中华台北"。寻找美日管道，扩大国际参与，维持现有"邦交"。致函联合国秘书长，希望"有意义参与""有意义贡献"国际社会。不惜硬闯国际民航组织大会（ICAO）、APEC领袖峰会，制造被大陆"打压"的悲情。

五是东海、南海全面配合美日。蔡英文当局对冲之鸟礁不持立场，不护渔，准备"台日海洋事务合作对话机制"。南海仲裁上唯美国马首是瞻，阻挠并处罚渔民、国民党登太平岛，附和美国的南海"航行自由"，欲建太平岛为"人道救援基地"，为美国利用太平岛预作战略准备。试图挤进南海对话机制。对国际仲裁结果抗议软弱无力，却加快部署军事雷达，配合美国。

六是紧缩两岸，管控交流。紧缩陆配权益，维持6年入籍时限，还要考试。"国史馆"限制大陆、港澳学者查阅资料档案，对相关大陆学者赴台发出警告，风声鹤唳搞学术恐怖。

结语

"尔曹身与名俱灭，不废江河万古流。"蔡在两岸关系上曾有历史旧账未曾清算，她必须想清楚是做过河卒子、李扁第二，还是回应两岸民意，多做善事？蔡英文执政成败，系于两岸关系。为今之计，蔡只需做三件事。一是兑现承诺，维持两岸关系和平稳定发展，而决不可口是心非、说一套做一套。二是"冻结台独"，至少在党内通过"维持现状提案"。三是面对"九二共识"，只要在任一天，每天都得面对，这是一道绕不过的坎。（本文发表于华广网2016年11月14日，引自http://www.chbcnet.com/zjps/content/2016-11/14/content_1266678_3.htm，最后检索日期：2018年12月5日）

小动作 大代价

12 月 3 日，一条蔡英文与美国总统当选人特朗普通话的新闻登上国际媒体的重要版面，也刷爆了两岸朋友圈。绿营媒体最是铆足劲放大政治效应，仿佛台美关系由此进入蜜月期，一扫押错宝阴霾。果真如此吗？

特朗普当选令看走眼的民进党当局急于修补关系，在亲台极右分子的穿针引线下，忐忑不安中的蔡英文终于与特朗普通上了话。特朗普将消息贴上了推特，令民进党某些人欣喜若狂，逮住机会大肆炒作。

实际上此番英川通话戏码，显示民进党人习惯短线操作的幼稚，国际政治上的小动作恐将付出高昂的大代价。

特朗普尚未上任，利用上任前空档，与蔡英文闲聊几句，讲些不着边际的好话，瞬间累积勒索台湾的筹码。一旦上任，其政策必将回归美国政府既定的台海政策，却要民进党方面兑现采购军火、开放美猪、降低"关税"、开放太平岛等一大堆承诺，把台湾民众当作"冤大头"。蔡英文当局必将因此遭遇民众抵制、民意唾弃。

尤其是特朗普具有商人性格，崇尚交易。但交易首重实力，台湾地区实力却已大不如前，扮演棋子的功能也遭严重削弱，蔡英文当局最有可能沦为被交易的对象。边缘化、弃台论将会是民进党最大的梦魇。

回顾中美关系史，共和党当政实现尼克松访华、中美建交；即使小布什总统最初放言"协防台湾"，后即愤而打脸，三度斥陈水扁为 son of bitch（狗娘养的），民进党被讥为"麻烦制造者"。如今蔡英文当局似又步阿扁后尘，其结局逃不脱阿扁之命运。

台美关系受制于中美关系的大结构，未来中美关系固然有风险，但"一中"原则、三个联合公报、反对"台独"、台海和平对话是历届美国政府不变的政策主轴。特朗普上台后的台海政策也难脱"一中"格局，但其对民进党的勒索远超过扁、马时期。民进党当局如果采取"亲美日、远陆"策略，最后结局不但难以从中牟利，反而自取其辱。（本文发表于台湾《中国时报》2016 年 12 月 7 日 A10 版）

对于"绿色台商"不可能坐视不管

日前，台湾海霸王集团在台湾媒体刊登声明："坚定支持两岸同属一个中国，和平双赢的心志从未来动摇。"

这是民进党上台后有"绿色"背景的指标性台商企业率先明确政治立场，从文本意义上看，海霸王集团像是要与蔡英文家族切割，支持"九二共识"的核心内涵即"两岸同属一个中国"，继续在大陆深耕发展。应当说，这一举动顺应历史潮流，符合企业发展需要，也有可能在台企中产生"骨牌效应"。

对海霸王的声明，台当局陆委会主委张小月呼吁，不要随便给台商贴政治标签。台湾当局领导人办公室也回应说，不乐见"政治干预台商的投资及经营"。这些论调不是在政治上太幼稚，就是太油滑。政治和经济从来不能绝对分开，民进党在不接受"九二共识"及其核心内涵的情境下上台执政，毁损了两岸共同政治基础，造成两会协商中断、两岸协议落实困难、"两岸热线"忙音。民进党当局掀起两岸间的"冷对抗""软对抗"，导致两岸经贸合作、社会互动、人员往来全面紧缩，严重影响到台商、台生及广大台湾民众的信心与利益福祉，越来越不得人心。

大陆贯彻落实既定的对台方针政策，坚持"九二共识"，坚决反对"台独"，扩大两岸各领域的交流合作，实现两岸经济社会的深度融合。特别是加大对台资企业、台湾青年来大陆就业创业的扶植、辅导，使他们与大陆同步发展、获得更多机遇，给台商吃了颗定心丸。与此相反，民进党天天高喊"新南向"，却无力保障台商在东南亚的投资权益，台塑集团在越南的惨痛遭遇就是对民进党当局的无情"打脸"。在此背景下，继续大陆事业、拓展市场版图是绝大多数台商的不二选择，期待结合"一带一路"前进东南亚、南亚。台商早与大陆结为命运共同体，不愿也无法被民进党当局政治绑架。

民进党再次上台执政，"绿色台商"受到两岸各界关注。台商的政治立场较为敏感、隐晦，多数在商言商，回避敏感的两岸政治议题，不会轻易表达其政治立场、"统独"倾向，透露与"台独"、民进党的关系。毋庸讳言，确有些台商一方面在大陆发展，甚至大赚其钱，另一方面回到岛内支持"台独"，出钱出力。"绿色台商"逾越了台商应有的政治分寸，违背大陆相关法律，损害了绝大多数台商的利益。多数台商不接受"绿色台商"的言行。

2000 年民进党第一次执政时期，不少"绿色台商"受到影响，一些长期支持民进党的企业公开与陈水扁决裂，走上推动两岸关系发展的路。"长荣"张荣发、"奇美"许文龙等激烈抨击民进党当局，在台商中影响巨大。此次海霸王集团像是打响了与民进党切割的第一枪，但是对此我们需要听其言，更要观其行。要想真正取信于人，未来就要以实际行动坚定支持"两岸同属一中"，反对"台独"，投入更多的资源支持两岸关系发展。

大陆鼓励、保护台商合法权益，但台商的言行应遵守一个中国原则，支持两岸关系和平发展，不得违背《中华人民共和国宪法》《反分裂国家法》等相关法律、政策。不论何人、何时、何地，支持"台独"分裂活动，就违背了大陆宪法所规定的一个中国原则，损害了两岸同胞特别是台湾同胞的利益，大陆相关部门必须依法给予打击。对于"台独艺人""绿色台商"不能坐视不管，否则就不利于两岸关系的良性、长远发展。

对于台商、台干、台生、台师、台属等群体，相关部门应加强引导、教育与管理，使他们正确认识两岸关系的历史与现实，坚定支持"两岸同属一中"，把他们的前途、命运与大陆的发展结合起来，成为两岸关系发展的积极力量。

（本文发表于《环球时报》2016 年 12 月 8 日 15 版）

国际参与之匙尚在台湾手中

5月8日，纷扰多时的台湾参与世界卫生大会案终于尘埃落定。台湾当局无法像2009年此后八年那样连续接到世界卫生组织（WHO）总干事的邀请函，出席世卫大会（WHA）。明眼人均清楚台湾无缘与会原因无它，就是因为民进党当局拒绝体现"一中"原则的"九二共识"，片面毁损了两岸共同政治基础，也毁坏了台湾国际参与的前提和基础，导致两岸无法协商谈判，阻断了台湾参与路径。如果民进党当局大陆政策始终不作调整，未来台湾国际参与恐怕愈走愈窄。

世卫组织没有邀请台湾出席本届世卫大会，完全符合国际社会普遍接受的一个中国原则，符合联合国2758号决议及世界卫生大会25.1号决议，其权威性不容置疑。联合国及其所属组织，在处理台湾问题时，均应遵循上述的准则。

2008年后的八年是两岸关系史上无比美好的年代，两岸双方化不可能为可能，发生了许多不可想象的事情，台湾民众有感。两岸双方在共同政治基础上，合情合理安排了台湾梦寐以求的国际参与，以"中华台北"的名义、观察员的身份参与世卫大会，每三年以国际民航组织（ICAO）大会主席"特邀贵宾"的身份参加在加拿大举办的国际民航大会。两岸已就台湾国际参与形成一套成熟、现成的模式与路径。关键是遵循一中原则，台湾的国际参与不造成"两个中国""一中一台"，透过两岸协商，作出符合台湾身份、地位的合情合理安排。如今的民进党当局抛弃这一现成的安排模式与路径，反而舍近求远，远道美国寻找支持。一旦参与不成，就怪罪大陆，这是一种不道德、不诚实、不负责的"反中民粹"操作，重伤两岸关系。

民进党当局持续拉高、炒作WHA议题，甚至不惜"摊牌"，旨在突出"主权"身份，制造悲情，掩盖施政失败、民调跌落的真相，转移民众视线，凝聚绿营民众的政治支持度。这也符合民进党人掀起"反中民粹"的逻辑，从歧视陆配、陆生、陆客、陆资、陆媒的权益，到限缩两岸交流、制造"绿色恐怖"，甚至扣响了射向大陆渔民的扳机，大开历史倒车。人们不禁要问：这就是民进党当局领导人口口声声地"善意""克制""不挑衅""无意外"吗？民进党高层究竟想把两岸关系引向何方？是否想借由挑起两岸全面冲突、走向对抗老路，谋求长期执政？

大陆方面向来重视台湾民众的权益。早在 2005 年大陆就与世界卫生组织秘书处签署了关于台湾医疗卫生专家参与世卫组织技术活动的《谅解备忘录》，为台湾卫生专家参与世卫组织技术活动提供了渠道与制度保障，台湾方面可以及时分享、充分掌握世卫组织相关卫生防控的信息、资源、技术等。

未来大陆方面仍将一如既往地照顾台湾民众在大陆的学习、工作、生活，持续出台相关利好政策，民航部门便利台胞证值机、开放台胞申请社科基金、扩大台湾律师执业范围，等等。回顾民进党上台以来在两岸关系上所作所为，台湾的政治高层不觉得愧欠两岸同胞、有违"维持现状"的承诺吗？

如果真以台湾苍生为念，就请放弃"台独"幻想，务实面对两岸及国际现实，落实"两岸人民关系条例"对于"一国两区"的两岸政治定位，诚心接受体现"一中"原则的"九二共识"，重启两岸协商谈判大门。台湾国际参与之匙尚在台湾手中，端看政治人物的格局、意志及智慧。（本文发表于台湾《旺报》2017 年 5 月 10 日 D3 版）

蔡英文执政状况评估与前景

一年前蔡英文挟 56%得票率、集岛内万千宠爱于一身，风光上任；一年后灰头土脸，玩起"神隐"游戏，躲在"总统府"与儿童、弱势群体相互取暖。岛内民调不分蓝绿，均显示蔡的满意度与信任度大幅下跌，满意度竟然跌破三成，勉强保持绿营基本盘。而不满意度超过 50%，甚至超过 60%。网络民调中蔡不再是最受关注的政治人物，跌出前十名。如果郭台铭参选，郭以 35%的支持率领先蔡英文 11 个百分点。看到这些触目惊心的民调数据，蔡英文还能如当初那样自诩"最能沟通""解决问题"吗？

蔡英文一年来的执政状况荒腔走板、争议频传，已经处于崩盘的临界点上了。可以从三方面透视蔡英文的执政状况。

其一，拼经济无能，拼政治全能。

民进党向来是拼经济无心无能、民众无感；但拼政治有力，招招致命，各方"反感"。导致政策争议频传，民怨沸腾。蔡实施一连串"新经济""新南向""舰机自造""前瞻建设"等，名目繁多，但只有举债一招，"前瞻"编列 8824 亿新台币特别预算，规避"立院"监督，撒钱给民进党进行"绑桩"。却没有引来外资、助推升级、拓宽市场，而岛内由于"缺电、缺水、缺地、缺人、缺钱"，一批企业如台积电、鸿海、义联将远走美国投资。造成经济增长乏力，2016 年只增长 1.47%，在亚太地区表现最差，人均收入比前年倒退 2.75%。民众普遍看衰台湾经济，《中国时报》5 月初民调称有 52%的民众认为经济变坏，变好的只有 10.9%。而《美丽岛电子报》的民调称认为经济变坏高达 80.6%。失业率维持在 3.8%—4%之间，尤其是青年群体（15—24 岁）失业率升至 12.07%，创 3 年新高。年轻人低薪无法解决，徘徊在 22K 边缘，实质薪资倒退 16 年，涨薪、升职无望，引起年轻人极度不满。

民进党搞经济外行，但搞政治绝对内行。重点清算国民党，通过"不当党产条例"，成立专门机构，冻结银行账户，打击"救国团""妇联会"等，断其金脉，卡其喉咙。抢资源、抢位置、抢钱很有门道。一上台，民进党人便抢夺6000多个"肥缺"。在行政机构设置种种机要高薪职位安排绿营人士，排挤、打击蓝营及文官体系，政治凌驾专业。

因为政治正确，在拼政治的同时引发政策争议，出现"发夹弯"现象，如核能政策。较大的政策争议有"一例一休""年金改革""同姓婚姻""转型正义""司法改革""食品安全"等均引发高度争议，民众对蔡英文各项政策的满意度平均只有22%，其中两岸低至18.1%、经济17.7%、"司改"15.8%。

其二，"柔性台独"，冰冻两岸。

蔡英文谋求稳定执政不得不尽力维持两岸稳定，但只求稳定，不求发展，降低两岸联结、依存，使双方民众渐至冷漠、仇视，而非愈走愈近、越来越亲。其政策核心有四。一是虚假"善意"与"承诺"，如承诺按照"宪法""两岸关系条例"处理两岸事务；承认"九二会谈"与"共同认知"，承诺"不挑衅"、"不会有意外"；希望"两个有利于，什么都可以谈"，还有了无新意的"新四不""新情势、新答卷、新模式"的"三新"，等等。二是真实"反中"与对抗。叫嚣"力抗中国压力"，实施"文化去中""法理拆中""经济离中""战略制中"，推动"柔性、渐进台独"，夯实"台独"社会基础、思想基础。三是紧缩政策，放任仇恨。限制交流，刁难赴台交流人员；歧视陆生、陆配权益，甚至不如外籍生、外配；管控意外不力、任凭岛内网络谩骂、仇视大陆情绪发酵，甚至放任"海巡署"射杀大陆渔民；制造"绿色恐怖"，试图制定"反渗透法""保防法"、制造陆生"间谍案"，大开历史倒车。

蔡英文两岸政策"有调整，未到位""有承诺，没兑现"，"不敢挑衅不敢，放任意外"。实施"台独"边缘策略，导致"台独"风险持续上升，但仍处于可控状态；两岸关系螺旋下沉，但仍没有"地动山摇"。两岸现状早被改变，虽没有倒退至陈水扁时期紧张动荡的状态，但马英九时期和平发展的螺旋上景象不复存在。

其三，涉外紧缩，沦为"弃子"。

一年来，台湾涉外领域风声鹤唳，"邦交国"减少，尼日利亚要求迁走台办事处，斐济干脆在台北撤馆。台湾无缘WHA、ICAO，还被逐出比利时"世界钢铁会议"、澳大利亚的"金伯利进程会议"，"国际参与空间"全面紧缩。民进党当局"拥美媚日"，甘当"棋子"，曾以"川蔡通话"搅动中美关系，对"冲之鸟"不持立场乞求日本恩赐,却多次遭美、日玩弄勒索。日本以台湾开放核灾食品进口要挟民进党当局,美方要求蔡英文开放美猪进口、购买废弃昂贵武器。特朗普政府已明确回归"一中"政策,拒绝台驻美机构改名,拒绝再次川蔡通话与 F－35 购买案,高度警惕蔡英文成为新的"麻烦制造者"。对于台湾国际参与副"爱莫能助"姿态,指责台湾汇率操纵、知识产权保护不力。在中美关系趋稳、中国大陆国际影响日增之际,台湾当局从"棋子"沦为"弃子"不可避免、为期不远。

综上所述,一年来蔡英文声势高开低走,如今陷于内外交困、四面楚歌状态,民调进入"死亡交叉"且难以逆转,她上交的答卷根本不及格,可谓"满江红",衰败的趋势已然难以挽回。民进党无法改变"只会选举、不会治理""只搞政治算计,不懂经济民生"的特质,执政警报已经拉响,人们尚存的悬念是民进党能否稳定执政、甚至长期执政?

台湾民众对蔡英文执政早已忍无可忍,爆发一系列游行抗争失去,仅在今年前 2 月全台湾就有 400 多场抗议活动。但悲摧的是,台湾选举都是选烂苹果,选一个比较不烂的,但现在的问题是除了民进党这个烂苹果外,台湾民众还其他的烂苹果可以选择吗?

5 月 20 日吴敦义首轮过半、高票当选国民党主席,有利于国民党的稳定、整合,也有利于吴上任后较能做事。这是国民党的转机,也是台湾的机会,如果吴敦义能够团结深蓝、培养领袖人才、强化"两岸牌"优势,国民党将迎来反转的机会,2018 年地方选举可能是民进党衰败的转折点。(本文发表于台湾《观察》杂志 2017 年 6 月号)

民进党把台湾拖向脱轨失序

近日台湾事件不断。先是 15 日晚"大停电"，全台 688 万用户受到影响；接着 18 日上午，一名支持两岸统一的男子为"彰显政治立场"，持利器闯"总统府"，砍伤一名宪兵；随后 19 日晚开幕的台北世大运遭抗议者封门，上演运动员无法正常入场的尴尬一幕。

何以民进党上台一年多来，台湾社会人心躁动、民怨沸腾甚至抗争烽火不断，陷入失序脱轨的边缘？根源在于执政当局政治挂帅、"民粹"治台，失德失能。

民进党依靠"台独民粹"上台，发动大学生、高中生进行"反服贸""反课纲微调"运动，绑架年轻世代。上台后，民进党为谋求长期执政，依然政治挂帅，以"改革"名义打趴政治对手。一方面清算国民党党产，冻结其银行账户与资产，卡住国民党经济命脉。另一方面打击"妇联会""救国团"等蓝营组织，又拿军公教警的 18% 优存利率开刀，大幅砍掉退休待遇，旨在削弱蓝营的支持群体。而国民党散弱无能，无法捍卫蓝营支持者权益，任凭民进党予取予求。

民进党消灭对手无所不用其极，拼政治全能，唯独拼经济无招。民进党所谓的政治人才不少，但经济专才稀缺，还排挤专业文官，拿错经济药方，荒谬难行。"新经济""新南向""舰机自造"等沦为画饼，无法提振经济。岛内陷于"缺电、缺水、缺地、缺人、缺钱"困境，民进党当局处处与企业作对，鸿海等一大批企业远走美国。

与国际经济转好相反，台湾经济表现糟糕，去年经济增长率只有 1.47%，在亚太地区除日本外表现最差。预计今年民间投资仅增长 1.85%，人均收入比 2015 年倒退 2.75%，实质薪资倒退 17 年。民进党利用年轻人的偏激、不成熟上台，但上台后根本解决不了他们的就业、低薪问题。15—24 岁青年群体失业率升至 12.07%，创 3 年新高。大学生起薪低，涨薪慢。如今每年有 72.4 万人远离台湾另谋发展，其中近六成西进大陆，甚至当年参加"反服贸"运动的台湾青年隐姓埋名来大陆找出路。

民进党治理能力低下，"一例一休"导致劳工、企业、消费者及社会全输的局面。"年金改革""同姓婚姻""转型正义""司法改革""食品安全""前瞻建设"等均引发高度争议，民众对政策满意度平均只有 22%，其中两岸、经济、"司改"低至百分之十几。

无能的同时，民进党上下风气不正、争功诿过，求官位、拉关系、抢资源，吃相难看。去年一上台，各路人马就瓜分了 6000 多个重要职位，而"中钢""中油"、华航等"公营职位"沦为民进党新系、"英派"各大派系的肥肉。此次造成停电事故的"中油"董事长原本赖着不走，最后在外界压力下才被迫卷铺盖走人，说不定哪天又卷土重来。

在内部治理失败的同时，民进党当局更大的失败还在于搞砸了两岸关系。出于"反中""台独"的需要，民进党拒不接受"九二共识"，不承认"两岸同属一中"，损坏了两岸共同政治基础，导致两岸两会协商谈判中止、国台办与陆委会沟通中断。大肆推动"柔性台独""文化台独"与"去中国化"，吹捧日本殖民统治，灌输年轻世代"台独史观"。紧缩、管制两岸交流，限制退将、高官赴陆，限制大陆台办官员、强硬学者、党政人员赴台。透过"立法"实施"绿色恐怖"，试图对两岸关系限流甚至断流，激化岛内"反中民粹"，挑动岛内"统独"、世代、贫富矛盾。两岸之间再也无法像过去 8 年那样为台湾的国际参与作出安排，台湾失去了 WHA、ICAO 的门票，巴拿马、圣普与之"断交"，蔡英文所标榜的"踏实外交"遭遇重挫，沦为"踏空外交"。

民进党实施"亲美日、远大陆、转南向"的政策，甘做棋子，寻求美日卵翼，围堵大陆，在军事安全、南海议题上加强与美日配合协调。民进党一边倒地偏向美日，反而使台湾失去战略筹码，加速了台湾的边缘化。

台湾本是经济体制健全、社会秩序良好的地方，但民进党被"台独民粹"的毒瘤扼住脉搏，无心也无力治理好台湾，摧残了台湾的肌体。民进党上台一年有余，已使台湾趋于百业凋敝。蔡英文、民进党无法改善执政状况，也无力扭转台湾螺旋下沉的趋势。吴敦义上任后的国民党必定加大对民进党的牵制力度，民进党最有可能向"深绿"取暖靠拢、采取更加偏激的政策加以反制，因此台湾有可能上演更为严重的政治冲突、社会对立。

2018 年地方选举对民进党而言将是一场硬仗，对国民党则是一次机会，国民党的选情应会有所起色。而在此之前，只要党内、岛内挑战者还没彻底撼动蔡英文的执政地位，两岸关系恐怕就难以拨云见日，"冷对抗""软对抗"局面仍将延续。（本文发表于《环球时报》2017 年 8 月 28 日第 14 版）

迎接新时代两岸关系的民意翻转

自去年"520"不接受"九二共识"的民进党上台以后两岸关系便从"暖和平"跌入"冷对抗",民进党当局实施的一系列紧缩、限制两岸交流的措施,加快"柔性台独"步伐,透过"文化台独""台独史纲""去中国化""宪政改造"等手法渲染"台湾主体意识",升高两岸风险,使两岸关系呈现螺旋对抗的危险景象。"冷对抗"使台湾各方普遍"有感",民进党大开两岸倒车的行为,激起了民众强烈反感,刺激"沉默的多数"积极表态,使台湾民意出现意外翻转迹象。本期联合报的两岸和战民调系列,以客观数据证明多数台湾民众无比厌恶少数政客的民粹操弄,无限追忆两岸和平发展,无限向往两岸深度融合。

中共十九大的胜利召开,引起台湾前所未有的历史性震撼。台湾民众对于中国大陆的评价越来越趋向正面、积极。大陆继续实施"和平统一、一国两制"的方针,推动两岸关系和平发展,推进祖国统一进程。塑造两岸融合发展路径,让台湾同胞率先分享发展机遇,逐步提供同等待遇,促进心灵契合。同时亮明"九二共识"的政治底线,绝不坐视"台独",令台湾民众深刻感悟到大陆承诺的可信与可亲。十九大成为此次联合报台湾民意翻转的重要触媒。其所透露的民意信息,值得两岸各界深入解读。

一是"独降统升"。一年来"柔性台独"已引发多数民众的高度警惕,反映在"统独"主张的变化上。主张"急独""缓独"的比例较去年大幅下跌,由三成一降为二成四,减少了七个百分点。其中主张"急独"与"缓独"者同比去年分别减少了二与五个百分点,是联合报七年来开展和战民调历次最低。与此相反,主张"急统""缓统"的比例上升至二成,较去年增加了三个百分点。物极必反,民进党人凭借执政优势仍无法拉抬"台独"比例,"永远维持现状"高达四成九,显示"台独"遭遇重大挫折,似呈强弩之末。而统一力量在民进党政权、"台独"势力无所不用其极的打压下正处于汇聚、跃升的新阶段。

二是民进党不得人心。有高达五成六的民众不满当局的两岸政策，比去年增加了八个百分点。有四成七质疑当局不当政策，是造成当前两岸僵局甚至恶化的首要因素，显示民进党执政及其所作所为不得人心，严重损害台湾民众福祉。

三是两岸好感度出现质变。经过30年交流，两岸民众之间的接触、交往机会大幅增加，有三成五的民众表示自己或亲友与大陆存有婚姻关系，有五成八的民众接触过来台就学、交流、旅游或经商的大陆人士。令人意外的是台湾民众对于大陆人民、官方的好感度、友善度不以"台独"势力的意志为转移，竟然发生大逆转，大幅攀升。四成九对大陆民众印象佳，较去年增加五个百分点，为7年来最高。相反，持负面感的由四成五下降为三成七，创历年最低，好感度全面超越负面感观。表明民进党当局试图降低两岸联结、摆脱大陆影响、疏远两岸同胞情感的做法无法获得多数台湾民众的认同。究其原因，可能在于大陆和平崛起、软硬实力同步增强，而在国际上扮演负责任大国。还在于不遗余力保障台湾民众的正当权益，采取积极措施便利台湾基层一线、青年一代赴大陆就学、就业、创业、生活。

四是交流有用。民调显示去过大陆的民众对于大陆人民、官方的态度完全不同于没有去过者，有五成六对大陆人民留下美好印象，四成九对大陆官方观感佳，较未到过大陆者高出十四到十八个百分点。由此证明"交流不是万能的，但没有交流是万万不能的。"唯交流应更为精细、深入、持久。

五是"西进大陆"方兴未艾。许信良当年倡言"大胆西进"，遭受民进党无情打压。但"西进"早呈不可逆转之势，蔚为风潮。即使民进党当局力推"亲美日、远大陆、转南向"之策，鼓励北上、南进，阻挠西进，却依然无法浇灭台湾民众包括青年群体的"西进"热潮。高达四成九的民众愿赴大陆工作或旅游，不但愿赴大陆就业的比例高达四成，较去年上升九个百分点，而且愿赴大陆创业的比例也由从去年的二成二上升为二成七，多了五个百分点。特别是被少数政客印上"天然独"标签的30岁以下年轻世代"西进"愿意由去年的三成飙升至五成三，而30至49岁的青壮世代也有近半数愿意前往大陆就业，比去年增加九至十二个百分点。愿意让子女赴大陆念书的比例由去年的三成二增加为三成八，还有一成二愿意到大陆定居，增加五个百分点，均创历年新高。曾有人估计，十年内在上海、大陆的台商、台属、台干分别由30万、80万上升为80万及200万。有份资料透露2015年台湾有72.4万人在境外工作，其中

58％、42 万在大陆工作。大陆对于台湾民众、青年群体具有强大的磁场作用，多数人无法抗拒大陆的舞台、机会及成长空间，而台湾的狭小空间、非理性的意识形态纠葛使不少台湾民众无法忍受，只能出走台湾、前往大陆发展。民进党砸钱吸引东南亚的学生、新娘，但台湾民众热衷于"西进潮""大陆热"。

六是正向看待大陆发展。两岸尚未结束"敌对"状态、签署和平协议，台湾某些势力敌视、仇视大陆的措施、行为持续上演，但越来越多的民众正向、乐见大陆发展、和平崛起，也不担心对台湾的影响。有七成二民众认为中国大陆未来可能成为世界第一强国，较去年增加九个百分点，仅二成不看好。有六成八的民众并不担心大陆崛起会不利台湾，只有二成七担心。

联合报的民调数据让人们有理由相信台湾民意因为"反服贸风波"而滋生的"反中""仇中"的民粹情绪有所弱化，台湾多数民众开始理性、务实思考两岸关系和平发展的弥足珍贵，台湾民意已有全面翻转迹象，两岸民众迎来重新选择新时代两岸关系的重要契机。（本文发表于台湾《联合报》2017 年 11 月 20 日）

"绿色恐怖"难以阻挡西进民意

12月19日清晨,台湾新党青年军王炳忠、侯汉廷、林明正等4人分别在家中遭台湾警、调人员强行搜索、逮捕,引起各界震惊、舆论哗然,人们普遍担心当年"警总"复辟,"绿色恐怖"降临台湾,重演百姓遭殃的人间悲剧。民进党当局罗织涉嫌所谓"国安法"的罪名打压统派人士完全出于政治考虑,旨在打击统派力量、降温西进民意,阻挠两岸关系发展。

一是制造"寒蝉效应",打击统派力量。王炳忠、侯汉廷等坚决反对"台独",积极主张两岸和平发展、热切追求国家统一,成为台湾新生代"统派"的指标性人物,在台湾拥有广泛追随者,产生巨大影响。他们的一举一动早已引起"台独"势力的强烈仇视,民进党当局必欲除之而后快。此次利用政权力量大动作约谈、拘捕,极尽污蔑、染红、抹黑之能事,达到震慑、恐吓、打击新党、统派力量与人士的目的,防止更多的年轻世代追随统派走上统一之路、壮大统一力量。

二是制造政治对立,应对选举。为了巩固执政地位,打趴政治对手,民进党先后制造了"不当党产条例"与"促进转型条例",从经济、思想等全方位切除国民党的发展基础与再生基因。随着明年地方选举与2020"大选"的临近,为挽救执政失败,民进党故技重施,采取制造"绿色恐怖",拉高蓝绿、统"独"对决的策略,全力巩固绿营基本盘、封杀国民党、新党的生存空间,为夺取明年的选举作准备。不难预料,民进党还将使出更卑鄙、龌龊、肮脏的手段对付对手,即使同为绿营的柯文哲也不会幸免。

三是降温西进民意,阻挡两岸关系发展。蔡英文毁坏两岸关系的行为导致台湾进一步沉沦、边缘化,引起民众的强烈不满,要求发展两岸关系、西进大陆的民意日趋高涨。《联合报》11月20日发布的民调透露"统升独降",主张"台独"的比例下降7个百分点,高达56%不满蔡的两岸政策。与此同时,民众对于大陆的好感度、友善度大幅攀升至 49%，首次超越持负面的民众。台湾民众"西进大陆"的比例达到 49%，特别是 30 岁以下的年轻人高达 53%，较去年增加 23%。这些数据完全不以"台独"势力、民进党的意志为转移，引起了民进党当局恐慌，唯恐民众对于两岸关系的积极态度成为民意主流，带给民进党难以承受的执政压力。如果不及时出手压制，民进党恐将失去岛内两岸政策的主导权，直至失去政权。未来当局还可能扩大侦办对象，惩处指标性人物，达到阻挠两岸关系发展企图，持续"亲美日、拉印度、转南向、远大陆"的政策，降低甚至中断两岸往来。

国台办 19 日当晚对于打压、迫害统派力量的"绿色恐怖"行为表达严正谴责，并密切关注事态发展。民进党当局如果继续打压统一力量、对抗和平发展，其倒行逆施必将遭到台湾民众的无情唾弃，离其鞠躬下台也就为期不远了。（本文发表于香港中国评论网 2017 年 12 月 22 日，引自 http://www.crntt.com/doc/1049/1/7/1/104917166_2.html?coluid=245&kindid=17481&docid=104917166&mdate=1222003107，最后检索日期 2018 年 12 月 5 日）

外部因素

美日在 2012 台湾选举中的角色

一、美日历来"关注"台湾选举

台湾"大选"既是岛内各路政治势力的竞技场,也向来是国际势力借机染指台湾地区的战略制高点。美、日等国出于自身利益的考虑,高度关注台湾选举,把手伸进台湾,纵横穿梭,长袖善舞,把水搅浑,谋求对台影响及自身利益的最大化,捞取选举横财。

美日等国对台湾选举的影响无处不在,也无所不用其极。他们在台湾岛内长期处心积虑的经营,拥有盘根错节的关系,握有牵制蓝绿双方的多种筹码,谁不听话,谁就可能遭受美国的冷眼相待甚至致命一击。无论蓝绿哪个阵营都要全力争取、讨好美日,作为争取选票的重要策略。台湾地区任何政治人物莫不以得到美、日、欧洲各国的青睐为荣,都想方设法与西方搭上关系,否则就会被视为缺乏国际视野。选举期间,蓝绿候选人都会派人或亲自到国外拜会外国政要、演讲、开记者会,争取支持及舆论好评。此次选举中,蔡英文利用在野身份,频繁出访国外,到处游说。马英九方面也不甘落后,派遣分身到美、日造势,"马办"执行长金溥聪一路紧追蔡英文在美、日缠斗,好不热闹。

美日等国影响台湾选举的手法灵活多样,老道却不露痕迹。他们习惯于选举的关键时刻、特别是在选情胶着、拉锯、紧绷的时刻显露身手,追求其对选举的最大影响力。他们既可主动操作,又可顺势而为。他们既可直接影响、甚至施压候选人,又可能向候选人的金主、桩脚、支持者传递信息,甚至操作候选人在美国的账户、资产、投资、绿卡等议题而主导选举议题,影响台湾选民。

二、维持台海和平稳定是国际社会的共同利益

美日等国完全是从自身的利益出发来决定其对此次台湾"大选"的立场。现阶段,美、日等国际社会在台海地区的最大的利益交集就是维持台海稳定,

确保两岸关系和平发展，分享"和平红利""经济红利"。有多种因素影响美日等国在此次台湾"大选"中的立场。

一是在中国崛起的大背景下，国际社会不会违逆大陆意志而导致台湾政党轮替。随着综合国力的上升，我在众多国际事务中的主导权、影响力上升，美日等国不能不与我合作，需要中国的支持。经济上应对国际金融危机、欧债危机，环境上应对全球气候暖化、地区热点上应对朝核危机，特别是在金正日逝世、朝鲜局势丕变之际，奥巴马政府在临近其自身选举的时刻更需要中国的合作。因此，美方不愿冒风险去支持一个不符合大陆期待的候选人。欧盟、东盟各国也无不希望与中国大陆合作，共同应对欧债危机等多种挑战。

二是两岸关系和平发展符合各方利益。包括美国、日本、欧洲、东南亚等国都因为近年来台海局势的缓和、两岸关系和平发展而分享到日益广泛、厚实的"和平红利""经济红利"。美日等国越来越多地认识到，只有当两岸关系处于缓和、稳定的状态，台美关系、台日关系才得以发展，甚至不断有所突破。而国际社会多数意识到，唯有马英九连任，才能确保台海稳定，延续两岸和平发展态势。一旦蔡英文上台，两岸的不确定性增加，和平发展不复存在，美、日政府就将面对麻烦不断的民进党当局，届时，奥巴马有可能在身陷选举困境时，还得分心处理台湾难题，寝食难安，美日的利益也必然受到损害。

三是支持马英九连任，方能确保美、日等国利益最大化。马连任，不会挑战、不会损害美国的战略利益、经济利益及文化利益、"民主价值"。恰恰相反，马连任较蔡上台，更能配合美国的经济要求与重返亚太的战略部署，更能实现美国的利益、满足国际社会的要求。虽然对于马英九"亲中"的疑虑始终无法消除，虽然情感上、战略上，美日希望扶植民进党制衡国民党，玩"台湾牌"以遏止中国崛起，但现实利益的考虑及美国国力的衰退，迫使美日等国以台海稳定为优先考虑，舍蔡英文而挺马英九。

四是蔡英文无法取得美国的信任，美方担忧蔡上台有可能不听话。蔡英文在争取美、日方面下足了功夫，但收效甚微。蔡多次派遣与沟通能力强、美方关系密切的萧美琴、吴钊燮、罗致政等赴美游说，她本人也亲赴华盛顿接受面试，极力表态：她有能力与经验处理好两岸关系，她可以稳定台海局势，她保证"延续前朝政策，决不横柴入灶"，概括接受ECFA等两岸协议，她当选后将与大陆"正常"交往。她承诺与陈水扁不同，决不会给美国添乱，惹来麻烦。甚至她愿扮演西方遏制大陆的棋子。毕业于名校伦敦政经学院的蔡英文对于争取国际支持充满信心，但她显然高估了自己，低估了美国人的判断力。美方对民进党重新上台心有余悸，强烈质疑蔡英文维持台海稳定的能力与意愿，对蔡开出的两岸"药方"毫无兴趣，对蔡坚决说"不"。

在此次选举中，美日等国际社会与我在两岸关系和平发展方面有着无比巨大的共同利益交集，而协助马英九连任、排除民进党、蔡英文上台的可能性，则成为美日等国的不二选择。

三、美国目的明确、策略灵活

美国自我期许在台湾"大选"中扮演监督者、仲裁者的角色，使蓝绿双方都感觉到来自华盛顿的温暖。不同此前几届的始终模糊，此次选举中，美方目的明确，就是确保马英九连任，而且愈到选举后期，目的愈明确，操作愈明显。但同时，美方极力保住甚至提高蔡英文、民进党的制衡力量，以便选后有效牵制马英九"亲中渐统"。因此，美国采取明暗两手，明地挺马较多，暗中扶蔡也不少，希望双方旗鼓相当，最后由美国决定谁胜出。

美方操作策略、手法十分灵活细腻，力求避免负面效果与反作用。在选举正式开打前、后两个阶段的策略有所不同。在 4 月底蔡英文自党内初选中出线，到 11 月下旬正式登记、启动选举这一时期，美国采取平衡与中立的两大策略。一是采取平衡手法，使蓝绿双方旗鼓相当，选情胶着、拉锯，以达到相互牵制的目的，双方都有求于美方。因此，时而挺马、时而扶蔡，有点劫富济贫的味道，不让任何一方领先太多。8 月下旬，蔡英文公布"十年政纲"后声势看涨，美方随即对蔡访美低调处理，为安抚民进党，爆出台驻美"总领事"刘姗姗案，令马英九当局灰头土脸。二是尽量保持中立，不偏袒、不得罪任何一方。对蔡英文的接待规格比照当年马英九以国民党主席访美时的规格，当时马英九见到了时任美国副国务卿的佐立克，此次蔡也见到了一位副国务卿托马斯·奈兹。美方不限制任何人、任何前任官员挺马或挺蔡。美国国内总有不同色彩的智库、学者或前任官员为马或蔡说话、撑腰。

但 11 月 25 日登记结束、选战正式开打后，美方改变"中立""平衡"策略，断然采取强力"挺马扰蔡"策略，为马"加持"全线拉抬马英九选情。美国的考虑有三个方面，一是美方担心马英九"阴沟翻船"，不慎落败，坏了选后勒索马英九当局的如意算盘。二是美国深知马胜选把握较大，因此送马人情、给马做球，以便选后向马开口要个好价钱。三是美国在众多事务上有求于中国大陆，挺马等于做顺水人情给中国大陆。美方施展影响的手法绵密、多元，美方口头上不断强调"中立"、不会以任何方式干预选举或支持特定候选人，但实际上却是接连出手，层层加码，亮出"杀手锏"，作出积极明显、多层面、大动作"挺马"表态，顾不得外界对于美方干预选举、支持特定政党的质疑。

四、美方五步骤"挺马"

美方采取五大步骤持续释放有利马选情的信息。一是透过智库、学者放话，那些习惯为民进党、为蔡说好话的被消音，即使是亲绿学者也开始转向，全面挺马。从右翼的美国传统基金会到亲绿学者任雪莉（Shelley Rigger），甚至蔡英文当年伦敦政经党院的恩师雅胡达（Michael Yahuda），分别预言一旦蔡英文上台两岸将陷入僵局，甚至掀起台海风暴，而马英九则成为各方最为安全的选择。二是由主管亚太事务的官员上阵表态。早在蔡访美面试失败之际，美方对蔡的疑虑就透过媒体表露无遗。美国白宫安全顾问杜尼隆以匿名方式在英国《金融时报》上公开质疑蔡稳定两岸关系的能力："她让我们深切怀疑是否有意愿及能力，维持两岸近年来所享有的稳定。"三是美方派遣重要官员赴台访问，短期内先后有商务部助理部长、能源部副部长及开发总署署长等三名高官访台，引起侧目。四是在选举的最后关头，美方持续发表对马的信任表态。今年1月6日，美国AIT官员向台湾"国安会"简报奥巴马政府的"国防战略指导文件"，凸显美方对马英九当局的信任。选前最后二天，前"美国在台协会"台北办事处处长包道格在台湾公开接受媒体访问，表示"九二共识"是两岸都接受的必要的妥协方式，符合多方利益，若马英九连任，会让包括华盛顿在内的各方"松一口气"。五是美方向马英九送出了多重大礼。继9月美国宣布总额达58.2亿美元的对台军售后，12月21日，"美国在台协会"台北办事处（AIT）召开记者会，宣布将台湾列入美国的"免签证计划"。知道内幕者清楚，在此之前，蔡英文派亲信萧美琴等赴美游说，希望美方不要在选前披露此项信息，但美方不为所动，而且以公开记者会方式高调宣布，不啻直接向台湾选民表达美方明确地挺马立场。马英九胜选当晚，美国白宫即刻发电致贺。

蔡英文、民进党一直对美方做最大的争取，不放弃最后一线希望。民进党内没有人相信美方最后选择马英九的事实，到选举的最后一刻方才如梦初醒，他们恼羞成怒。蔡英文选前二天无故取消了国际记者会，选后余怒未消，拒绝与"美国在台协会"理事主席薄瑞光见面。萧美琴谴责美方一再保证中立，但支持特定政党的言行已违背这一承诺，民进党深感"遗憾"。

日本方面也于 9 月与台湾地区签署台日投资协议，内容包括投资促进、保障与自由化，标志台日关系取得重大突破。欧洲议会曾于 4 月通过支持台湾以观察员身份加入联合国气候变化纲要公约（UNFCCC）、国际民航组织（ICAO）。在台、新经济协议协商取得进展的同时，印度、菲律宾、新西兰等也相继表达欲与马英九当局洽签类似协议的意愿。这些都是马英九当局的国际利多，对马英九选情构成正面助力。

五、美国大有斩获

透过操作选举谋取最大利益，是美日等国不变的追求。美国选举中大动作挺马，选后一方面要安抚、补偿民进党，另一方面迅速向马英九当局索取回馈。选后不久，薄瑞光便来到台湾上门下指导棋：台湾首先要解决"美牛案"，开放美国牛肉进口。在战略上要求台湾加快参加"跨太平洋战略经济伙伴议"（TPP）步伐，希望台农业、制药及金融领域更加自由化。军事上继续采购军火，美国军火商洛克希德马丁公司宣布已获得台湾和美国陆军 9.2 亿美元的额外订单，售台最先进的"爱国者"导弹系统，此项采购后续订单可能高达 59 亿美元。美国更希望马英九自觉平衡两岸关系与台美关系，台湾需为美日巩固围堵中国的第一岛链，并在重返亚太战略中更加坚定地投入美国的怀抱。除了这些公开的清单外，还有更多没有公开的"回馈"项目，人们不妨拭目以待。马英九对此承诺将与美方充分合作，积极为加入 TPP 创造条件，等等。也许马英九连任后的麻烦才刚刚开始。（本文发表于《两岸关系》杂志 2012 年第 3 期）

被特朗普政府打滥的"台湾牌"

在中美贸易战的浓烈硝烟中，特朗普政府的"台湾牌"也已箭在弦上，频繁向我叫阵发难。是恫吓使诈、声东击西的谈判术？还是突破中美政治底线、全面围堵中国的战略魔咒？

特朗普当选不久便与蔡英文直接通话，严重冲击中美关系，影响极其恶劣。后虽有所收敛，但自 2017 年底以来，为了拉高对抗中国筹码，特朗普政府便采取危险的边缘策略、策划一系列恶毒的"台湾牌"，使中美关系、两岸关系出现更为严峻险恶的局面。去年底颁布了《2018 年财年国防授权法》《国家安全战略报告》，给中国扣上"修正主义者"、"战略竞争者"及"经济侵略者"三顶帽子，视中国为位居俄罗斯之前的竞争对手。今年 3 月特朗普正式签署参、众两院通过、本可自动生效的"与台湾交往法"，玩弄"台湾牌"已到了无所顾忌程度。国会"亲台反华"议员又在酝酿推动推动所谓"台湾安全法"，将使中美关系面临新的挑战。

特朗普政府"台湾牌"有五招，核心要害就是拉紧"美台军事关系"。一是提升台湾战略地位，纳入"印太战略"。《国家安全战略报告》三次提到台湾，更提及"与台湾关系法"，把涉台内容置于"印太区域战略"一节的"军事与安全"栏目下。二是全面强化美台军事情报安全合作，朝向"准军事伙伴"发展。不断提升美台军事官员互访层级，建立十多种美台军事情报对话、合作机制。最新的传闻是即将出任白宫国家安全顾问的"超级鹰派"博尔顿将于 6 月出席 AIT 台北办事处内湖新馆落成仪式。出售先进的、甚至进攻性武器，售台 F－35 战机、部署"萨德"相继成为热门议题。去年 6 月底，特朗普政府首次宣布售台价值 14.2 亿美元的武器装备，这也是中美建交后第 57 笔对台军售案。邀请台湾参与环太军演、"红旗"军演，2017 年公然邀请台军参与美海军"反潜猎杀操演"、观摩美国"黑镖"反无人机演习。还邀请台军参与美军太平洋司令部海军陆战队混合编队，进行协同作战训练。前 AIT 台北办事处长杨苏棣早先透露美国将派遣海军陆战队进驻 AIT 台北新馆。"美军驻台"外，还传言"美舰停靠"台湾或在台湾外海进行补给。加快美台军工产业合作步伐，之前每年在美国偷偷摸摸举办的所谓"美台防务工业会议"今年 6 月有可能移师台北明目张胆的举行，每年在美台轮流举办。最近美国政府已向制造商核发对台出售潜艇技术的许可证，公开为蔡英文"潜舰自造"撑腰打气，还有可能带动日本、欧洲等相关国家参与台湾地区军事工业建设。当前，美台军事安全合作已进入自 1979 年以来最为紧密、深度、危险的阶段。三是提升美台政治关系。特别是提升美台官员互访层级，放宽对于台湾高层过境美国或出入美国敏感机构的限制，"与台湾交往法"打开了双方互动的方便之门。四是尝试美台海洋合作。特别是围绕南海议题，美方要求台方配合其"航行自由"，在太平岛部署高端雷达搜集南海舰队情报，作好未来美军船舰、飞机停靠太平岛的准备，甚至要求台方公布南海档案等。五是支持台湾参与国际活动，为台参与世界卫生大会、国际民航大会、国际刑警组织等发声，阻挠我与巴拿马等国建交。此外扩大美台经济合作，要求台湾开放美猪进口，扩大对美投资等。

　　服务于美国自身战略利益，"台湾牌"是美国历届政府惯用的招数。但与此前不同，特朗普政府的"台湾牌"有其独特之处。一是危害特别严重。"台湾牌"与经贸牌、军事牌等构成特朗普政府对抗中国的重要组合，直接冲击一个中国原则，动摇中美关系政治基础，后果严重。二是赤裸裸强打"台湾牌"。此前美国政府相对克制、小心谨慎，但特朗普政府明目张胆地打"台湾牌"，频率之快、力度之大超越以往，动不动就甩出"台湾牌"恫吓，高官赴台、"美军驻台"、"美舰停靠"等践踏中美关系红线的传闻不断，"台湾牌"已打到滥用乱用、不计后顾的地步。三是"台湾牌"已是特朗普政府与国会的合作、妥协的重要策略。此前都是美国国会施压行政部门，后者选择性执行。现在美国政府主动打"台湾牌"，甚至不断加码，使"台湾牌"朝向更为危险的方向。四是"台湾牌"彰显了特朗普政府极端的狭隘自私自利，为了确保美国霸权，美国甚至不惜毁掉台湾以达到阻挡中国崛起的阴谋。五是"台湾牌"得到了民进党当局的全面配合。出于谋求"台独"、对抗大陆的需要，民进党紧抱美国大腿，死心塌地甘作美国"棋子"，全方位配合特朗普"台湾牌"。因此"台湾牌"对特朗普政府来说是廉价的、甚至没有成本的工具。

　　但是，随着中国实力的增强，我应对"台湾牌"的信心坚定，能力足够，充满底气。中美差距不断缩小，中国军事力量已具有穿越第一岛链的实力，甚至有办法把美军拒止于 1000 公里之外，台湾的战略地位已大不如前。也由于两岸实力差距进一步扩大，民进党把持下的台湾加速度衰落，台湾与大陆对抗无异以卵击石。美国此时打"台湾牌"好使但不好用，弱不禁风的台湾对美国实际支持有限，弄得不好有可能成为美国的包袱，为其错误的"台湾牌"付出不可预测的代价。

纵然如此，我们对于特朗普政府"台湾牌"必须严阵以待，强力反击已经刻不容缓。坚持"以我为主""于我有利"原则，强化战略战术配合。

一是筑牢底线。台湾问题是我核心利益，决不拿原则做交易。必须筑牢一个中国底线，美台之间只能保持非官方、民间性的关系，任何发展美台政治关系都是对一中原则的严重挑衅，不能坐视。

二是强力反击。任何加强美台军事合作、特别是"美军驻台""美舰停靠"等形同与我摊牌，我必须坚决、及时、强力回击，决不妥协，挫败其图谋。

三是综合应对。运用我政治、外交、经贸、军事、舆论、民意等各种手段，沉着应对，各个击破。

四是痛击"台独"。对于民进党当局及"台独"势力挟洋自重、甘做民族败类的行径必须迎头痛击，精准打击"台独"头面人物。

五是团结同胞。区分民进党、"台独"分子与普通台湾同胞，晓以民族大义，揭露美国终将"弃台""害台"阴谋，同呼吸共命运，同仇敌忾应对美国"台湾牌"，共同开创中华民族伟大复兴的美好前景。（本文发表于《环球时报》2018 年 4 月 16 日第 14 版）

宝岛写真

槟榔不再是美丽的字眼

——台湾槟榔文化扫描

槟榔园中的传说

"高高的树上结槟榔，谁先爬上谁先尝"，《采槟榔》这首脍炙人口的湖南民歌，把人们引进一个苍翠欲滴、情意盎然的槟榔情侣园中，向人们诉说一首流传千古的爱情私语，令人浮想联翩。

在宝岛台湾，槟榔也有许多美丽动人的传说。据说在屏东，曾有这么一个人，他天天积善行德、修桥补路，只是为了经过轮回之后能够转世投胎。阎罗王问他想投胎到什么样的人家？他回答说他想投胎到种植有三甲（一甲相当于14.5 亩）早生槟榔的农家当独子。阎罗王听后哈哈大笑，戏谑道："即使我要转世投胎，也不敢奢望这种条件啊。"

在台湾民间，槟榔是婚嫁喜庆时的尚品。青年男女订婚时，男方准备满满一筐槟榔，随同聘礼送到女方家中，以便女方招待来宾。人们盼望槟榔给新郎、新娘带来好运，带来幸福。

槟榔深入台湾各个阶层

进入 20 世纪 80 年代，槟榔的命运却神话般地被改变了，延续数百年的台湾槟榔历史写出了最闪亮的一页。槟榔已深入到台湾的各个阶层，以及民众生活的各个层面，成为全台湾民众的最爱。据台湾"卫生署"的一份调查显示，过去台湾有嚼食槟榔习惯的人多为年长、社会经济地位低的劳动阶层，但是近年嚼食对象呈年轻化、教育程度高、职业繁杂化和人口都市化的趋势。调查还显示 25% 的中学生曾有咀嚼槟榔的经验，男性嚼槟榔盛行率达 16.9%，女性也达 1%，而从事运输和通讯业者盛行率高达 30.8%。无论是普通百姓，还是白领阶层；无论是年幼的孩童，还是年迈的阿公阿婆，都可能是瘾头十足的"槟榔族"。在街头巷尾、商场舞厅，随处可见满嘴通红、浑身散发出清凉槟香的槟榔族们招摇过市。昔日不雅观、不卫生的观念在他们的心中早已荡然无存，每张槟榔族的脸上，都洋溢着自在、满足的神情。甚至在大学校园内，也相继出现一批特异独行，好食槟榔的学者、教授。

短短几年间，槟榔已赢得"台湾口香糖"的美称。在很多场合，碰面时递出一粒槟榔，就好比是递出一支香烟，成为普遍的交际之道。如果你不伸手接住，往嘴里一送并用力"卡滋""卡滋"的猛嚼，就会被视为不够情分。反之，就会缩短彼此间的距离，互为知己。如今，槟榔已成为除香烟、口香糖之外最受欢迎的大众消费品。槟榔悄悄进入了台湾各个阶层。

长在树上的"绿宝石"

据估计，目前台湾岛内的槟榔消费者，大约在 180 万左右，预计 1994 年的槟榔人口将高达 280 万，其中还不包括零星、临时的消费者。通常每位槟榔族一天平均嚼掉 30 粒槟榔，全台湾一天的消费量就在 5400 万粒以上。如果按照每人每天花费 100 元台币来计算，台湾民众一年花在购买槟榔上的金额高达 657 亿元。

庞大的消费群、巨大的销售额，成为众多商家、农家追逐暴富的目标。槟榔亦由景观植物的身份蜕变为当今台湾第二大经济农作物，产值占农产品的3.25% 左右，种植面积由 1600 多公顷增加到 44600 公顷，增加了 20 多倍。在屏东，种植面积达 13000 公顷，产值高达 60 亿元。槟榔树长满了台湾最南端的肥美平原，密密扎根在嘉义、南投的秀丽山村。在台湾东部的花莲等地，槟榔树漫山遍野，甚至人迹罕至的深山老林也都换了新装，变成整齐划一的"槟榔山"。

除了巨额销售额导致农民趋之若鹜外，槟榔的种植栽培远比水稻等农作物简单，病虫害较少，每年只需施肥一次，拔草两次，在采收期间转给商家采摘，农民自己坐收固定的价格。"农民从来不曾这么有钱又有闲"，一篇报道如此描述。不少因槟榔发财的农民，建造了一栋栋别墅。槟榔成了台湾农民的致富捷径，被人形容为长在树上的"绿宝石"。

"富而无礼"的槟榔文化

槟榔业在城乡间造就了一批暴富新贵，但也使岛内社会为之付出沉重的代价。山坡地全部改种抓土力弱的槟榔树，水土流失严重，已成为最为头疼的难题。槟榔汁、槟榔渣对环境的破坏性不言而喻，而咀嚼槟榔对人体的危害更深。医学界普遍认为，过度嚼食槟榔容易患口腔及胃部疾病。医学报告指出，台湾口腔内膜纤维化患者及口腔癌患者中，分别有96%及98%的人有嚼槟榔的习惯。

如此危害深重的消费品，竟然在全岛风靡盛行，而且年年攀升销售高峰，形成复杂而矛盾的"槟榔文化"，解析其意蕴，令人扼腕。

近几年，台湾越来越富裕了，人均年收入超过一万美元，"台湾钱淹脚目"成为新的流行谚语，也因此支撑起几百亿的槟榔消费市场。

在富裕的背后，台湾社会潜藏着一股躁动、不安、不定的气氛。"富裕而又不安"的社会，是各种嗜好品大行其道的时候。一份研究资料表明，槟榔有多种植物碱，能麻痹神经。面临沉重的社会、工作、学习及生活压力，不少人有麻痹神经的欲望，以求得片刻的宁静与超脱。同时，槟榔经咀嚼后会刺激交感神经，还会产生一定的兴奋效果。对于那些希望解脱、刺激、提神的人来说，槟榔是最容易取得的物品。

一把双刃的利剑

面对既得利益者的利益诉求与严重的槟榔后遗症之间的矛盾冲突，台湾当局徒叹奈何，槟榔不啻是一把悬在头顶的双刃利剑。台湾当局奉行所谓"不禁止、不奖励、不辅导"的"三不"政策、放任不管、不闻不问、既不敢禁止，又不愿鼓励推广。1992年，时任"行政院长"的郝柏村指出："槟榔有碍健康，对环境保护、水土保护也有不良影响"，要求台"农委会"与"卫生署"对槟榔问题从社会经济、人体健康及环境保护几个方面作专案研究。2年过去了，台湾当局还是没拿出什么有效的对策，依然不脱鸵鸟心态。有人建议当局拿出经费研究槟榔的加工、改良，制造一种不影响人体健康、不吐槟榔汁，又可长期保存口味不变的新型槟榔，以提升槟榔形象。但该建议一出笼，立刻遭到槟榔族们的嘲讽，认为是一厢情愿。

每当夜幕降临，华灯初上之际，不夜的台湾岛极繁华与荣耀。然而槟榔文化却使富而无礼的台湾社会渗漏出满满的酸涩与痛楚。这种集文明与原始、传统与现代双重性性格的矛盾交集难以在焦虑、躁动的社会格局中得到些微的纾解。除了乡土、传统之类的提示外，槟榔原先的美丽的色彩已然褪净；除了赋予太多的应酬、交际功能外，人们无法想象槟榔的诗意与情意。也许，只有当台湾"槟榔文化"的神话被破解后，台湾槟榔才会还原成原先美丽的色彩。（本文发表于《台湾工作通讯》1995 年 3 月，总第 27 期）

台湾的"硅谷"：新竹科学工业园

今年 10 月 12 日，在金秋恳谈会记者招待会上，南京市代市长王宏民向中外记者透露一条令人振奋的消息：国务院已批复同意在南京兴建国家级的台湾科技工业园，将借鉴、模拟台湾新竹科学工业园区的发展经验与模式，加快我国高新技术产业开发区的建设步伐，发展南京经济。

这条消息引起不少关心南京经济与我国高新技术产业开发区建设的人士关注。人们不禁想问：台湾新竹科学工业园区究竟怎样？今年夏天，我们南京电视台的四位记者在周福龙台长的率领下，赴台采访，参观了新竹科学工业园区。

台湾的硅谷

新竹地处台湾西北部，西临台湾海峡，北望台北，南近台中。这里地势平坦，有不少温泉瀑布，四季如春。因冬季盛行东北季风，夏季劲吹西南季风，有"风城"之称。如今，风城新竹因拥有新竹科学工业园区而驰名中外，被誉为"台湾的硅谷"，成为台湾高科技产业的重镇与摇篮，也因此吸引世界各地的人士前往参观，大陆赴台交流的人士多半要到那里看看。赴台前夕，正在催生南京台湾科技工业园的有关人士嘱咐我们一定要到新竹科学工业园区看看，学习他们的经验。8 月 3 日，在邀请方台湾电视公司的协助下，我们如愿以偿。

我们从台北来到新竹科学工业园区，已是下午 3 点 40 分了。天上下着蒙蒙细雨，一座高约三十多米的棱柱形碑在雨雾中巍然屹立，远远便看到上面刻有"新竹科学工业园区"几个大字。在门口办理车辆进入手续后，我们便直接来到园区管理局大楼。听说我们是从大陆来的，大楼的门卫热情相待，送给我们每人一本印刷精美的园区 1994 年的简报，并告诉我们，管理局每天都要接待很多批来自世界各地的参观者，我们是当天第 5 批客人。

园区管理局简任秘书黄焕伟先生热情接待了我们。他将我们带到 8 楼园区的模型前，向我们介绍工业园区的发展历程及现状。

从地图上看，新竹距台北 120 公里，驾车需一个半小时，离桃园国际机场 55 公里，驾车约需 40 分钟，往北到基隆、往南到台中两大港口分别约 2 个小时。除纵贯南北的中山高速公路外，贯穿园区的北部第二条高速公路台北到新竹段也已经竣工通车，而南北向的铁路线为新竹园区的交通提供了另一种选择。园区的交通网络可谓四通八达，快速便捷。园区横跨新竹县、市，位于新竹市的东南侧，距新竹市中心仅 15 分钟的路程。园区绿树成荫，环境优美。据说最初台湾当局并未看中新竹，而是看上了靠近台北的桃园。后几经比较，还是选择新竹这块 400 公顷的土地。事实证明当年的选择是正确的。黄先生特别提醒说，新竹的文化氛围与科技基础，是其中选的根本原因。新竹素有"文化城"之称，拥有台湾清华大学、交通大学等岛内顶尖的理工科大学，而工业技术研究院、精密仪器发展中心、同步辐射研究中心、高速电脑中心等科研机构专门负责为园区引进技术、提供高科技人才。有资料表明，自园区成立，工研院离职人员达 897 人，其中大部分进入园区企业界，形成技术扩散、人才转移、公司衍生的循环效应。十几年来，新竹的科研院所为园区输送了一大批训练有素的高科技人才，这是园区不断发展、壮大的根本保证。新竹可以说是岛内发展高科技产业、特别是电子工业的理想地点。

站在 8 楼窗口向外眺望，新竹科学工业园区尽收眼底。整洁宽敞的林荫大道纵横交错，通向园区的各个角落，各式车辆川流不息。到处是绿意盎然的树木与草地。新竹科学工业园区的圆形徽标，以绿色为背景，上有一扇开启着的大门，门前则是一条洒满阳光的金色大道，象征园区的人们奔向高科技王国。徽标中的绿色与园区的青青草木相互辉映，绿色是园区的主色调。登高望远或漫步园区，给人以清新自然亲切的感觉，在这样的环境中工作，不会感到压抑、烦躁，工作成为享受。

绿色的高科技王国

园区 400 公顷的范围，分别规划成工业区、住宅区及休闲娱乐区。我们在园区储运中心主任吴俊福先生的陪同下，先参观了位于园区西侧的工业区。绿树掩映中，一栋栋厂房鳞次栉比，在这些厂房前面都留有一大块绿地，使园区更显得青翠欲滴。当我们看到"宏碁（Acer）电脑"蓝色的厂牌时，心头一热，原来排名世界第 7 位的宏碁电脑公司就坐落在新竹园区内，其董事长施振荣先生成为台湾科技产业的领袖人物。吴先生告诉我们，电脑及周边设备是目前园区最成熟的产业，台湾如今是世界第三大电脑供应地，占据1/10的世界市场，其中有近半数的电脑产自园区的几家电脑公司，如宏碁、神达、虹志等。

目前园区营业额最高、厂家最多的明星产业则是IC工业，即集成电路，台湾翻译成"积体电路"。1994年园区集成电路的营业额高达841亿新台币，成长率达51％。产品主要有晶圆、动态与静态随机存取记忆体、唯读记忆体、可程序唯读记忆体，以及数位式微组件等。有家集成电路公司，订单多得来不及做，老板给员工一年发26个月的薪水，年终摸奖时，奖品设有四五百万元（台币）一辆的奔驰轿车。集成电路业的长期景气，引来岛内众多的大财团如台塑、华新、丽华等加盟角逐，台湾的IC产业也进入8英寸晶圆的竞争时代。

吴先生表示，园区还有通讯、光电、精密机械及生物技术共6大产业。有家通信器材公司生产一种便携式卫星移动电话，通过卫星，可以将隔洋隔海的声音传过来。福禄远东股份公司研制生产的"水刀"使我们大开眼界、啧啧称奇。通过超高压增压器，可将水增压至55000PSI，然后经过一个直径仅0.004英寸的喷嘴，水像线一样激射而出，形成三倍于音速的水箭，可以切割各种非金属物质。如果将细砂加入水箭中，便可切割各种金属、玻璃及特种复合材料，无须二度加工，便能保有良好的切割边缘。这种水刀与砂刀，如与电脑辅助设计相结合，便形成精美绝伦的现代切割新技术。该项产品价格并不高，已开始销往美、日等国。园区的厂家，都是名副其实的高科技企业，没有半点水分，据说前后共有50多家厂商因科技含量不高或经营不善，而被限期迁出园区。

园区内还设有多种服务机构，如银行、海关、保税仓库、电信局、学校等，一应俱全。吴先生负责的储运中心就是为厂商提供进出口货物运输与存放服务的机构，从他那里运出的货物，海关可以免检。园区还有不少休闲、娱乐、运动的地方，园区东南部的静心湖碧波荡漾，几位老者在湖畔垂钓，怡然自得，园区目前约有33500多名员工，绝大多数住在园区的宿舍内。吴先生笑着称他是"三五族"，由于工作在新竹，与家人异地而居，每周三、五回家与家人团聚。平时他们最喜欢去的地方是风情独特的小酒馆。

园区的快速发展，也带来了新竹的繁荣。陪同我们参观的台视新闻部的李文山先生称他每次南下，都要到新竹看看，这里变化很大。他说台湾清华大学附近的一条街，俨然是电脑一条街，各种电脑、各式配件均可在这里买到。如今新竹拥有许多高级的西餐厅、日本料理店、高档饭店，消费水准绝对不比台北低。每天车水马龙，高朋满座。园区也已成为最抢手的投资宝地，园区周围的地价不断上扬，近几年台湾房地产市场笼罩在愁云惨雾之中，唯独新竹的房地产市场一枝独秀。

迈向亚太科技岛

新竹科学工业园区创立于 1980 年 12 月，它是台湾出口导向型经济面临发展瓶颈的背景下诞生的。其时，台湾以加工出口为导向的劳力密集工业遭遇多重挑战，前有发达国家贸易保护主义设置的障碍，后有东南亚更廉价商品的竞争，台湾的出口市场急剧萎缩。而 1973 年、1979 年两次世界石油危机的冲击，迫使台湾放弃发展重化工业和资本密集工业的想法，转而确立依靠科技带动岛内产业升级换代、促进台湾经济转型的战略，科学工业园区因此诞生。

园区刚建立时，台湾岛内十分缺乏高科技人才。园区便以优惠的条件，吸引海外留学人员返台创业，逐步培养岛内的科技人才。这批留学人员对园区的发展、建设起了举足轻重的作用，他们学有专长，有丰富的市场经验，他们不但从岛外带回先进的科技和观念，提升整体科研水准，也促使园区早日步入国际市场，打响知名度。如今，海外留学人员在园区创办了 77 家公司，人数已达 1362 人，有不少人直接来自美国的硅谷，旺宏电子公司中有 38 人就是曾在美国硅谷工作过的高级工程师。园区已形成一支 3.3 万人的高科技产业大军，其中大学本科以上学历者占 29%。

从 1980 年创立至今，新竹科学工业园区经历了三个发展阶段。在 1980—1983 年第一阶段，园区重点在"科技引进、人才培训"以引进高科技工业的整体技术、人才、制造经验为主。1984—1986 年第二阶段重点是"科技生根、市场拓展"，以培训研究发展人才、推动建设和教育合作，强化产品的竞争力为主。1987 年以后，重点在于"科技突破，产品创新"，逐渐达到自行发展台湾的优质产品，开发特定市场。1992 年初，园区制定了新的发展战略，包括树立国际合作投资典范，吸引大财团投资，健全关键产业体系，实现"产业大型化、企业国际化"的目标。

目前，新竹科学工业园区已长成一棵硕壮的产业大树，成为台湾经济的重要活水。园区去年的营业额高达 1778 亿新台币，折合 68 亿美元，而当局前后投资累计只有 134 亿。园区电脑、集成电路、通讯产业中每位员工的生产产值分别达到 21.7 万美元、16.5 万美元及 15.4 万美元，远远高出于岛内制造业人均

8.1万美元的产值。园区成为岛内集成电路、电脑、光电、通信等产业的研发、生产基地。预计到2003年，园区6大产业产值将达到10000亿元，占全岛制造业的11.7%及全岛生产"毛额"的5.1%，并成为亚太地区高附加值产品的研发制造中心。

但是，新竹科学工业园区也遇到一些困难，如土地有限，人力不足，水、电供应吃紧，今年夏天园区多次发生断水、停电事故，造成厂家巨额损失，一些厂商开始撤资外移。园区已采取一些应急措施，但不能从根本上缓解水、电供需矛盾。为此，台湾当局决定在云林、台南、台中、台北南港等地兴建新的科学工业园。同时制定新竹科学城规划，将新竹塑造成融合人文及科技特色的著名都市。许多台湾朋友都以乐观的口吻说，有新竹科学工业园区的成功经验，台湾成为亚太科技岛，不再是梦想。

新竹模式的启迪

我们在新竹科学工业园区整整参观了两个半小时，当我们驱车离开时，园区内早已是万家灯火，一片辉煌。任凭微风吹拂，任凭思绪翻飞，园区的景象一丝一缕地闪现在脑海里。据我们的理解，新竹科学工业园区有很多成功的经验，但新竹模式的精髓有四点。

其一，园区是在产、官、学、研等各方通力合作下所创造的成功典范。高科技产业意味着技术密集、资金密集、人才密集，生命周期短，投资风险大，其成败得失并不是政府、研究单位或厂商单方面所能承担的。需要方方面面的支持与合作。园区集成电路业的成长，得力于当局的资金资助、研究单位的技术与人才支持及厂商的积极投资。

其二，坚持依法治区。园区有一套相当完备、周密的法规、条例体系，如《园区设置管理条例》、施行细则、外汇、贸易管理办法、创新技术奖助要点等，使园区管理走上法制化的轨道，一切程序、手续均按照规章制度办。

其三，坚持"厂商服务，区内完成"（ONE STOP SERVICE）的服务宗旨，为园区厂商提供适合高科技发展的环境。高科技产业发展的关键是技术、人才、资金及资讯，园区管理局满足的是厂商非关键性要件的需求，为了让高科技人才向园区集中，管理局重视服务。有关投资的一切手续均可在园区内完成，通关作业只需四十分钟。园区设立了双语学校，解决海外留学人员的子女教育问题，反映园区管理局服务厂商的观念非常明确、新颖，具有一定的前瞻性。

其四，颁布相关的优惠政策，吸引有识之士进区兴办高科技产业。企业可连续 5 年免交营利事业所得税，免交 4 年厂商增资扩展部分的所得税，免交进口自用机器设备、原料、半成品的进口税及货物税，外销产品免征货物税、营业税。对台湾工业有特殊贡献者，可减免其承租土地五年的租金。对于创新技术的研究开发，园区还可提供 50 万到 500 万不等的经费补助。园区的土地只租不售，提供优惠的地价供高科技厂家使用。园区的这一套优惠政策，自 1980 年出台以来，只修订过两次，政策的延续性、稳定性比较高，很少出现政策紧缩、摇摆的现象。

新竹科学工业园区的成功经验是海峡两岸中国人的共同财富。南京已获得创建国家级台湾科技工业园的历史性机遇，得到中央及省、市政府的高度支持，借鉴新竹科学工业园区的发展模式，发挥两岸中国人的智能，走出一条高科技产业开发的新路，这是人们对南京台湾科技工业园的殷切期望。（本文发表于《扬子晚报》1995 年 11 月 9 日第 17 版）

说说台湾的美丽与哀愁

1995 年 7 月 31 日，是一个终生难忘的日子。那天，我们来到了祖国的宝岛——台湾。

应台湾电视公司的邀请，我们南京电视台的 4 名记者在周台长的率领下，赴台拍摄有关南京大屠杀的历史纪实片。下午 5 点 20 分，从香港飞向台湾。6 点整，透过舷窗，我们发现在飞机的右下方，蔚蓝色的海洋中托起一片绿地，心头掠过一阵惊喜，这就是梦萦魂绕的台湾？

美哉，台湾

20 分钟后，我们已站在台湾土地上。台湾曾被日本帝国主义的铁蹄蹂躏了整整半个世纪，迄今仍留有深重的殖民地伤痕。海峡两岸 40 多年的阻隔，造成了多少悲欢离合！

传说在四五百年前，一艘外国商船航行至我国东南沿海时，水手们透过薄雾，望见前方有块美丽的海岛，情不自禁地赞美道："美丽岛！美丽岛！"

台湾不愧是美丽岛。他美在灵气、飘逸，让人感到亲切。行走在阿里山静寂的森林中，看那擎天神木，听那淙淙流水，如同贴近大自然的怀抱。婀娜多娇的日月潭款款地飘来，以她的柔情与娇媚，将我们密密的围绕。宽坦广袤的嘉南平原，以她的丰韵，触发我们的悠悠情思……

曾几何时，这方美丽的岛屿，被人喻为"贪婪岛""吸毒岛""醉酒岛"，在中西文化的激烈冲撞中，陷入发展的迷惘中。我们有幸经历一场台湾之旅，搜寻现代工商文化主宰下的台湾社会文化影像，台湾的美丽与哀愁。

富而无礼的汽车文化

台湾的车多，这是到过台湾的人的共同印象。每当夜幕降临，华灯初上时，放眼望去，一片车的海洋。

汽车在岛外只是代步工具，但在台湾，汽车背负复杂的文化意蕴，它代表身份、代表成就。第一次买车就买新车的比例达四成，每逢 12 月至翌年 1 月的销售旺季，很多人开着新车回家过年，内心的满足感只有汽车族体验得到。世界上各式名牌轿车及其最新款式在台湾都可看到。台北更是名车荟萃。目前，全台湾共有 475 万辆汽车，平均每 4.5 人便有一辆，近一半的家庭拥有汽车，换车周期 4 到 5 年。购车族已呈现年轻化的趋势。1994 年台湾汽车市场达到 57.7 万辆，预计到 2000 年，将达到 70 万辆的市场规模。

汽车是现代社会的标志，岛内汽车不加限制的发展，已引起一连串的后遗症。塞车是台湾人心中永远无法破解的梦魇，即便是高速公路，塞车也已是司空见惯。

停车位越来越难找，越来越贵。台北的停车位最贵的高达 500 万，平均售价也在 100 万以上。令许多购车族望"位"兴叹。

汽车、摩托车的废气严重污染了空气。走在台北街头，时时闻到有如霉变腐烂的恶臭，行人都是掩鼻疾走。即使在炎热的夏天，骑摩托车的姑娘小伙还戴着口罩，不想吸进废气、闻到恶臭。这也算是现代都市的一大奇观。有人担忧，岛内汽车如此发展下去，台湾将陷于"鸟不语、花不香"的境地。

黑夜要比白天多，光怪陆离的夜生活

曾有人描述台湾人的四大性格：赚钱、喝酒、唱歌与作秀，赚钱是谋生的手段，作秀是生活的艺术，喝酒和唱歌则是当今台湾人生活的乐趣。台湾的夜生活浸在酒杯里，飘在歌声中，觥筹交错，夜夜笙歌，是台湾夜生活的主色调。

酒在中国人社会里极有分量，而在台湾，酒的功能发挥到了极点。这里有台北最贵，一桌数万元的晶华酒店，也有风格奇异的酒吧、酒馆、啤酒屋。可以豪饮，也可以小酌。晚宴上最受青睐的是洋酒，一人一小杯，干杯时豪情满怀。

目前全台湾约有 555 万 16 岁以上的饮君子，全年消费各种酒类达 7.35 亿公升，喝掉 600 多亿台币。

KTV 中心是都市夜生活的新宠。在一块块 KTV 的招牌下，如潮的人流不断涌来。目前台北约有 300 多家 KTV 中心。一家取名为 ATT KTV INN 的KTV 中心，既可唱歌，又可饮酒，装潢考究，设施一流。从底楼到十楼，大小 100 多个包间，夜夜爆满。由 KTV 所衍生的许多 TV 族，如 HTV、DTV、RTV-CTV 等，其中不少与色情结合在一起，导致岛内社会风气日趋奢靡败坏。由于安全疏失，火灾屡有发生，KTV 是销魂场，也是死亡陷阱。

新新人类：追逐风追逐太阳

去年，凭着一则"新新人类"的电视广告，乌龙茶一举夺得岛内饮料市场的宝座，也使得"新新人类"成为妇孺皆知的新名词。究竟谁是新新人类？

据最初提出"新新人类"广告创意的人透露，"新新人类"的本意只是不分年龄、性别、职业、阶层，只要有颗宽容的心、尊重别人异见，你就是"新新人类"。出乎意料，"新新人类"从最初广告的诉求对象演变成倍受争议的社会学名词，并被舆论压缩在 15 岁至 30 岁之间的青春新贵。

外表上，他们年轻却不见得生嫩，强调建立个人风格，懂得用地摊货搭配各式名牌穿出光鲜，谈起星相学、人生规划、电脑经等"显学"头头是道。赚的钱或许不多，看来却很富裕，小小年轻大把花钱。

新新人类对待工作更是自由多变，说走就走，他们喜欢开个人工作室，出外闯荡不受雇于人，时下则流行组织策略团体，靠出卖创意，如接个案、包工程赚钱，既快又轻松。

对于爱情和婚姻，新新人类同样功利。考虑不同组合是否对自己更有利。新新人类重视精神生活的丰富，敢于选择上一代人不敢尝试的生活。

新新人类遭受岛内媒体不少揶揄，台湾著名作家陈映真对新新人类更不以为然："这一代孤独，强烈自我中心，对人和生活不关心，对人类和'国家'彻底冷漠，心灵空虚，奔向逸乐化、流行化和官能化的洪流中，浮沉而去，直至没顶。"但也有不少年轻人否认自己属于新新人类。

这群高唱"追逐风、追逐太阳"的新新人类已经搅动了台湾的命脉。

繁华、喧闹而纷乱的台湾，已告别农业社会的静态与单调，处于多元、多变的调适中。汽车、槟榔、夜生活、新新人类是当今台湾社会的四大文化现象，构成了台湾本土文化的部分，它蕴藏了生机，也种下未来发展的隐忧。

我们看到的台湾传统与现代并存，乡土与西风并举。她是传统中国人的社会，重情重义，她又有在东洋和西洋文化的双重宰割下的文化畸变。

8 月 16 日，当我们启程告别台湾岛时，不禁扪心自问，这趟刻骨铭心的台湾之行，可曾读懂台湾岛的美丽与哀愁？我们每个人心中涌起共同的热望：关注台湾，愁其所愁，痛其所痛，为两岸关系的发展与祖国统一大业奉献心力。

（本文发表于《台湾工作通讯》1996 年 3 月，总第 39 期）

跨越海峡的寻访

去年 7 月 31 日，应台湾电视股份事业有限公司的邀请，我随南京电视台的三名记者赴台，拍摄《南京大屠杀》历史纪实片，以"共同纪念抗战胜利五十周年"。

早在前年底，两岸合拍的电影《南京大屠杀》的开拍，给予我们新的启示：何不进行一次跨越海峡的寻访？到海峡彼岸去寻觅南京大屠杀幸存者的踪影、搜寻台湾方面保存的历史资料。这一构想得到中央及省、市有关部门的积极支持，赴台采访的准备工作相继展开。

南京大学港台图书室成为我们寻找岛内幸存者、见证人、研究专家的资料库，从台北出版的《中外杂志》《传记文学》《近代中国》那一捆捆沾满历史尘埃的期刊中，我们经历了无数次的惊喜，郭岐的《南京大屠杀》、钮先铭的《还俗记》、孙元良的《亿万光年中的一瞬》等回忆录，像一条条灌满鲜血的历史长河，在我们的心中奔腾流淌。

欲哭无泪的幸存者

当年南京城有一位英勇不屈的妇女，她因拒绝为日本鬼子引路而惨遭杀害，国民政府下令褒扬。如今，她的两个亲生儿子分隔在海峡两岸，哥哥李伯潜住在南京，弟弟李叔栋远在台湾。

一天上午，怀着李伯潜的嘱托，带着他们母亲的照片，我们寻访到住在高雄长安的李叔栋。在一排排轮椅中，我们找到了他。已是风烛残年的他，谈起母亲的死痛不欲生、欲哭无泪，断断续续地回忆起他家的遭遇。

母亲遇害时，他不在现场。当他从国际安全区赶回家中时，母亲早已断了气，殷红的鲜血沾满了外衣。他跌倒在母亲的遗体旁，哭得晕了过去，那年他才 10 岁。从此以后，全家便陷入悲惨的境地，母亲的死成为他心头永远挥之不去的梦魇。

有次为躲避日军，紧急中他藏身一条水沟边。待鬼子走远，回头一看，吓出一身冷汗。水沟里横七竖八地躺满了尸体，男人、女人，还有小孩的，掉脑袋的、缺胳膊少腿的，还有被开膛破肚的，沟水全被染成酱红色。这血淋淋的可怕一幕，他至死不忘。

1949 年他被抓壮丁，渡海来台，在台湾举目无亲，终身未娶。46 年了，他很少听到南京的消息，更不要说遇到故乡来的人了，南京只是遥不可及的梦乡了。临走时，我们为他拍了许多照片，带给在南京的哥哥。

"苍天有眼，让我活到今天为历史作见证"

这是采访朱传誉先生时，他对我们说的一句话。8 月 1 日中午，朱先生看到了台视播放的南京电视台来台拍摄大屠杀电视片的新闻后，58 年前那个冰冷寒夜中的惨痛遭遇立刻浮现在眼前。他当即写了一封信，连同他撰写的有关大屠杀的回忆文章，以急件方式寄到了台视新闻部，请台视转交给我们。后又写信到我们住的饭店。他还在电话里告诉我们，他任何时候都可以配合我们采访，哪怕是深夜 12 点。

当我们在办公室里见到他时，我们几乎不敢相信，年近七十，看上去似只50 多岁，言谈举止间没有丝毫的苍老。朱先生是江苏镇江人，一口标准的普通话，1937 年时只有 11 岁。打开灯光，调好焦距，他讲述了南京逃难中的经历。

"我们逃难，沿着京杭国道一路走下去，那时正是南京沦陷的前夕。乡下人捡起国民党军队扔下的军衣穿上，不料大祸临头。在南京郊外的龙潭遇上日本兵，鬼子叫我们几十个人排好队，随即在车上架起机枪，疯狂扫射。我应声倒下，昏死过去。"

不知过了多长时间，夜风将他吹醒，漆黑中，他闻到一股浓烈的血腥味，远处还有饿狼的嗥叫声。尸体压在他的身上，使他喘不过气来。他慢慢地挪出身体，想站起来，却一下跌倒在尸体上。他感到小腿上疼痛难忍，棉裤浸满了血，冻得僵硬，只好忍着剧痛，爬过一具具尸体，慢慢地向村庄爬去。

朱先生卷起右腿的裤管，小腿上露出碗口大的伤疤，那是日本鬼子用刺刀补的一刀。"可怜那些一路和我逃难的伙伴，早成了孤魂野鬼了。老天爷有眼，让我活到今天，就是给我机会揭露日军的滔天罪行。"经过半个多世纪的岁月洗练，他仍无法磨灭对侵华日军的刻骨仇恨，能将当时全民族的创痛告诉下一代，他深感欣慰。

卷刃屠刀牵系累累血债

据 1986 年香港《广角镜》杂志的一篇报道称，当年两名日军少尉进行杀人比赛的两把军刀收藏在台湾台中县军史馆中。台视的朋友告诉我们，台中县没有军史馆这样的部门，只台北有家"军事历史文物馆"，那里正举办纪念抗战的图片展览。我们前往寻找。

位于台北贵阳路上的"军史馆"是台"国防部史政局"下设的文物部门，他们尚未接待过大陆的新闻媒体，初言恐有"不便之处"，后经台视疏通，该馆同意接待。当我们走进二楼展厅时，搁在玻璃柜中的一把军刀首先映入眼帘。那刀有三尺长，刀柄磨得很光滑，刀背上有一些锈迹，刀刃上有许多齿形状的缺口，这必定是砍人后留下的痕迹。这把锃亮的战刀仿佛发出一道道阴森寒冷的光，令人不寒而栗。仔细端详、猛然发现刀柄下方，刻有"南京之役杀 107人"几个深黑色的日文字样，内心为之震慑。

时间仿佛凝固、停滞了，每个人都在感受那屠刀劈下时撕人心肺的恐惧与呼叫，一个个鲜活的生灵顷刻间归于无声无息。

台北远东图书公司的陈在俊先生告诉我们说，日本的武士道精神轻视生命，日本人对自己的生命不知珍惜，动不动就切腹自杀，这样的民族一旦入侵异族，其残忍、惨无人道可想而知。

馆内工作人员打开玻璃柜，取出军刀，让我们详细拍摄。全景、近景、特写，不同的角度，我们不停地拍。当天台北是 35℃的高温，馆内虽有空调开放，但每个人都忙得大汗淋漓。

这把刀，我们整整拍了两个小时。

据工作人员介绍，这把刀是魏炳文中将 1949 年由大陆带到台湾，1969 年他的家属捐给"军史馆"，但目前馆内没有更详细的资料说明刀的使用者与来历，除此之外，没有第二把军刀。

我们知道，杀人魔王野田岩和向井敏明的杀人纪录分别是 105 人和 106 人，田中军吉则杀了 300 人，而这把屠刀杀了 107 人，应该不属于上述三人中任何一位，说明在野田岩三名刽子手外，还有当年没有揭露出来的罪行，这是日军兽性的最新血证。

面对历史的无奈

采访陷入了困境。郭岐、钮先铭、孙元良等一批重要的幸存者无处寻觅，假如没有他们的资料，这趟跨越海峡的寻访将大为逊色，我们的心情郁闷、烦躁到了极点。

台湾的户籍管理比较松，人员的流动性很大，要寻找一个八九十岁，平时又很少露面的老人，谈何容易。台视新闻部的陈幸男、李文山、张建华等人为了寻找那些仅剩的幸存者，曾动用不少人，但像郭岐、孙元良等人始终无法找到下落。新闻部经理、台湾著名电视新闻节目主持人李四端先生称，他们对南京大屠杀这段历史了解得不多，台视也没有积累过这方面的资料，他相信岛内还有相当多的幸存者，特别是当年参与守城的一些将领、士兵，但一时无法找到，而且即使找到了，他们未必就能够或愿意接受大陆媒体的采访。

郭岐，对于研究南京大屠杀的学者来说，是个耳熟能详的名字，他在逃出南京后撰写的《陷都血泪录》成为当年审判日军战犯的重要罪证。1974年，他在台北《中外杂志》上连续发表了7篇回忆文章，5年后以《南京大屠杀》的书名出版，共20多万字。我们赴台前，不少大屠杀问题的研究专家都嘱咐我们去寻访郭岐。然而，郭岐在哪里？资料记载，郭岐赴台后，曾任台湾大学军训总教官、台湾省第二届"省议员"，还曾担任过台视顾问，但如今台视上下无人知其下落。

孙元良先生当年是守卫中华门城堡的72军军长兼88师师长，他的儿子秦汉则主演了电影《南京大屠杀》。通过朋友关系，我们找到台北《时报周刊》的一名影视记者，他当时正在采访秦汉。他向秦汉转达了我们想采访他父亲的愿望，秦汉只是说，父亲的事他没有办法做主，但他理解我们的心情，答应做父亲的工作，接受采访。遗憾的是，我们此后再也无法与秦汉联络上。8月25日，在我们离开台湾之后的第9天，秦汉在记者招待会上公开表示，希望能够邀请父亲一起观看《南京大屠杀》。据说，当初秦汉到南京拍片时，曾向他父亲请教，父亲未置一词，只送他一本自己的回忆录《亿万光年中的一瞬》。

峰回路转：钮先铭和孙元良开口说话

彷徨无助之际，台湾卓越传播公司给我们带来了希望。我们从台湾的报刊获悉，卓越公司正在制作30集的抗战题材电视片，其中一集专门反映南京大屠杀。在台视副总经理李圣文先生的安排下，我们深夜探访了卓越公司。

制作人陈君天先生告诉我们，他们没有两岸的意识，"我们也用《义勇军进行曲》，我们也讲平型关大捷、百团大战，只是为了那份'把历史还给历史，让真相长白千秋'的理想。"两岸电视同行的心瞬间拉近了。

当了解我们苦苦寻找钮先铭、孙元良两位而不得其门的情况后，陈先生当即允诺愿意提供帮助。他在美国的采访组已完成对钮先铭的采访，即将回台，这个资料可送给我们。有关孙元良的资料，卓越公司是在十分偶然的机会中采访到的，孙本人一直拒绝外界的采访，他的资料必须征得孙本人的同意方可转送给我们。

8月15日中午，陈先生如期将钮、孙两位的采访资料送给我们。

拿到这两位重要幸存者的采访资料，我们才松了一口气。

孙元良今年已是94岁高龄，但头脑清楚、身体不错。他谈到了88师守卫中华门的情况。

"我的回忆录谈到了南京之役，88师牺牲很多，3个旅长中有2个牺牲了，6个团长中有3个阵亡，营、连长伤亡的数字更多，阵亡的士兵数以万计。南京之役是最悲壮的一役。"

孙元良本人在南京东躲西藏了20多天才侥幸逃脱，差点成为日军刀下鬼。这段悲壮、残酷的历史已伴随老人走过了半个多世纪的风风雨雨，他无法忘记壮烈殉国的战友，更没有忘记日寇杀戮同胞的血海深仇。他允许儿子主演电影《南京大屠杀》，是对死难同胞的最好纪念。

钮先铭当年是教导总队工兵营长，南京沦陷后藏身于鸡鸣寺内，落发为僧达半年之久，他也是上清寺万人大屠杀的目击者之一。赴台后，出版了《还俗记》一书，对日军暴行有触目惊心的描写。如今他已80高龄，定居在美国。

面容清瘦、长期从事日本问题研究的钮先铭说起当年的惨痛历史，几乎不能自己，他引用佛经的故事，抨击日军是毫无人性、如野兽般凶残的"杀人狂"。

我们虽不能亲临其境感受这两位老人在面对大屠杀这段历史时的痛楚，不能更深入地寻找历史的残迹，但有了他们对历史的见证，我们的寻访可算不虚此行，对观众有了较为完善的交代。

抗战的烽火岁月是两岸中国人可以共同面对的历史情结，从中可以找到共同的记忆、相同的故事、一样的情怀。这趟寻访，引领多少生活在绚烂中的台湾民众穿越历史的帷幕，在现实与历史的对视中，了解历史，理解中国，找回中国人的尊严。其意义已超出"南京大屠杀"这一历史事件本身，它是以这一事件为由头，做了一篇融合两岸同胞情感、反思历史、促进祖国统一进程的好文章。

8月16日下午，当我们挥泪告别美丽岛的斯土斯民时，耳畔响起台北亚洲与世界社主任魏萼先生的警语：

"中国人要团结，要奋斗，要自强不息，让我们的子子孙孙在美丽的华夏国土上，过富足、康庄的生活。"（本文发表于《良友》杂志1996年5月，总第37期）

走向未来的"多媒体社会"

一

1993年10月13日，一个大多数西方人忌讳的日子，但却因美国两家大公司的合并而具有极不寻常的意义。

那天，美国亚特兰大电话公司与全球最大的有线电视公司电讯传播公司的老板在闪光灯的频闪下签订了合并宣言，举杯祝贺。这是美国有史以来最大的合并行动——资产600亿美元，影响到四分之一以上的美国人。此次合并再次显示了世界通讯联网的新趋势。

先看看去年众多企业集团合纵连横的故事：

美国西方电话公司投资25亿美元于全球最大的新闻娱乐集团时代华纳公司。

日本最大的电子游戏软件厂商SEGA与有线电视公司合作开辟游戏节目频道。

澳大利亚著名的新闻事业集团在夺得亚洲卫星电视经营权以后，宣布将与英国的电讯公司联袂开发"数位化资讯高速公路"。

欧洲最大的德国电讯公司与法国电讯公司先后表示，捐弃前嫌，与美国电报电话公司携手研制新的通信技术。

电脑软件王国中的龙头"微软公司"与众多厂商建立合作关系，研制电脑与有线电视的"互助系统"。

在这一系列现代企业集团之间的联姻故事中，亚特兰大电话公司与电讯传播企业的豪华婚礼，是一个耀眼的惊叹号。

美国《国际前锋论坛报》指出："它们引导我们看到这样的趋势：不出10年，电话将不再只是电话，电视不再只是电视，电脑也不再只是电脑。"这就意味着电话、电视、电脑将被现代科技紧紧地联结在一起，组成一个全方位的声光传播系统，创造一个方便、捷达的"多媒体社会"。其中，电脑扮演关键性角色，它渗透到人类生活的各个层面、各个角落，坐在荧光屏前，敲击电脑键盘，一切生活、娱乐、社交、咨询、研究……都可在家中瞬间完成。

二

这将是人类未来的生活图景，而在美国的某些地方，这已成为真实的日常生活。

加利福尼亚的小镇赛瑞透3年前便跨入了"多媒体社会"。每天清晨，人们打开电脑，荧光屏上便显示一系列以供选择的项目：小镇一天的聚会活动、购物服务、订票服务、电影、电视、教育、运动等等。如果想买东西，在遥控器的选择键上轻轻一按，小镇购物中心就映入眼帘。再单击，女子服装柜的一段展示影片便开始播放。如对某件衣服感兴趣，可按静止钮，衣服的正面、背面、质料、价格等随即显示在屏幕上。选定了购买的物品，打开电脑，输入物品的编号、自己的支票账号，购物中心经理立刻就满面笑容地出现在屏幕上向你问好，电脑模拟声音同时出现：我们有3个送货时间，请您按键选择……

赛瑞透是个样板，神奇的多媒体电脑，将彻底改变人们的生活方式，实现人类生活品质的飞跃。它能最大限度地缩短人与人之间的距离，还给人类所应享有的尊严与崇高，还有可能改变人类对自身、对社会、对自然万物的根本观点……

人类正一步一步地朝多媒体社会迈进。

三

多媒体社会并不神秘，它由三部分组成。

1.将任何形式的资讯，如文字、声音、静态或动态的影像，拆解成"0"与"1"组成的数位讯号，在环绕家庭、学校、办公室的电脑网络上双向传输。

2.铺设能大规模传输数位讯号的光纤网络。

3.生产能大量储存资讯的光盘。

可想而知，"多媒体社会"是由无数金钱与人力堆砌而成，据初步估计，近两年全球投资多媒体的资金高达一百多亿美元，未来20年内，预估全球资讯、通讯厂商投入多媒体建设的资金，将带动一个新词汇的流行：兆亿。

最能让人切身感到多媒体神奇魅力的莫过于薄薄一片的"唯读记忆光盘"（CD-ROM）。与我们熟悉的 CD 不同的是，CD-ROM 不仅可以储存声音资料，还可以储存动态的影像和大量的文字资料，人们从中选取资讯，犹如选择 CD 上的某首乐曲一样。储存量之大，超乎人们的想象，一片光盘足以容纳整个美国国会图书馆数百万册藏书的目录。换句话来说，只要将美国国会图书馆的藏书制作成一片片光盘，不足 20 平方米的小屋，就可收藏图书馆的全部资料。有心钻研的读者，可在短时间内轻松愉快地查阅全部资料。

CD-ROM 可为读者提供丰富、翔实的各类资料。打开美国 Voyager 公司出版的一张多媒体贝多芬唯读光盘，人们不仅可以欣赏优美的音乐与旖旎的田园风光，还可了解大师的音乐创作历程和当年生活过的地方。

麻省理工学院的多媒体专家预测："CD-ROM 栩栩如生地展示了未来的多媒体世界，在今后几年内将席卷全美的学校与家庭。"此言不虚，目前，美国已有 2500 多万台个人电脑，其中 30% 以上配备了光盘机。

还有人预测，到 20 世纪末，CD-ROM 将取代全球 40% 以上的出版物，而价格极其低廉，4 片 CD-ROM 还不到 100 美元。总有一天，CD-ROM 将收藏人类的全部资讯，任何一台电脑，只要进入多媒体网络，就可享用其中的全部资讯，过去只能被动地坐在屏幕前接收信息的电脑用户，凭借双向传播的科技手段，可以主动调动资讯。

人类将掀起一场史无前例的资讯革命。

四

电脑网络，是继电报、电话之后，在 20 世纪末成为资讯社会的重要标志。一台个人电脑，一台数据机，一条电话线路，就可以进入电脑网络，网与网相连，国内外相通，产生出逾越国界的联网通讯。迄今为止，登记在案的国际电脑网络有 500 多个，号称世界第一的电脑网络 Internet，已拥有 2000 多万用户，美国主要的电脑网络 Compu Serve 已扩充至 90 万户以上的容量。在美国，每 10 台个人电脑中，就有 4 台联结上网。

一旦进入电脑网络，人们简直就可以"为所欲为"。你可以查询国外最新的学术论文、科技发明、各类图书资料，收发电子信件，通过布告栏聊天找朋友，寻求帮助，甚至还可以越洋玩游戏机。例如在 Internet 网络中，有个著名的布告栏。那是对所有伤心、寂寞者开放的，人们每时每刻都可以在布告栏里抒发心中的郁闷情绪，并接受别人的安慰。

在美国，越来越多的人依靠电脑网络寻找知音，高谈阔论，吐露心声，进行所谓"隐私社交"。这种社交方式，为那些生性腼腆或无暇参加公开社交活动的人提供了极大的便利。人们可以借此寻觅到知心朋友，也许天各一方，也许近在咫尺，但未必能见上一面。

美国新泽西州的一名女学生，每天晚上要花上两个小时，通过一个名叫"想象力"的电脑网络找人聊天。"我从这里认识了很多很多的朋友"，她说，"这是个不受限制的园地，因为你看不见对方，所以你会更开放、更健谈。"

是的，坐在闪烁不停的荧光屏前，双手操纵电脑，思绪无限纷飞，不断接收、传输资讯，仿佛有无数精灵向你蜂拥而来，你顿时会产生一种"君临天下"的满足感，如神行太保，在时光隧道中尽情地遨游，奔向神秘、玄奥的新境地……只有置身于这种网络里，你才会感到自己无所不能、无所不在，达到"出神入化"的崇高境界。

在电脑网络上流通的资讯是没有任何限制的，愈知道自己想要什么的人，收获就愈加丰硕。香港一名大学生对大蒜产生了兴趣，便萌发了这样一个念头，在国际网络上广邀对大蒜有研究的各路好汉，一起协助他了解这个小植物。结果在短短一年内，收到全球各地传输过来的几千份有关大蒜的食谱、治病秘方、植物学目录、喜爱吃大蒜的名人录，甚至还有意大利某所大学传来的入学消息，邀请他就读该校的食品营养系。

那些进入电脑网络的人被称为"网络族"，还有一个"新资讯人类"的雅号。在台湾，目前流行在名片上印上 E-mail 的代号，显示他们已开始用电脑网络，他们引以为豪的是，取得任何资讯，简直易如反掌。

五

多媒体电脑为人类提供的资讯能量根本无法估计，可以说是取之不竭，用之不尽，资讯解放的时代已悄然来临。众多国家的首脑们，都相信未来的竞争，取决于资讯力量的强弱，美国、德国、日本等国都试图在新一轮的竞争中占尽先机。克林顿就职后出台的"资讯高速公路计划"，实际上就是"多媒体社会"的代名词，它被奎尔副总统形容为"美国的未来"。这项计划，光是铺设光纤网络，就要耗资 50 多亿美元。日本通产省 3 年前就成立"多媒体发展部"，试图在 2015 年时，完成全日本的网络系统，而新加坡则企划在下个世纪初成为科技岛。

竞争的序幕已经揭开，里根时代的"星球大战"计划已渐行渐远，代之以美、日之间的资讯较量。这场竞争，谁也不敢缺席。中国如何赶搭"多媒体社会"的班车，值得国内有识之士深思。（本文发表于《扬子晚报》1994年6月1日第10版）

备受关注的两岸直航问题

　　两岸直航问题，一直是两岸民众颇为关注的问题。现在形势虽已越来越明朗化，但好事多磨，是否仍需经历一段较为曲折的历程？还是近期就可实现？有待于事态的进一步发展。

一、有关"直航"问题的争论及事态发展

　　两岸直航在国民党当局去年二月颁布的"国家统一纲领"中被列为中程计划，而国民党高层对于何时演进至中程阶段则口口声声没有时间表，因此，两岸直航实际上被无期限地延迟。这一背离两岸交往现实及历史趋势的"纲领"，引起国民党内越来越多有识之士的质疑与不满，并在去年十一月二十四日召开的"国统会"上公开主张现阶段开放两岸直航，岛内要求直航的呼声迅即高涨。国民党最高当局为之惊慌，全力弹压岛内直航呼声。

　　反对现阶段开放两岸直航的人打出的是"安全牌"。"交通部"仰承层峰意旨，在去年十二月初炮制一份所谓"两岸通航"的评估报告，声称两岸直航对中共而言是利大于弊，对台而言，直航虽可减少成本，却可能因此付出惨重的"政治、军事及社会安定的代价。"

　　当局的"安全论"未能遏制岛内直航呼声，直航声浪不降反升，一日三涨。台湾老兵多次赴陆委会请愿，并组成"两岸直航促进联合会"，为两岸通航奔走呐喊。岛内工商界、企业界的著名人士也积极升高直航声势，在今年三月台湾《卓越》杂志举办的早餐座谈会中，一百多位企业界领袖人物一致表示：开放两岸直航是当局应最先发展的大陆政策。五月十一日，台塑集团董事长王永庆公开呼吁两岸直航、并建议首先以福建的厦门、福清为定航点。"一石激起千层浪"，岛内相当一部分企业界人士响应王永庆"定点直航"的呼吁，造成又一波的"王永庆震撼"。台湾航运界的执牛耳者更是雀跃欲试，纷纷表示两岸直航谈

判的时机已然成熟，试图在对大陆的直航中拔得头筹，大赚其钱。

今年以来，两岸间经贸往来形势夺人，两岸通航的经济诱因增强，成为台湾当局开放两岸通航的内在动力。李登辉已公开把大陆当作是台湾未来经济发展的腹地，郝柏村亦号召岛内工商界人士赢得先机，火速占领大陆市场。由邓小平的南方谈话而引发的大陆新一波改革浪潮不啻对台湾企业家注射了一支兴奋剂。岛内工商界正掀起赴大陆投资的新浪潮。今年一至四月，台湾对香港的外贸出超额大幅增长，基本原因是两岸转口贸易量急剧上升。预计岛内工商界要求直航以降低经济成本并赢得时间的呼声将更为迫切。台湾当局也不可能长久坐视直航带来的巨额经济利益流失，落入他人腰包。事实上，有些台商已开辟"地下直航"路线，台湾当局如不将此化暗为明，是最不聪明的做法。

在上述种种因素的作用下，国民党当局对于两岸通航的态度，有了一些变化。除重复"目前谈三通还言之过早"的老调外，还提出"条件说""筹码论"。"行政院副院长"施启扬最早兜售"政治筹码论"，声称"通航是对大陆工作最重要的筹码，不能轻言开放。"他主张借通航自抬身价，作为今后与大陆谈判的筹码。亲李登辉的国民党籍"立委"林钰祥附和此论，并开出价码，鼓吹以"外交地位交换三通"，也有人试图谋求以"三通"换取大陆在台湾加入关贸总协定（GATT）方面对其让步。今年二月二十一日，郝柏村在"立法院"公开提出"三通"三条件："两岸和平竞争""两岸相互承认为对等政治实体""两岸共存国际社会"。五月十日，"总统府副秘书长"邱进益鼓吹两岸签署什么"互不侵犯协定"，以此加速"三通"进程，其实质还是郝柏村的三条件。这三个条件触及两岸关系如何定位的实质，是两岸关系中难度最大的，最难取得共识。台湾当局开出如此"条件"，无异为两岸直航增加人为障碍。

但是，尽管台湾当局漫天要价，但总比闭口不谈、蛮横拒绝为好，从邱进益提议签署"互不侵犯协定"，"国统会"研究"一个中国"问题，到"陆委会"诠释所谓"中共善意的回应"，"经济部"检讨两岸经贸政策，一系列政治动向，台湾当局正为两岸关系由近程进入中程阶段作准备工作，两岸通航应属中程阶段亟须解决的课题。有些政治观察家认为，两岸通航应可在一两年内见出分晓，也有人预见今年年底前两岸通航便可实现。

二、未来两岸通航的特征及前景评估

自去年年底以来，台湾当局有关部门便着手研定两岸通航的相关问题，"交通部"甚至已将两岸之间的航线定名为"大陆线"，相当多的政界人士、学者专家对通航问题发表了各自的看法。

未来两岸通航的基本特征，有三点。

其一，船舶先行，飞机缓后；货轮先行，客轮缓后。

台湾当局反对通航的直接借口便是所谓"台湾安全"问题，在唯恐被"渗透"、被吃掉的不安全心态作祟下，很可能率先有限度地开放船舶通航，实施一段时间后，评估利弊得失，再审慎开放飞机飞航大陆。台湾海洋大学海洋法研究所尹章华认为，船舶应可比飞机等航空器优先试行，若从"安全"的角度考虑，船舶可在进港前十二或二十四里外实施安全检查，使"安全"问题得到一定的保障，而飞机则无法在着陆前进行安全检查。若从经济的角度考虑，大吨位的船舶便于运载集装箱货柜，其载重量远比货机大。应该指出，台湾当局所受的通航压力主要来自赴大陆投资、贸易的工商界人士，通航首先是为了降低厂商的运输成本，因此，率先开放货轮直航大陆，既可相对减少台湾当局的"安全"顾虑，又可满足工商界人士降低成本，省钱省时省力的要求。"司法院长"林洋港在去年十一月便积极主张有限度地开放货船通航："两岸通航仅限于货轮，不及于客轮及飞机，只要通航的港口、货轮固定，船员经过登记，悬挂旗帜经过协议后，安全问题应可在妥善规划下获得解决。"目前，台湾几家船务公司如华冈、建恒等正紧锣密鼓策划通航事宜，只待当局一声令下便拔锚起航。而长荣集团的集装箱早已进入厦门港内。近来，台湾海峡上从事"地下直航"的船只穿梭往返于福建、广东沿海与台湾之间，挂着外国国旗的船只，从台中或基隆港出发，绕道琉球、石垣岛等地但不进港，利用直升机或小艇取得假靠港证明，制造经第三地区转口的假象，经航大陆。这种变相通航船只每月约二三十艘。台湾当局很可能率先将目前这种"地下直航"方式化暗为明。福建方面对海上直航极为积极，提出构想，即以"两门（金门、厦门）对开、两马（马尾、马祖）先行"的海上直航方式率先实现"三通"，这很可能影响台湾当局对于通航形式的选择。

但是，船舶独霸两岸通航的局面不应太长久，台湾几家航空公司必然想分吃通航这块大饼，台湾的华航、远东、长荣等航空公司的负责人均对直航大陆表达了强烈的意愿，几家主要航空公司将分别包揽几条航线以分享利益。就速度而言，飞机远比客轮迅捷便利，可为往返两岸的人员提供极大方便。因此，在船舶通航后，飞机通航指日可待，甚至不排除船舶与飞机同时通航的可能。

其二，在两岸真正直航之前，可能有段"间接通航"的过渡期，也就是往返两岸的船舶、飞机，必须在第三地区作象征性中转后，再直航目的地。台大法研所吕荣海博士主张两岸实施"技术上的直航"经香港等第三地转口后直航大陆，避免采用"三通"名称，以免掉入"政治框框"中。"交通部"曾在今年二月拟定了四个直航方案：甲案，由台湾直飞大陆；乙案，由台湾经第三地区直飞大陆；丙案，由台湾经第三地区做技术性降落后直航大陆；丁案，由台湾经第三地区作非技术性降落后原机直飞大陆。对于台湾当局而言，难度系数从甲案到丁案应是逐渐减小，比较倾向于丙、丁两案，即"间接通航"。相比较而言，船舶直航的可能性远比飞机为高。

其三，在较长一段时间内，可能出现"单向通航"的局面，即台湾的船舶、飞机穿梭往来于海峡两岸，而大陆的船舶、飞机则被台湾当局拒绝直航台湾。即将三读通过的"两岸关系条例"中即明确规定，大陆船舶、飞机及其他运输轮工具去台采"特许制"，未经台"交通部"核定同意，不准赴台。岛内不少人士鼓吹"单向通航"，既有政治上的考虑，认为单向通航对台冲击最小；又有由台湾方面独吞两岸通航利益的意图。

因此，未来两岸通航将呈现出"渐进""间接""单向"的特质，而且船期、航班将因各种突发性的因素而经常变更，具有不确定性。

在通航点的选择方面，就台湾而言，通航港口、机场的选择比较单纯，台湾岛内机场众多，有两大国际机场：桃园中正机场及高雄国际机场，选择中正机场作为通航机场的可能性最大。港口方面，当局一度准备开发新港，如安平港、布袋港、木瓜溪港等作为直航港口，但已被否决，初步选定基隆港、台中港、高雄港及花莲港。

就大陆通航点而言，较难断定。台湾当局选择大陆通航点的因素较为复杂，其一，地缘政治因素，比如北京、上海比其他城市的地缘政治价值要高。其二是经济因素，台湾当局必将注重台商集中的地区及台胞来往人数较多的城市。其三是地理因素，在条件相当的情况下，将以距离最近者为优先通航点。"经济部"还将大陆沿海港口与台湾三大港口直航的距离加以估算，最近距离是福建湄洲湾到台中港为88海里，其次厦门港与高雄港相距127海里，福州港到基隆港158海里，宁波到基隆306海里，上海到基隆港408海里，广州港到高雄港420海里。以上这些港口可以说是台湾方面优先选择通航的港口。今年四月二十五日，适逢福建妈祖女神诞辰一千周年，台湾岛内二万五千多人乘船横渡台湾海峡，直接驶入湄洲湾进香朝拜妈祖女神，有人称此为台湾——湄洲直航的"进香模式"。有些台商肯定地表示，一旦开放直航港口，上海肯定被选中，那么溯江而上的南京港、汉口、重庆等，也有望与台湾方面直航。

至于大陆通航机场则不易确定。一般而言，台湾的中华、远东、长荣三家航空公司均有望参与开辟对大陆航线，分别包揽几条航线，较易选中的机场，如广州的白云机场、厦门机场、上海虹桥机场及北京、南京、西安等地的机场。

目前，大陆方面已为两岸通航作好万全准备，福建、广东、江苏、浙江、上海等省、市已积极筹划与台湾通航事宜，加速机场、港口建设。民航局正在研究制定两岸通航的有关政策法规。最近，吴学谦在接见台湾有关人士时，建议台湾当局调整"国统纲领"进程，把目前尚难解决的政治问题置于中程阶段，把容易实行的"三通"放在近程阶段。海协会副会长唐树备呼吁台湾当局早日开放两岸直航，即使在第三地转一下也可以。

两岸通航的时机已经成熟，希望台湾当局有关人士顺应两岸关系发展的历史趋势作出明智决断。"青山遮不住，毕竟东流去"——两岸通航，此其时矣！

（本文发表于《台声》杂志 1992 年 8 月，总第 94 期）

两岸两会南京商谈及其影响

1994 年 11 月 22 日至 27 日，海峡两岸关系协会与台湾海峡交流基金会在南京举行两会第六次事务性商谈，这也是继去年厦门商谈后，两会第二次在北京、台北之外的地方举行事务性商谈。由于这次商谈是在台湾"大选"前夕的敏感时刻及两岸关系长期低迷的形势下举行，商谈结果有可能影响岛内政局与两岸关系，因此备受中外媒体的关注，也给南京向外展现古都风貌的宝贵时机，对提高南京在海内外的知名度产生了积极的影响。现将南京商谈的基本情况及其影响作一综述。

一、争论焦点

这次商谈是以今年 8 月两会负责人唐树备与焦仁和台北会谈发布的"海协与海基会台北会谈共同新闻稿"为依据，商定"两岸劫机犯等遣返事宜""违反有关规定进入对方地区人员遣返及相关问题""两岸海上渔事纠纷之处理"三项议题的协议文本，同时协商增加相互寄送公证书副本种类和增办快递邮件业务的具体办法。双方分别在海协会副秘书长孙亚夫与海基会副秘书长许惠祐的率领下，连续六天进行了两个回合的艰难谈判，最后同意增加税务、经历、病历和专业证明四种相互寄送的公证书副本，并且商定增办快递邮件具体办法的具体框架，除此以外，虽然在某些条文上取得不少共识，但由于双方最后无法突破原有的分歧，没有达成草签协议的预期目标。

海协会副秘书长孙亚夫认为南京商谈是有进展的，但离最后商定文本还有一段距离；海基会副秘书长许惠祐也认为，三项议题未能达成最后共识，令人遗憾，但这三项文字整理工作，已经做了八成以上，这个结果是可以接受的。海基会高层对商谈没有取得积极进展表示遗憾。

纵观此次商谈的经过，双方争论的焦点主要围绕如下四个方面进行。

其一，有关两岸劫机犯等遣返议题，双方对于协议的名称、遣返方式、适用范围、遣返原则、交接程序、证物移交等项目，大多已取得一致意见，争论集中在刑事犯的"参照（准用）条款"、适用范围、刑事抵免三项上。

有关"参照（准用）条款"上，海协会认为台北"唐焦会谈"的共识是"刑事犯或刑事犯罪嫌疑人在不违反各自有关规定前提下，参照本协议遣返"，但海基会却对"参照"两字提出异议，认为应为"准用"，并且把"各自有关规定"中己方的规定解释为台湾制定的"两岸关系条例"以及国与国之间使用的"引渡法"，旨在凸显台湾当局对台、澎、金、马地区拥有"法律主权"与"司法管辖权"。对此，海协会理所当然予以拒绝。

在协议适用范围方面，海协会坚持协议有限度"溯及既往"的原则，适用于协议生效以前发生的 12 起劫机事件中的 16 名劫机犯予以遣返。海基会则辩称"溯及条款"能否纳入，必须考虑以不妨碍劫机犯的所谓"基本人权"为前提，意谓台湾当局保护那些自称受到政治、宗教等"迫害"的劫机犯。

在刑期抵免方面，海基会在谈判中夹带进"司法管辖权"的政治意图，坚持劫机犯遣返前在另一方所受之羁押时间，可折抵刑期。而我海协会则坚持以"羁押"涵盖"刑期抵免"的立场，主张以更明确的文字如"拘禁"涵盖侦查、审理、判刑之刑期，以此否定台湾司法单位对劫机犯的所谓"审理权"。

其二，在两岸海上渔事纠纷处理方面，双方对两岸渔事纠纷的预防措施、海上急难救助等条款的文字整理已大体完成，但在公务船问题、适用范围、调处办法等方面，出现争议。海基会提出在有关公务船活动范围的条款中增加"离岸较近一方"文字，以此避免双方公务船的活动范围重叠。与此相反，海协会则认为"唐焦会谈"取得的共识具有权威性，应该维持，坚持以共识中"一方公务船规定活动范围内"的文字来规范。针对协议适用范围部分要不要列入"不溯及"条款，海协会也坚持原先的"唐焦共识"，认为其他船舶和渔船发生民事纠纷，可以准用这个协议，但反对协议生效前的渔事纠纷也用这个协议来处理，因为以前这种情况很多，也很复杂，有些也不一定是民事纠纷。海基会几经斟酌，最后同意列入"不溯及"条款。但在调处办法上，提出以附件形式，把调处规定与协议一并商定，海协认为应待两岸调处机构成立后，再商定调处办法。

其三，在"违反有关规定进入对方地区人员遣返及相关问题"（即偷渡客的遣返）方面，虽然双方在协议名称、联系方式、遣返方式、遣返原则、费用等方面存在分歧，但较诸其他两项议题，进展较为顺利，协议的文字整理工作已初步完成。其中海协会建议把协议名称改为"违反有关规定非法进入对方地区及居留人员遣返及相关问题"，以此突出逾期居留人员遣返的重要性，目的在于将台湾地区民众逾期居留在大陆的案件一并纳入遣返的范围。海基会只表示需作详细评估后再作答复。此外，海基会希望在协议中明列"溯及条款"以利执行，海协会认为可以做但不要列入。对于"主动遣返"偷渡犯涉及指定码头交接问题，海基会对"码头"两字提出异议，认为如此将引起两岸直接通航的联想。最后双方同意修正为"指定码头或泊靠地点"。

其四，在增加两岸快递邮件业务具体办法的商谈中，双方同意采用"关于增办两岸特快专递（快捷）邮件业务的具体办法"这一名称，确定了办法的基本框架，包括准寄送范、通达城市、重量尺寸限度、处理中心、服务质量、查询以及答复、资料交换、业务标识单式、未尽事宜等十一项共识，在涉及特快专递的基本规定方面已达成了一些共识。然而在开办范围、联系方式等方面出现严重分歧。海协会认为对物品类别的限定，应为个人物品以及不具商业价值的货样，并同意将重量的限制由 20 公斤降为 10 公斤，但海基会声称物品类列入快递业务，将使大陆产物品通过邮递管道大量流入台湾，反对将物品类列入。在联系方式方面，海基会提出由海基会及邮电专业委员会或其指定之单位联系，不愿两岸邮电部门直接接触，以避免外界两岸通航的猜测。海协会则强调，既然双方都指定了处理中心，那么有关业务方面的问题理所当然要由处理中心来互相联系，这样才能保证特快专递的"快捷"特点。

二、无所进展原因

由于双方在上述诸多问题上缺少交集，一时又无法找到可让双方都能接受的解决方案，导致南京商谈无法写下圆满的句号，双方最后不欢而散。原因何在？

海基会把商谈失败的责任全部转嫁到海协会身上，许惠祐称无法达成共识的关键问题，在于海协会早先对"焦唐会谈"的共识内容记载有很多出入，指责海协会对共识内容"动手动脚"，对文字推敲工作太琐碎，太过于注重细节。他还认为"焦唐会谈"只是着重处理重要的分歧项目，并没有解决其他一切细部问题，出现分歧，甚至产生新的争议是不可避免的。台湾"陆委会"在商谈结束后发表声明，无端指责大陆方面"一再片面更改历次会谈所获共识"，指责我企图藉抵制、拖延事务性协商，来提高会谈的层次。

对于这些说辞，海协会严词驳斥。海协会副秘书长孙亚夫表示，南京商谈没有取得积极成果，主要是海基会方面对台北"唐焦会谈"的共识作了文字调整，并提出了部分新的意见，这些意见均有悖于8月台北会谈具体文字共识的精神。孙亚夫进一步强调称，两会副秘书长级的商谈应该尊重两会负责人会谈取得的共识，包括文字的表达方式，但也不是说一个字不能改，有些改动应符合具体共识原来的精神，或者有更积极的地方。

双方互相指责对方更动了台北会谈的共识，那么究竟是谁在"翻案"？先看看岛内学者的意见。台湾东吴大学教授杨开煌认为台湾方面习惯性推翻两会高层共识是商谈失败的关键因素。他撰文指出，台湾方面不适应由上而下的谈判方式，以致每当两会高层有共识，而又一时无法阻止推翻，便想方设法以工作层级的谈判去推翻高层共识，尤其在"亚运事件"后两岸关系陷入胶着之际，台湾方面不惜以推翻高层共识来报复。事实上，早在8月份台北会谈后不久，台湾媒体便传出"陆委会"不满唐焦共同新闻稿的内容，企图对部分文字进行翻案的消息。从而为海基会在商谈中大肆更改"唐焦会谈"共识埋下了伏笔。就在南京商谈举行前夕，"陆委会"还特别发表声明，称两岸商谈所签署的协议文字，"不能否定台湾法制的存在"，否则将无法在台湾社会落实执行，公然为翻案寻找借口。在商谈期间，海基会先后在"参照（准用）条款"、刑事犯刑期抵免、公务船活动范围、"码头"等方面提出了不同于"唐焦会谈"共识的新意见。因此，真正对"唐焦共识"进行翻案的是台湾方面，而不是大陆。

不难发现，影响两会商谈成败的因素，除了双方基于各自的利益诉求而在攻防、取舍之间采取不同的谈判策略外，最关键的因素有两个方面。其一，台湾当局顽固坚持拒绝"三通"政策，在一些具体文字的协商中，唯恐予人"通航""通邮""通商"的联想，因而在谈判中步步为营，死抠文字，构成事务性商谈中一个个难解的死结。其二，台湾当局企图在两岸民间机构的商谈中夹带进政治意图，在事务性协商中凸显台湾当局对台、澎、金、马地区拥有"全部的法律主权"与"独立的司法管辖权"，从而使其长期谋求的"独立政治实体地位"的阴谋得到两会协议条文的"承认"。对此政治图谋，海协会不能不加以防范。况且，这种政治性议题，也绝非两岸民间机构副秘书长级的谈判层次所能解决的。这也是两会自去年"汪辜会谈"以来连续进行6次事务性协商，最终功亏一篑的根本原因所在。无怪乎岛内一批有识之士呼吁台湾当局正视两岸民众的需求，尽快排除"法律乌托邦心态"，展现谈判诚意，达成事务性协议。

三、商谈影响

南京商谈曾引起两岸双方的高度期待。许惠祐在抵达南京时便表示，希望"在南京这座历史性的城市达成历史性的协议"。他还说他已将签署用的对笔也带来了，但最终因缺乏"临门一脚"球过门而不入，空手而回。这种结果，对"大选"时刻的台湾政局及两岸关系产生什么样的影响？

首先，南京商谈对岛内政局的影响是极其微妙的，台湾《联合报》社论指出，商谈过程及其结果，对岛内政局"不免具有动见观瞻的意义"。对国民党而言，极其希望通过第六次事务性商谈而使继广岛"亚运事件"以来长期低迷的两岸关系有所推进，为此次台湾"大选"创造一个较为和谐、稳定的外部环境，以证明国民党在处理两岸关系时，有能力给台湾民众带来"安定感"和"安全感"，以此配合国民党在选举中打出的"安定牌"。尽管海基会董事长辜振甫、秘书长焦仁和都宣称协商结果不对选举有任何影响，但实际上这次商谈，不管是否达成草签协议的目标，对国民党而言都是利多因素，能够草签协议固然更为有利，不能草签的话也无妨，只要两会间的事务性协商定期举行，就证明两岸关系在进步而不是倒退，同样有利于国民党的"安全牌"，这就是"无结果就是好结果"的逻辑。因此，台湾方面选定在"大选"前夕举行两会商谈，明显是为国民党的候选人争取更多的选票。民进党对国民党的如意算盘也十分清楚，曾在商谈期间发表声明，要求海基会不应为了谈判而谈判，为签协议而签协议，显然表明民进党不愿看到两会商谈成为国民党候选人的助力。如今选举已经尘埃落定，国民党获得了半数以上民众的认可，但民进党候选人当选台北市市长。诚如焦仁和所言，选举结果对两岸关系将产生影响。

其次，对两岸关系而言，南京商谈有正、负两方面的影响。如前所述，两岸两会间的事务性协商，已成为两岸关系的温度计，只要定期举行，就表明两岸关系至少没有倒退回冷战阶段。台湾有舆论称此次协商是化解两岸紧张关系的一枚活棋，能否签署协议并不是最重要的，其象征性意义远大于功能性意义。

商谈之后，台湾海基会与"陆委会"之间再次出现心结。海基会秘书长焦仁和再度公开抨击"陆委会"的专案小组"只能站在本位立场，咬文嚼字，固执不化"。他强烈谴责专案小组成员"层次不高"，考虑问题"不具前瞻性"。他称在目前这种决策结构下，"不论由任何人去谈，结果都是一样的"，要求"陆委会"为协商失败负责，并且检讨过去数次协商的结果，改变原先的谈判模式。"陆委会"也不示弱，辩称协商方案制定过程能顾及政策的需求和执行的可行性，没有任何问题值得重新检讨。这次"海陆大战"对"陆委会"的决策模式是否产生影响不得而知，但对两岸关系的发展恐将成为新的变数。

商谈失败，再次暴露了两会乃至两岸之间的互信基础十分脆弱。海基会在商谈过程中，一再怀疑海协会有无谈判、解决问题的"诚意"，海协会提出双方协商应讲究信誉、诚意，那就是要尊重和维护两会负责人会谈所达成的具体共识，而台湾方面率先对8月"唐焦共识"翻案，有失诚信原则。这不能不令人对台湾方面在连续6次事务性协商中，一再自我标榜的"诚信"原则感到怀疑和困惑，实际上这也为两会经过旷日持久的谈判所获有限作了最好的注脚。如此看来，两岸两会之间的协商真给人有如辜振甫所言"急不得也快不得"之感，但对两岸关系、两岸民众的权益而言真是莫大的伤害。

南京商谈是否开启第三次"唐焦会谈"及第二次"汪辜会谈"的契机？原先台湾方面有意借这次商谈三项议题的顺利草签，为明年两会高层人士的协商铺路。商谈失败后，海协会副秘书长孙亚夫表示，副秘书长层级的商谈应该尊重两会负责人取得的共识，如果有问题，还是由两会负责人解决，明确希望尽快举行两会高层会谈以解决争议与分歧。海基会则反对举行高层会谈，主张先进行第七次事务性协商，谈出结果后，再安排两会高层会谈不迟。海基会秘书长焦仁和说两会副董事长层级会谈应该是观念沟通、会务沟通，称他不会去进行事务性协商。岛内有舆论分析指出，两会商谈难以回避政治意涵，但副秘书长层级的事务性商谈根本无法解决诸如"主权""司法管辖权"等重大政治争端，只有召开高层协商才有可能找到解决之道。因此，我们认为，海协会提出尽快召开两会负责人商谈的建议，不失为解决双方存在分歧的务实、可行方案。

此外，两岸两会第六次事务性商谈选择在南京举行，使南京获得了一次依靠境外媒体，介绍南京、宣传南京的宝贵机会，提高了南京在台、港、澳地区及海外的知名度。当初海基会建议在远离北京的南京或上海举办这次商谈，海协会认为在南京商谈有利于提高江苏及南京的知名度。省、市有关领导充分重视这次商谈，并提供各种便利和服务，市政府还两次邀宴海协、海基两会代表，并安排他们观赏夫子庙夜景，观看小红花艺术团的精彩演出，受到两会的肯定与感谢。在海基会答谢海协会及省、市有关领导的晚宴上，许惠祐特别感谢南京市给予他们的盛情款待。他称南京是座历史性的城市，过去从书本上了解许

多南京的事，经过几天的实施体验，对南京有了更深的了解，留下了十分美好
的印象。他认为两会首度在南京商谈特别有意义。台湾《中国时报》评论称；
"南京，在两岸关系分裂、分治的现代历史舞台，曾经是一个广受瞩目的政治都
会；而这次南京会谈更是两岸两会展开授权运作近四年来，第一次在南京交锋。"
虽然两会最后没有在南京签署"历史性的协议"，但南京已引起中外上百家媒体
的关注与报道。这也是境外媒体、特别是来自台湾、香港、澳门的记者首次如
此长期、密集地将焦点对准南京，使南京得以在境外报刊、广播、电视上频繁
亮相，加深了台港澳同胞及海外华人对南京的印象与了解，极大地提高了南京
的知名度，有利于南京的经济建设与改革开放，这是南京自身的最大收获。（本
文完成于 1994 年 12 月）

李敖其人其事

李敖宣布代表新党竞逐下届台湾地区领导人，搅乱了选战的一池春水，引起政坛震撼。李敖主张"反黑金""反台独""关心小市民""希望两岸和平"。他公开支持"一国两制"。他不担心是否当选，笑道"台湾人民再笨也不会笨到选另一位姓李的当'总统'"。李敖将这场选战定位为"思想运动"，旨在"洗你（选民）的脑，掐他（候选人）的脖子"。李敖矢言将"打扁、攻连、不放过宋"（编注：系指陈水扁、连战、宋楚瑜），不花费一毛钱，打一场赏主悦目的选战。

台湾占卜星相学家曾描述今年 8 月 18 日星相呈大十字特异相位，结果当天台湾发生两大新闻。一是一架 F－16 战机在嘉义上空掉落，飞行员侥幸生还。这是台湾短短一年内损失的第四架 F－16 战机，送了五名飞行员命。另一新闻则是人称"文化顽童"的作家李敖宣布代表新党竞选下届台湾地区领导人引爆政坛争论。各路政治势力或喜或忧，街头巷尾议论纷纷，众多媒体抢发新闻。李敖则是不停地接受采访，忙得早餐馒头到下午时只咬了半口，嗓子都哑了。李敖一下子从社会文化版、影视娱乐版的主角跃升为政治版的新贵，俨然是岛内媒体最爱，这再次证明了李敖在岛内的惊爆力。

缺乏从政经历的李敖，为何一参选便有横空出世、石破天惊的震撼力？

"末代人脑"与"长袍怪客"

早在 20 世纪 60 年代，在一场旷日持久的"中西文化论战"中，李敖便以其"盖世武功"挑战各路豪杰，创造了他生命中狂飙猛进的"文星"时代，赢得了"文化太保""文化空中飞人"的称号。

李敖 1935 年生于东北的哈尔滨，祖籍山东。自小便嗜书如命，1949 年举家迁台时，14 岁的李敖携带了 500 多本自己的藏书。1976 年当他第一次出狱时，当局动用卡车运他的书。李敖一生最大的嗜好便是读书，到了痴迷的程度。

他在台中念中学时，整天泡在图书馆内达四年之久。最使管理员惊奇的是，李敖闭起眼睛单用鼻子就能够鉴定一本书是上海哪家大书店印的。这是他青少年时代最为得意的一门绝技。

他在台北的一幢豪华公寓犹如一座图书馆。他的工作室四周全是书，他的写字台也是特制的，上面摆满了近期动用的书籍、资料。他有过目不忘的超强记忆力、他做学问的方法受到了胡适"大胆假设、小心求证"的影响，看到有用的资料，或复印，或剪贴，分门别类，存入他的资料库。李敖曾自比是"末代人脑"，胜似"文字处理器"。李敖更是工作狂，一天到晚不停地写、编、剪，他的书房就是一座文字厂。他有一心两用的能耐，朋友上门来访时，他不停下手中的工作，一边和客人聊天，一边继续写他的文章，偶尔抬头看看客人。朋友们早已对此见怪不怪，有时还主动帮他剪啊，抄啊。只是一位姓骆的朋友实在受不了，拂袖而去，再也不去他家里找他了。

李敖自小桀骜不驯，素有叛逆精神。有趣的是，他父亲出身于北大，对儿子的反叛性格不以为忤。有一年，李敖忽发奇想要移风易俗，不过旧历年。乃父曰："好小子，你不过就不过吧。你不过，我们过。"于是，全家人兴高采烈，大过新年，唯他例外。别人大鱼大肉，他偏要吃炒饭；人们熬夜守岁，他偏要早睡；父母送他压岁钱他一概退回。在父亲的葬礼上，作为长子的李敖既不磕头，也不下跪，更不当众流泪，完全是一副不孝子的模样。

李敖自初中以后便多次自动休学，考入台大法律系不久，他便又退学了，在家养了一年的"浩然正气"后，重返台大，不过这次读的是历史系。大学期间，李敖特立独行的性格得到了淋漓尽致的发挥：

"我在台大，乍看起来，不是用功的学生，因为很多大学生念的书，我早在小学中学时候就念过了。在知识上我是早慧的、早熟的。到台大后，我穿着长袍，整天搞'大学生同居'，形式上，我是有点'安事诗书''束书不观'的。我不上课，不抄笔记，也不买老师的账，特别是我看不起的老师。"

李敖那些惊世骇俗的言行，引来各方侧目。但他的学问不一般。当他参加研究所的录取口试时，众教授环坐，却没有人敢提问，最后主考官台大文学院院长沈刚伯问了一句："你今后还要穿长袍吗？"遂在大家一笑状态下，考取了。

传统下的独白

李敖的才智学识得到了胡适的赏识，胡适由美返台后，在雷震引荐下，结识了还在台大念书的李敖，两人因此成为忘年交。在他穷困时，胡适曾送了1000 台币给他救急。去年李敖在胡适遗稿中，找到了一封给他而没有写完的信。胡适这样写道：

> 我知道这一个月来，有不少人称赞你做的《播种者胡适》那篇文章，所以我要写这封信，给你浇几滴冷水。我觉得那篇文章有不少的毛病，应该有人给你指出来，很可能在台湾就没有人肯给你点出来，所以我不得不自己担任这种不受欢迎的工作了。

这封信是胡适 1962 年去世前一个月内写的，信写得又认真，又婉转，又诚恳，足见胡适对李敖的厚爱与激赏了。

李敖对胡适的思想是服膺的，是胡适改变了他的人生之路。他曾仿胡适的字"适之"自称"敖之"，胡适成为他初试啼声的精神武器。1961 年，26 岁的李敖终于扛起胡适的旗帜，挑起至今为人们津津乐道的"中西文化大论战"。他在《文星》杂志上先后发表了《老年人和棒子》《给谈中西文化的人看病》等文章，鼓吹"全盘西化"，主张"一剪剪掉传统的脐带"，而向现代化的国家"直接地学，亦步亦趋地学，惟妙惟肖地学"。李敖有段名言至今脍炙人口：

> 我们一方面想要人家的胡瓜、洋葱、钟表、眼镜、席梦思、预备役军官制度；我们另一方面就得忍受梅毒、狐臭、太保、（不知害臊的）大腿舞和摇摆而来的疯狂。

李敖的言论引来老派文人的猛烈围剿，双方最后对簿公堂。国民党也借此整肃岛内的反对势力。这场争论实际上反映了 20 世纪 60 年代以来，处于转型时期的台湾知识分子内心的苦闷与挣扎。当时李敖不到 30 岁，却年轻气盛，独领风骚，成为青年人的偶像。

回首当年的狂傲激烈，李敖自认是"真正大陆型的知识分子"，毕竟他是读中国的古书长大的。日前他与远流出版公司签约，三年内完成 1000 万字的《中文大句典》。他宣称将以一世的功力，从古今典籍中，选择、辨析出漂亮的中文句子语法，为下一代的文章作示范。这可以从中折射出回归传统文化的李敖对中华文化的真实情怀。

500 年来写白话文的前三名是李敖、李敖、李敖

1970 年，李敖因"彭明敏出逃案"而下狱，坐牢五年。出狱后，他当过木工头，又与电影导演刘家昌一起倒卖过旧家电。不久他以股东身份向岛内某政商名人索赔 200 万台币，从此自办杂志，"千秋评论""万岁评论""求是评论""乌鸦评论"等先后出笼，一会儿揭蒋氏家族的伤疤，一会儿在党外阵营掀起"批康风潮"，好不风光，俨然是党外军师。李敖还创下一项纪录，他被查禁的杂志多达近百种。1981 年 8 月他再次入狱，入狱前夜他编好了前 6 期文章。在狱中他也没闲着，将文章编写后秘密送到外边出版。其后十年间，李敖先后出版发行了《李敖千秋评论丛书》120 期、《李敖千秋评论号外》4 期、《李敖求是评论》6 期、《万岁评论》40 期、《乌鸦评论》24 期，以及 8 大册《李敖全集》、7 本《李敖新刊》和 39 本丛书等。真可谓著作等身。

李敖在岛内曾宣告："50 年来和 500 年内，中国人写白话文的前三名是李敖，李敖，李敖。嘴巴上骂我吹牛的人，心里都为我立了牌位。"自 1949 年 5 月踏入台湾岛以来，他没有跨出过台湾一步，他自以为对台湾有情有义。但台湾于他实在太小、太小，无论怎么放大，限于格局，台湾永远只是小写。在他看来，"台湾在外国人、外省人、本省人的相激相荡下，已经变成了一个畸形的、肤浅的、荒谬的、走火入魔的岛"，这个岛上有格局、有远见的人实在太少，大多数人只有"岛见"、短见。至于他自己，则是一个"正确的人却活错了地方"。他犹如可爱的堂吉诃德，总想用一己之力，"追回那浪漫的、仗义的、狂飙的、快行己意的古典美德和古典世界"，无奈这种美德，有赖环境与同志的配合，而 20 世纪的台湾，提供不了他所需要的配合。于是他的人生注定是一场悲剧。

他似钻石，可多面发光

1997 年，李敖出版了第一本传记《李敖回忆录》，对他跌宕起伏的人生作了总结。他在书中自喻为钻石，可多面发光。学问足堪与大师胡适对话，除了笔伐外，李敖更是一名雄辩之才，听他演讲如闻晨钟暮鼓。他口诛绝不逊于笔伐。1995 年，他与周菲的真相新闻网签约，每晚 10 点主持《笑傲江湖》，一件红马夹，凭如簧巧舌，只要灯光一亮，他便口沫横飞，话匣子一开就是半小时。如今已播出了 1000 期，创造了岛内"谈话类节目"的纪录。口诛笔伐外，李敖还拥有"讼棍"的外号。他如今已打了 200 多场官司，打不赢决不罢休，打官

司成了他"正义的娱乐"，而且他从不假手律师，从搜集证据，到上法院告诉，到出庭辩护，都是他自己一手包办，李敖自称这就叫作"名妓不拉票"。关于他好讼的性格，还有段趣闻。有一次，他控告一位走红的评论家骂人，被告向法官说李敖在文章中也有骂人的话。法官说"那是另一回事，别人可以告他，与本案无关。"不料，那位评论家回答道："可是没有人敢告他。"朋友们都羡慕李敖是"全台湾最快乐的人"，因为他独来独往，天马行空，快意恩仇，高兴骂谁就骂谁，就能骂谁，就敢骂谁，就毫无顾忌地骂任何人。这么多年来，被他缠上的人，没有一个能轻易脱身的。他正面临原告缺货的困局。

侠骨柔情大情圣

李敖犹如孙悟空，常常踢翻太上老君的炼丹炉，兴风作浪，将台湾搅得沸沸扬扬。文章虽然尖酸刻薄，但为人却是侠骨柔情，义薄云天。他曾接济中学老师、也是严复孙子的家人，他曾帮朋友打赢了两亿台币的官司，他还将拍卖所得700万台币捐给了当时因脑出血昏迷的东吴大学校长章孝慈。李敖交游很广，老朋友像胡适、殷海光，小朋友像王菲、张惠妹。1968年，当《文星》杂志在当局的压力下关闭时，李敖准备改行开牛肉店，好友余光中欣然命笔特别向读者推荐：

> 近日读报，知道李敖先生有意告别文坛，改行卖牛肉面，果然如此，倒不失为文坛佳话。今之司马相如，不去唐人街洗盘子，却愿留在岛内摆牛肉摊，逆流而泳，分外可喜。唯李先生为了卖牛肉而告别文坛，仍是一大憾事。

李敖更是恩怨分别的性情中人。有朋友如此描述："李敖为人，极守行规，他的行规是基度山式的，一切恩怨，照方吃草药，有恩报恩，有仇报仇。李敖不问亲疏，不论黑道白道。他不相信狗咬人、人不能咬狗，他虽是人，也会咬回来。这就是李敖的可爱处。"

自从大学时代就与人同居，李敖自称是大情圣，他追求的女孩连他自己也很难有精确的统计，他最喜欢清纯脱俗、灵秀飘逸的女孩。他写了首诗，道出他收放自如、不为情所困的爱情观，虽然他也曾为情自杀未遂：

> 爱是一种方法 / 方法就是暂停 / 把她放在遥远 / 享受一片空灵。

爱是一种技巧/技巧就是不浓/把她放在遥远/制造一片朦胧。

爱是一种余味/余味就是忘情/把她放在遥远/绝不魂牵梦萦。

爱是一种无为/无为就是永恒/永恒不见落叶/只见雨片浮萍。

1980年，李敖与影星胡茵梦上演了一场轰轰烈烈的爱情，整个台湾为之疯狂。胡茵梦在李敖眼里是真正的风华绝代、风姿绰约：

如果有一个新女性，又漂亮又飘逸、又迷人又迷茫、又优游又优秀、又伤感又性感、又不可理解又不可理喻，一定不是别人，是胡—茵—梦。

然而这场才子佳人戏只演了三个月便收场了。李敖大学毕业论文是研究古代的离婚问题，这次他办起离婚手续来非常专业，人称"离婚大王"。他祝福胡茵梦："永远美丽、不再哀愁。"

李敖现在的太太王小纯比他小近30岁。她19岁时，处于感情空档期的李敖在台北仁爱路与她遭遇激情。虽没有万种风情，却也是小家碧玉。等她读完大学，经过八年恋爱，有情人终成眷属。如今育有一儿一女。李敖还有个非婚生女儿在美国。

笑请朝阳斩黄昏

李敖的人生是积极的、出世的。他有诗道："何必空杯容寂寞？何不仗酒打出门？醉眼未开开应笑，笑请朝阳斩黄昏。"但李敖对政治敬而远之，从不愿沾边。不久前，当好友许信良邀他共组"梦幻组合"角逐明年的大位时，他竟出语惊人道："人生有限，搞女人都来不及，还去搞政治？"如今他应召出征，但他解释参选并不是从政，只是另一种形式的"思想运动"，他参选旨在"洗你（指选民）的脑，掐他（指候选人）的脖子"。他之所以答应新党出山，是他认同该党的"反黑金、反台独、关心小市民、希望两岸和平"的政治主张。他还公开支持"一国两制"。李敖矢言他将"打扁、攻连、不放过宋"，不花费一毛钱，运筹帷幄之中，决胜千里之外，打一场赏心悦目的选战。他呼吁选民秉持"三心二意"的投票原则，"三心"是原打算选许信良和宋楚瑜的人，请"一心"选他们，不要选李敖；要选连战的人，请"动心"改选李敖。"二意"则是"阵前起义"，愿支持李敖的人，不管是任何阵营，请公开起义；"临时起义"，不敢公开支持李敖的人，请暗中支持或者投票当天把票投给李敖。他自我评估他的参选必将冲击其他几位候选人的选情，让连战噩梦将至，让宋楚瑜哭笑不得，令陈水扁汗流浃背，令许信良悲喜交集。有记者问他当选后是否称职，李敖哈哈大笑道："台湾人民再笨也不会笨到选另一位姓李的当'总统'。"成功不必在我，连他自己的一票也将投给宋楚瑜。但还有人问他一旦不小心当选，该怎么办。李敖的回答是，如果当选，那么他一定请宋楚瑜当"行政院长"，他自己做个虚位的"总统"就行了。

"虽千万人吾往矣"，这是李敖一贯的英雄本色。

台湾有舆论为李敖的参选作了最好的注解：

原本呆板、无趣的一场选战，随着李敖的加入，精彩可期。李敖谈情说理，完全摆脱世俗束缚；引经据典，被'检验'的竞争对手，总无招架还口余地。一场乏味的选战，可看性大增，原本担心无聊的社会大众，同样可以松一口气。

（本文发表于《海峡导报》1999年10月11日第16版）

后　记

从事台湾研究、对台工作 30 个春秋，撰写了百万字的研究论文、时政评论、交流札记。利用调养身心的时间加以梳理汇整，我把研究台湾的《求索：两岸和平发展路径》、《沉沦：民进党执政研究》与《叩击：台湾时政评论》三本著作交到读者手中，了却长期心愿。

九州出版社是专门从事台湾问题书籍的专业出版机构，在两岸享有极高的声誉。出版社领导高度重视我书稿的出版，给予专业指导，派出业务骨干担任责编。我的同事张笑天、肖杨等亦为本系列著作出重要贡献。在此向他们表示诚挚的谢意。

我要感谢恩师茅家琦、崔之清教授传授给我的学术养分、做人做事要义，感谢崔老师及师母对我和妻子的无比关怀。师恩如山，终生难报。

我要铭谢父母的养育之恩，父亲耿直、执着、善良的秉性影响了我一生，他以我从事的统一工作为荣。母亲含辛茹苦养大 6 个子女，和我的感情最亲。愿安度晚年的她健康长寿，无忧无虑。

我要感恩我的至爱。我们是高中同学，她是学霸，大学念管理专业，精通财会，具有注册会计师职称。当年是她督促我从南京调到上海，开展台湾研究旅程。没有她的鼓励支持，就不会有我今天台湾研究的成果。本书的出版，是对她最好的告慰。祈愿执子之手，与子偕老，再拥春风。

倪永杰于上海

2020 年 3 月 6 日